Accounting and Financial Management
Textbook Series

韩传模 / 总主编

会计与财务管理系列教材

高级财务会计

韩传模 主编

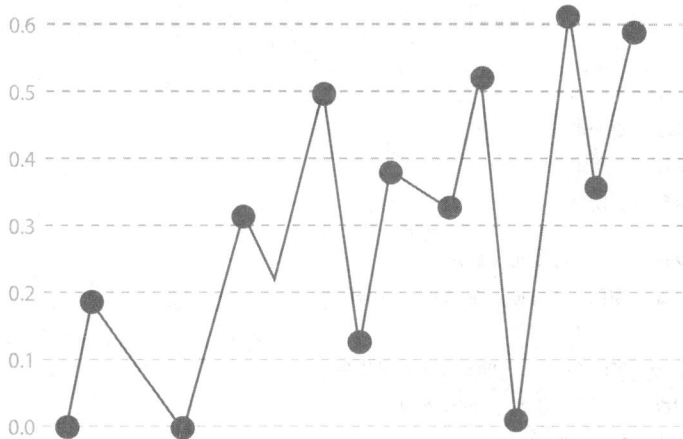

厦门大学出版社
XIAMEN UNIVERSITY PRESS
国家一级出版社
全国百佳图书出版单位

图书在版编目(CIP)数据

高级财务会计/韩传模主编. —厦门:厦门大学出版社,2015.1(2019.2 重印)
会计与财务管理系列教材/韩传模总主编
ISBN 978-7-5615-5334-3

Ⅰ.①高…　Ⅱ.①韩…　Ⅲ.①财务会计-教材　Ⅳ.①F234.4

中国版本图书馆 CIP 数据核字(2014)第 283160 号

出 版 人	蒋东明
责任编辑	陈丽贞
封面设计	一木木
责任印制	吴晓平

出版发行	厦门大学出版社
社　　址	厦门市软件园二期望海路 39 号
邮政编码	361008
总编办	0592-2182177　0592-2181253(传真)
营销中心	0592-2184458　0592-2181365
网　　址	http://www.xmupress.com
邮　　箱	xmupress@126.com
印　　刷	厦门集大印刷厂

开　本	787mm×1092mm　1/16
印　张	21
字　数	550 千字
印　数	7 001~8 000 册
版　次	2015 年 1 月第 1 版
印　次	2019 年 2 月第 4 次印刷
定　价	38.00 元

厦门大学出版社
微信二维码

厦门大学出版社
微博二维码

总　序

　　随着我国高等教育专业的整合与调整，国内会计学专业的建立和发展经历了半个多世纪的历程。工商管理学科下的财务与会计领域的本科专业设置，从最初的单一会计学专业发展到了三个专业，即会计学、财务管理和审计学。审计学和财务管理从原有的会计学专业中分离出来成为独立的本科专业，充分反映了市场经济发展对会计领域的专业化、专门化需求。所以，从历史发展的渊源看，我们认为，广义的会计学专业包括了上述的三个专业，形成了适应经济社会管理，相互联系的不同分支学科门类的会计学类专业组合。

　　上一世纪 90 年代以来，高等教育的专才教育思想在我国受到质疑，发展通才教育在我国教育界得到普遍认同。但是，就中国高等教育的现实和会计人才市场竞争的状况而言，还不能一概而论。我们认为，会计学专业是工商管理应用性很强的职业性专业，绝大多数的会计本科毕业生就业去向是会计实务领域，因此，在注重通才教育的同时，必须加强职业能力的培养，满足社会经济发展对会计人才素质的要求。正基于此，我们组织了几所高校具有多年丰富教学经验的教学第一线的骨干教师，精心编写了普通高等教育"十二·五"会计学专业系列规划教材。

　　会计学、审计学和财务管理作为经济管理科学的重要学科门类是研究会计、审计和财务管理实务与理论及其发展规律的知识体系。会计学、审计学和财务管理等财经类专业课程体系中，专业主干课程有 10 门左右。本系列教材主要包括《会计学基础》、《中级财务会计》、《高级财务会计》、《会计学》、《财务管理》、《财务报告分析》、《成本管理会计》、《审计学》、《会计信息系统》、《内部控制》等。有些教材除满足会计学、审计学和财务管理专业教学需要外，还可以满足其他各财经类专业相应课程的教学需要。

　　本系列教材内容依据国家最新实施的《会计准则》、《审计准则》等财经法规制度要求编写,力求综合反映会计、审计及财务管理改革理论研究与实务发展的最新成果,并力求正确把握财会理论与实务发展的趋势与规律,以使学生不仅能够学习掌握财会及审计的基本专业知识与技能,而且在分析问题、解决问题能力方面能够得到学习与训练。为了适应理论联系实际的需要,以及满足学生实际操作动手能力培养的需要,本系列教材通过大量的举例、练习题、引导案例和章中案例,详尽说明知识的具体运用,充分体现了实效性和可操作性。

在本系列教材编写过程中,得到厦门大学出版社及各方面的支持和帮助,在此表示衷心的感谢。由于编者水平有限和资料受限,书中难免有不妥甚至错误之处,衷心希望广大读者不吝指正,便于今后的修订。

为了做好本系列教材的组织编写工作,特成立了编委会,负责组织编写工作。

编委会组织及其成员如下:

主任:韩传模教授,天津财经大学

委员(按姓氏笔画为序):

韦琳教授,博士,天津财经大学

孙青霞教授,博士,天津财经大学

李学东教授,天津工业大学

张俊民教授,博士,博士生导师,天津财经大学

沈征教授,博士,天津财经大学

孟茜副教授,博士,天津财经大学

赵秀云教授,博士,博士生导师,天津财经大学

薛洪岩副教授,天津商业大学

魏亚平教授,博士,天津工业大学

系列教材编委会

前　言

　　《高级财务会计》是天津市教育委员会批准的"天津市普通高等学校'十二五'规划教材",也是天津财经大学校级精品课教材。本书以我国财政部 2006 年 2 月 15 日发布的并于 2007 年 1 月 1 日施行的《企业会计准则》为主要依据,并根据截止到 2014 年 10 月新发布和修订的 7 个会计准则的新内容和新变化,组织编者借鉴国内外院校的同类教材,比较全面、系统地阐述了特殊领域的财务会计问题和特定时期的财务会计问题。特殊领域的财务会计问题是指在特定的范围空间内产生的特殊会计问题,如,合并与合并报表会计,外币业务会计,租赁会计,金融工具会计,合伙会计,分部报告等。特定时期的财务会计问题是指在特定的时期内产生的特殊会计问题,如,物价变动会计,中期财务报告等。

　　本书在内容上的特点是:

　　1.实用性。本书通过大量的举例,并紧密与《企业会计准则》的相关内容相协调,详尽说明准则的具体运用,充分体现了实效性和可操作性。

　　2.深刻性。写作内容上重点突出,逻辑性强,由浅入深,对重点、难点从不同角度进行透彻分析,帮助读者增强可理解性。

　　3.国际化。在内容表述上按照我国会计准则阐述的同时,也兼容了国际惯例。

　　为了便于学生和广大读者的学习和掌握教材内容,本书每章前配有引导案例,每章中有案例,每章后配有小结(重要概念、重点内容)、思考题、类型齐全数量足够的练习题。

　　本书可作为高等院校"高级财务会计"课程的教材,其前导课程是"中级财务会计"。本书还可作为会计与财务工作者、财政税务工作者、注册会计师、政府和内部审计人员在实际工作中的必备参考书,也可作为大中专院校师生在会计研究和教学中的必备参考资料。

　　本书的编写人员及分工如下(按章节顺序):韩传模(第一章),孟茜(第二、三章),刘朋(第四章),刘建军(第五、六、七章),韩星(第八、九章),尹建军(第十章),樊丽莉(第十一章)。韩传模担任本书的主编,负责全书的统纂、修改和定稿。

　　在本书编写过程中,得到厦门大学出版社及各方面的支持和帮助,在此表示衷心感谢。由于编者水平有限和资料受限,书中难免有不妥甚至错误之处,衷心希望广大读者不吝指正,便于今后的修订。

编著者

2014 年 10 月

目　录

第一章

企业合并

　　学习目的:通过本章学习,使学生了解企业合并的动因,企业合并的三种形式;理解企业合并的含义,合并方法中购买法和权益结合法的特征;掌握购买法和权益结合法的会计处理,为进一步学习企业合并日合并报表的编制方法奠定必要的基础;能够运用本章所学知识对购买法和权益结合法的区别进行比较和分析,确定其对企业经济结果的影响。

引导案例:

清华同方合并鲁颖电子

　　1998 年我国上市公司清华同方按照 1∶1.8 的换股比例吸收合并了鲁颖电子,合并时的有关项目情况如下:

　　鲁颖电子 1998 年 12 月 31 日的净资产账面值为 92 665 276 元,与合并分录中的数额相同。

　　鲁颖电子 1998 年 12 月 31 日的无形资产为 9 909 364 元,与合并分录中无形资产借方金额相等。

　　鲁颖电子 1998 年 12 月 31 日的投入资本账面值为 43 456 600 元,与合并分录中股本与资本公积的合计金额相等。

　　鲁颖电子 1998 年 12 月 31 日的留存利润账面值为 30 160 027 元,被全数转入合并报表。

　　根据上述情况,你能判断这次合并采用的是什么方法吗?

第一节　企业合并基础

一、企业合并的意义

(一)企业合并的概念

1.企业合并的一般概念

企业合并(business combination)的一般概念是从经济领域中，说明两个或两个以上的企业联合。我国迄今为止还没有为企业合并从经济角度给出比较确切的定义。我国《公司法》第173条仅仅提及吸收合并和新设合并，指出："公司合并可以采取吸收合并和新设合并。"并对这两种合并做了一定的解释。1989年2月，国家体改委、国家计委、财政部、国家国有资产管理局联合发布的《关于企业兼并的暂行办法》中，只给出了兼并的定义："本办法所称兼并，是指一个企业购买其他企业的产权，使其他企业失去法人资格或改变法人实体的一种行为。"可见在企业合并的一般概念中，强调的主要是法律意义上的企业兼并。

2.企业合并的会计概念

企业合并是指将两个或者两个以上单独的企业合并形成一个报告主体的交易或事项。企业合并的会计概念是从会计目标出发，说明两个或两个以上的企业联合。企业合并的结果通常是一个企业取得了对一个或多个企业的控制权。是否认定企业合并取决于两个关键因素：一是控制权的转移，二是报告主体的变化。报告主体的变化产生于控制权的变化。在交易事项发生以后，一方能够对另一方的生产经营决策实施控制，就涉及控制权的转移，从财务报告角度形成报告主体的变化。

(二)企业合并的产生和发展

现代的企业合并产生于西方资本主义经济。在19世纪与20世纪的世纪之交，伴随着资本主义工业革命的进行和资本主义由自由竞争阶段进入到垄断阶段，对资本集中的规模和速度有了进一步的要求，于是西方资本主义国家掀起了企业兼并的浪潮。一个多世纪以来，西方资本主义国家已经经历了五次企业兼并的浪潮。

案例 1-1

战略兼并的强强联盟

2000年年初，美国在线收购时代华纳，金额高达1 550亿美元；飞机制造业巨头波音公司兼并麦道公司，金额达133亿美元；花旗银行与旅行者合并，金额达720亿美元；奔驰与克莱斯勒合并，金额达400亿美元。第一次兼并浪潮发生在19世纪与20世纪的世纪之交，横向兼并是第一次兼并浪潮的主要特点；第二次兼并浪潮发生在20世纪20年代，纵向兼并是第二次兼并浪潮的主要特点；第三次兼并浪潮发生在第二次世界大战后，多元合并是第三次兼并浪潮的主要特点；第四次兼并浪潮发生在20世纪70、80年代，融资兼并是第四次兼并浪潮的特点；第五次兼并浪潮发生在20世纪90年代，第五次兼并浪潮的特点是战略兼并，是功能互补型的强强联盟。

案例 1-2

吉利公司的跨国购并

2010年中国的汽车业发生了一件大事，中国浙江吉利控股集团有限公司3月28日与美国福特汽车公司在瑞典哥德堡正式签署收购沃尔沃汽车公司的协议，吉利收购沃尔沃"终成正果"。沃尔沃轿车销售额在过去数年来一直下滑,全球性的金融危机更让沃尔沃轿车出现巨额亏损,成为福特的巨大包袱。2009 年,沃尔沃轿车在全球销售约 33.5 万辆,同比下降 10.6％。此次吉利收购沃尔沃的收购价格为 18 亿美元,而当初福特公司购买沃尔沃的价格是 65 亿美元,不到当时的三分之一。

我国企业合并行动比较迟缓,直到 20 世纪 80 年代,通过企业合并来转换企业经营机制,合理配置社会资源,才逐渐得到人们的重视。尤其是到了 90 年代,我国证券市场蓬勃发展,为企业合并的发展提供了契机和环境。20 世纪 90 年代以来,我国企业购并事项已经很普遍了。

(三)企业合并的动因

在市场经济条件下,企业生产经营活动的基本目标是实现企业自身价值的最大化。然而,在剧烈竞争的市场经济中,企业会处于不平衡的发展状态。一些企业借助于有利条件而处于优势地位,而另一些企业则处境艰难,难以立足。作为市场主体的企业必然会对此作出灵活的反应。优势企业通过合并获取更多的权益资本,以取得更大的经济利益;劣势企业也可能采取被兼并的相应措施,以避免更大的损失。经营尚好的企业也可能被兼并,其动力是期望资产得到更加良好的运用。企业合并的具体动因各有不同,主要有以下几方面:

1.企业发展的动机

具有资金优势的企业通过合并来实现其发展和扩张的目的,以保持和增强其在竞争中的地位。合并与企业内部投资新建生产能力的内涵扩张比较,有利于大幅度降低企业的经营风险,有利于降低成本,有利于迅速提高生产能力,有利于取得某些特殊资产。

2.实现产销经营活动的协同作用

协同作用就是 $1+1>2$ 的效应。这种协同作用能为企业带来明显的效益。这些效益表现在节约了经营活动的组织成本;减少重复的固定成本,达到最佳经济规模的要求,实现规模最经济;消除抵销力量,实现优势互补。

3.实现财务协同作用

财务协同作用是指企业合并能给企业在财务方面带来效益,这种财务利益的取得往往是由于税法、会计处理惯例以及证券交易等内在规律的作用而产生的。主要表现在,可以达到合理避税的目的;使股票市场对企业股票的评价发生改变,对股票价格产生一定的影响。

4.多种经营,规避市场风险

通过合并一家非本行业的企业,可以减少企业收益的周期性波动。企业为了保持发展势头,必须拥有处于发展期的行业来取代处于下降期的行业,要合理地搭配处于生命周期各个阶段的企业分布,以分散风险。

5.扩大市场份额

企业通过合并来提高行业集中程度,增强企业对市场的控制力,扩大市场份额以保持一定的竞争优势。

二、企业合并的方式

在企业合并的理论和实务中,最常见的是按照以下标准对企业合并的方式加以分类。

（一）按法律形式划分

企业合并按法律形式划分,可分为吸收合并、新设合并和控股合并三种。

1.吸收合并

吸收合并(statutory merger)是指一个公司通过现金购买、股票交换、发行债务性证券或支付其他资产等形式,取得另一个或另几个公司的全部净资产而进行的合并。在吸收合并方式下,参与合并的公司中通常只有一家公司继续保留其法律地位,一般称其为存续公司,而另一个或另几个被吸收的公司在合并后丧失法人地位,宣布解散。如:甲公司＋乙公司＝甲公司,那么甲乙两公司合并中,甲公司是存续公司,乙公司被甲公司吸收并丧失法人地位。

2.新设合并

新设合并(statutory consolidation)也称为创立合并,是指两家或两家以上的公司通过交换有表决权的股份合并成一个新公司而进行的合并。在新设合并方式下,参与合并的公司均丧失其法律地位,而成立一家新公司,被合并公司的股东成为新公司的股东。如:甲公司＋乙公司＝丙公司,那么甲、乙公司均不复存在,成立新的丙公司。

3.控股合并

控股合并(acquisition of common stock)(parent/subsidiary relationship)是指一个公司通过现金购买、股票交换或发行债务性证券等形式,取得另一个公司的部分或全部的有表决权的股份而进行的合并。

在控股合并方式下,参与合并的两个公司仍然继续保留各自的法律地位,被控股的公司成为控股公司的附属公司,形成母、子公司关系。如:甲公司取得了乙公司50％以上有表决权的股份时,一般情况下,甲公司实际就控制了乙公司的经营活动和财务方针,甲公司成为控股公司,亦称母公司,乙公司成为甲公司的附属公司,亦称子公司。这时甲公司在会计上就以定期编制合并会计报表的方式来反映合并的财务状况和经营成果。即:

甲公司会计报表＋乙公司会计报表＝甲、乙公司合并的会计报表

控股合并在上述三种合并方式中具有明显的优势:第一,控股公司为了实现其扩张的目的,不需要取得附属公司全部有表决权的股份,就可以实现对附属公司的控制,大大节约了合并成本;第二,控股公司最大的责任限于对子公司的投资,合并风险较小。

（二）按合并各方的控制方是否相同划分

按参与合并各方的控制人是否相同,将企业合并划分为同一控制下的企业合并和非同一控制下的企业合并两种。

1.同一控制下的企业合并

同一控制下的企业合并是指参与合并的企业在合并前后均受同一方或相同的多方最终控制且该控制并非暂时性的。一方或相同的能够对参与合并各方在合并前后均实施最终控制的一方通常是指企业集团的母公司。同一控制下的企业合并一般发生于企业集团

内部,如集团内母子公司之间、子公司与子公司之间等。能够对参与合并的企业在合并前后均实施最终控制的相同多方,是指根据合同或协议的约定,拥有最终决定参与合并企业的财务和经营政策,并从中获取利益的投资者群体。控制并非暂时的具体是指在企业合并之前(即合并日之前),参与合并各方在最终控制方的控制时间一般在1年以上(含1年),企业合并后所形成的报告主体在最终控制方的控制时间也应达到1年以上(含1年)。

2.非同一控制下的企业合并

非同一控制下的企业合并是指参与合并的各方在合并前后不受同一方或相同的多方最终控制。即同一控制下企业合并以外的其他企业合并。相对于同一控制下的企业合并而言,非同一控制下的企业合并是合并各方自愿进行的交易行为,其交易更具公平性。

(三)按行业特点划分

企业合并按所涉及的行业特点划分,可分为横向合并、纵向合并和混合合并三种。

1.横向合并

横向合并也称水平式合并,是指生产或经营同类产品及劳务的企业间的合并。横向合并会削弱企业间的竞争,改善行业结构,并在很多情况下形成垄断。

2.纵向合并

纵向合并也称垂直式合并,是指生产工艺、产品和劳务虽不相同,但存在生产前后连续性的企业之间的合并。纵向合并是企业将关键性的投入—产出关系纳入企业的控制范围,使其前后产品相互配套,扩大经营,形成供、产、销一条龙,达到提高企业对市场的控制能力的目的。

3.混合合并

混合合并是指在工艺上既无关联,同时产品又有极大差异的企业间的合并。混合合并可以抵销不同时期不同行业面临的不同风险,提高企业的生存发展能力。

三、企业合并的业务程序

根据有关法规,一般企业的合并业务程序可按以下几个步骤进行:

(一)确定企业合并意向

企业合并是建立在双方自愿的基础上的,双方确定各自的合并意向,是企业合并的前提条件。企业合并的意向可由有关负责部门或银行来做媒介,经双方直接洽谈来确定;也可以通过产权交易市场的自由选择,经双方洽谈来确定。

(二)进行资产评估

企业合并是企业的产权变动行为,企业的产权变动涉及有交易关系的各方利益,产权交易需要以资产的价值为依据,资产评估通过对资产价值进行客观、公正的评定和估算,维护了交易各方的经济利益。在合并双方确定合并意向后,应立即对被合并企业进行资产评估,确定资产或产权的底价。

(三)可行性研究和科学论证

对企业合并事项进行可行性研究和科学论证,就是在合并的背景和目标、参与合并企业的现状、市场需求等进行分析的基础上,对合并的经济效益和社会效益做出科学、合理的评价,以此对合并事项进行决策。

（四）确定合并价格

资产评估价值只表明资产的公允价格,不一定就是合并双方商定的成交价格。企业合并的价格应以资产或产权的底价为基础,由合并双方协商议定,作为实施合并的企业接受被合并企业的代价。

（五）签署协议

合并双方企业的所有者代表签署产权转让的协议。有关协议和文件均应上报合并双方的主管部门,经审查批复后具有法律效力,有关文件还需进行法律公正。

（六）办理产权交接手续

合并双方在协议生效后,按照协议及时办理产权转让手续。

四、企业合并的会计方法

（一）企业合并的主要会计问题

企业合并所涉及的会计处理问题主要有以下三个焦点:

(1)被合并的公司净资产(或长期股权投资)以公允价值还是账面价值计价。

(2)合并成本中所含有的商誉或负商誉是否应当在账上(或合并报表中)确认。

(3)被合并企业的合并前利润及合并时的留存利润是否应并入实施合并的企业。

由于对以上三个主要会计问题的认识不同,导致所采取的处理方式有所区别,因此产生了两种不同的企业合并的会计方法,即购买法和权益结合法。[①]

（二）购买法

购买法(purchase method)把企业合并看成是一个企业购买另一个被合并企业或几个被合并企业净资产的交易行为,购买企业获得对被购买企业净资产的控制权和经营权。企业合并的购买法与企业直接从外界购买一般资产并无本质区别。

购买法有如下特点:

1.公允价值记账

购买企业要按公允价值记录所取得的资产和承担的负债,取得被合并企业的成本即合并成本;要按照与购买一般资产相同的方法来确定,将合并成本按合并日各项目的公允价值分配到所取得的和承担的可辨认资产和负债中。

2.商誉确认和处理

商誉是合并成本超过所取得的被合并企业可辨认净资产公允价值份额的差额。商誉应在企业发生合并业务时加以确认,按规定进行减值测试。

---

① 权益结合法的名称首先是在 20 世纪 40 年代的美国出现的。1943 年,联邦能源委员会在一个涉及两家公司合并,且双方都是合并后股东的案例中,第一次使用了"权益结合法"这个术语。随着企业之间合并方式、合并实质的变化,诸如合并也发生在不相关的企业之间,合并并不一定完全是权益联合,商誉的会计处理和影响,已经取得的利润转入合并后企业是否合理等等问题,都促进了合并的另外一种方法——购买法的产生。1950 年,CAP 颁布了《第 40 号会计研究公报——企业合并》,区分了两种不同的合并方法,称为权益结合法和购买法。

3.购买企业的利润

购买企业的利润仅仅包括当年本身实现的利润以及合并日后被合并企业所实现的利润,被合并企业的合并前利润不并入购买企业的利润中。

4.购买企业的留存利润

购买企业的留存利润有可能因合并而减少,但不能增加,被合并企业合并时的留存利润不转入购买企业的留存利润中。

5.合并时的相关费用

合并时的直接相关费用(不包含发行债券和股票的手续费和佣金)和间接费用列为当期费用。若合并方以发行股票作为合并对价,则股票发行的相关手续费和佣金直接冲销股票的发行收入。在发行有溢价的情况下,手续费和佣金自溢价收入中扣除,即减少资本公积;在发行无溢价或溢价不足以扣减的情况下,手续费和佣金应冲减盈余公积及未分配利润。若合并方以发行债券作为合并对价,则与发行债券相关的佣金、手续费等,应计入负债的初始确认金额。

(三)权益结合法

权益结合法,也称股权集中法、权益联营法。权益结合法(pooling of interest)把企业合并看成是两个或两个以上的企业实现的所有者权益的结合。在权益结合法下,企业合并不是一种购买行为,不存在可以确认的购进企业,也不存在购买价格和新的计价基础,参与联合的企业各自的会计报表项目均保持原来的账面价值。

权益结合法有如下特点:

1.参与合并的企业的净资产均按照账面价值计价,不考虑净资产的公允价值,也不存在需要记录的商誉或负商誉,因为不会产生合并成本与净资产公允价值的差额。

2.不论合并业务在会计年度的哪一时点发生,参与合并的企业整个年度的损益和留存收益全部包含在合并后的企业中。

3.企业合并时,直接相关和间接费用,均在发生时确认为当期费用。

4.若参与合并的企业的会计处理方法不一致,应进行追溯调整。

第二节 同一控制下的企业合并

一、同一控制下企业合并的处理要点

对于同一控制下的企业合并,企业合并准则中规定的会计处理方法基本上就是权益结合法。该方法下,将企业合并看作是两个或多个参与合并企业权益的重新整合,由于最终控制方的存在,从最终控制方的角度看,该类企业合并一定程度上并不会造成企业集团整体的经济利益流入和流出,最终控制方在合并前后实际控制的经济资源并没有发生变化,有关交易事项不看作出售或购买行为。

(一)合并中不产生新的资产和负债

合并方在合并中确认取得的被合并方的资产、负债仅限于被合并方账面上原已确认的资产和负债,合并中不产生新的资产和负债。即不确认新的资产,一般也不产生新的商誉因素。但被合并方在企业合并前账面上原已确认的商誉应作为合并中取得的资产确认。

(二)不一致会计政策的调整

被合并方在企业合并前采用的会计政策与合并方不一致的,应基于重要性原则,首先统一会计政策,即合并方应当按照本企业会计政策对被合并方资产、负债的账面价值进行调整。进行上述调整的一个基本原因是该项合并中涉及的合并方及被合并方应作为一个整体对待,作为一个完整的会计主体,其对相关交易、事项应当采用相对统一的会计政策,在此基础上反映其财务状况和经营成果。

(三)取得的净资产按照账面价值并入合并方

合并方在合并中取得的被合并方各项资产、负债应维持其在被合并方的原账面价值不变。涉及会计政策调整的,以调整后的账面价值作为有关资产、负债的入账价值。被合并方同时进行改制并对资产负债进行评估调账的,应以评估调账后的账面价值并入合并方。

(四)取得的净资产的入账价值与对价账面价值之间的差额

合并方在合并中取得的净资产的入账价值与为进行企业合并支付的对价账面价值之间的差额,应当调整所有者权益相关项目,不计入企业合并当期损益。合并方在同一控制下的企业合并,本质上不看作是购买行为,而是两个或多个会计主体权益的整合。合并方在企业合并中取得的价值量相对于所放弃的价值量,存在差额的,应当调整所有者权益。在根据合并差额调整合并方的所有者权益时,应首先调整资本公积(资本溢价或股本溢价),资本公积(资本溢价或股本溢价)的余额不足冲减的,应冲减留存收益。

(五)损益及留存收益的持续计算

对于同一控制下的控股合并,应视同合并后形成的报告主体自最终控制方开始实施控制时一直是一体化存续下来的,体现在其合并财务报表上,即由合并后形成的母子公司构成的报告主体,无论是其资产规模还是其经营成果,都应持续计算。不管该项合并发生在报告期的哪一时点,合并当期期初至合并日实现的损益以及合并日前实现的留存收益归属与合并方的部分,都应并入合并后的主体中。

(六)合并发生的有关费用

合并方为进行企业合并发生的有关费用,指合并方为进行企业合并发生的各项直接相关费用,如为进行企业合并支付的审计费用、资产评估费用以及有关的法律咨询费用等增量费用。同一控制下企业合并进行过程中发生的各项直接相关费用,应于发生时费用化计入当期损益。以发行债券方式进行的企业合并,与发行债券相关的佣金、手续费等有关的费用应计入负债的初始计量金额;发行权益性证券作为合并对价的,与所发行权益性证券相关的佣金、手续费等,应自所发行权益性证券的发行溢价收入中扣除,在权益性证券发行无溢价或溢价金额不足以扣减的情况下,应当冲减盈余公积和未分配利润。

二、同一控制下企业合并的会计处理方法

同一控制下的企业合并,根据合并方式不同,应当分别按以下两种情况进行会计处理。

(一)同一控制下的控股合并

同一控制下的企业控股合并,合并方需要通过长期股权投资记录合并业务。合并方

应当在合并日按照取得被并方所有者权益账面价值的份额作为长期股权投资的初始投资成本。长期股权投资的初始投资成本与支付的现金、转让的非现金资产、所承担的债务账面价值以及所发行的股票面值总额之间的差额,应当调整资本公积;资本公积不足冲减的,调整留存收益。

【例1-1】E公司与K公司同为B公司控制的子公司,E公司以发行的股票取得K公司的全部股权。合并中发生审计费12 000元,法律费用7 000元,其他直接费用5 000元。两公司合并前的资产负债表见表1-1(假定合并方资本公积数额均为股本溢价)。

表1-1　E公司与K公司资产负债表

单位:元

项　目	E公司	K公司
流动资产	250 000	270 000
固定资产	300 000	330 000
资产合计	550 000	600 000
负债	200 000	400 000
普通股本(面值1元)	200 000	120 000
资本公积	100 000	60 000
盈余公积	50 000	20 000
权益合计	550 000	600 000

根据上述资料,分三种情况来说明权益结合法的应用:

1.E公司发行的股票面值总额等于K公司的所有者权益的账面价值。E公司发行200 000股面值1元的股票,换取K公司全部股权。

(1)记录合并业务

借:长期股权投资　　　　　　　　　　　　　　　200 000

　　贷:普通股本　　　　　　　　　　　　　　　　　　　200 000

(2)记录合并费用

借:管理费用　　　　　　　　　　　　　　　　　24 000

　　贷:银行存款　　　　　　　　　　　　　　　　　　　24 000

2.E公司发行的股票面值总额小于K公司的所有者权益的账面价值。E公司发行150 000股面值1元的股票,换取K公司全部股权。

(1)记录合并业务

借:长期股权投资　　　　　　　　　　　　　　　200 000

　　贷:普通股本　　　　　　　　　　　　　　　　　　　150 000

　　　资本公积　　　　　　　　　　　　　　　　　　　50 000

(2)记录合并费用

借:管理费用　　　　　　　　　　　　　　　　　24 000

　　贷:银行存款　　　　　　　　　　　　　　　　　　　24 000

3.E公司发行的股票面值总额大于K公司的所有者权益的账面价值。E公司发行220 000股面值1元的股票,换取K公司全部股份(需要借记资本公积时,应以合并方资本公积中股本溢价的贷方余额为限,不足部分调整合并方留存收益)。

（1）记录合并业务

借：长期股权投资	200 000	
资本公积	20 000	
贷：普通股本		220 000

（2）记录合并费用

| 借：管理费用 | 24 000 | |
| 贷：银行存款 | | 24 000 |

（二）同一控制下的吸收合并

同一控制下的吸收合并中，合并方主要涉及合并日取得被合并方资产、负债入账价值的确定，以及合并中取得有关净资产的入账价值与支付的合并对价账面价值之间差额的处理。

合并方对同一控制下吸收合并中取得的资产、负债应当按照相关资产、负债在被合并方的原账面价值入账。

合并方在确认了合并中取得的被合并方的资产和负债后，以发行权益性证券方式进行的该类合并，所确认的净资产入账价值与发行股份面值总额的差额，应记入资本公积（资本溢价或股本溢价），资本公积（资本溢价或股本溢价）的余额不足冲减的，相应冲减盈余公积和未分配利润；以支付现金、非现金资产方式进行的该类合并，所确认的净资产入账价值与支付的现金、非现金资产账面价值的差额，相应调整资本公积（资本溢价或股本溢价），资本公积（资本溢价或股本溢价）的余额不足冲减的，应冲减盈余公积和未分配利润。

【例 1-2】续例 1-1，E 公司与 K 公司同为 B 公司控制的子公司，E 公司发行 150 000 股面值 1 元的股票，换取 K 公司全部股权。企业合并后 K 公司解散撤销。合并中发生审计费 12 000 元，法律费用 7 000 元，其他直接费用 5 000 元。两公司合并前的资产负债表见表 1-1（假定合并方资本公积数额均为股本溢价）。

根据上述资料，合并的会计记录为：

（1）记录合并的资产负债

借：流动资产	270 000	
固定资产	330 000	
贷：负债		400 000
股本		150 000
资本公积		50 000

（2）记录合并费用

| 借：管理费用 | 24 000 | |
| 贷：银行存款 | | 24 000 |

（3）合并前实现的留存收益结转

| 借：资本公积 | 20 000 | |
| 贷：盈余公积 | | 20 000 |

第三节　非同一控制下的企业合并

一、非同一控制下企业合并的处理要点

对于同一控制下的企业合并,企业合并准则中规定的会计处理方法基本上就是购买法。

(一)确定购买方

采用购买法核算企业合并的首要前提是确定购买方。购买方是指在企业合并中取得对另一方或多方控制权的一方。非同一控制下的企业合并中,一般应考虑企业合并合同、协议以及其他相关因素来确定购买方。

(二)确定购买日

购买日是购买方获得对被购买方控制权的日期,即企业合并交易进行过程中,发生控制权转移的日期。根据企业合并方式的不同,在控股合并的情况下,购买方应在购买日确认因企业合并形成的对被购买方的长期股权投资,在吸收合并的情况下,购买方应在购买日确认合并中取得的被购买方各项可辨认资产、负债等。确定购买日的基本原则是控制权转移的时点。企业在实务操作中,应当结合合并合同或协议的约定及其他有关的影响因素,按照实质重于形式的原则进行判断。

(三)确定企业合并成本

企业合并成本包括购买方为进行企业合并支付的现金或非现金资产、发行或承担的债务、发行的权益性证券等在购买日的公允价值。非同一控制下合并方或购买方为企业合并发生的审计、法律服务、评估咨询等中介费用以及其他相关管理费用,应当于发生时计入当期损益。这里所称合并中发生的各项直接相关费用,不包括与为进行企业合并发行的权益性证券或发行的债务相关的手续费、佣金等,该部分费用应比照本章关于同一控制下企业合并中类似费用的处理原则处理。

(四)企业合并成本在取得的可辨认资产和负债之间的分配

1.购买方在企业合并中取得的被购买方各项可辨认资产和负债,满足资产、负债的确认条件的,要作为本企业的资产、负债(或合并财务报表中的资产、负债)进行确认。

2.在无形资产的公允价值能够可靠计量的情况下,应区别于商誉单独确认的无形资产。

3.对于购买方在企业合并时可能需要代被购买方承担的或有负债,在其公允价值能够合理确定的情况下,即需要作为合并中取得的负债确认。

4.对于被购买方在企业合并之前已经确认的商誉和递延所得税项目,购买方在对企业合并成本进行分配、确认合并中取得可辨认资产和负债时不应予以考虑。

(五)企业合并成本与取得的净资产公允价值份额之间差额的处理

1.企业合并成本大于合并中取得的被购买方可辨认净资产公允价值份额的差额,应确认为商誉。企业合并方式不同,处理也不同。在控股合并情况下,该差额是指合并财务

报表中应列示的商誉;在吸收合并情况下,该差额是购买方在其账簿及个别财务报表中应确认的商誉。

2.企业合并成本小于合并中取得的被购买方可辨认净资产公允价值份额的差额,应计入合并当期损益。该种情况下,要对合并中取得的资产、负债的公允价值、作为合并对价的非现金资产或发行的权益性证券等的公允价值进行复核,复核结果表明所确定的各项可辨认资产和负债的公允价值确定是恰当的,应将企业合并成本低于取得的被购买方可辨认净资产公允价值份额之间的差额,计入合并当期的营业外收入,并在会计报表附注中予以说明。

二、非同一控制下企业合并的会计处理方法

(一)非同一控制下的控股合并

非同一控制下的控股合并中,购买方在购买日应当按照确定的企业合并成本,作为对被购买方长期股权投资的初始投资成本。购买方为取得对被购买方的控制权,以支付非货币性资产为对价的,有关非货币性资产在购买日的公允价值与其账面价值的差额,应作为资产的处置损益,计入合并当期的利润表。

【例 1-3】2010 年 12 月 31 日,A 公司控股合并 B 公司,B 公司继续存在,两公司是非同一控制的两个企业。合并时,A 公司以账面价值为 750 万元、公允价值为 990 万元的厂房一座置换 B 公司的全部股权。另外,A 公司还发生了合并业务直接相关的费用960 000元。合并时 B 公司经确认的资产负债表见表 1-2。

表 1-2　B 公司资产负债表

2010 年 12 月 31 日

单位:元

资产	账面值	公允价值	负债及所有者权益	账面值	公允价值
银行存款	240 000	240 000	短期借款	450 000	450 000
应收账款(净)	550 000	510 000	应付账款	520 000	520 000
存货	960 000	1 160 000	长期应付款	1 350 000	1 310 000
长期股权投资	740 000	760 000	股本	6 000 000	
固定资产(净)	7 710 000	7 910 000	资本公积	1 500 000	
无形资产	370 000	340 000	盈余公积	750 000	
资产合计	10 570 000	10 920 000	权益合计	10 570 000	2 280 000

根据上述资料的会计记录为:

借:长期股权投资 9 900 000

　　管理费用 960 000

　贷:固定资产 7 500 000

　　　营业外收入 2 400 000

　　　银行存款 960 000

(二)非同一控制下的吸收合并

非同一控制下的吸收合并,购买方在购买日应当将合并中取得的符合确认条件的各项可辨认资产、负债,按其公允价值确认为本企业的资产和负债;作为合并对价的有关非货币性资产在购买日的公允价值与其账面价值的差额,应作为资产处置损益计入合并当期的利润表;确定的企业合并成本与所取得的被购买方可辨认净资产公允价值之间的差额,视情况分别确认为商誉或是计入企业合并当期的损益。

【例 1-4】续例 1-3,2010 年 12 月 31 日,A 公司吸收合并 B 公司,A 公司继续存在,B公司丧失法人资格。两公司会计事项的处理原则相同,会计年度均为日历年度。合并时,A 公司发行了每股面值 1 元(每股市价 3 元)的股票 3 000 000 股,换取 B 公司股东持有的每股面值 1 元的股票 6 000 000 股。另外,A 公司还发生了合并业务直接相关的费用960 000 元。合并时 B 公司经确认的资产负债表见表 1-2。

根据上述资料的会计记录为:

借:银行存款	240 000	
应收账款(净)	510 000	
存货	1 160 000	
长期股权投资	760 000	
固定资产	7 910 000	
无形资产	340 000	
管理费用	960 000	
商誉	360 000	
贷:短期借款		450 000
应付账款		520 000
长期应付款		1 310 000
股本		3 000 000
资本公积		6 000 000
银行存款		960 000

本章小结

本章主要阐述了企业合并的意义与方式,企业合并的购买法,企业合并的权益结合法,购买法与权益结合法的比较,同一控制和非同一控制企业合并的会计处理方法等。

1.企业合并的概念、动因。企业合并是指将两个或者两个以上单独的企业合并,形成一个报告主体的交易或事项。企业合并的结果通常是一个企业取得了对一个或多个企业的控制权。是否认定企业合并取决于两个关键因素:一是控制权的转移,二是报告主体的变化。

企业合并的具体动因主要有:企业发展的动机,实现产销经营活动的协同作用,实现财务协同作用,多种经营,规避市场风险,扩大市场份额。

2.企业合并的方式。企业合并按法律形式划分,可分为吸收合并、新设合并和控股合并三种。按参与合并各方的控制人是否相同,将企业合并划分为同一控制下的企业合并和非同一控制下的企业合并两种。企业合并按所涉及的行业特点划分为横向合并、纵向合并和混合合并三种。

3.企业合并的会计方法。购买法(purchase method)就是把企业合并看成是一个企业购买另一个被合并企业或几个被合并企业净资产的交易行为,购买企业获得对被购买企业净资产的控制权和经营权。企业合并的购买法与企业直接从外界购买一般资产并无本质区别。购买法的特点:(1)公允价值记账;(2)确认和处理商誉;(3)不合并被并企业的利润和留存利润。

权益结合法(pooling of interest),也称股权集中法、权益联营法,就是把企业合并看成是两个或两个以上的企业实现的所有者权益的结合。在权益结合法下,由于企业合并不是一种购买行为,不存在可以确认的购进企业,也不存在购买价格和新的计价基础,参与联合的企业各自的会计报表项目均保持原来的账面价值。

权益结合法的特点:(1)参与合并的企业的净资产均按照账面价值计价,不考虑净资产的公允价值,也不存在需要记录的商誉或负商誉,因为不会产生合并成本与净资产公允价值的差额;(2)不论合并业务在会计年度的哪一时点发生,参与合并的企业整个年度的损益和留存收益全部包含在合并后的企业中;(3)企业合并时,直接相关和间接费用均在发生时确认为当期费用;(4)若参与合并的企业的会计处理方法不一致,应进行追溯调整。

4.同一控制下企业合并的处理要点。合并方在合并中确认取得的被合并方的资产、负债仅限于被合并方账面上原已确认的资产和负债,合并中不产生新的资产和负债。被合并方在企业合并前采用的会计政策与合并方不一致的,应基于重要性原则,首先统一会计政策。取得的净资产按照账面价值计入合并方,合并方在企业合并中取得的价值量相对于所放弃价值量之间存在差额的,应当调整所有者权益。对于同一控制下的控股合并,应视同合并后形成的报告主体自最终控制方开始实施控制时一直是一体化存续下来的,体现在其合并财务报表上。不管该项合并发生在报告期的哪一时点,合并当期期初至合并日实现的损益以及合并日前实现的留存收益归属与合并方的部分,都应并入合并后的主体中。合并进行过程中发生的各项直接相关费用,应于发生时费用化计入当期损益。以发行债券方式进行的企业合并,与发行债券相关的佣金、手续费等有关的费用应计入负债的初始计量金额;发行权益性证券作为合并对价的,与所发行权益性证券相关的佣金、手续费等,应自所发行权益性证券的发行溢价收入中扣除,在权益性证券发行无溢价或溢价金额不足以扣减的情况下,应当冲减盈余公积和未分配利润。

5.非同一控制下企业合并的处理要点。采用购买法核算企业合并的首要前提是确定购买方;其次,要确定购买日。企业合并成本包括购买方为进行企业合并支付的现金或非现金资产、发行或承担的债务、发行的权益性证券等在购买日的公允价值以及企业合并中发生的各项直接相关费用之和。通过多次交换交易分步实现的企业合并,其合并成本为每一单项交换交易的成本之和。企业合并成本需要在取得的可辨认资产和负债之间分配。企业合并成本大于合并中取得的被购买方可辨认净资产公允价值份额的差额,应确认为商誉。企业合并成本小于合并中取得的被购买方可辨认净资产公允价值份额的差额,应计入合并当期损益。

思考题

1.企业合并的动因如何?

2.企业合并的法律形式有哪些?

3.企业控股合并的优势何在?

4.什么是同一控制下的企业合并和非同一控制下的企业合并?

5.企业合并日如何确定?

6.购买法和权益结合法的经济结果和对企业的影响有什么不同?

练习题

(一)单项选择题

1.企业合并是指将两个或者两个以上单独的企业合并形成一个(　　)的交易或事项。

　A.法律主体　　　　　B.会计主体　　　　　C.报告主体　　　　　D.合并主体

2.第五次兼并浪潮的特点是(　　)。

　A.多元合并　　　　　B.纵向兼并　　　　　C.融资兼并　　　　　D.战略兼并

3.(　　)是企业合并的具体动因之一。

　A.企业经营不善,资不抵债,无法继续经营

　B.实现财务协同作用

　C.缺乏现代经营管理理念,内部控制制度不健全

　D.不能及时调整产业结构、人才结构

4.达到最佳经济规模的要求,实现规模最经济,是(　　)的要求。

　A.实现财务协同作用　　　　　　　　　B.扩大市场份额

　C.多种经营,规避市场风险　　　　　　D.实现产销经营活动的协同作用

5.公司通过现金购买、股票交换或发行债务性证券等形式,取得另一个公司的部分或全部的有表决权的股份而进行的合并,是(　　)。

　A.控股合并　　　　　B.纵向合并　　　　　C.新设合并　　　　　D.吸收合并

6.同一控制下的企业合并是指参与合并的企业在合并前后均受(　　)最终控制且该控制并非暂时性的。

　A.生产前后连续性的企业之间　　　　B.相同的多方

　C.生产或经营同类产品及劳务的企业　　D.工艺上无关联的企业间

7.(　　)是把企业合并看成是一个企业购买另一个被合并企业或几个被合并企业净资产的交易行为,购买企业获得对被购买企业净资产的控制权和经营权。

　A.权益联营法　　　B.股权集中法　　　C.购买法　　　D.权益结合法

8.对于同一控制下的企业合并,企业合并准则中规定的会计处理方法是(　　)。

　A.权益结合法　　　B.成本法　　　　　C.购买法　　　D.权益法

9.同一控制下企业合并,在根据合并差额调整合并方的所有者权益时,应首先调整( )。

A.实收资本　　　　B.留存收益　　　　C.所有者权益　　　　D.资本公积

10.甲、乙公司属于同一母公司控制下的两家子公司。2009 年 6 月 4 日,甲公司以账面价值为 7 000 万元、公允价值为 6 600 万元的厂房作为对价,取得乙公司 80% 的股权,相关手续已办理;当日乙公司账面净资产总额为 8 000 万元,公允价值为 8 500 万元。2009 年 8 月 5 日,乙公司宣告发放 2008 年度现金股利 800 万元。假定不考虑其他因素影响。2009 年 6 月 4 日,甲公司对乙公司长期股权投资的账面价值为( )万元。

A.5 600　　　　B.5 280　　　　C.6 400　　　　D.6 800

11.甲、乙公司不属于同一控制下的公司。2009 年 7 月 15 日,甲公司以存货和承担乙公司短期借款的偿还义务的方式取得乙公司 80% 的股权。合并当日乙公司可辨认净资产的公允价值为 800 万元;甲公司投出存货的公允价值为 400 万元,账面价值为 350 万元,增值税率为 17%,承担还款义务 300 万元。则甲公司的合并成本为( )万元。

A.768　　　　B.468　　　　C.700　　　　D.650

12.A 企业于 2007 年 2 月 17 日聘请会计师事务所对 B 公司进行资产评估,于 2007 年 6 月 5 日取得 B 公司 30% 的股权(假定能够对被投资单位施加重大影响),后又于 2008 年 12 月 2 日召开股东大会,表决通过再次收购 B 公司股份的决议,于 2009 年 3 月 21 日再次取得 B 公司 30% 的股权,并于当日对 B 公司实施控制。企业合并的购买日是( )。

A.2007 年 2 月 17 日　　　　　　　　B.2007 年 6 月 5 日

C.2008 年 12 月 2 日　　　　　　　　D.2009 年 3 月 21 日

13.A 公司于 2008 年 2 月以 4 000 万元取得 B 公司 40% 的股份,取得投资时 B 公司净资产的公允价值为 3 500 万元。2008 年底,确认对 B 公司的投资收益 120 万元。2009 年 6 月,A 公司另支付 4 500 万元取得 B 公司另外 40% 的股份,能够对 B 公司实施控制。B 公司自 2008 年 A 公司取得投资后至 2009 年进一步购买股份前实现的留存收益为 1 250 万元,未进行利润分配。则 2009 年 6 月,A 公司再次投资后,对 B 公司长期股权投资的账面价值为( )万元。

A.4 000　　　　B.4 500　　　　C.8 500　　　　D.8 000

14.在非同一控制下的企业合并中,企业合并成本低于取得的被购买方可辨认净资产公允价值份额之间的差额,应( )。

A.确认为商誉　　　　　　　　　　B.计入合并当期的营业外收入

C.冲减合并成本　　　　　　　　　D.不做会计处理

15.甲公司和乙公司不属于同一控制的两个公司。2009 年 1 月 1 日,甲公司以某一固定资产和银行存款 500 万元向乙公司投资,占乙公司注册资本的 50%,该固定资产的账面原价为 6 000 万元,已计提累计折旧 1 000 万元,已计提固定资产减值准备 300 万元,公允价值为 5 000 万元。不考虑其他相关税费。则甲公司计入营业外收入的金额为( )。

A.300　　　　B.4 700　　　　C.5 500　　　　D.5 000

16.非同一控制下企业合并中发生的与企业合并直接相关的费用,应( )。

A.计入当期损益　　　　　　　　　B.计入企业合并成本

C.冲减资本公积　　　　　　　　　　D.冲减留存收益

17.在非同一控制企业合并中,发行权益性证券作为合并对价的,与所发行权益性证券相关的佣金、手续费等,应(　　　)。

A.自所发行权益性证券的发行溢价收入中扣除

B.直接计入当期损益

C.直接冲减留存收益

D.计入合并成本

18.在非同一控制企业合并中,资产公允价值与账面价值的差额应(　　　)。

A.计入资本公积——其他资本公积　　　B.计入资本公积——股本溢价

C.列为间接费用　　　　　　　　　　D.计入当期损益

19.若参与合并的企业的会计处理方法不一致,应进行追溯调整,是(　　　)的特点。

A.购买法　　　　　　　　　　　　　B.非同一控制企业合并

C.控股合并　　　　　　　　　　　　D.权益结合法

20.(　　　)会削弱企业间的竞争,改善行业结构,并在很多情况下形成垄断。

A.同一控制下的企业合并　　　　　　B.混合合并

C.横向合并　　　　　　　　　　　　D.吸收合并

(二)多项选择题

1.认定企业合并取决于两个关键因素,即(　　　)和(　　　)。

A.控制权的转移　　　　　　　　　　B.公司名称的改变

C.企业法人的改变　　　　　　　　　D.报告主体的变化

2.企业合并的具体动因,主要有(　　　)几个方面。

A.扩大市场份额　　　　　　　　　　B.实现财务协同作用

C.企业发展的动机　　　　　　　　　D.多种经营,规避市场风险

3.企业合并按法律形式划分,可分为(　　　)。

A.吸收合并　　　　　　　　　　　　B.横向合并

C.控股合并　　　　　　　　　　　　D.同一控制下的企业合并

4.控股合并的优势是(　　　)。

A.不需要取得附属公司全部有表决权的股份,就可以实现对附属公司的控制

B.可以取得另一个或另几个公司的全部净资产

C.节约合并成本

D.合并风险较小

5.一般企业的合并业务程序根据有关法规,有以下步骤:(　　　)。

A.进行资产评估

B.可行性研究和科学论证

C.通知或公告债权人并进行债权登记,债权人向清算组申报其债权。

D.办理产权交接手续

6.购买法的特点是(　　　)。

A.公允价值记账

B.商誉应在企业发生合并业务时加以确认,按规定进行减值测试

C.被合并企业的合并前利润并入购买企业的利润中

D.合并时的直接相关费用增加合并成本,合并的间接费用列为当期费用

7.权益结合法的特点是( )。

A.购买企业的留存利润有可能因合并而减少,但不能增加

B.企业合并时,直接相关和间接费用,均在发生时确认为当期费用

C.参与合并的企业的净资产均按照账面价值计价,不考虑净资产的公允价值

D.参与合并的企业整个年度的损益和留存收益全部包含在合并后的企业中

8.合并方为进行企业合并发生的各项直接相关费用,包括( )。

A.为进行企业合并支付的审计费用   B.资产评估费用

C.与发行债券相关的佣金、手续费   D.法律咨询费用

9.发行权益性证券作为合并对价的,在权益性证券发行无溢价或溢价金额不足以扣减的情况下,应当冲减( )。

A.盈余公积   B.资本公积   C.实收资本   D.未分配利润

10.甲公司和乙公司为同一控制下的两家公司。甲公司以一项账面价值为 220 万元的设备(原价 250 万元,累计折旧 30 万元)和一项账面价值为 350 万元的商标权为对价取得同一母公司控制下另一家子公司(乙公司)100％的股权,合并过程中发生审计、评估费等直接相关费用 20 万元。合并日,甲公司和乙公司所有者权益构成如下表所示,甲公司资本公积全部属于股本溢价:

单位:元

甲公司		乙公司	
项　目	金额	项　目	金额
股本	20 000 000	股本	1 200 000
资本公积	3 100 000	资本公积	1 200 000
盈余公积	5 000 000	盈余公积	1 700 000
未分配利润	12 000 000	未分配利润	1 300 000
合计	40 100 000	合计	5 400 000

根据上述资料,下列说法中正确的有( )。

A.乙公司在合并前实现的留存收益中归属于甲公司的部分转入留存收益应冲减资本公积的金额为 300 万元

B.企业合并时应确认资本公积的金额为 30 万元

C.进行企业合并以后,甲公司资本公积—股本溢价的余额为 250 万元

D.合并过程中发生的审计、评估费等直接相关费用应该计入长期股权投资的初始入账价值

11.A 公司和 B 公司为同一集团控制下的两家子公司,2009 年 10 月 25 日,A 公司以银行存款 620 万元取得 B 公司所有者权益的 55％,合并当日 B 公司所有者权益的账面价

值为 1 000 万元,可辨认净资产公允价值为 1 300 万元。则 A 公司在合并日的会计处理中,正确的是(　　)。

A.应确认资本公积——资本溢价 70 万元

B.应确认资本公积——其他资本公积 70 万元

C.应确认资本公积——其他资本公积 95 万元

D.确认的资本公积金额应在会计科目借方

12.关于长期股权投资成本法核算,下列说法正确的有(　　)。

A.期末计提减值准备,减值准备可以转回

B.期末计提减值准备,减值准备一经计提不得转回

C.适用范围是对被投资单位持有的表决权资本比例需在 5% 以下

D.以支付的全部价款作为初始投资成本入账,已宣告尚未领取的现金股利除外

13.同一控制下的企业合并会计处理的特点是(　　)。

A.企业合并成本大于合并中取得的被购买方可辨认净资产公允价值份额的差额,应确认为商誉

B.合并中不产生新的资产和负债

C.合并方应当按照本企业会计政策对被合并方资产、负债的账面价值进行调整

D.取得的净资产按照账面价值并入合并方

14.非同一控制下企业合并会计处理的特点是(　　)。

A.非同一控制下企业合并中发生的与企业合并直接相关的费用,应当计入企业合并成本

B.对于购买方在企业合并时可能需要代被购买方承担的或有负债,在其公允价值能够合理确定的情况下,即需要作为合并中取得的负债确认

C.企业合并成本小于合并中取得的被购买方可辨认净资产公允价值份额的差额,应计入合并当期损益

D.在无形资产的公允价值能够可靠计量的情况下,应区别于商誉单独确认的无形资产

(三)判断题

1.企业合并是指将两个或者两个以上单独的企业合并形成一个法律主体的交易或事项。　　　　　　　　　　　　　　　　　　　　　　　　　　　　(　　)

2.协同作用就是 1＋1＞2 的效应。表现在企业合并,是指将两个或者两个以上单独的企业合并形成一个报告主体的交易或事项。　　　　　　　　　　　　　(　　)

3.新设合并也称为创立合并,是指一个公司通过现金购买、股票交换或发行债务性证券等形式,取得另一个公司的部分或全部的有表决权的股份而进行的合并。　(　　)

4.同一控制下的企业合并是指参与合并的企业在合并前后均受同一方或相同的多方最终控制且该控制并非暂时性的。　　　　　　　　　　　　　　　　　　(　　)

5.同一控制下的企业合并是合并各方自愿进行的交易行为,其交易更具公平性。

　　　　　　　　　　　　　　　　　　　　　　　　　　　　　　　　(　　)

6.购买法下,合并成本超过所取得的被合并企业可辨认净资产公允价值份额的差额

需要调整资本公积。　　　　　　　　　　　　　　　　　　　　（　　）

7.购买法下,购买企业的利润不仅包括当年本身实现的利润以及合并日后被合并企业所实现的利润,被合并企业的合并前利润也应并入购买企业的利润中。（　　）

8.在权益结合法下,购买企业的利润仅仅包括当年本身实现的利润以及合并日后被合并企业所实现的利润,被合并企业的合并前利润不并入购买企业的利润中。（　　）

9.在权益结合法下,不论合并业务在会计年度的哪一时点发生,参与合并的企业整个年度的损益和留存收益全部包含在合并后的企业中。　　　　　　　　（　　）

10.对于同一控制下的企业合并,合并方应当按照本企业会计政策对被合并方资产、负债的账面价值进行调整。　　　　　　　　　　　　　　　　　　（　　）

11.对于同一控制下的企业合并,合并方在企业合并中取得的价值量相对于所放弃价值量之间存在差额的,应当调整所有者权益中的资本公积——其他资本公积。（　　）

12.对于同一控制下的企业合并,以发行债券方式进行的企业合并,与发行债券相关的佣金、手续费等有关的费用应计入负债的初始计量金额。　　　　　　（　　）

13.购买日是购买方获得对被购买方控制权的日期,即企业合并交易进行过程中,确定交易意向的日期。　　　　　　　　　　　　　　　　　　　　　　（　　）

14.非同一控制下企业合并中,对于被购买方在企业合并之前已经确认的商誉和递延所得税项目,购买方在对企业合并成本进行分配、确认合并中取得可辨认资产和负债时不应予以考虑。　　　　　　　　　　　　　　　　　　　　　　　　　　（　　）

15.非同一控制下企业合并中发生的与企业合并直接相关的费用包括与为进行企业合并发行的权益性证券或发行的债务相关的手续费、佣金。　　　　　　（　　）

（四）业务题

1.

（1）目的:掌握非同一控制下合并方以支付现金、转让非现金资产或承担债务方式作为合并对价的吸收合并的会计处理。

（2）资料:甲、乙公司属非同一控制的两家公司,2010年12月31日,甲公司吸收合并乙公司,两公司会计事项的处理原则相同,会计年度均为日历年度。合并时,甲公司以银行存款9 800 000元,取得乙公司100%的股权。另外,甲公司还发生了与合并业务直接相关的费用56 000元。合并时乙公司经确认的资产负债表如下表所示:

乙公司资产负债表
2010年12月31日　　　　　　　　　　　　　　　　　　单位:元

资产	账面金额	公允价值	负债及所有者权益	账面金额	公允价值
银行存款	260 000	260 000	短期借款	550 000	550 000
应收账款(净)	580 000	540 000	应付账款	540 000	540 000
存货	920 000	970 000	长期应付款	1 300 000	1 300 000
长期股权投资	840 000	860 000	股本	6 000 000	
固定资产(净)	7 910 000	8 310 000	资本公积	1 700 000	
无形资产	330 000	300 000	盈余公积	750 000	
资产合计	10 840 000		权益合计	10 840 000	

(3)要求:①为甲公司编制合并业务的会计分录。②为乙公司编制注销业务的会计分录。

2.

(1)目的:掌握非同一控制下合并方以发行权益性证券作为合并对价的控股合并的会计处理。

(2)资料:仍然沿用第1题所提供的资料,但把合并方式改为控股合并,对价形式改为:甲公司发行了每股面值1元(每股市价5元)的股票2 000 000股,换取乙公司股东持有的每股面值1元的股票6 000 000股。

(3)要求:为甲公司编制合并业务的会计分录。

3.

(1)目的:掌握非同一控制下合并方以支付现金、转让非现金资产或承担债务方式作为合并对价的控股合并的会计处理。

(2)资料:仍然沿用第1题所提供的资料,但把合并方式改为控股合并,对价形式改为:甲公司支付银行存款9 600 000元,取得乙公司的全部股权,乙公司继续存在。

(3)要求:为甲公司编制合并业务的会计分录。

4.

(1)目的:掌握同一控制下合并方以发行权益性证券方式作为合并对价的吸收合并的会计处理。

(2)资料:丙公司与丁公司同为A公司控制的子公司,丙公司发行了550 000股每股面值1元(每股公允价值6元)的股票,换取了丁公司的全部股份,企业合并后丁公司解散撤销。合并中发生法律费用9 000元,证交所登记费用15 000元,其他间接费用6 000元。合并时两家公司的资产负债表如下表所示:

丙公司与丁公司资产负债表
2010年12月31日　　　　　　　　　　　　　单位:元

项　目	丙公司	丁公司
流动资产	350 000	370 000
固定资产	500 000	630 000
资产合计	850 000	1 000 000
负债	150 000	350 000
普通股本(面值1元)	280 000	250 000
资本公积	90 000	80 000
盈余公积	330 000	320 000
权益合计	850 000	1 000 000

(3)要求:为丙公司编制合并业务的会计分录。

5.

(1)目的:掌握同一控制下合并方以发行权益性证券作为合并对价的吸收合并的会计

处理。

(2)资料:仍然沿用第4题所提供的资料,但把对价形式改为:丙公司发行了700 000股每股面值1元(每股公允价值25元)的股票,换取了丁公司的全部股份,企业合并后丁公司解散撤销。

(3)要求:为丙公司编制合并业务的会计分录。

6.

(1)目的:掌握同一控制下合并方以发行权益性证券作为合并对价的控股合并的会计处理。

(2)资料:仍然沿用第4题所提供的资料,但把对价形式改为:丙公司发行了600 000股每股面值1元(每股公允价值8元)的股票,换取了丁公司的全部股份,合并后丁公司仍维持其独立的法人资格。

(3)要求:为丙公司编制合并业务的会计分录。

第二章

购买日(合并日)合并财务报表

学习目的:通过本章学习,使学生掌握企业在非同一控制和同一控制合并下的合并日合并财务报表的编制程序和方法,重点掌握非同一控制下母公司拥有子公司全部股权和部分股权的合并财务报表的编制;熟悉合并财务报表的概念、意义、合并财务报表的合并范围和基本的合并理论;了解下推会计的基本原理和基本处理程序,能够运用本章所学知识编制购买日合并财务报表。

引导案例:

2011年1月28日,北京金隅股份有限公司获得中国证监会关于首次公开发行和换股吸收合并太行水泥的核准,摘得2011年H股回归A股头筹。2月9日,太行水泥停牌并发布公告称开始接受现金选择权申报,并自9日起开始连续停牌,直至完成终止上市手续。

第一节　合并财务报表概述

一、合并财务报表的意义

(一)合并财务报表的概念

合并财务报表(consolidated financial statement)是指母公司和其全部子公司形成的企业集团整体财务状况、经营成果和现金流量的财务报表。合并财务报表简称合并财务报表,在企业合并的方式中,一般情况下,只有控股合并才会产生合并财务报表的编制问题。如果母公司是投资性主体,且不存在为其投资活动提供相关服务的子公司,则不应当编制合并财务报表,该母公司按照公允价值计量其对所有子公司的投资,且公允价值变动计入当期损益。

(二)合并财务报表的性质

编制合并财务报表反映了"实质胜于形式"的会计准则的要求。从法律形式来看,控股合并后的控股企业与被控股企业仍然是各自独立的法律实体,它们组成的合并实体不是统一的法律实体,不具备法人资格。但从经济实质来看,合并实体构成了统一的经济实体,这种经济实体的特殊性在于它是一个报告性的会计主体,因此习惯上称为报告主体。通过合并财务报表的编制,可以把具有不同法律地位的企业主体融合为一个具有重要经济意义的报告主体。由于只有在控股合并的合并方式下才会有合并财务报表的编制问题,因此本章及其以后有关章节所涉及的企业合并均为控股合并,而不再涉及吸收合并和创立合并两种合并方式。

合并财务报表与汇总报表不同,汇总会计报表是企业主管部门将所属企业报送的报表连同主管单位的报表加总编制的本部门的会计报表。合并财务报表与汇总报表有明显的区别:

1.编制的目的不同

编制合并财务报表的目的是为了全面、综合地反映和报告一个企业集团整体的财务状况、经营成果以及资金变动情况,以满足报表使用者对企业集团整体的财务信息的需求。而编制汇总报表的目的是为满足国家宏观经济管理的需要,反映行业系统和地区、部门的财务情况和经营情况。

2.合并与汇总的范围不同

合并财务报表的合并范围是以股权投资业务而形成的母子公司的控制关系为依据来确定的。汇总报表的汇总范围是按照财务隶属关系逐级汇总的。

3.编制的方法不同

合并财务报表将企业集团看成是一个会计主体,编制合并财务报表时要将集团内部事项抵销和调整后再进行相加合并。而汇总会计报表是将基层单位的个别报表连同主管单位的报表一起,按相同指标逐项相加汇总。

二、合并财务报表编制的目的

国际会计准则委员会发布的第 27 号国际会计准则"合并财务报表与单独财务报表"中提出的合并财务报表的目的是:"母公司财务报表的使用者通常关心并且需要了解企业集团作为整体的财务状况、经营成果以及财务状况的变动,合并财务报表能够满足这一要求,它将企业集团整体视作单一企业来提供财务信息,而撇开各别法律实体的法定界限。"

编制合并财务报表的具体目的有"放大"观和"取代"观两种观点。"放大"观认为,编制合并财务报表是为了将母公司单独会计报表上总括反映的项目(对子公司投资、对子公司投资收益)进行具体详细的反映,"放大"有关会计信息的内容。采用这种观点,要求母公司在提供合并财务报表的同时,还要提供母公司的个别会计报表。"取代"观认为,编制合并财务报表是为了采用一种新的报告形式来反映新的主体的会计信息,以"取代"原来的报告形式。采用这种观点,母公司在提供合并财务报表的同时,无须提供母公司的个别会计报表。

三、合并财务报表的范围

(一)界定合并财务报表范围的基本原则

界定合并财务报表的范围,就是把企业集团作为一个会计主体编制合并财务报表时,要确定哪些子公司应包括在合并财务报表的编报范围之内,哪些子公司应排除在合并财务报表的编报范围之外。明确合并财务报表的合并范围是正确编制合并财务报表的基本前提。合并范围的确定在很大程度上取决于编制合并财务报表时所运用的合并理论,同时也受到每个国家的会计所遵循的法律、法规的影响,因此,世界各国具体的合并财务报表范围存在着一些差异。但无论怎样,界定合并财务报表范围的基本原则是:合并财务报表的合并范围应当以控制为基础予以确定。当母公司在事实上能够对子公司实施控制时,该子公司就应纳入合并财务报表的编制范围。可见,实际控制是界定合并财务报表范围的关键。

控制,是指投资方拥有对被投资方的权力,通过参与被投资方的相关活动而享有可变回报,并且有能力运用对被投资方的权力影响其回报金额。

相关活动,是指对被投资方的回报产生重大影响的活动。被投资方的相关活动应当根据具体情况进行判断,通常包括商品或劳务的销售和购买、金融资产的管理、资产的购买和处置、研究与开发活动以及融资活动等。

投资方应当在综合考虑所有相关事实和情况的基础上对是否控制被投资方进行判断。一旦相关事实和情况的变化导致对控制定义所涉及的相关要素发生变化的,投资方应当进行重新评估。相关事实和情况主要包括:

(1)被投资方的设立目的;

(2)被投资方的相关活动以及如何对相关活动做出决策;

(3)投资方享有的权利是否使其目前有能力主导被投资方的相关活动;

(4)投资方是否通过参与被投资方的相关活动而享有可变回报;

(5)投资方是否有能力运用对被投资方的权力影响其回报金额;

(6)投资方与其他方的关系。

投资方享有现时权利使其目前有能力主导被投资方的相关活动,而不论其是否实际行使该权利,视为投资方拥有对被投资方的权力。两个或两个以上投资方分别享有能够单方面主导被投资方不同相关活动的现时权利的,能够主导对被投资方回报产生最重大影响的活动的一方拥有对被投资方的权力。

投资方在判断是否拥有对被投资方的权力时,应当仅考虑与被投资方相关的实质性权利,包括自身所享有的实质性权利以及其他方所享有的实质性权利。实质性权利,是指持有人在对相关活动进行决策时有实际能力行使的可执行权利。

判断一项权利是否为实质性权利,应当综合考虑所有相关因素,包括权利持有人行使该项权利是否存在财务、价格、条款、机制、信息、运营、法律法规等方面的障碍;当权利由多方持有或者行权需要多方同意时,是否存在实际可行的机制使得这些权利持有人在其愿意的情况下能够一致行权;权利持有人能否从行权中获利等。

某些情况下,其他方享有的实质性权利有可能会阻止投资方对被投资方的控制。这种实质性权利既包括提出议案以供决策的主动性权利,也包括对已提出议案做出决策的被动性权利仅享有保护性权利的投资方不拥有对被投资方的权力。

保护性权利,是指仅为了保护权利持有人利益却没有赋予持有人对相关活动决策权的一项权利。保护性权利通常只能在被投资方发生根本性改变或某些例外情况发生时才能够行使,它既没有赋予其持有人对被投资方拥有权力,也不能阻止其他方对被投资方拥有权力。

(二)合并财务报表范围的确定

除非有确凿证据表明其不能主导被投资方相关活动,下列情况,表明投资方对被投资方拥有权力:

1.拥有半数以上表决权

直接或通过子公司间接拥有被投资单位半数以上的表决权,表明母公司能够控制被投资单位,应当将该被投资单位认定为子公司,纳入合并财务报表的合并范围。具体有以下三种情况:

(1)母公司直接拥有被投资企业过半数以上权益性资本,同时直接获得半数以上的表决权;

(2)母公司间接拥有被投资企业过半数以上权益性资本,即通过子公司而对子公司的子公司拥有其过半数以上权益性资本,同时间接获得半数以上的表决权;

(3)母公司以直接和间接方式合计拥有被投资企业过半数以上权益性资本,同时直接和间接获得半数以上的表决权。

即母公司虽然只拥有其半数以下权益性资本,但与子公司合计,拥有其过半数以上权益性资本。

2.拥有半数或以下的表决权

母公司拥有被投资单位半数或以下的表决权,满足下列条件之一的,视为母公司能够控制被投资单位,应当将该被投资单位认定为子公司,纳入合并财务报表的合并范围。

(1)通过与被投资单位其他投资者之间的协议,拥有被投资单位半数以上的表决权;

(2)根据公司章程或协议,有权决定被投资单位的财务和经营政策;

(3)有权任免被投资单位的董事会或类似机构的多数成员;

(4)在被投资单位的董事会或类似机构占多数表决权。

投资方持有被投资方半数或以下的表决权,但综合考虑下列事实和情况后,判断投资方持有的表决权足以使其目前有能力主导被投资方相关活动的,视为投资方对被投资方拥有权力:

(1)投资方持有的表决权相对于其他投资方持有的表决权份额的大小,以及其他投资方持有表决权的分散程度;

(2)投资方和其他投资方持有的被投资方的潜在表决权,如可转换公司债券、可执行认股权证等;

(3)其他合同安排产生的权利;

(4)被投资方以往的表决权行使情况等其他相关事实和情况。

当表决权不能对被投资方的回报产生重大影响时,如仅与被投资方的日常行政管理活动有关,并且被投资方的相关活动由合同安排所决定,投资方需要评估这些合同安排,以评价其享有的权利是否足够使其拥有对被投资方的权力。

3.特殊情况

某些情况下,投资方可能难以判断其享有的权利是否足以使其拥有对被投资方的权力。在这种情况下,投资方应当考虑其具有实际能力以单方面主导被投资方相关活动的证据,从而判断其是否拥有对被投资方的权力。投资方应考虑的因素包括但不限于下列事项:

(1)投资方能否任命或批准被投资方的关键管理人员;

(2)投资方能否出于其自身利益决定或否决被投资方的重大交易;

(3)投资方能否掌控被投资方董事会等类似权力机构成员的任命程序,或者从其他表决权持有人手中获得代理权;

(4)投资方与被投资方的关键管理人员或董事会等类似权力机构中的多数成员是否存在关联方关系。

投资方与被投资方之间存在某种特殊关系的,在评价投资方是否拥有对被投资方的权力时,应当适当考虑这种特殊关系的影响。特殊关系通常包括:被投资方的关键管理人员是投资方的现任或前任职工、被投资方的经营依赖于投资方、被投资方活动的重大部分有投资方参与其中或者是以投资方的名义进行、投资方自被投资方承担可变回报的风险或享有可变回报的收益远超过其持有的表决权或其他类似权利的比例等。

投资方自被投资方取得的回报可能会随着被投资方业绩而变动的,视为享有可变回报。投资方应当基于合同安排的实质而非回报的法律形式对回报的可变性进行评价。

投资方在判断是否控制被投资方时,应当确定其自身是以主要责任人还是代理人的身份行使决策权,在其他方拥有决策权的情况下,还需要确定其他方是否以其代理人的身份代为行使决策权。

代理人仅代表主要责任人行使决策权,不控制被投资方。投资方将被投资方相关活动的决策权委托给代理人的,应当将该决策权视为自身直接持有。

在确定决策者是否为代理人时,应当综合考虑该决策者与被投资方以及其他投资方之间的关系。

(1)存在单独一方拥有实质性权利可以无条件罢免决策者的,该决策者为代理人;

(2)除(1)以外的情况下,应当综合考虑决策者对被投资方的决策权范围、其他方享有的实质性权利、决策者的薪酬水平、决策者因持有被投资方中的其他权益所承担可变回报的风险等相关因素进行判断。

投资方通常应当对是否控制被投资方整体进行判断。但极个别情况下,有确凿证据表明同时满足下列条件并且符合相关法律法规规定的,投资方应当将被投资方的一部分(以下简称"该部分")视为被投资方可分割的部分(单独主体),进而判断是否控制该部分(单独主体)。

(1)该部分的资产是偿付该部分负债或该部分其他权益的唯一来源,不能用于偿还该部分以外的被投资方的其他负债;

(2)除与该部分相关的各方外,其他方不享有与该部分资产相关的权利,也不享有与该部分资产剩余现金流量相关的权利。

母公司应当将其全部子公司(包括母公司所控制的单独主体)纳入合并财务报表的合并范围。

如果母公司是投资性主体,则母公司应当仅将为其投资活动提供相关服务的子公司(如有)纳入合并范围并编制合并财务报表;其他子公司不应当予以合并,母公司对其他子公司的投资应当按照公允价值计量且其变动计入当期损益。当母公司同时满足下列条件时,该母公司属于投资性主体:

(1)该公司是以向投资者提供投资管理服务为目的,从一个或多个投资者处获取资金;

(2)该公司的唯一经营目的,是通过资本增值、投资收益或两者兼有而让投资者获得回报;

(3)该公司按照公允价值对几乎所有投资的业绩进行考量和评价。

母公司属于投资性主体的,通常情况下应当符合下列所有特征:

(1)拥有一个以上投资;

(2)拥有一个以上投资者;

(3)投资者不是该主体的关联方;

(4)其所有者权益以股权或类似权益方式存在。

投资性主体的母公司本身不是投资性主体,则应当将其控制的全部主体,包括那些通过投资性主体所间接控制的主体,纳入合并财务报表范围。当母公司由非投资性主体转变为投资性主体时,除仅将为其投资活动提供相关服务的子公司纳入合并财务报表范围编制合并财务报表外,企业自转变日起对其他子公司不再予以合并,并参照本准则第四十九条的规定,按照视同在转变日处置子公司但保留剩余股权的原则进行会计处理。

当母公司由投资性主体转变为非投资性主体时,应将原未纳入合并财务报表范围的子公司于转变日纳入合并财务报表范围,原未纳入合并财务报表范围的子公司在转变日的公允价值视同购买的交易对价。

四、合并财务报表的合并理论

合并理论即编制合并财务报表的理论依据。所谓合并理论,实质上就是人们对合并财务报表所合并的范围以及企业集团的理解而产生的观念。国际上通行的合并理论主要有三种。

(一)母公司理论

母公司理论(parent company theory)是一种站在母公司股东的角度来看待母公司与子公司之间的控股合并关系的合并理论。侧重于母公司股东的利益,认为合并财务报表是母公司会计报表的延伸,合并的重心放在取得控制地位的母公司的份额上,只把子公司看作是附属机构,而不是一个单独的法律实体。

母公司理论在会计处理上的特点是:

1.将少数股东对子公司净资产的要求权在合并资产负债表中单独列项,看成是集团的准负债,列在负债与股东权益之间;

2.将少数股东收益视为一项费用,合并损益表中的净收益为减去属于少数股权净收益后的余额;

3.子公司净资产中属于母公司的部分按公允价值合并,而属于少数股权的部分按账面价值合并;

4.取得子公司股权时产生的商誉,是母公司付出的代价,只归属于母公司,少数股权的份额不受影响。

（二）经济实体理论

经济实体理论(economy entity theory)是一种站在母、子公司组成的统一实体的角度来看待母公司与子公司之间的控股合并关系的合并理论。它侧重于单一管理部门对整个经济实体的控制,认为合并财务报表反映的是整个集团的财务状况和经营成果,母公司股东和少数股东处于同等重要的地位,是同一实体的共同所有者。

经济实体理论在会计处理上的特点是:

1.将少数股东对子公司净资产的要求权列入所有者权益的一个单独项目;

2.合并损益表中的净收益包含了属于少数股权的净收益,但是单独列项;

3.子公司净资产中不论属于母公司的部分还是属于少数股权的部分均按公允价值合并;

4.取得子公司股权时产生的商誉,要确认属于少数股权的部分。

（三）所有权理论

所有权理论亦称业主权理论,认为合并财务报表反映的是母公司在子公司所拥有的权益份额,编制合并财务报表的目的,是为了向母公司的股东报告其在子公司所拥有的资源。所有权理论在会计处理上的特点是:对于子公司的资产、负债、收入、费用和利润,只按母公司所持有股权的比例计入合并财务报表。

五、编制合并财务报表的时间和种类

在会计实务中合并财务报表通常都是在会计期末编制,而企业合并日却有两种情况,一是合并日发生在会计期末,二是合并日发生在会计期中的某一日期。如果合并日发生在会计期末,那么母公司在股权购买日就需要编制合并财务报表,我们将其称为购买日的合并财务报表;如果合并日发生在会计期中的某一日期,那么母公司在股权购买日不需要编制合并财务报表,而在购买日之后的会计期末才编制合并财务报表,我们将其称为购买日后的合并财务报表。由于在购买法下,购买日之前子公司的利润与合并主体无关,因此,在购买日只需编制合并资产负债表,而不需要编制合并利润表。但是在权益结合法下,合并日之前子公司的利润与合并主体有关,因此,在合并日除编制合并资产负债表外,还需要编制合并利润表。母公司在股权购买日之后编制的合并财务报表是指购买日后每一会计期末编制的合并财务报表,应当包括合并资产负债表、合并利润表、合并现金流量表和合并股东权益变动表。

第二节　非同一控制下母公司拥有子公司全部股权的合并财务报表

如果企业合并日恰好发生在会计期末,那么母公司在股权购买日就需要编制合并财务报表。本节主要说明在控股合并业务中,在购买日母公司拥有子公司全部股权时,在非同一控制下,如何运用购买法编制合并财务报表。

一、非同一控制下母公司拥有子公司全部股权的合并财务报表的编制原则和程序

(一)合并财务报表编制原则

1.被合并的附属公司不需要做任何会计分录。在控股合并业务中,参与合并的企业原来都是独立的法人主体和会计主体,实施合并的企业虽然购买了被合并企业的全部股权,但是被合并企业仍然是独立的法人主体和会计主体,继续经营而没有解散,也不涉及创建一个新的企业。因此,被合并的附属公司不需要对合并业务编制任何会计分录。

2.实施合并的企业要记录合并业务。实施合并的企业应按照购买法对购入被合并企业全部股权的业务进行会计处理,所编制的会计分录要登记实施合并企业的账簿。

3.实施合并的企业不需要将长期股权投资成本进行分摊。由于在控股合并方式下,不存在创建一个新企业和被合并企业的解散问题,实施合并的企业在自己的账面上不需要将投资成本分摊到各项可辨认的资产和负债项目中去,保留长期投资项目。

4.只编制合并资产负债表。在购买法下,购买企业的利润仅仅包括当年本身实现的利润以及合并日后被合并企业所实现的利润,被合并企业的合并前利润并不并入购买企业的利润中。合并前的经营成果分属各个参与合并企业,因此,实施合并的企业只需要编制合并资产负债表。

(二)合并财务报表编制程序

1.统一会计政策和会计期间。在编制合并财务报表前,母公司应当统一子公司所采用的会计政策,使子公司所采用的会计政策与母公司保持一致。

2.编制工作底稿。

3.将母公司、子公司个别资产负债表各项目的数据过入合并工作底稿,并在合并工作底稿中对母公司和子公司个别财务报表各项目的数据进行加总,计算得出个别资产负债表、利润表、现金流量表、所有者权益变动表各项目合计金额。

4.在合并工作底稿中编制调整分录和抵销分录,将内部交易对合并财务报表有关项目的影响进行抵销处理。编制抵销分录,进行抵销处理是合并财务报表编制的关键和主要内容,其目的在于将个别财务报表各项目的加总金额中重复的因素予以抵销。

对属于非同一控制下企业合并中取得的子公司的个别财务报表进行合并时,还应当首先根据母公司为该子公司设置的备查簿的记录,以记录的该子公司各项可辨认资产、负

债及或有负债等在购买日的公允价值为基础,通过编制调整分录,对该子公司提供的个别财务报表进行调整,以使子公司的个别财务报表反映为在购买日公允价值基础上确定的可辨认资产、负债及或有负债在本期资产负债表日的金额。对于子公司所采用的会计政策与母公司不一致的,以及子公司的会计期间与母公司不一致的,如果母公司自行对子公司的个别财务报表进行调整,也应当在合并工作底稿中通过编制调整分录予以调整。在编制合并财务报表时,对子公司的长期股权投资调整为权益法,也需要在合并工作底稿中通过编制调整分录予以调整,而不改变母公司"长期股权投资"账簿记录。

在编制调整分录和抵销分录时,借记和贷记的均为报表项目。

5.计算合并财务报表各项目的合并金额。即在母公司和子公司个别财务报表各项目加总金额的基础上,分别计算出合并财务报表中各资产项目、负债项目、所有者权益项目、收入项目和费用项目等的合并金额。其计算方法如下:

(1)资产类各项目,其合并金额根据该项目加总金额,加上该项目抵销分录有关的借方发生额,减去该项目抵销分录有关的贷方发生额计算确定;

(2)负债类项目和所有者权益类项目,其合并金额根据该项目加总金额,加上该项目抵销分录有关的贷方发生额,减去该项目抵销分录有关的借方发生额计算确定;

(3)有关收入类各项目,其合并金额根据该项目加总金额,加上该项目抵销分录有关的贷方发生额,减去该项目抵销分录有关的借方发生额计算确定;

(4)有关费用类项目,其合并金额根据该项目加总金额,加上该项目抵销分录有关的借方发生额,减去该项目抵销分录有关的贷方发生额计算确定。

6.依据合并工作底稿编制合并财务报表。

案例 2-1

A公司以100万元收购了净资产为−30万元的B公司。王会计师认为应当将130万元作为商誉入账;李会计师认为这样处理不妥,理由是B公司已经资不抵债,不能确定商誉,因此主张将130万元直接冲减资本公积。如果不考虑现行准则和制度,你认为上述观点哪种更为恰当?为什么?

(三)非同一控制下母公司拥有子公司全部股权的合并财务报表编制方法

【例 2-1】M公司于2009年12月31日向Z公司的股东支付银行存款2 000 000元,购买了Z公司100%发行在外的股份。两公司合并前的单独资产负债表和公允价值情况见表2-1。

表 2-1 两公司资产负债表和公允价值

2009 年 12 月 31 日 单位:元

项 目	M公司	Z公司 (账面价值)	Z公司 (公允价值)
银行存款	2 120 000	50 000	50 000
交易性金融资产	200 000	30 000	30 000
应收账款	840 000	210 000	210 000
存货	1 440 000	360 000	412 500
固定资产	7 200 000	1 800 000	2 010 000
无形资产	400 000	100 000	110 000
资产合计	12 200 000	2 550 000	2 822 500
短期借款	640 000	160 000	160 000
应付账款	908 000	227 000	227 000
长期应付款	2 560 000	640 000	640 000
负债合计	4 108 000	1 027 000	1 027 000
股本	4 400 000	600 000	
资本公积	2 000 000	610 000	
盈余公积	692 000	173 000	
未分配利润	1 000 000	140 000	
股东权益合计	8 092 000	1 523 000	
负债和所有者权益合计	12 200 000	2 550 000	

根据以上资料,M 公司合并资产负债表的编制方法如下:

1.M 公司按照购买法记录购入 Z 公司全部股权

借:长期股权投资——Z公司 2 000 000

　贷:银行存款 2 000 000

2.确定计算投资差额,见表 2-2

表 2-2 合并商誉计算表

单位:元

投资成本	2 000 000
减:Z公司可辨认净资产账面价值	1 523 000
投资差额	477 000
减:公允价值与账面价值差额的分摊	272 500
其中:存货(412 500−360 000)	52 500
固定资产(2 010 000−1 800 000)	210 000
无形资产(110 000−100 000)	10 000
商誉	204 500

3.编制有关的调整和抵销会计分录

(1)M公司对Z公司投资账户与Z公司的所有者权益各账户相互抵销。M公司对Z公司的长期股权投资表示了Z公司的净资产,在合并财务报表中是往来性质的项目,对于合并主体而言不存在对外的长期股权投资,也不存在Z公司单独的净资产,所以,这两项应在合并资产负债表中抵销。同时将投资差额分摊到Z公司可辨认的资产、负债项目,结果确认为商誉。按照购买法的要求,在合并财务报表中子公司的资产负债按公允价值反映,因此,要将投资差额中属于子公司净资产公允价值与账面价值差额的部分分摊到子公司可辨认的资产、负债项目,把合并财务报表中子公司的资产负债调整为公允价值。投资差额的另一部分确认为商誉。

借:股本	600 000
资本公积	882 500①
盈余公积	173 000
未分配利润	140 000
商誉	204 500
贷:长期股权投资——Z公司	2 000 000

①资本公积=610 000+(52 500+210 000+10 000)=882 500(元)

(2)母、子公司之间的往来账项应相互抵销,不列入合并财务报表。抵销母子公司之间的往来账款,以在合并财务报表中反映合并主体对外的债权、债务。本例中M公司与Z公司的应收应付账款为27 000元(假定应收账款未提取坏账准备)。

借:应付账款——Z公司	27 000
贷:应收账款——M公司	27 000

4.编制合并工作底稿,见表2-3

表 2-3　合并资产负债表工作底稿

2009 年 12 月 31 日　　　　　　　　　　　单位:元

项　　目	M公司	Z公司	调整与抵销		合并主体
			借方	贷方	
银行存款	120 000	50 000			170 000
交易性金融资产	200 000	30 000			230 000
应收账款	840 000	210 000		(2)27 000	1 023 000
存货	1 440 000	360 000	52 500*		1 852 500
长期股权投资	2 000 000			(1)2 000 000	0
固定资产	7 200 000	1 800 000	210 000*		9 210 000
无形资产	400 000	100 000	10 000*		510 000
商誉			(1)204 500		204 500
资产合计	12 200 000	2 550 000	477 000	2 027 000	13 200 000
短期借款	640 000	160 000			800 000

续表

项 目	M公司	Z公司	调整与抵销 借方	调整与抵销 贷方	合并主体
应付账款	908 000	227 000	(2)27 000		1 108 000
长期应付款	2 560 000	640 000			3 200 000
负债合计	4 108 000	1 027 000	27 000		5 108 000
股本	4 400 000	600 000	(1)600 000		4 400 000
资本公积	2 000 000	610 000	(1)882 500	272 500	2 000 000
盈余公积	692 000	173 000	(1)173 000		692 000
未分配利润	1 000 000	140 000	(1)140 000		1 000 000
股东权益合计	8 092 000	1 523 000	1 795 500	272 500	8 092 000
负债和所有者权益合计	12 200 000	2 550 000	1 822 500	272 500	13 200 000

* 根据 Z 公司备查账,相关资产公允价值和账面价值差额直接过入,并相应调整子公司资本公积。

5.根据合并工作底稿中的合并主体的数据编制合并资产负债表,见表 2-4

表 2-4　合并资产负债表
2009 年 12 月 31 日　　　　　　　　　　　　　　单位:元

项 目	金额	项 目	金额
银行存款	170 000	短期借款	800 000
交易性金融资产	230 000	应付账款	1 108 000
应收账款	1 023 000	长期应付款	3 200 000
存货	1 852 500	负债合计	5 108 000
长期股权投资		股本	4 400 000
固定资产	9 210 000	资本公积	2 000 000
无形资产	510 000	盈余公积	692 000
商誉	204 500	未分配利润	1 000 000
		股东权益合计	8 092 000
资产合计	13 200 000	负债和所有者权益合计	13 200 000

6.合并工作底稿中的勾稽关系

(1)合并主体的所有者权益等于母公司的所有者权益;

(2)母公司对子公司投资项目应无余额。

(四)非同一控制下合并财务报表中的投资差额负值与负商誉

企业合并中的投资差额负值是合并成本低于被并企业净资产账面价值的差额,负商誉是合并成本低于被并企业净资产公允价值的差额,因此,负商誉的计量是以被并企业净资产公允价值减去合并成本的差额。也就是说,当企业的整体价值小于可辨认净资产的公允价值时就存在负商誉。负商誉的存在可能是由于被合并企业存在账面上未能反映的影响企业经营活动的不利因素,并会造成企业未来的收益能力降低。对于企业控股合并时产生的负商誉,即合并成本小于合并中取得的各项可辨认资产、负债公允价值份额的差额,在合并资产负债表中调整盈余公积和未分配利润。

【例 2-2】我们仍然利用例 2-1 的资料,假定 M 公司于 2009 年 12 月 31 日向 Z 公司的股东支付银行存款 1 500 000 元,购买了 Z 公司 100%发行在外的股份,其他数据不变。

根据以上资料,M 公司合并资产负债表的编制方法如下:

1.M 公司按照购买法记录购入 Z 公司全部股权

借:长期股权投资——Z 公司　　　　　　　　　　　　　　　　1 500 000
　　贷:银行存款　　　　　　　　　　　　　　　　　　　　　　　　1 500 000

2.确定投资差额与合并商誉,见表 2-5

表 2-5　合并商誉计算表

单位:元

投资成本	1 500 000
减:Z 公司可辨认净资产账面价值	1 523 000
投资差额	(23 000)
减:公允价值与账面价值差额的分摊	272 500
其中:存货	52 500
固定资产	210 000
无形资产	100 00
负商誉	(295 500)

3.编制有关的调整和抵销会计分录

(1)M 公司对 Z 公司投资账户与 Z 公司的所有者权益各账户相互抵销。但由于投资差额为负值,应记贷方。

借:股本　　　　　　　　　　　　　　　　　　　　　　　　600 000
　　资本公积　　　　　　　　　　　　　　　　　　　　　　882 500
　　盈余公积　　　　　　　　　　　　　　　　　　　　　　173 000
　　未分配利润　　　　　　　　　　　　　　　　　　　　　140 000
　　贷:长期股权投资——Z 公司　　　　　　　　　　　　　　　1 500 000
　　　　营业外收入　　　　　　　　　　　　　　　　　　　　　295 500

(2)母、子公司之间的往来账项应相互抵销,不列入合并资产负债表。抵销母子公司之间的往来账款,以在合并财务报表中反映合并主体对外的债权、债务。本例中 M 公司与 Z 公司的应收应付账款为 27 000 元(假定应收账款未提取坏账准备)。

借:应付账款——Z 公司　　　　　　　　　　　　　　　　　27 000
　　贷:应收账款——M 公司　　　　　　　　　　　　　　　　　　27 000

4.编制合并工作底稿,见表 2-6

表 2-6 合并资产负债表工作底稿
2009 年 12 月 31 日

项　目	M公司	Z公司	调整与抵销		合并主体
			借方	贷方	
银行存款	620 000	50 000			670 000
交易性金融资产	200 000	30 000			230 000
应收账款	840 000	210 000		(2)27 000	1 023 000
存货	1 440 000	360 000	52 500*		1 852 500
长期股权投资	1 500 000			(1)1 500 000	0
固定资产	7 200 000	1 800 000	210 000*		9 210 000
无形资产	400 000	100 000	10 000*		510 000
资产合计	12 200 000	2 550 000	272 500	1 527 000	13 495 500
短期借款	640 000	160 000			800 000
应付账款	908 000	227 000	(2)27 000		1 108 000
长期应付款	2 560 000	640 000			3 200 000
负债合计	4 108 000	1 027 000	27 000		5 108 000
股本	4 400 000	600 000	(1)600 000		4 400 000
资本公积	2 000 000	610 000	(1)882 500	272 500*	2 000 000
盈余公积	692 000	173 000	(1)173 000		692 000
未分配利润	1 000 000	140 000	(1)140 000	295 500	1 295 500
股东权益合计	8 092 000	1 523 000			8 387 500
权益合计	12 200 000	2 550 000			13 495 500

* 根据 Z 公司备查账，相关资产公允价值和账面价值差额直接过入，并相应调整子公司资本公积。

5. 根据合并工作底稿中的合并主体的数据编制合并资产负债表，见表 2-7

表 2-7 合并资产负债表
2009 年 12 月 31 日　　　　　　　　　　单位:元

项　目	金额	项　目	金额
银行存款	670 000	短期借款	800 000
交易性金融资产	230 000	应付账款	1 108 000
应收账款	1 023 000	长期应付款	3 200 000
存货	1 852 500	负债合计	5 108 000
长期股权投资		股本	4 400 000
固定资产	9 210 000	资本公积	2 000 000
无形资产	510 000	盈余公积	692 000
		未分配利润	1 295 500
		股东权益合计	8 387 500
资产合计	13 495 500	权益合计	13 495 500

第三节　非同一控制下母公司拥有子公司部分股权的合并财务报表

从企业控股合并方式的财务杠杆效应出发,现实中的控股合并方式下,更多的是母公司只取得子公司部分股权,来实施对子公司的控制或重大影响,这样就带来了合并财务报表编制中的少数股权问题。

一、少数股权

(一)少数股东权益和少数股东收益的概念

1.少数股东权益

少数股东是在母公司持有股份之外而持有子公司普通股份的那一部分股东。少数股东拥有的子公司净资产份额,称为少数股东权益。

2.少数股东收益

少数股东拥有的子公司净收益份额,称为少数股东收益。

(二)合并理论对少数股权的影响

前述的合并理论中,母公司理论和经济实体理论对合并财务报表实务中少数股权的会计处理有直接影响。两种理论下少数股权的处理方法明显不同,以下举例说明。

【例 2-3】假设甲公司以 960 万元取得乙公司 75% 的净资产,当时乙公司净资产的账面价值为 800 万元,公允价值为 900 万元。

取得乙公司全部股份所隐含的合并成本:　　　$960 \div 75\% = 1\,280(万)$

取得乙公司全部股份时的商誉:　　　$1\,280 - 900 = 380(万)$

取得乙公司全部股份时的投资差额:　　　$1\,280 - 800 = 480(万)$

取得乙公司全部股份时的净资产账面值与公允值差额:　　　$900 - 800 = 100(万)$

(1)按母公司理论计算:

属于母公司的商誉:$380 \times 75\% = 285(万)$[或 $960 - 900 \times 75\% = 285(万)$]

少数股权账面价值:$800 \times 25\% = 200(万)$(列为准负债)

母公司投资的公允价值:960 万

(2)按经济实体理论计算:

集团公司的商誉:380 万

少数股东商誉:$380 \times 25\% = 95(万)$

少数股权价值:$1\,280 \times 25\% = 320(万)$(列在所有者权益中)

二、购买日母公司拥有子公司部分股权的合并财务报表的编制程序

母公司在购买日编制拥有子公司部分股权的合并财务报表时,除了要遵循前述的拥有子公司全部股权的合并财务报表编制原则外,还要关注在编制过程中有关少数股权的处理程序和方法,我国的《企业会计准则第 33 号——合并财务报表》,在对少数股权的处

理上基本上运用了经济实体理论,但也在一些环节应用了母公司理论。以下根据我国会计准则的规定说明合并财务报表的编制程序。

1.母公司按照购买法编制购入子公司部分股权的会计分录,并登记入账。

2.将母公司和子公司单独财务报表的数据均按账面价值列入合并工作底稿。

3.确定母公司投资成本与按照持股比例的子公司净资产价值的差额:

(1)合并商誉,即母公司投资成本超过按照持股比例的子公司净资产公允价值的差额;

(2)子公司净资产公允价值与账面价值按照持股比例计算的差额。

4.编制有关的调整和抵销会计分录:

(1)母公司的对子公司投资账户与子公司的所有者权益各账户相互抵销。虽然母公司只拥有子公司的部分股权,但是要将子公司的所有者权益各账户全部抵销,在抵销中产生的差额确认为少数股东权益,并将少数股东权益列为合并资产负债表中的所有者权益。同时将投资差额分摊到 Z 公司可辨认的资产、负债项目,结果确认为商誉。

(2)母、子公司之间的往来账项应相互抵销,不列入合并财务报表。

5.将调整和抵销会计分录记入合并工作底稿,计算合并主体栏的各项数额。

6.依据合并工作底稿编制合并资产负债表。

三、购买日母公司拥有子公司部分股权的合并财务报表的编制方法

【例 2-4】我们仍然利用例 2-1 的资料,假定 M 公司于 2009 年 12 月 31 日向 Z 公司的股东支付银行存款 1 800 000 元,购买了 Z 公司 90%发行在外的股份,其他数据不变。

M 公司合并资产负债表的编制程序与方法如下:

1.M 公司按照购买法记录购入 Z 公司全部股权

借:长期股权投资——Z 公司   1 800 000

   贷:银行存款   1 800 000

2.确定合并商誉,见表 2-8

表 2-8   合并商誉计算表

投资成本	1 800 000
减:购买的 Z 公司可辨认净资产公允价值 1 795 500×90%	1 615 950
商誉	184 050
公允价值与账面价值差额的分摊	272 500
其中:存货	52 500
固定资产	210 000
无形资产	10 000

3.编制有关的调整和抵销会计分录

(1)M 公司对 Z 公司投资账户与 Z 公司的所有者权益各账户相互抵销。虽然 M 公司只拥有 Z 公司的部分股权,但要与 Z 公司的全部股东权益抵销,两者的差额确认为少数股东权益,而且少数股东权益是按照账面价值反映的。将投资差额中的 Z 公司公允价

值与账面价值的差额,分摊到 Z 公司可辨认的资产、负债项目,结果确认为商誉。

借:股本　　　　　　　　　　　　　　　　　　　　　　　600 000
　　资本公积　　　　　　　　　　　　　　　　　　　　　882 500
　　盈余公积　　　　　　　　　　　　　　　　　　　　　173 000
　　未分配利润　　　　　　　　　　　　　　　　　　　　140 000
　　商誉　　　　　　　　　　　　　　　　　　　　　　　184 050
　贷:长期股权投资——Z公司　　　　　　　　　　　　　　　　1 800 000
　　少数股东权益(1 795 500×10％)　　　　　　　　　　　　　179 550

　　(2)母、子公司之间的往来账项应相互抵销,不列入合并财务报表。本例中 M 公司与 Z 公司的应收应付账款为 27 000 元(假定应收账款未提取坏账准备)。

借:应付账款——Z公司　　　　　　　　　　　　　　　　　27 000
　贷:应收账款——M公司　　　　　　　　　　　　　　　　　　　27 000

　　4.编制合并工作底稿,见表 2-9

表 2-9　合并资产负债表工作底稿
2009 年 12 月 31 日　　　　　　　　　　　　　　　　　　单位:元

项　目	M公司	Z公司	调整与抵销		合并主体
			借方	贷方	
银行存款	320 000	50 000			370 000
交易性金融资产	200 000	30 000			230 000
应收账款	840 000	210 000		(2)27 000	1 023 000
存货	1 440 000	360 000	(1)52 500		1 852 500
长期股权投资	1 800 000			(1)1 800 000	
固定资产	7 200 000	1 800 000	(1)210 000		9 210 000
无形资产	400 000	100 000	(1)10 000		510 000
商誉			(1)184 050		184 050
资产合计	12 200 000	2 550 000	456 550	1 827 000	13 379 550
短期借款	640 000	160 000			800 000
应付账款	908 000	227 000	(2)27 000		1 108 000
长期应付款	2 560 000	640 000			3 200 000
负债合计	4 108 000	1 027 000	27 000		5 108 000
股本	4 400 000	600 000	(1)600 000		4 400 000
资本公积	2 000 000	610 000	(1)882 500	272 500*	2 000 000
盈余公积	692 000	173 000	(1)173 000		692 000
未分配利润	1 000 000	140 000	(1)140 000		1 000 000
母公司股东权益合计	809 2000				8 092 000
少数股东权益				(1)179 550	179 550
负债和所有者权益合计	12 200 000	2 550 000	1 822 500	452 050	13 379 550

　　* 根据 Z 公司备查账,相关资产公允价值和账面价值差额直接过入。

5.根据工作底稿中的合并主体的数据编制合并资产负债表,见表 2-10

表 2-10　合并资产负债表

2009 年 12 月 31 日　　　　　　　　　　单位:元

项　目	金额	项　目	金额
银行存款	370 000	短期借款	800 000
交易性金融资产	230 000	应付账款	1 108 000
应收账款	1 023 000	长期应付款	3 200 000
存货	1 852 500	负债合计	5 108 000
长期股权投资		股本	4 400 000
固定资产	9 210 000	资本公积	2 000 000
无形资产	510 000	盈余公积	692 000
商誉	184 050	未分配利润	1 000 000
		母公司股东权益合计	8 092 000
		少数股东权益	179 550
		股东权益合计	8 271 550
资产合计	13 379 550	负债和所有者权益合计	13 379 550

第四节　下推会计

一、下推会计概述

在企业合并实务中,被另一家公司控股以后的附属公司究竟应该采用哪一种计价基础计价,一直是个存在争论而值得研究的问题。对于这个问题,有两种不同的观点。

一种观点认为,在企业控股合并中,附属公司仍然是一个独立的法律实体和经济实体,并不受其股权被大量购买的影响,会计主体也未发生变更和清算,继续遵循持续经营假设,按照一贯的计价基础进行确认、计量和报告,因此,附属公司的单独财务报表仍然按照账面价值反映,对于合并时附属公司资产负债的账面价值与公允价值的差异不做任何调整,只是在编制合并财务报表时才将附属公司的资产负债的账面价值调整为公允价值。这种方法在国际上比较普遍,本章以及本教材的有关内容采用的是这种方法。

另一种是下推会计观点,这种观点认为,在母公司已经控制子公司大多数股权的情况下,采用购买法时,子公司的各项资产负债在合并财务报表中是按照公允价值反映的,而在子公司的单独会计报表中,其资产负债是按照账面价值反映的,对同一个经济实体的财务状况使用两种不同的计价标准,无论在法律上还是在会计原则上都是难以说得通的。此外,这种观点还对控股合并后的附属公司的持续经营持否定态度。它认为在购买法下,子公司的资产负债之所以按照公允价值计价,就是因为同一般购买行为一样,其股权被购买,这种购买行为使子公司不能在原有的环境下持续经营,它要在控股公司控制的环境下重新开始经营,因此,子公司的净资产无论是在合并财务报表中还是在子公司单独会计报表中,都以公允价值这一相同的计价基础进行反映。可见,下推会计就是指在合并财务报表中将净资产公允价值与账面价值的差异分摊给子公司的各项资产和负债的方法,应下推到子公司的单独财务报表中,将子公司单独财务报表的资产负债调整为公允价值。

在企业合并实务中,下推会计并未被普遍使用,国际会计准则和美国的会计准则对此都没有明确的遵循性要求。但是,美国的证券交易委员会对下推会计持支持态度。它要求它所管辖的上市公司,当子公司几乎已经全部被母公司所拥有(通常为持有97%及以上股权),且没有大量发行在外的债券和优先股时,向证券交易委员会报送的报表应采用下推会计(中国注册会计师教育教材编审委员会,2002)。

采用下推会计,可以为合并财务报表的编制带来编制程序简化的好处。在发生控股合并时,附属公司首先将其资产负债的账面价值调整为公允价值,并记录入账。那么,在编制合并工作底稿时,就不必再对附属公司的净资产按照公允价值进行调整,也不需要确认合并商誉。子公司投资账户余额与子公司所有者权益余额若是相等,二者直接抵销即可。

二、下推会计举例

【例2-5】续例2-1的资料:M公司于2009年12月31日向Z公司的股东支付银行存款2 000 000元,购买了Z公司100%发行在外的股份。两公司合并前的单独资产负债表和公允价值情况见表2-1。

在合并购买日,按照下推会计,Z公司在账上应做如下的会计分录:

借:存货　52 500
　固定资产　210 000
　无形资产　10 000
　商誉　204 500
　贷:资本公积　477 000

合并底稿中,M公司对Z公司投资的账户与Z公司的所有者权益各账户相互抵销。

借:股本　600 000
　资本公积(610 000+477 000)　1 087 000
　盈余公积　173 000
　未分配利润　140 000
　贷:长期股权投资——Z公司　2 000 000

第五节　合并日同一控制下合并财务报表的编制

合并日同一控制下的合并财务报表的编制采用权益结合法。

一、权益结合法在合并财务报表编制程序和方法上的主要特点

1.同一控制下企业合并的基本处理原则是视同合并后形成的报告主体在合并日及以前期间一直存在,同一控制下的企业合并形成母子公司关系的,合并方一般应在合并日编制合并财务报表,反映于合并日形成的报告主体的财务状况、视同该主体一直存在产生的经营成果等。

2.参与合并的企业的净资产均按照账面价值计价,不考虑净资产的公允价值,也不存在需要记录的商誉或负商誉,因为不会产生合并成本与净资产公允价值的差额。合并方在合并中取得的净资产按照账面价值列入合并财务报表(合并方与被合并方采用的会计政策不同的,指按照合并方的会计政策、对被合并方有关资产、负债调整后的账面价值)。取得的净资产账面价值与支付的合并对价的账面价值的差额调整所有者权益相关项目。合并方与被合并方在合并日及以前期间发生的交易,应作为内部交易进行抵销。

3.不论合并业务在会计年度的哪一时点发生,参与合并的企业整个年度的损益和留存收益全部包含在合并后的企业中。在合并资产负债表中,对于被合并方在企业合并前实现的留存收益中归属于合并方的部分,应按以下规定,自合并方的资本公积转入留存收益。

(1)确认企业合并形成的长期股权投资后,合并方账面资本公积(资本溢价或股本溢价)贷方余额大于被合并方在合并前实现的留存收益中归属于合并方的部分,在合并资产负债表中,应将被合并方在合并前实现的留存收益中归属于合并方的部分自"资本公积"转入"盈余公积"和"未分配利润"。在合并工作底稿中,借记"资本公积"项目,贷记"盈余公积"和"未分配利润"项目。

(2)确认企业合并形成的长期股权投资后,合并方账面资本公积(资本溢价或股本溢价)贷方余额小于被合并方在合并前实现的留存收益中归属于合并方的部分,在合并资产负债表中,应以合并方资本公积(资本溢价或股本溢价)的贷方余额为限,将被合并方在企业合并前实现的留存收益中归属于合并方的部分自"资本公积"转入"盈余公积"和"未分配利润"。在合并工作底稿中,借记"资本公积"项目,贷记"盈余公积"和"未分配利润"项目。

因合并方的资本公积(资本溢价或股本溢价)余额不足,被合并方在合并前实现的留存收益在合并资产负债表未予全额恢复的,合并方应当在会计报表附注中对这一情况进行说明。

4.合并日母公司除了要编制合并资产负债表外,还应编制合并利润表、合并现金流量表和合并所有者权益变动表。合并方在编制合并日的合并利润表时,应包含合并方及被合并方自合并当期期初至合并日实现的净利润。双方在当期所发生的交易,应当按照合并财务报表的有关原则进行抵销。

二、拥有子公司全部股权的合并财务报表编制

【例 2-6】我们仍然利用例 2-1 的资料,来说明权益结合法的应用,但形式改为换股合并。M 公司于 2009 年 12 月 31 日发行 1 000 000 股每股面值 1 元的股票,换取 Z 公司 100%的股份。两公司合并前的单独资产负债表见表 2-1。

M 公司对合并业务的会计处理

1.记录合并业务

借:长期股权投资　　　　　　　　　　　　　　　　　1 523 000

　贷:股本　　　　　　　　　　　　　　　　　　　　　　　　　1 000 000

　　　资本公积　　　　　　　　　　　　　　　　　　　　　　　　523 000

2.合并前的利润和留存利润结转(属于合并报表层面的调整分录)

借:资本公积　　　　　　　　　　　　　　　　　　　　313 000

　贷:盈余公积　　　　　　　　　　　　　　　　　　　　　　　　173 000

　　　未分配利润　　　　　　　　　　　　　　　　　　　　　　　140 000

3.合并工作底稿中的抵销分录

借:股本　　　　　　　　　　　　　　　　　　　　　　600 000

　　资本公积　　　　　　　　　　　　　　　　　　　　610 000

　　盈余公积　　　　　　　　　　　　　　　　　　　　173 000

　　未分配利润　　　　　　　　　　　　　　　　　　　140 000

　贷:长期股权投资——Z 公司　　　　　　　　　　　　　　　　1 523 00

三、拥有子公司部分股权的合并财务报表编制

【例 2-7】续例 2-1 的资料,但形式改为换股合并。M 公司于 200×年 12 月 31 日发行 1 000 000 股每股面值 1 元的股份,换取 Z 公司 90%的股份。两公司合并前的单独资产负债表见表 2-1。

M 公司对合并业务的会计处理如下:

1.记录合并业务

借:长期股权投资　　　　　　　　　　　　　　　　　1 370 700

　贷:股本　　　　　　　　　　　　　　　　　　　　　　　　　1 000 000

　　　资本公积　　　　　　　　　　　　　　　　　　　　　　　370 700

2.合并前的利润和留存利润结转(属于合并报表层面的调整分录)

借:资本公积　　　　　　　　　　　　　　　　　　　　281 700

　贷:盈余公积　　　　　　　　　　　　　　　　　　　　　　　155 700

　　　未分配利润　　　　　　　　　　　　　　　　　　　　　　126 000

3.合并工作底稿中的抵销分录

借:股本　　　　　　　　　　　　　　　　　　　　　　600 000

　　资本公积　　　　　　　　　　　　　　　　　　　　610 000

　　盈余公积　　　　　　　　　　　　　　　　　　　　173 000

　　未分配利润　　　　　　　　　　　　　　　　　　　140 000

　贷:长期股权投资——Z 公司　　　　　　　　　　　　　　　　1 370 700

　　　少数股东权益　　　　　　　　　　　　　　　　　　　　　152 300

本章小结

（1）合并财务报表的概念

合并报表是指母公司和其全部子公司形成的企业集团整体财务状况、经营成果和现金流量的财务报表。合并财务报表简称合并财务报表，在企业合并的方式中，一般情况下，只有控股合并才会产生合并财务报表的编制问题。如果母公司是投资性主体，且不存在为其投资活动提供相关服务的子公司，则不应当编制合并财务报表，该母公司按照公允价值计量其对所有子公司的投资，且公允价值变动计入当期损益。

（2）控制

控制是指投资方拥有对被投资方的权力，通过参与被投资方的相关活动而享有可变回报，并且有能力运用对被投资方的权力影响其回报金额。相关活动，是指对被投资方的回报产生重大影响的活动。被投资方的相关活动应当根据具体情况进行判断，通常包括商品或劳务的销售和购买、金融资产的管理、资产的购买和处置、研究与开发活动以及融资活动等。

（3）经济实体理论

经济实体理论主张合并财务报表反映的是整个集团的财务状况和经营成果，母公司股东和少数股东处于同等重要的地位，是同一实体的共同所有者。经济实体理论是一种站在母、子公司组成的统一实体的角度来看待母公司与子公司之间的控股合并关系的合并理论，侧重于单一管理部门对整个经济实体的控制。

（4）母公司理论

母公司理论是一种站在母公司股东的角度，来看待母公司与子公司之间的控股合并关系的合并理论。侧重于母公司股东的利益，认为合并财务报表是母公司会计报表的延伸，合并的重心放在取得控制地位的母公司的份额上，只把子公司看作是附属机构，而不是一个单独的法律实体。母公司理论在会计处理上的特点是：①将少数股东对子公司净资产的要求权在合并资产负债表中单独列项，看成是集团的准负债，列在负债与股东权益之间；②将少数股东收益视为一项费用，合并损益表中的净收益为减去属于少数股权净收益后的余额；③子公司净资产中属于母公司的部分按公允价值合并，而属于少数股权的部分按账面价值合并。④取得子公司股权时产生的商誉，是母公司付出的代价，只归属于母公司，少数股权的份额不受影响。

思考题

1.企业合并的动因如何？
2.企业合并的法律形式有哪些？
3.企业控股合并的优势何在？
4.什么是同一控制下的企业合并和非同一控制下的企业合并？
5.企业合并日如何确定？

6.购买法和权益结合法的经济结果以及对企业的影响有什么不同?

练习题

(一)单项选择题

1.以下体现合并报表特征的是(　　　　)。

A.合并财务报表,是指反映母公司和其全部子公司形成的企业集团整体财务状况、经营成果和现金流量的财务报表

B.合并财务报表,是指反映母公司和其全部子公司、合营企业形成的企业集团整体财务状况、经营成果和现金流量的财务报表

C.合并财务报表,是指反映母公司和其全部子公司、联营企业形成的企业集团整体财务状况、经营成果和现金流量的财务报表

D.合并财务报表,是指反映母公司和其全部子公司、联营企业、合营企业形成的企业集团整体财务状况、经营成果和现金流量的财务报表

2.非同一控制的企业合并,合并日合并方应该编制(　　　　)。

A.合并资产负债表　　　　　　　　B.合并利润表

C.合并所有者权益变动表　　　　　D.合并现金流量表

3.母公司理论通常把少数股东权益看作一项(　　　　)。

A.负债　　　　B.所有者权益　　　　C.资产　　　　D.收入

4.下列情况下,属于控股合并方式的是(　　　　)。

A.A 公司＋B 公司＝A 公司　　　　B.A 公司＋B 公司＝AB 公司

C.A 公司＋B 公司＋C 公司＝D 公司　D.A 公司＋B 公司＝A 公司＋B 公司

5.合并会计报表的主体为(　　　　)。

A.母公司　　　　　　　　　　　　B.母公司和子公司的企业集团

C.总公司　　　　　　　　　　　　D.总公司和分公司组成的企业集团

6.我国关于合并的新会计准则采用的合并理论比较偏重于(　　　　)。

A.所有权理论　　　B.经济实体理论　　C.子公司理论　　D.母公司理论

7.我国企业合并准则规定,购买方企业的合并成本低于合并中取得的被购买方可辨认净资产公允价值份额的差额,应该(　　　　)。

A.记入"负商誉"账户

B.记入"资本公积"账户

C.记入"递延收益"账户

D.先复核,复核后依然低于合并中取得的被购买方可辨认净资产公允价值份额,其差额记入当期损益

8.商誉形成的原因主要是(　　　　)。

A.母子公司的会计年度不一致

B.母子公司采用不同的会计政策

C.母公司收购子公司的成本高于享有对子公司净资产公允价值的份额

D.子公司存在潜在的负债

9.A、B公司分别是P公司控制的两家子公司,A公司取得了B公司100%的股权。A公司合并日的资本公积(股本溢价)为1 000万元,B公司作为被合并方盈余公积1 300万元,未分配利润为700万元,编制抵销分录时,应(   )。

A.借:资本公积   2 000
　　贷:盈余公积   1 300
　　　　未分配利润   700

B.借:资本公积   1 000
　　贷:盈余公积   650
　　　　未分配利润   350

C.借:盈余公积   1 300
　　　　未分配利润   700
　　贷:资本公积   2 000

D.借:盈余公积   650
　　　　未分配利润   350
　　贷:资本公积   1 000

10.对于同一控制下的企业合并,准则规定的会计处理方法是(   )。

A.权益结合法   B.购买法   C.成本法   D.股权集中法

11.非同一控制下企业合并中发生的与企业合并直接相关的费用,应(   )。

A.记入当期损益   B.记入企业合并成本
C.冲减资本公积   D.冲减留存收益

(二)多项选择题

1.被投资方的相关活动应当根据以下具体情况进行判断,即:(   )。

A.商品或劳务的销售和购买   B.金融资产的管理
C.资产的购买和处置   D.研究与开发活动

E.融资活动

2.投资方可能难以判断其享有的权利是否足以使其拥有对被投资方的权力时应考虑的因素有:(   )。

A.投资方能否任命或批准被投资方的关键管理人员

B.投资方能否出于其自身利益决定或否决被投资方的重大交易

C.投资方能否掌控被投资方董事会等类似权力机构成员的任命程序,或者从其他表决权持有人手中获得代理权

D.投资方与被投资方的关键管理人员或董事会等类似权力机构中的多数成员是否存在关联方关系

3.母公司属于投资性主体的,通常情况下应当符合下列特征:(   )。

A.拥有一个以上投资

B.拥有一个以上投资者

C.投资者不是该主体的关联方

D.其所有者权益以股权或类似权益方式存在

4.关于长期股权投资成本法核算时间,下列说法正确的有:( )。

A.期末计提减值准备,减值准备可以转回

B.期末计提减值准备,减值准备一经计提不得转回

C.适用范围是对被投资单位持有的表决权资本比例需在5%以下

D.以支付的全部价款作为初始投资成本入账,已宣告尚未领取的现金股利除外

5.长期股权投资采用权益法核算时,初始投资成本大于应享有被投资单位可辨认净资产公允价值份额之间的差额,下列会计处理不正确的有:( )。

A.计入投资收益　　　　　　　　B.不调整初始投资成本

C.计入营业外支出　　　　　　　　D.冲减资本公积

6.在编制合并财务报表时,子公司除了应当向母公司提供财务报表外,还应当向母公司提供下列有关资料:( )。

A.采用的与母公司不一致的会计政策及其影响金额

B.与母公司不一致的会计期间的说明

C.与母公司、其他子公司之间发生的所有内部交易的相关资料

D.所有者权益变动的有关资料

E.编制合并财务报表所需要的其他资料

7.以下说法正确的有:( )。

A.编制合并现金流量表时,母公司与子公司、子公司相互之间当期以现金投资或收购股权增加的投资所产生的现金流量应当抵销

B.编制合并现金流量表时,母公司与子公司、子公司相互之间当期取得投资收益、利息收入收到的现金,应当与分配股利、利润或偿付利息支付的现金相互抵销

C.编制合并现金流量表时,母公司与子公司、子公司相互之间以现金结算债权与债务所产生的现金流量应当抵销

D.编制合并现金流量表时,母公司与子公司、子公司相互之间当期销售商品所产生的现金流量应当抵销

E.编制合并现金流量表时,母公司与子公司、子公司相互之间处置固定资产、无形资产和其他长期资产收回的现金净额,应当与购建固定资产、无形资产和其他长期资产支付的现金相互抵销

8.以下说法正确的有:( )。

A.编制合并利润表时,母公司与子公司、子公司相互之间销售商品所产生的营业收入和营业成本应当抵销

B.编制合并利润表时,母公司与子公司、子公司相互之间销售商品,期末全部实现对外销售的,应当将购买方的营业成本与销售方的营业收入相互抵销

C.编制合并利润表时,母公司与子公司、子公司相互之间销售商品,期末未实现对外销售而形成存货、固定资产、工程物资、在建工程等资产的,仅抵销销售商品的营业成本和营业收入

D.编制合并利润表时,母公司与子公司、子公司相互之间销售商品,期末未实现对外

销售而形成存货、固定资产、工程物资、在建工程等资产的,在抵销销售商品的营业成本和营业收入的同时,应当将各项资产所包含的未实现内部销售损益予以抵销

E.编制合并利润表时,在对母公司与子公司、子公司相互之间销售商品形成的固定资产或无形资产所包含的未实现内部销售损益进行抵销的同时,也应当对固定资产的折旧额或无形资产的摊销额与未实现内部销售损益相关的部分进行抵销

9.合并财务报表至少应当包括下列组成部分:(　　)。

A.合并资产负债表

B.合并利润表

C.合并现金流量表

D.合并所有者权益(或股东权益)变动表

E.附注

10.母公司,是指控制一个或一个以上主体的主体。这里的主体可以是(　　)。

A.企业   B.被投资单位中可分割的部分

C.企业所控制的结构化主体   D.分公司

E.事业单位

11.投资方持有被投资方半数或以下的表决权,判断投资方持有的表决权足以使其目前有能力主导被投资方相关活动的,视为投资方对被投资方拥有权力应综合考虑下列事实和情况:(　　)。

A.投资方持有的表决权相对于其他投资方持有的表决权份额的大小,以及其他投资方持有表决权的分散程度

B.投资方和其他投资方持有的被投资方的潜在表决权,如可转换公司债券、可执行认股权证等

C.其他合同安排产生的权利

D.被投资方以往的表决权行使情况等其他相关事实和情况

12.下列应纳入投资方合并财务报表的合并范围的有(　　)。

A.通过与被投资单位其他投资者之间的协议,拥有被投资单位半数以上的表决权

B.根据公司章程或协议,有权决定被投资单位的财务和经营政策

C.有权任免被投资单位的董事会或类似机构的多数成员

D.在被投资单位的董事会或类似机构占多数表决权

E.直接拥有被投资单位50%以上的股份

13.合并财务报表至少应当包括(　　)。

A.合并资产负债表

B.合并利润表

C.合并现金流量表

D.合并所有者权益(或股东权益,下同)变动表

E.附注

14.国际上通行的合并理论主要有(　　)。

A.母公司理论　　　　B.经济实体理论　　　C.所有权理论　　　　D.混合理论
E.单一理论

(三)判断题

1.母公司编制合并财务报表,应当将整个企业集团视为一个会计主体,依据相关企业会计准则的确认、计量和列报要求,按照统一的会计政策,反映企业集团整体财务状况、经营成果和现金流量。　　　　　　　　　　　　　　　　　　　　　　　　　( )

2.如果母公司是投资性主体,则母公司应当仅将为其投资活动提供相关服务的子公司(如有)纳入合并范围并编制合并财务报表　　　　　　　　　　　　　　　( )

3.当母公司由投资性主体转变为非投资性主体时,应将原未纳入合并财务报表范围的子公司于转变日纳入合并财务报表范围,原未纳入合并财务报表范围的子公司在转变日的公允价值视同为购买的交易对价。　　　　　　　　　　　　　　　　( )

4.母公司应当以自身和其子公司的财务报表为基础,根据其他有关资料,编制合并财务报表。　　　　　　　　　　　　　　　　　　　　　　　　　　　　　　( )

5.对存货、固定资产、工程物资、在建工程和无形资产等计提的跌价准备编制合并报表时可以保留。　　　　　　　　　　　　　　　　　　　　　　　　　　　( )

6.子公司所有者权益中不属于母公司的份额,应当作为少数股东权益,在合并资产负债表中所有者权益项目下以"少数股东权益"项目列示。　　　　　　　　　( )

7.编制合并报表时,母公司应当统一子公司所采用的会计政策,使子公司采用的会计政策与母公司保持一致。　　　　　　　　　　　　　　　　　　　　　( )

8.编制合并报表时,母公司应当统一子公司的会计期间,使子公司的会计期间与母公司保持一致。　　　　　　　　　　　　　　　　　　　　　　　　　　　( )

9.母公司在报告期内处置子公司以及业务,应当将该子公司以及业务期初至处置日的收入、费用、利润纳入合并利润表。　　　　　　　　　　　　　　　　　　( )

10.子公司少数股东分担的当期亏损超过了少数股东在该子公司期初所有者权益中所享有的份额的,其余额不再调整。　　　　　　　　　　　　　　　　　　　( )

11.母公司在报告期内因同一控制下企业合并增加的子公司以及业务,编制合并资产负债表时,应当调整合并资产负债表的期初数。　　　　　　　　　　　　　( )

12.因非同一控制下企业合并或其他方式增加的子公司以及业务,编制合并资产负债表时,应当调整合并资产负债表的期初数。　　　　　　　　　　　　　　　( )

13.因非同一控制下企业合并增加的子公司以及业务,应当将该子公司购买日至报告期末的现金流量纳入合并现金流量表。　　　　　　　　　　　　　　　　　( )

14.因同一控制下企业合并增加的子公司以及业务,应当将该子公司购买日至报告期末的现金流量纳入合并现金流量表。　　　　　　　　　　　　　　　　　( )

15.购买日是购买方获得对被购买方控制权的日期,即企业合并交易进行过程中,确定交易意向的日期。　　　　　　　　　　　　　　　　　　　　　　　　　　( )

(四)业务题

练习一

1.目的:练习调整、抵消分录与合并日合并报表的编制

2.资料:甲、乙公司属非同一控制的两家公司,2009 年 12 月 31 日,甲公司以3 200 000元银行存款购入了乙公司发行在外的全部股份,发生咨询费 20 000 元,法律费 30 000 元。两公司合并前的单独资产负债表和公允价值情况如下表所示:

2009 年 12 月 31 日   单位:元

项 目	甲公司	乙公司 (账面价值)	乙公司 (公允价值)
银行存款	3 250 000	100 000	100 000
存货	1 300 000	450 000	540 000
固定资产(净值)	4 000 000	2 000 000	2 800 000
无形资产(净值)	500 000	200 000	210 000
资产合计	9 050 000	2 750 000	3 650 000
流动负债	1 640 000	410 000	410 000
长期应付款	3 500 000	640 000	540 000
负债合计	5 140 000	1 050 000	950 000
股本	2 000 000	810 000	
资本公积	800 000	600 000	
盈余公积	110 000	150 000	
未分配利润	1 000 000	140 000	
股东权益合计	3 910 000	1 700 000	2 700 000
权益合计	9 050 000	2 750 000	

3.要求:

(1)为甲公司编制企业合并的会计分录。

(2)为编制合并日的合并资产负债表,编制相关的抵销和调整分录。

练习二

1.目的:练习调整、抵消分录与合并日合并报表的编制

2.资料:仍然沿用练习一的资料,但把对价形式改为:甲公司 2009 年 12 月 31 日发行 600 000 股每股面值 1 元(公允价值 4 元)的股份,换取乙公司 100%发行在外的股份,乙公司成为甲公司的子公司。

3.要求:

(1)为甲公司编制企业合并的会计分录。

(2)为编制合并日的合并资产负债表,编制相关的抵销和调整分录。

练习三

1.目的:练习调整、抵消分录与合并日合并报表的编制

2.资料:仍然沿用练习一的资料,但把对价形式改为:2009 年 12 月 31 日,甲公司以 3 000 000元银行存款购入了乙公司的 85%股份,乙公司成为甲公司的子公司。

3.要求:

(1)为甲公司编制企业合并的会计分录。

(2)为编制合并日的合并资产负债表,编制相关的抵销和调整分录。

练习四

1.目的:练习调整、抵消分录与合并日合并报表的编制

2.资料:仍然沿用练习一的资料,但把对价形式改为:甲公司 2006 年 12 月 31 日发行 600 000 股每股面值 1 元(公允价值 5 元)的股份,换取乙公司 90% 发行在外的股份,乙公司成为甲公司的子公司。

3.要求:

(1)为甲公司编制企业合并的会计分录。

(2)为编制合并日的合并资产负债表,编制相关的抵销和调整分录。

练习五

1.目的:练习调整、抵消分录与合并日合并报表的编制

2.资料:丙公司与丁公司同为 A 公司控制的子公司,丙公司发行 200 000 股股份(每股公允价值 5 元,面值 1 元)换取丁公司 100% 的股份,丁公司成为丙公司的子公司。合并过程中发生审计和评估费用 40 000 元。丙公司资本公积均为股本溢价。

丙公司与丁公司资产负债表

2010 年 12 月 31 日　　　　　　　　　　　　　　　　　　　　单位:元

项　　目	丙公司	丁公司
股　　本	150 000	100 000
资本公积	90 000	60 000
盈余公积	150 000	120 000
未分配利润	120 000	100 000
所有者权益合计	510 000	380 000

3.要求:

(1)为丙公司编制企业合并的会计分录。

(2)为编制合并日的合并资产负债表,编制相关的抵销和调整分录。

练习六

1.目的:练习调整、抵消分录与合并日合并报表的编制

2.资料:仍然沿用练习五的资料,但把对价形式改为:丙公司发行 180 000 股股份(每股公允价值 5 元,面值 1 元)换取丁公司 90% 的股份。

3.要求:

(1)为丙公司编制企业合并的会计分录。

(2)为编制合并日的合并资产负债表,编制相关的抵销和调整分录。

第三章

购买日后的合并财务报表

学习目的:通过本章的学习,掌握购并日后合并报表编制前的调整和抵销分录;熟悉成本法和权益法的特征,能够运用本章所学知识编制购并日后的合并报表。

引导案例:

大都旅游控股集团公司是一家大型企业集团,主要从事出租汽车、汽车维修、旅游服务、宾馆饭店以及房地产开发等业务。2007 年为了整合企业集团资源,提高企业集团专业化管理水平,发生了如下经济业务事项:

大都旅游集团公司所属某旅游饭店开办有一家出租汽车公司(丁公司),共有出租汽车 150 辆。集团公司要求,将该出租汽车公司整体划归集团公司所属的甲出租汽车公司,作为甲出租汽车公司的第八分公司。甲出租汽车公司是该市有影响的出租汽车公司,兼并上述出租汽车公司前拥有 6 500 辆出租车。集团公司要求,以 2007 年 3 月 31 日为基准日,按会计师事务所审计后的丁公司净资产的 120% 作为对价,由甲公司支付给旅游饭店。所需的审计费用由甲公司承担。

经会计师事务所审计,丁公司 2007 年 3 月 31 日总资产为 2 300 万元,负债总额为 500 万元,净资产为 1 800 万元。甲公司按净资产的 120%,即 2 160 万元用银行存款支付给了旅游饭店。2007 年 4 月 1 日,甲公司派出管理人员,全面接收了丁公司,作为甲公司的第八分公司。

审计完成后,甲公司支付了审计费用 10 万元。

第一节 长期股权投资的会计方法

企业的金融资产属于企业资产的重要组成部分,主要包括:库存现金、银行存款、应收账款、应收票据、其他应收款、股权投资、债权投资和金融衍生工具等。本章中的长期股权投资不包括"以公允价值计量且其变动计入当期损益的金融资产",也不包括可供出售的金融资产。

长期股权投资主要包括以下内容:(1)投资企业能够对被投资单位实施控制的权益性投资,即对子公司投资;(2)投资企业与其他合营方一同对被投资单位实施共同控制的权益性投资,即对合营企业投资;(3)投资企业对被投资单位具有重大影响的权益性投资,即对联营企业投资。

长期股权投资的初始成本,应分别按企业合并和非企业合并两种情况确定。

长期股权投资的后续计量采用成本法和权益法两种。

一、成本法

(一)成本法的概念和适用范围

成本法是指长期股权投资按投资成本计价的方法。长期股权投资以取得股权时的成本计价,其后,除了投资企业追加投资、收回投资等情形外,长期股权投资的账面价值保持不变。被投资企业宣告分派的利润或现金股利,投资企业按应当享有的部分,确认为投资收益。

我国会计准则规定,以下两类投资采用成本法核算:一是企业持有的对子公司投资,对子公司的长期股权投资在日常核算及母公司个别财务报表中采用成本法核算;二是对被投资单位不具有共同控制或重大影响,且在活跃市场中没有报价、公允价值不能可靠计量的长期股权投资采用成本法核算。可以明显看出,成本法是以收到利润或现金股利时确认投资损益的观点为依据的,认为股权投资的初始投资成本是企业取得被投资单位股权时的实际支出,一项投资能获得多少利益,很大程度上取决于能够分得多少利润或现金股利。当处置某项股权投资时,计算该项投资累积获得的收益是实际分得的利润或现金股利,以及处置该项投资时实际收回金额与投资成本的差额的合计。

(二)成本法在会计处理上的主要特点

1.核算程序简便,容易掌握。

2.长期股权投资账户能够反映投资的成本。

3.这种收益观点能够反映企业实际获得的利润或现金股利的情况。信息反映更加充分、全面。

4.在法律上符合企业法人的概念。成本法强调投资企业与被投资企业关系上的法律形式,注重投资企业与被投资企业为两个独立的法人实体、两个会计主体,所以,只有投资企业实际得到利润或现金股利时,或对利润或现金股利的要求权实现时才能确认为投资收益。

5.这种方法符合收付实现制原则,收益实现符合谨慎性原则。可以避免在子公司实际宣告发放现金股利或利润之前,母公司垫付资金发放现金股利或利润等情况。

(三)成本法的缺陷

1.不能反映投资企业在被投资单位的权益,因为长期股权投资账户始终仅反映初始投资或追加投资的投资成本。

2.投资收益不能真正反映投资企业应获得的利益,容易为投资企业操纵利润提供空间。

二、权益法

(一)权益法的概念和适用范围

权益法是指投资发生时以初始投资成本计价,以后根据投资企业享有被投资单位所有者权益份额的变动对投资的账面价值进行调整的方法。在权益法下,长期股权投资的账面价值随着被投资单位所有者权益的变动而变动,包括被投资单位实现的净利润或发生的净亏损以及其他所有者权益项目的变动。我国会计准则规定,投资企业能够对被投资单位实施控制的长期股权投资在单独财务报表中应采用成本法核算,编制合并财务报表时按照权益法进行调整。可见,这一规定并未否定投资企业能够对被投资单位实施控制的长期股权投资按照权益法反映的要求。投资企业对被投资单位具有共同控制或重大影响的长期股权投资,应当采用权益法核算。在确定能否对被投资单位实施共同控制或重大影响时,应当考虑投资企业和其他方持有的被投资单位当期可转换公司债券、当期可执行认股权证等潜在表决权因素的影响。

"共同控制",是指按照合同约定对某项经济活动共有的控制。合营各方均受到合营合同的限制和约束,任何一个合营方均不能单独控制合营企业的生产经营活动,涉及合营企业基本经营活动的决策需要各合营方一致同意。投资企业与其他合营方一同对被投资单位实施共同控制的,被投资单位为投资企业的合营企业。

"重大影响",是指对一个企业的财务和经营政策有参与决策的权利,但并不能够控制或与其他方一起共同控制政策的制定。重大影响通常体现为被投资单位的董事会或类似权力机构中派有代表、参与被投资单位的政策制定过程、与被投资单位之间发生重要交易、向被投资单位派出管理人员或者向被投资单位提供关键技术资料等。投资企业能够对被投资单位施加重大影响的情况下,被投资单位为其联营企业。

(二)权益法在会计处理上的主要特点

1.企业在进行长期股权投资的初始投资或追加投资时,应按照投资的成本增加长期股权投资的账面价值。

2.比较初始投资成本与投资时应享有被投资单位可辨认净资产公允价值的份额,对于初始投资成本大于应享有被投资单位可辨认净资产公允价值份额的,不要求调整长期股权投资的成本;对于初始投资成本小于应享有被投资单位可辨认净资产公允价值份额的,应对长期股权投资的成本进行调整,并计入取得当期的损益。

3.投资以后,对于被投资单位所实现的净利润或产生的净亏损,投资企业应按其持有被投资单位的股权份额确认为投资收益或投资损失。由于被投资企业个别利润表中的净利润是以账面价值为基础计算的,确认投资收益时,应当以取得投资时被投资单位各项可辨认资产等的公允价值为基础,对被投资单位的净利润进行调整后加以确定。

4.当投资企业从被投资单位收到股利时,应减少投资企业投资的账面价值,因为,被投资单位宣告或发放的股利,并非投资企业的收益,而是投资企业对被投资单位投资的部分清算。

(三)权益法的优势

1.按所持股权所代表的所有者权益的增减变动确认投资损益,准确表明了股权代表股东应享有或应分担被投资单位的利益或损失。

2.能够代表投资企业控制或重大影响的实施,并表明投资收益是可实现的。

3.权益法强调投资企业与被投资企业关系上的经济实质,将两个独立的法律主体视为一个经济主体,其处理方法更符合权责发生制原则。

4.权益法所反映的投资收益更客观真实,避免操纵利润的情况发生。

(四)权益法的会计处理程序

1.母公司在账上记录合并业务,按投资成本记录长期股权投资账户。

2.调整被投资企业的净利润后,母公司在账上记录子公司当年的净收益中应享有的部分。

3.记录当期宣告的股利。

(五)权益法举例

【例 3-1】M 公司在 2009 年 1 月 1 日投入联营 N 公司 30％的股份,共支付银行存款 1 080 000元。N 公司 2008 年 12 月 31 日有关资产负债的账面价值和公允价值资料见表 3-1。N 公司于 2009 年 8 月 1 日支付现金股利 100 000 元,当年 N 公司实现的净利润为 360 000 元。

表 3-1　N 公司资产负债表和公允价值

2008 年 12 月 31 日　　　　　　　　　　　　　　　　　单位:元

项　　目	账面价值	公允价值
银行存款	75 000	75 000
交易性金融资产	45 000	45 000
应收账款	315 000	315 000
存货	540 000	618 750
固定资产	2 700 000	3 015 000
无形资产	150 000	165 000
资产合计	3 825 000	4 233 750
短期借款	240 000	240 000
应付账款	340 500	340 500
长期应付款	960 000	960 000
负债合计	1 540 500	1 540 500
股本	900 000	
资本公积	915 000	
盈余公积	259 500	
未分配利润	210 000	
股东权益合计	2 284 500	
负债和所有者权益合计	3 825 000	

根据以上资料,M 公司运用权益法进行的会计处理程序如下:

1.M 公司在 2009 年初记录投资业务

借:长期股权投资——N 公司   1 080 000

  贷:银行存款   1 080 000

2.调整被投资企业净利润

(1)假定取得投资时的存货全部对外出售,则存货的账面价值与公允价值的差额对净利润的影响计算如下:

$$618\ 750 - 540\ 000 = 78\ 750(元)$$

(2)固定资产的预计使用年限 20 年,剩余摊销年限为 15 年,则固定资产的账面价值与公允价值的差额对净利润的影响计算如下:

$$3\ 015\ 000/15 - 2\ 700\ 000/15 = 201\ 000 - 180\ 000 = 21\ 000(元)$$

(3)无形资产的预计使用年限 15 年,剩余摊销年限为 10 年,则无形资产的账面价值与公允价值的差额对净利润的影响计算如下:

$$165\ 000/10 - 150\ 000/10 = 16\ 500 - 15\ 000 = 1\ 500(元)$$

(4)调整后的净利润=360 000-78 750-21 000-1 500=258 750(元)。

3.公司在 2009 年记录收到股利和确认的投资收益

(1)8 月 1 日,收到股利

借:银行存款(100 000×30%)   30 000

  贷:长期股权投资——N 公司   30 000

(2)12 月 31 日,按股权比例确认投资收益

借:长期股权投资——N 公司(258 750×30%)   77 625

  贷:投资收益   77 625

第二节　非同一控制下购买日后母公司拥有子公司全部股权的合并报表

一、编制合并财务报表的一般程序

合并财务报表与单独的财务报表在编制方法和步骤上不完全相同,编制合并财务报表比较复杂,要采用一套编制程序和步骤,这里所说的编制程序主要是指合并资产负债表、合并利润表和合并所有者权益变动表的一般编制程序。至于合并现金流量表,由于其编制方法的特殊性,将在单独的章节加以说明。合并资产负债表、合并利润表和合并所有者权益变动表的一般编制程序如下:

(一)审核单独财务报表

编制合并财务报表之前要对所有纳入合并报表范围的子公司和母公司的单独财务报

表进行检查,对其中的错误和遗漏进行纠正和调整,以保证合并财务报表编制依据的准确无误。

(二)将个别财务报表的数据过入合并工作底稿

企业一般通过编制合并工作底稿来完成合并财务报表的编制。企业应为每一种合并报表设置一个合并工作底稿,即合并资产负债表工作底稿、合并利润表工作底稿和合并所有者权益变动表工作底稿,将所有纳入合并范围的个别财务报表的各项数据过入到相应的合并工作底稿中。

(三)编制抵销与调整分录

抵销和调整分录是合并财务报表编制中的重要环节,对合并财务报表编制的质量具有决定性作用。在合并工作底稿中涉及的主要抵销和调整分录类型如下:

1.母、子公司单独财务报表的调整

(1)非同一控制下,应以购买日确定的被并企业净资产的公允价值为基础,对子公司的财务报表进行调整,使得子公司的单独财务报表上反映在购买日公允价值的基础上确定的可辨认资产、负债及或有负债在本期资产负债表日的金额。

(2)母公司要将子公司的长期股权投资从成本法调整为权益法。

2.母、子公司单独财务报表进行合并时的调整和抵销

(1)抵销母公司对子公司的长期股权投资和子公司所有者权益

母公司对子公司的长期股权投资表示了子公司的净资产,在合并报表中是往来性质的项目,对于合并主体而言不存在对外的长期股权投资,也不存在子公司单独的净资产,所以,这两项应在合并资产负债表中抵销。

(2)抵销集团内部公司之间交易业务产生的未实现损益。如存货内部交易损益、固定资产内部交易损益、无形资产内部交易损益、租赁业务内部交易损益、劳务内部交易损益等。

(3)抵销年末确认的对子公司的投资收益和宣布或发放的股利,将长期股权投资调整到期初数。

(4)抵销子公司由于取得净收益而做出的留存收益的各项提取、分配数额。

(5)抵销集团内部公司间的应收应付往来项目。

(6)确认少数股东收益和少数股东权益。

3.编制抵销与调整分录汇总表

为了对所编制的抵销分录进行试算平衡和方便将抵销分录填入合并工作底稿,应编制抵销与调整分录汇总表。

4.完成合并工作底稿

根据抵销与调整分录汇总表,将抵销与调整分录填列到合并工作底稿中,然后计算合并工作底稿中的合并数,并检查合并工作底稿中有关数据的勾稽关系是否正确。

5.编制合并财务报表

根据合并工作底稿的合并数编制合并财务报表。

二、合并后当年的合并财务报表编制

（一）合并后当年的合并财务报表编制特点

当母公司拥有子公司全部股权并在合并后的当年编制合并财务报表时，在编制程序和方法上呈现了几个特点：

1.由于母公司拥有子公司全部股权，这样子公司当年宣告的股利就全部反映在母公司的投资收益中，不存在少数股东收益；母公司的长期股权投资与子公司的所有者权益完全对应，不存在少数股东权益。

2.母公司当年的投资收益是按照成本法记录的，因此在合并财务报表的调整分录中要将母公司单独报表中成本法的会计记录调整为权益法基础。

3.确认投资收益时，应当以取得投资时被投资单位各项可辨认资产等的公允价值为基础，对被投资单位的净利润进行调整后加以确认。

（二）合并后当年的合并财务报表编制方法

1.母、子公司单独财务报表的调整

（1）以购买日确定的被并企业净资产的公允价值为基础，对子公司的财务报表进行调整。调整时，在工作底稿中借记相关资产、负债项目，贷记"长期股权投资"等项目。

（2）母公司要对子公司的长期股权投资从成本法调整为权益法。首先，按照调整后的子公司当年实现的净利润中母公司应享有的份额，借记"长期股权投资"项目，贷记"投资收益"项目；其次，确认子公司分派的现金股利同时抵销原成本法确认的投资收益，借记"投资收益"项目，贷记"长期股权投资"项目。

2.母、子公司单独财务报表进行合并时的调整和抵销

（1）抵销母公司对子公司的长期股权投资和子公司所有者权益。借记子公司所有者权益各项，借记"商誉"项目，贷记"长期股权投资"项目。

（2）母公司对子公司的长期股权投资按权益法调整的投资收益与子公司的本年利润分配项目相抵销，借记"投资收益"项目，贷记"提取盈余公积、股利分配、未分配利润——年末"等项目。在子公司为全资子公司的情况下，母公司经权益法调整的投资收益，实际就是子公司当期实现的净利润。编制合并利润表就是将母公司的投资收益也就是子公司的净利润还原为合并利润表中的营业收入、营业成本和期间费用。子公司的年初未分配利润＋本年净利润（母公司的投资收益）＝本年利润分配＋年末未分配利润。

（3）抵销集团内部公司间的应收应付往来项目。借记"应付账款"项目，贷记"应收账款"项目。借记"应收账款——坏账准备"项目，贷记"资产减值损失"项目。

（三）合并后当年的合并财务报表编制举例

【例 3-2】母公司 P 公司于 2009 年 1 月 1 日向子公司 S 的股东支付银行存款867 500元，购买了 S 公司 100％发行在外的股份。2009 年 S 公司实现净利润 96 000 元，并于 12 月 29 日宣告发放现金股利 63 000 元。提取盈余公积 9 600 元。两公司合并前的单独财务报表见表 3-2。

表 3-2 合并前两公司单独财务报表

2008 年 12 月 31 日　　　　　　　　　　　　　　　　单位:元

报表及项目	P公司	S公司
利润表项目		
营业收入	1 782 000	1 080 000
营业成本	1 143 000	738 000
管理费用	130 941	58 573
销售费用	154 059	73 427
财务费用	72 000	54 000
所得税费用	112 800	62 400
净利润	169 200	93 600
所有者权益变动表部分项目		
年初未分配利润	12 300	8 400
加:本年净利润	169 200	93 600
可供分配的利润	181 500	102 000
减:提取盈余公积	114 000	60 000
分派现金股利	45 000	36 000
年末未分配利润	22 500	6 000
资产负债表项目		
银行存款	1 080 000	72 000
应收账款——S公司	45 000	
存货	255 000	198 000
其他流动资产	198 000	126 000
固定资产	810 000	540 000
无形资产		36 000
资产合计	2 388 000	972 000
应付账款——P公司		45 000
应交税费	46 800	18 000
其他负债	1 455 000	207 000
股本	540 000	360 000
资本公积	90 000	104 400
盈余公积	233 700	231 600
未分配利润	22 500	6 000
负债和所有者权益合计	2 388 000	972 000

2008 年 12 月 31 日,S公司资产和负债项目中有以下三项其公允价值与账面价值不同:

	账面价值	公允价值	差额
存货	198 000	200 000	2 000
固定资产	540 000	620 000	80 000
无形资产	36 000	44 000	8 000
合计	774 000	864 000	90 000

两公司 2008 年末单独财务报表见表 3-2。

根据以上数据资料,编制合并报表的有关会计处理如下:

1.母、子公司单独财务报表的调整

(1)以购买日确定的被并企业净资产的公允价值为基础,对子公司的财务报表进行调整。

①计算调整子公司的净利润(见表 3-3)。

表 3-3 子公司的净利润调整计算表

单位:元

子公司项目	公允价值与账面价差额	备注	合并报表调整	余额
其中:存货	2 000	当年,100%	2 000	0
固定资产	80 000	20 年,5%	4 000	76 000
无形资产	8 000	5 年,20%	1 600	6 400
合计	90 000*		7 600	88 400

* 90 000 元直接过入工作底稿,并同时增加子公司"资本公积"项目。

②在购买日公允价值与账面价值存在差异的有存货、固定资产、无形资产三项,调整分录(1)(假定固定资产均为管理部门使用)。

借:营业成本　　　　　　　　　　　　　　　　　　2 000
　　管理费用　　　　　　　　　　　　　　　　　　5 600
　　贷:存货　　　　　　　　　　　　　　　　　　　　　2 000
　　　　固定资产——累计折旧　　　　　　　　　　　　　4 000
　　　　无形资产——累计摊销　　　　　　　　　　　　　1 600

这样,重新确定的 S 公司净利润为 96 000－7 600＝88 400(元)

(2)P公司要将 S 公司的长期股权投资从成本法调整为权益法,调整分录为:

①P公司确认 S 公司实现的净利润中应享有的部分,调整分录(2)为:

借:长期股权投资　　　　　　　　　　　　　　　　88 400
　　贷:投资收益　　　　　　　　　　　　　　　　　　　88 400

②确认现金股利并抵销成本法确认的投资收益,调整分录(3)为:

借:投资收益　　　　　　　　　　　　　　　　　　　　　　　63 000

　贷:长期股权投资　　　　　　　　　　　　　　　　　　　　　　　　　63 000

2.母、子公司单独财务报表进行合并时的调整和抵销

(1)抵销母公司对子公司的长期股权投资和子公司所有者权益。调整分录(4)为:

借:股本　　　　　　　　　　　　　　　　　　　　　　　360 000

　资本公积　　　　　　　　　　　　　　　　　　　　　　194 400①

　盈余公积　　　　　　　　　　　　　　　　　　　　　　241 200②

　未分配利润　　　　　　　　　　　　　　　　　　　　　 21 800③

　商誉　　　　　　　　　　　　　　　　　　　　　　　　 75 500④

　贷:长期股权投资　　　　　　　　　　　　　　　　　　　　　　　892 900

注:①资本公积=104 400+90 000=194 400(元)

　　②盈余公积=231 600+9 600=241 200(元)

　　③未分配利润=6 000+(88 400-63 000-9 600)=21 800(元)

　　　　或=(6 000+96 000-63000-9 600)-7 600=21 800(元)

　　④商誉=(867 500+88 400-63 000)-(360 000+194 400+241 200+21800)

　　　　=75 500(元)

(2)母公司长期股权投资的投资收益与子公司的利润分配项目相抵销,调整分录(5)为:

借:投资收益　　　　　　　　　　　　　　　　　　　　　　88 400

　未分配利润——年初　　　　　　　　　　　　　　　　　　 6 000

　贷:提取盈余公积　　　　　　　　　　　　　　　　　　　　　　　 9 600

　　对所有者(股东)的分配　　　　　　　　　　　　　　　　　　　63 000

　　未分配利润——年末　　　　　　　　　　　　　　　　　　　　　21 800

(3)抵销公司间的内部往来交易以及所产生的项目,调整分录(6)为:

借:应付股利　　　　　　　　　　　　　　　　　　　　　　63 000

　贷:应收股利　　　　　　　　　　　　　　　　　　　　　　　　　63 000

3.编制合并工作底稿,见表3-4

4.对上述抵销和调整程序,需要说明的几个问题

(1)合并之后应编制的合并报表的种类不仅仅只是合并资产负债表。

(2)忽略所得税对合并报表的影响。

(3)假定存货在一年内被消耗或出售。

(4)净收益调整事项。

母公司净收益≠合并净收益,差额为:194 850-220 250=-25 400(元);其差额包括成本法与权益法记录的投资收益的差额:88 400-63 000=25 400(元)。

表 3-4　P公司合并报表工作底稿

（2009 年 12 月 31 日）

报表及项目	P公司	S公司	调整与抵销		合并数
利润表项目					
营业收入	1 800 000	1 224 000			3 024 000
营业成本	1 260 000	840 000	(1)2 000		2 102 000
管理费用	108 300	71 250	(1)5 600		185 150
销售费用	124 200	88 200			212 400
财务费用	79 650	63 750			143 400
所得税费用	96 000	64 800			160 800
投资收益	63 000	——	(3)63 000 (5)88 400	(2)88 400	
净利润	194 850	96 000	159 000	88 400	220 250
所有者权益变动表部分项目					
年初未分配利润	22 500	6 000	(5)6 000		22 500
归属于母公司利润					220 250*
可供分配的利润	217 350	102 000			242 750
减：提取盈余公积	18 940	9 600		(5)9 600	18 940
分派现金股利	124 000	63 000		(5)63 000	124 000
年末未分配利润	74 410	29 400	(4)21 800 186 800	(5)21 800 182 800	99 810
资产负债表项目					
银行存款	28 800	129 750			158 550
应收股利——S	63 000			(6)63 000	0
存货	255 000	198 000	2 000#	(1)2 000	453 000
其他流动资产	158 250	235 800			394 050
固定资产	792 000	612 450	80 000#	(1)4 000	1 480 450
长期股权投资	867 500		(2)88 400	(3)63 000 (4)892 900	0
无形资产		32 400	8 000#	(1)1 600	38 800
商誉			(4)75 500		75 500
资产合计	2 164 550	1 208 400	253 900	1 026 500	2 600 350
应付股利——P		63 000	(6)63 000		0

续表

报表及项目	P公司	S公司	调整与抵销		合并数
应交税费	72 000	48 600			120 600
其他负债	1 135 500	361 800			1 497 300
股本	540 000	360 000	(4)360 000		540 000
资本公积	90 000	104 400	(4)194 400	90 000#	90 000
盈余公积	252 640	241 200	(4)241 200		252 640
未分配利润	74 410	29 400	(1)2 000 (1)5 600 (3)63 000 (5)88 400 (4)21 800 (5)6 000 186 800	(2)88 400 (5)21 800 (5)9 600 (5)63 000 182 800	99 810
负债和所有者权益合计	2 164 550	1 208 400			2 600 350

* 来自利润表调整后数据。

从子公司备查簿中直接过入数据。

四、合并后当年的以后年度合并财务报表的编制

(一)合并当年与合并以后年度合并报表编制的主要不同

合并后的第二年及其以后的每个年度,企业要连续编制合并报表,在合并工作底稿中所编制的调整抵销分录与合并当年略有不同,主要的不同点是:

1.期初长期股权投资从成本法调整为权益法时,通过"未分配利润——年初"项目调整,不调整"投资收益"项目;

2.以购买日确定的被并企业净资产的公允价值为基础,对子公司的财务报表进行调整时,一般只涉及长期资产,不再涉及存货;

3.子公司有关资产负债的账面价值调整为公允价值时,应按照摊销后的价值调整。

(二)合并以后年度合并报表编制举例

【例 3-3】假设 2010 年 S 公司实现净利润 126 000 元,并于 12 月 30 日宣告发放现金股利 60 000 元,提取盈余公积 9 000 元。

1.公允价值与账面价值差异的调整分录如下(假定固定资产均为管理部门使用):

借:管理费用 　　　　　　　　　　　　　　　　　　　　5 600
　贷:固定资产——累计折旧 　　　　　　　　　　　　　　　4 000
　　无形资产——累计摊销 　　　　　　　　　　　　　　　1 600

这样,经调整后的 S 公司净利润为:126 000－5 600＝120 400(元)。

2.P 公司要将 S 公司的长期股权投资从成本法调整为权益法,调整分录如下:

(1)期初长期股权投资的调整,调整分录为:

借:长期股权投资(88 400－63 000)　　　　　　　　　　　　　25 400

　　贷:未分配利润——年初　　　　　　　　　　　　　　　　　　　　25 400

(2)P公司确认 S 公司当年实现的净利润中应享有的部分,调整分录为:

借:长期股权投资　　　　　　　　　　　　　　　　　　　　　120 400

　　贷:投资收益　　　　　　　　　　　　　　　　　　　　　　　　120 400

(3)确认当年现金股利并抵销成本法确认的投资收益,调整分录为:

借:投资收益　　　　　　　　　　　　　　　　　　　　　　　60 000

　　贷:长期股权投资　　　　　　　　　　　　　　　　　　　　　　60 000

3.抵销母公司对子公司的长期股权投资和子公司所有者权益。调整分录为:

借:股本　　　　　　　　　　　　　　　　　　　　　　　　360 000

　　资本公积　　　　　　　　　　　　　　　　　　　　　　194 400

　　盈余公积　　　　　　　　　　　　　　　　　　　　　　250 200

　　未分配利润　　　　　　　　　　　　　　　　　　　　　　73 200

　　商誉　　　　　　　　　　　　　　　　　　　　　　　　　75 500

　　贷:长期股权投资　　　　　　　　　　　　　　　　　　　　　953 300

注:①资本公积＝104 400＋90 000＝194 400(元)

　　②盈余公积＝241 200＋9 000＝250 200(元)

　　③未分配利润＝21 800＋(120 400－60 000－9 000)＝73 200 (元)

　　④商誉＝(892 900＋120 400－60 000)－(360 000＋194 400＋250 200＋73 200)

　　　　＝75 500(元)

4.母公司长期股权投资的投资收益与子公司的利润分配项目相抵销,调整分录为:

借:投资收益　　　　　　　　　　　　　　　　　　　　　　120 400

　　未分配利润——年初　　　　　　　　　　　　　　　　　　21 800

　　贷:提取盈余公积　　　　　　　　　　　　　　　　　　　　　　9 000

　　　对所有者(股东)的分配　　　　　　　　　　　　　　　　　60 000

　　　未分配利润——年末　　　　　　　　　　　　　　　　　　73 200

5.抵销公司间的内部往来交易以及所产生的项目,调整分录为:

借:应付股利　　　　　　　　　　　　　　　　　　　　　　60 000

　　贷:应收股利　　　　　　　　　　　　　　　　　　　　　　　60 000

第三节　非同一控制下购买日后母公司拥有子公司部分股权的合并报表

一、拥有子公司部分股权的合并报表编制原则

(一)少数股东权益和少数股东收益的处理原则

1.少数股东权益

少数股东是在母公司持有股份之外而持有子公司普通股份的那一部分股东。少数股东权益是少数股东拥有的子公司净资产份额。我国的《企业会计准则第 33 号——合并财

务报表》,在对少数股权的处理上倾向于经济实体理论,将少数股东对子公司净资产的要求权列入所有者权益的一个单独项目。

2.少数股东收益

少数股东收益是少数股东拥有的子公司净收益份额。我国的《企业会计准则第33号——合并财务报表》,在对少数股东收益的处理上倾向于经济实体理论,将少数股东收益在合并利润表中净利润项目下以"少数股东损益项目"列示。

(二)部分股权与全部股权合并报表编制的主要不同

1.母公司按持股比例确认对子公司的投资和投资收益;

2.按持股比例将子公司相关资产的账面价值调整为公允价值;

3.按持股比例调整本期净收益数;

4.在合并报表中增列少数股东权益和少数股东损益项目。

二、合并当年拥有子公司部分股权的合并报表编制

【例3-4】母公司P公司于2009年1月1日向子公司S公司的股东支付银行存款867 500元,购买了S公司90%发行在外的股份。2009年S公司实现净利润96 000元,并于12月29日宣告发放现金股利63 000元,提取盈余公积9 600元,两公司合并前的单独财务报表见表3-2。

2008年12月31日,S公司资产和负债项目中有以下三项其公允价值与账面价值不同:

	账面价值	公允价值	差额
存货	198 000	200 000	2 000
固定资产	540 000	620 000	80 000
无形资产	36 000	44 000	8 000
合计	774 000	864 000	90 000

两公司2008年末单独财务报表见表3-2。

根据以上数据资料,编制合并报表的有关会计处理如下:

1.P公司对投资收益的会计核算

P公司按照成本法记录S公司宣告的股利:

借:应收股利　　　　　　　　　　　　　　　　　　56 700

　　贷:投资收益　　　　　　　　　　　　　　　　　　　56 700

2.母、子公司单独财务报表的调整

(1)母、子公司单独财务报表的调整

以购买日确定的被并企业净资产的公允价值为基础,对子公司的财务报表进行调整。

①计算调整子公司的净利润(见表3-5)。

表 3-5　子公司的净利润调整计算表

子公司项目	公允价值与账面价差额	备注	合并报表调整	余额
其中:存货	2 000	当年,100%	2 000	0
固定资产	80 000	20 年,5%	4 000	76 000
无形资产	8 000	5 年,20%	1 600	6 400
合计	90 000*		7 600	88 400

* 90 000 元直接过入工作底稿,并同时增加子公司"资本公积"项目。

②在购买日公允价值与账面价值存在差异的有存货、固定资产、无形资产三项,调整分录(假定固定资产均为管理部门使用):

借:营业成本 2 000

　管理费用 5 600

　贷:存货 2 000

　　　固定资产——累计折旧 4 000

　　　无形资产——累计摊销 1 600

这样,重新确定的 S 公司净利润为 96 000－7 600＝88 400(元)

(2)P 公司要将 S 公司的长期股权投资从成本法调整为权益法

①P 公司确认 S 公司实现的净利润中应享有的部分,调整分录为:

借:长期股权投资 79 560

　贷:投资收益 79 560

②确认现金股利并抵销成本法确认的投资收益,调整分录为:

借:投资收益 56 700

　贷:长期股权投资 56 700

长期股权投资调整为:867 500＋79 560－56 700＝890 360(元)

3.母、子公司单独财务报表进行合并时的调整和抵销

(1)抵销母公司对子公司的长期股权投资和子公司所有者权益,调整分录为:

借:股本 360 000

　资本公积 194 400①

　盈余公积 241 200②

　未分配利润 21 800③

　商誉 154 700④

　贷:长期股权投资 890 360

　　　少数股东权益 81 740⑤

注:①资本公积＝104 400＋90 000＝194 400(元)

　　②盈余公积＝231 600＋9 600＝241 200(元)

　　③未分配利润＝6 000＋(88 400－63 000－9 600)＝21 800(元)

　　④商誉＝890 360－(360 000＋194 400＋241 200＋21800)×90%

　　　　＝154 700(元)

　　⑤少数股东权益＝(360 000＋194 400＋241 200＋21 800)×10%＝81 740(元)

或＝(702 000＋90 000＋88 400－63 000)×10％＝81 740(元)

(2)母公司的长期股权投资的投资收益与子公司的利润分配项目相抵销,调整分录为:

借:投资收益	79 560
少数股东损益	8 840
未分配利润——年初	6 000
贷:提取盈余公积	9 600
对所有者(股东)的分配	63 000
未分配利润——年末	21 800

(3)抵销公司间的内部往来交易以及所产生的项目,调整分录为:

借:应付股利	56 700
贷:应收股利	56 700

(4)编制合并工作底稿,见表3-6:

表3-6　P公司合并报表工作底稿

(2009年12月31日)　　　　　　　　　　　　　　　　　单位:元

报表及项目	P公司	S公司	调整与抵销		合并数
利润表项目					
营业收入	1 800 000	1 224 000			3 024 000
营业成本	1 260 000	840 000	(1)2 000		2 102 000
管理费用	108 300	71 250	(1)5 600		185 150
销售费用	124 200	88 200			212 400
财务费用	79 650	63 750			143 400
所得税费用	96 000	64 800			160 800
投资收益	56 700	——	(3)56 700 (5)79 560	(2)79 560	0
净利润	188 550	96 000	<u>143 860</u>	79 560	220 250
少数股东损益			(5)8 840		8 840
归属于母公司的净利润					211 410
所有者权益变动表部分项目					
归属于母公司的净利润	188 550	96 000			211 410
加:年初未分配利润	22 500	6 000	(5)6 000		22 500
可供分配的利润	211 050	102 000			233 910
减:提取盈余公积	18 940	9 600		(5)9 600	18 940
分派现金股利	124 000	63 000		(5)63 000	124 000
年末未分配利润	68 110	29 400	(4)21 800 <u>180 500</u>	(5)21 800 <u>173 960</u>	90 970

续表

报表及项目	P公司	S公司	调整与抵销		合并数
资产负债表项目					
银行存款	28 800	129 750			158 550
应收股利——S	56 700		(6)56 700		0
存货	255 000	198 000	(4)2 000	(1)2 000	453 000
其他流动资产	158 250	235 800			394 050
固定资产	792 000	612 450	(4)80 000	(1)4 000	1 480 450
长期股权投资	867 500		(2)79 560	(3)56 700 (4)890 360	0
无形资产		32 400	(4)8 000	(1)1 600	38 800
商誉			(4)154 700		154 700
资产合计	2 158 250	1 208 400	324 260	1 011 360	2 679 550
应付股利——P		63 000	(6)56 700		6 300
应交税费	72 000	48 600			120 600
其他负债	1 135 500	361 800			1 497 300
股本	540 000	360 000	(4)360 000		540 000
资本公积	90 000	104 400	(4)194 400	90 000*	90 000
盈余公积	25 2640	241 200	(4)241 200		252 640
未分配利润	68 110	29 400	(1)2 000 (1)5 600 (3)56 700 (5)79 560 (5)8 840 (5)6 000 (4)21 800 180 500	(2)79 560 (5)9 600 (5)63 000 (5)21 800 173 960	90 970
归属母公司所有者权益					973 610
少数股东权益			(4)81 740		81 740
所有者权益合计					1 055 350
负债和所有者权益合计	2 158 250	1 208 400			2 679 550

4.对上述抵销和调整程序,需要说明的几个问题

(1)在合并收益表中,少数股东收益列在合并净收益项目下。母公司净收益≠合并净收益,差额为:188 550-220 250=-31 700(元)。其差额包括成本法与权益法记录的投资收益的差额:79 560-56 700=22 860(元);少数股东收益:8 840元。

（2）在合并资产负债表中，少数股东权益列为合并个体的所有者权益，并为子公司股东权益的10％。

三、合并后当年的以后年度合并财务报表的编制

（一）合并当年与合并以后年度合并报表编制的主要不同

合并后的第二年及其以后的每个年度，企业要连续编制合并报表，在合并工作底稿中所编制的调整抵销分录与合并当年略有不同，主要的不同点是：

1.将期初长期股权投资从成本法调整为权益法时，通过"未分配利润——年初"项目调整，不调整"投资收益"项目；

2.以购买日确定的被并企业净资产的公允价值为基础，对子公司的财务报表进行调整时，一般只涉及长期资产，不再涉及存货；

3.将子公司有关资产负债的账面价值调整为公允价值时，应按照摊销后的价值调整。

（二）合并以后年度合并报表编制举例

【例3-5】假设2010年S公司实现净利润126 000元，并于12月30日宣告发放现金股利60 000元。提取盈余公积9 000元。

（1）公允价值与账面价值差异的调整分录（假定固定资产均为管理部门使用）

借：管理费用　5 600
　贷：固定资产——累计折旧　4 000
　　　无形资产——累计摊销　1 600

这样，重新确定的S公司净利润为126 000－5 600＝120 400（元）。

（2）P公司要将S公司的长期股权投资从成本法调整为权益法，调整分录

①期初长期股权投资的调整，调整分录为：

借：长期股权投资（79 560－56 700）　22 860
　贷：未分配利润——年初　22 860

②P公司确认S公司当年实现的净利润中应享有的部分，调整分录为：

借：长期股权投资　108 360
　贷：投资收益　108 360

③确认当年现金股利并抵销成本法确认的投资收益，调整分录为：

借：投资收益　54 000
　贷：长期股权投资　54 000

长期股权投资调整为：867 500＋22 860＋108 360－54 000＝944 720（元）。

（3）抵销母公司对子公司的长期股权投资和子公司所有者权益，调整分录

借：股本　360 000
　资本公积　194 400①
　盈余公积　250 200②
　未分配利润　73 200③
　商誉　154 700⑤
　贷：长期股权投资　944 720
　　　少数股东权益　87 780④

注：①资本公积＝104 400＋90 000＝194 400（元）

②盈余公积＝241 200＋9 000＝250 200（元）

③未分配利润＝21 800＋（120 400－9 000－60 000）＝73 200（元）

④少数股东权益＝（360 000＋194 400＋250 200＋73 200）×10％＝87 780（元）

⑤商誉＝944 720－（360 000＋194 400＋250 200＋73 200）×90％＝154 700（元）

（4）母公司的长期股权投资的投资收益与子公司的利润分配项目相抵销，调整分录

借：投资收益   108 360

  少数股东收益   12 040

  未分配利润——年初   21 800

 贷：提取盈余公积   9 000

  对所有者（股东）的分配   60 000

  未分配利润——年末   73 200

（5）抵销公司间的内部往来交易以及所产生的项目，调整分录

借：应付股利   54 000

 贷：应收股利   54 000

案例 3-1

  2008 年 7 月 26 日的《证券市场周刊》发表了署名为"柔弱雪"的文章——《天宸药业长期不并表为哪般?》，对天宸股份长期不将其全资控股的子公司上海天宸药业有限公司纳入合并报表提出了质疑。

  上海市天宸股份有限公司（简称"天宸股份"，股票代码：600620）是 1992 年 5 月经上海市农业委员会沪农委〔92〕第 107 号文批准，采用公开募集方式设立的股份有限公司。公司股票于 1992 年 11 月在上海证券交易所上市交易。公司属综合行业，经营范围包括：实业投资、信息网络安全产品开发、国内贸易（除专项规定）、房地产开发经营。控股子公司的经营范围包括客运、停车场、酒店等。上海天宸药业有限公司（简称"天宸药业"）位于上海市浦东新区张江高科技园区，是天宸股份的全资子公司，注册资本金5 030万元，法人代表李珩。主要生产普药消炎药、感冒药等。其片剂、胶囊、颗粒剂均通过国家 GMP 认证。

  上海金箍棒保健品有限公司是专业生产宝宝健康用品的公司，注册资金 100 万元，法人代表瞿长安，注册地址浦东南路 1950 号 265 室。其产品主要包括健康用品和日化用品两大类。其中，补钙产品在上海地区市场占有率较高，其"金箍棒 L——乳酸钙"在市场上有一定的知名度。

  2005 年 7 月 14 日，天宸股份发布公告，决定将天宸药业委托与公司无任何关联关系的上海金箍棒保健品有限公司承包经营。承包合同的内容如下：

  （1）公司同意将天宸药业及天宸药业合法拥有的相关资产有偿发包给金箍棒保健品有限公司，无论承包期内或承包期满，天宸药业的所有财产包括企业营业执照、药品

许可证等有形及无形资产始终为本公司所有。

(2)承包期限:8 年,自 2005 年 7 月 11 日至 2013 年 7 月 10 日。

(3)承包金及其支付方式:

承包金为每年人民币 530 万元人民币,承包金支付方式为先缴付后经营的原则,每季度缴存一次。每次缴纳金额为人民币 132.5 万元。每次缴付时间在该季度承包经营开始前 5 天一次性缴付。同时,承包合同还规定,承包期内由承包方独立自主经营管理,天宸股份进行定期的和必要的财务审计,履行对公章使用及经营活动的必要监督、检查。仅就承包合同内容而言,并无明显不安之处。问题的关键在于承包合同的经济后果。天宸药业长期亏损,而天宸股份每年却能按时收到天宸药业支付的 530 万元租金。天宸股份还在年报中宣称:"本公司不再对其具有实际控制权,故采用成本法核算,不纳入合并范围。"这正是《天宸药业长期不并表为哪般?》一文质疑的理由。

让我们来对比一下天宸股份和天宸药业两个公司的财务状况。以 2006 年的财务状况为例,如果天宸股份未将天宸药业出租,那么天宸股份将损失租金收益 530 万元,并承担天宸药业的亏损。而天宸股份 2006 年的净利润仅为 703 万元,显然经过调整后的净利润将为负数。

(资料来源:本案例依据上海证券交易所发布的上海市天宸股份有限公司的年度财务报告及相关公告编写。网址:www.sse.com.cn。本案例在写作中还参考了《证券市场周刊》2008 年 7 月 26 日的《天宸药业长期不并表为哪般?》一文。)

您认为天宸股份未将天宸药业纳入合并财务报表的合并范围是否合理?为什么?

本章小结

1.成本法

成本法是指长期股权投资按投资成本计价的方法。长期股权投资以取得股权时的成本计价,其后,除了投资企业追加投资、收回投资等情形外,长期股权投资的账面价值保持不变。被投资企业宣告分派的利润或现金股利,投资企业按应当享有的部分,确认为投资收益。

2.权益法

权益法是指投资发生时以初始投资成本计价,以后根据投资企业享有被投资单位所有者权益份额的变动对投资的账面价值进行调整的方法。在权益法下,长期股权投资的账面价值随着被投资单位所有者权益的变动而变动,包括被投资单位实现的净利润或发生的净亏损以及其他所有者权益项目的变动。我国会计准则规定,投资企业能够对被投资单位实施控制的长期股权投资在单独财务报表中应采用成本法核算,编制合并财务报表时按照权益法进行调整。可见,这一规定并未否定投资企业能够对被投资单位实施控制的长期股权投资按照权益法反映的要求。投资企业对被投资单位具有共同控制或重大影响的长期股权投资,应当采用权益法核算。在确定能否对被投资单位实施共同控制或重大影响时,应当考虑投资企业和其他方持有的被投资单位当期可转换公司债券、当期可执行认股权证等潜在表决权因素的影响。

3.非同一控制下合并后当年的合并财务报表编制方法

(1)母、子公司单独财务报表的调整

①以购买日确定的被并企业净资产的公允价值为基础,对子公司的财务报表进行调整。调整时,在工作底稿中借记相关资产、负债项目,贷记"长期股权投资"等项目。

②母公司要将子公司的长期股权投资从成本法调整为权益法。

首先,按照调整后的子公司当年实现的净利润中母公司应享有的份额借记"长期股权投资"项目,贷记"投资收益"项目;

其次,确认子公司分派现金股利的同时抵销原成本法确认的投资收益,借记"投资收益"项目,贷记"长期股权投资"项目。

(2)母、子公司单独财务报表进行合并时的调整和抵销

①抵销母公司对子公司的长期股权投资和子公司所有者权益。借记子公司所有者权益各项目,借记"商誉"项目,贷记"长期股权投资"项目。

②母公司对子公司的长期股权投资按权益法调整的投资收益与子公司的本年利润分配项目相抵销,借记"投资收益"项目,贷记"提取盈余公积、股利分配、未分配利润——年末"等项目。在子公司为全资子公司的情况下,母公司经权益法调整的投资收益,实际就是子公司当期实现的净利润。编制合并利润表就是将母公司的投资收益也就是子公司的净利润还原为合并利润表中的营业收入、营业成本和期间费用。子公司的年初未分配利润+本年净利润(母公司的投资收益)=本年利润分配+年末未分配利润。

(3)抵销集团内部公司间的应收应付往来项目

借记"应付账款"项目,贷记"应收账款"项目。借记"应收账款——坏账准备"项目,贷记"资产减值损失"项目。

4.合并后当年的以后年度合并财务报表的编制

合并后的第二年及其以后的每个年度,企业要连续编制合并报表,在合并工作底稿中所编制的调整抵销分录与合并当年略有不同,主要的不同点是:

(1)期初长期股权投资从成本法调整为权益法时,通过"未分配利润——年初"项目调整,不调整"投资收益"项目;

(2)以购买日确定的被并企业净资产的公允价值为基础,对子公司的财务报表进行调整时,一般只涉及长期资产,不再涉及存货;

(3)子公司有关资产负债的账面价值调整为公允价值时,应按照摊销后的价值调整。

思考题

1.为什么对子公司长期股权投资按照成本法核算,编制合并报表时再调整为权益法?

2.权益法有什么特点和优势?

3.购买日后拥有子公司全部股权的合并工作底稿的有关项目应存在哪些勾稽关系?

4.购买日后拥有子公司部分股权的合并工作底稿的有关项目应存在哪些勾稽关系?

5.拥有子公司部分股权的少数股东权益和损益怎样列示?

练习题

(一)单项选择题

1.成本法在会计处理上的主要特点是( )。

A.核算程序简便

B.长期股权投资账户能够反映投资的成本

C.这种收益观点能够反映企业实际获得的利润或现金股利的情况

D.其处理方法更符合权责发生制原则

E.投资收益不能真正反映投资企业应获得的利益

2.权益法在会计处理上的主要特点是( )。

A.按所持股权所代表的所有者权益的增减变动确认投资损益

B.能够代表投资企业重大影响的实施,并表明投资收益是可实现的

C.其处理方法更符合权责发生制原则

D.权益法所反映的投资收益更客观真实,避免操纵利润的情况发生

E.核算程序简便

3.企业所得税税率为25%,子公司本期从母公司购入的1 000万元存货全部未实现销售,该项存货母公司的销售成本为800万元,本期母子公司之间无新交易,在母公司编制本期合并报表时所作的抵销分录应包括( )。(以万元为单位)

A.借:递延所得税资产　　　　　　　　　　　　　　　　　50

　　贷:所得税费用　　　　　　　　　　　　　　　　　　　　　　50

B.借:所得税费用　　　　　　　　　　　　　　　　　　50

　　贷:递延所得税资产　　　　　　　　　　　　　　　　　　　　50

C.借:递延所得税资产　　　　　　　　　　　　　　　　250

　　贷:未分配利润——期初　　　　　　　　　　　　　　　　　250

D.借:递延所得税资产　　　　　　　　　　　　　　　　250

　　贷:营业收入　　　　　　　　　　　　　　　　　　　　　　250

4.甲公司和乙公司没有关联关系,甲公司2008年1月1日投资1 000万元购入乙公司100%股权,乙公司可辨认净资产公允价值为1 000万元,账面价值800万元,其差额为一项无形资产,该无形资产公允价值为400万元,账面价值200万元,尚可摊销5年,无残值。2008年乙公司实现净利润200万元,所有者权益其他项目不变。在2008年期末甲公司编制合并抵销分录时,长期股权投资应调整为( )万元。

A.1 200　　　　　B.1 440　　　　　C.1 160　　　　　D.1 080

5.甲公司和乙公司没有关联关系,甲公司2007年1月1日投资500万元购入乙公司100%股权,乙公司可辨认净资产公允价值为500万元,账面价值为400万元,其差额为应在5年内摊销的无形资产。2007年乙公司实现净利润100万元,2008年乙公司分配现金股利60万元,2008年乙公司实现净利润120万元,所有者权益其他项目不变。在2008年期末甲公司编制合并抵销分录时,长期股权投资应调整为( )万元。

A.600　　　　　　B.720　　　　　　C.660　　　　　　D.620

6.甲公司和乙公司没有关联关系,甲公司 2007 年 1 月 1 日投资 500 万元购入乙公司 80% 股权,乙公司可辨认净资产公允价值为 500 万元,账面价值为 400 万元,其差额为应在 5 年内摊销的无形资产,2007 年乙公司实现净利润 100 万元,2008 年乙公司分配现金股利 60 万元,2008 年乙公司又实现净利润 120 万元,资本公积增加 100 万元,所有者权益其他项目不变。在 2008 年期末甲公司编制合并抵销分录时,长期股权投资应调整为( )万元。

A.596　　　　　　B.676　　　　　　C.660　　　　　　D.620

7.甲公司和乙公司没有关联关系,甲公司 2007 年 1 月 1 日投资 500 万元购入乙公司 100% 股权,乙公司可辨认净资产公允价值为 500 万元,账面价值为 400 万元,其差额为应在 5 年内摊销的无形资产。2007 年乙公司实现净利润 100 万元,所有者权益其他项目不变,期初未分配利润为 0。在 2007 年期末甲公司编制投资收益和利润分配的抵销分录时,应抵销的投资收益是( )万元。

A.100　　　　　　B.80　　　　　　C.60　　　　　　D.120

8.甲公司和乙公司没有关联关系,甲公司按照净利润的 10% 提取盈余公积。2007 年 1 月 1 日投资 500 万元购入乙公司 100% 股权,乙公司可辨认净资产公允价值为 500 万元,账面价值为 400 万元,其差额为应在 5 年内摊销的无形资产。2007 年乙公司实现净利润 100 万元,所有者权益其他项目不变,期初未分配利润为 0,乙公司在 2007 年期末甲公司编制投资收益和利润分配的抵销分录时,应抵销的期末未分配利润是( )万元。

A.100　　　　　　B.0　　　　　　C.80　　　　　　D.70

9.甲公司和乙公司没有关联关系,甲公司按照净利润的 10% 提取盈余公积。2007 年 1 月 1 日投资 500 万元购入乙公司 100% 股权,乙公司可辨认净资产公允价值为 500 万元,账面价值为 400 万元,其差额为应在 5 年内摊销的无形资产。2007 年乙公司实现净利润 100 万元,期初未分配利润为 0,2008 年分配现金股利 60 万元,2008 年实现净利润 120 万元。乙公司在 2008 年期末甲公司编制投资收益和利润分配的抵销分录时,应抵销的期初和期末未分配利润分别是( )万元。

A.0,60　　　　　　B.0,120　　　　　　C.70,108　　　　　　D.70,98

10.以下关于母公司投资收益和子公司利润分配的抵销分录表述不正确的是( )。

A.抵销母公司投资收益和少数股东损益均按照调整后的净利润份额计算

B.抵销子公司利润分配有关项目按照子公司实际提取和分配数计算

C.抵销期末未分配利润按照期初和调整后的净利润减去实际分配后的余额计算

D.抵销母公司投资收益按照调整后的净利润份额计算,计算少数股东损益的净利润不需调整

11.甲公司本年 2 月 10 日从其拥有 80% 股份的被投资企业购进设备一台,该设备成本 70 万元,售价 100 万元,增值税 17 万元,另付运输安装费 3 万元,甲公司已付款且该设备当月投入使用,预计使用 5 年,净残值为 0。甲公司本年末编制合并报表时应抵销此项业务形成的固定资产原价上未实现销售利润是( )万元。

A.47　　　　　　B.30　　　　　　C.50　　　　　　D.33

12.甲公司本年 2 月 10 日从其拥有 80％股份的被投资企业购进设备一台,该设备成本 70 万元,售价 100 万元,增值税 17 万元,另付运输安装费 3 万元,甲公司已付款且该设备当月投入使用,预计使用 5 年,净残值为 0。甲公司本年末编制合并报表时涉及该业务所抵销多计提的折旧金额是(　　)万元。

　　A.20　　　　　　　B.8.33　　　　　　　C.5　　　　　　　D.7.83

13.母公司期初期末对子公司应收款项余额分别是 250 万元和 200 万元,母公司始终按应收款项余额的 5‰提取坏账准备,则母公司期末编制合并报表抵销内部应收款项计提的坏账准备的影响是(　　)。

　　A.管理费用－10 000 元,本期资产减值损失－10 000 元

　　B.未分配利润——年初－12 500 元,本期资产减值损失－2 500 元

　　C.未分配利润——年初 10 000 元,资产减值损失－2 500 元

　　D.未分配利润——年初 12 500 元,资产减值损失 2 500 元

14.2007 年 9 月子公司从母公司购入的 150 万元存货,本年全部没有实现销售,期末该批存货的可变现净值为 105 万元,子公司计提了 45 万元的存货跌价准备,母公司销售的该批存货的成本为 120 万元。2007 年末在母公司编制合并报表时针对该准备项目所作的抵销处理为(　　)万元。

　　A.借:存货——存货跌价准备　　　　　　　　　　　　30
　　　　贷:资产减值损失　　　　　　　　　　　　　　　　　　　30

　　B.借:资产减值损失　　　　　　　　　　　　　　　　15
　　　　贷:存货——存货跌价准备　　　　　　　　　　　　　　　15

　　C.借:存货——存货跌价准备　　　　　　　　　　　　45
　　　　贷:资产减值损失　　　　　　　　　　　　　　　　　　　45

　　D.借:未分配利润——年初　　　　　　　　　　　　　30
　　　　贷:存货——存货跌价准备　　　　　　　　　　　　　　　30

15.母子公司采用应收账款余额百分比法计提坏账准备,计提比例为 1％,期初和期末内部应收账款余额均为 150 万元,在连续编制合并财务报表的情况下,本期就该项内部应收账款计提的坏账准备所编制的抵销分录为(　　)万元。

　　A.借:资产减值损失　　　　　　　　　　　　　　　　1.5
　　　　贷:未分配利润——年初　　　　　　　　　　　　　　　1.5

　　B.借:应收账款——坏账准备　　　　　　　　　　　　1.5
　　　　贷:资产减值损失　　　　　　　　　　　　　　　　　　1.5

　　C.借:应收账款——坏账准备　　　　　　　　　　　　1.5
　　　　贷:未分配利润——年初　　　　　　　　　　　　　　　1.5

　　D.不做抵销处理

(二)多项选择题

1.W 公司应将下列企业纳入其合并财务报表合并范围的有:(　　)。

A.甲公司,规模较小的子公司

B.乙公司,业务性质与 W 公司有差别的子公司

C.丙公司,其 60%的表决权资本由 W 公司拥有,已被宣告清理整顿

D.丁公司,其 40%的表决权资本由 W 公司拥有,W 公司受托管理其他投资者在丁公司 20%的股份

E.戊公司,其 40%的表决权资本由 W 公司拥有,但 W 公司有权任免戊公司多数董事会成员

2.W 公司应将下列企业纳入合并的有:(　　)。

A.甲公司,其 80%表决权资本由 W 公司拥有

B.乙公司,其 30%表决权资本由 W 公司拥有,50%表决权资本由甲公司拥有(此甲公司与本题 A 选项一致)

C.丙公司,其 30%表决权资本由 W 公司拥有

D.丁公司,其 30%表决权资本由 W 公司拥有,60%表决权资本由丙公司拥有(此丙公司与本题 C 选项相同)

E.戊公司,已经拥有和潜在拥有表决权资本达到控制

3.母公司应将其排除在合并财务报表合并范围之外的有:(　　)。

A.所有者权益为负数的子公司　　　　　B.宣告破产的原子公司

C.已经处置的原子公司　　　　　　　　D.设在境外的子公司

E.已经清理整顿的原子公司

4.下列情况中,W 公司没有拥有该被投资单位半数以上的权益性资本,但可以纳入合并财务报表合并范围的有:(　　)。

A.通过与被投资企业其他投资者之间的协议,拥有该被投资企业半数以上的表决权

B.根据公司章程或协议,有权控制被投资企业财务和经营政策

C.有权任免董事会等权力机构的多数成员

D.在董事会或者类似权力机构的会议上有半数以上投票权

E.在已有的四个投资者中,W 公司对其持股比例最高

5.以下合并资产负债表抵销处理正确的有:(　　)。

A.母公司对子公司的长期股权投资大于母公司在子公司所有者权益中所享有的份额应当相互抵销

B.在购买日,母公司对子公司的长期股权投资大于母公司在子公司所有者权益中所享有的份额的差额,应当在商誉项目列示

C.母公司与子公司、子公司相互之间的债权与债务项目应当相互抵销,同时抵销应收款项的坏账准备和债券投资的减值准备

D.母公司与子公司、子公司相互之间的债券投资与应付债券相互抵销后,本期产生的差额应当计入投资收益项目

E.母公司与子公司、子公司相互之间的债券投资与应付债券相互抵销后,产生的差额应当计入合并商誉

6.以下母公司合并报表处理正确的有(　　)。

A.在报告期内因同一控制下企业合并增加的子公司应当调整合并资产负债表的期初数

B.母公司在报告期内因同一控制下企业合并增加的子公司不应当调整合并资产负债表的期初数

C.因非同一控制下企业合并增加的子公司不应当调整合并资产负债表的期初数

D.因非同一控制下企业合并增加的子公司应当调整合并资产负债表的期初数。

E.报告期内处置子公司均不调整合并资产负债表的期初数

7.以下事项均发生在母子公司之间,其中属于编制合并现金流表应抵销的项目有( )。

A.以现金投资或收购股权增加的投资所产生的现金流量

B.当期取得投资收益收到的现金与分配股利、利润或偿付利息支付的现金

C.以现金结算债权与债务产生的现金流量

D.当期销售商品所产生的现金流量

E.处置固定资产、无形资产和其他长期资产收回的现金净额

8.子公司与少数股东之间发生的影响现金流量的业务有:( )。

A.子公司向少数股东支付现金股利

B.少数股东对子公司增加现金投资

C.少数股东依法从子公司抽回权益性资本投资

D.少数股东对子公司增加实物投资

E.子公司向少数股东支付股票股利

9.母公司本期将其成本为 80 万元的一批产品销售给其子公司,销售价格为 100 万元,子公司本期购入该产品都形成存货,并为该项存货计提了 5 万元存货跌价准备,期末编制合并报表时,母公司应抵销的项目和金额有( )。

A.存货—存货跌价准备—5 万元　　　　B.资产减值损失—5 万元

C.营业收入—100 万元　　　　D.营业成本—80 万元

E.存货—20 万元

10.子公司本期将其成本为 80 万元的一批产品销售给母公司,销售价格为 100 万元,母公司本期购入该产品都形成存货,并为该项存货计提了 5 万元存货跌价准备。一年以后,母公司上期从子公司购入的产品仅对外销售了 40%,另外 60% 依然为存货。由于产品陈旧,预计可变现价值进一步下跌为 40 万元。本期母公司又将子公司 200 万元的另一产品以 250 万元购入,期末有 80% 留作存货,期末可变现净值为 180 万元,母公司已计提跌价准备。期末编制合并报表时,母公司应抵销的项目和金额有( )。

A.未分配利润—期初—15 万元

B.营业收入—250 万元和营业成本—218 万元

C.存货—52 万元

D.存货—存货跌价准备—32 万元

E.资产减值损失—27 万元

11.甲股份有限公司于 2005 年年初通过收购股权成为 B 股份有限公司的母公司。2005 年年末甲公司应收 B 公司账款为 150 万元;2006 年年末甲公司应收 B 公司账款为 450 万元;2007 年年末甲公司应收 B 公司账款为 225 万元,甲公司坏账准备计提比例为

2%。对此,编制 2007 年末合并会计报表工作底稿时应编制的抵销分录包括( )。

A.借:应收账款——坏账准备   4.5

  贷:资产减值损失   4.5

B.借:应付账款   225

  贷:应收账款   225

C.借:资产减值损失   4.5

  贷:应收账款——坏账准备   4.5

D.借:应收账款——坏账准备   9

  贷:未分配利润——年初   9

E.借:应收账款——坏账准备   3

  贷:未分配利润——年初   3

12.甲公司和乙公司是同一母公司下两个子公司的关系。2006 年年末,甲公司应收乙公司账款为 112.5 万元;2007 年年末,甲公司应收乙公司账款为 225 万元。甲公司计提坏账准备比例为 2%。对此,母公司编制 2007 年合并会计报表工作底稿时应编制的抵销分录包括( )。

A.借:应付账款   225

  贷:应收账款   225

B.借:应收账款——坏账准备   2.25

  贷:资产减值损失   2.25

C.借:应收账款——坏账准备   4.5

  贷:资产减值损失   4.5

D.借:应收账款——坏账准备   2.25

  贷:未分配利润——年初   2.25

E.借:未分配利润——年初   4.5

  贷:应收账款——坏账准备   4.5

13.A 公司和 B 公司是母子公司关系。2006 年年末,A 公司应收 B 公司账款为 100 万元,坏账准备计提比例为 2%;2007 年年末,A 公司应收 B 公司账款仍为 100 万元,坏账准备计提比例变更为 4%。对此,母公司编制 2007 年合并会计报表工作底稿时应编制的抵销分录包括( )。

A.借:应付账款   100

  贷:应收账款   100

B.借:应收账款——坏账准备   1

  贷:资产减值损失   1

C.借:应收账款——坏账准备   2

  贷:资产减值损失   2

D.借:应收账款——坏账准备   2

  贷:未分配利润——年初   2

E.借：未分配利润——年初　　　　　　　　　　　　2

　　贷：资产减值损失　　　　　　　　　　　　　　　　2

14.以下说法正确的有：（　　）。

A.资产类项目，其合并金额根据该项目加总金额，加上该项目抵销分录有关的借方发生额，减去该项目抵销分录有关的贷方发生额计算确定

B.负债类项目，其合并金额根据该项目加总金额，加上该项目抵销分录有关的贷方发生额，减去该项目抵销分录有关的借方发生额计算确定

C.有关收入类项目，其合并金额根据该项目加总金额，加上该项目抵销分录有关的贷方发生额，减去该项目抵销分录有关的借方发生额计算确定

D.资产类项目，其合并金额根据该项目加总金额，加上该项目抵销分录有关的借方发生额，减去该项目抵销分录有关的贷方发生额计算确定

E.所有者权益类项目，其合并金额根据该项目加总金额，加上该项目抵销分录有关的贷方发生额，减去该项目抵销分录有关的借方发生额计算确定

15.非同一控制下企业合并，编制合并日合并报表抵销分录时，下列说法正确的是（　　）。

A.母公司对子公司投资账户与子公司的所有者权益各账户相互抵销

B.将母公司长期股权投资超过子公司可辨认资产、负债项目公允价值的差额确认为商誉

C.在合并报表中子公司的资产负债按照公允价值反映

D.在合并报表中子公司的资产负债按照账面价值反映

E.将母公司长期股权投资低于子公司可辨认的资产、负债项目公允价值的差额确认为负商誉

（三）判断题

1.所有的长期股权投资用成本法核算。　　　　　　　　　　　　　　（　　）

2.对被投资企业重大影响的长期股权投资用成本法核算。　　　　　（　　）

3.合并报表的编制方法和汇总报表相同。　　　　　　　　　　　　（　　）

4.在企业合并的方式中，只有控股合并才会产生合并报表的编制问题。（　　）

5.非同一控制的企业合并中，合并报表中应确认商誉。　　　　　　（　　）

6.采用权益结合法时，购买日只需编制合并资产负债表。　　　　　（　　）

7.采用权益结合法时间，购买日需要编制合并利润表和合并现金流量表。（　　）

8.购买法下的控股合并中，正商誉应列示在母公司个别报表中。　　（　　）

9.合并工作底稿就是原始凭证，可以据以登记母公司和子公司账本。（　　）

10.购买法对合并成本小于合并中取得的被购买方可辨认净资产公允价值份额的差额，应该直接记入"资本公积"账户。　　　　　　　　　　　　　　　（　　）

11.控制，是指投资方拥有对被投资方的权利，通过参与被投资方的相关活动而享有可变回报，并且有能力运用对被投资方的权利影响其回报金额。　　（　　）

12.母公司是以向投资者提供投资管理服务为目的，从一个或多个投资者处获取资金。该公司为投资性主体。　　　　　　　　　　　　　　　　　（　　）

13.母公司应当统一子公司所采用的会计政策，使子公司采用的会计政策与母公司保

持一致。 （ ）

14.实质性权利通常只能在被投资方发生根本性改变或某些例外情况发生时才能够行使,它既没有赋予其持有人对被投资方拥有权利,也不能阻止其他方对被投资方拥有权利。 （ ）

15.如果母公司是投资性主体,则母公司应当仅将为其投资活动提供相关服务的子公司(如有)纳入合并范围并编制合并财务报表;其他子公司不应当予以合并,母公司对其他子公司的投资应当按照公允价值计量且其变动计入当期损益。 （ ）

(四)业务题

练习一

1.目的:练习调整分录与合并报表的编制。

2.资料:A公司为母公司,2009年1月1日,A公司用银行存款760 000元从证券市场上购入B公司发行在外100%的股票,并对B公司实施控制,且A公司和B公司不属于同一控制下的两个公司。其他相关资料如下:

(1)B公司2009年度实现净利润270 000元,提取盈余公积27 000元;2007年宣告分派现金股利60 000元,无其他所有者权益变动。

(2)B公司存货、固定资产和无形资产的公允价值分别为172 000元、520 000元和30 000元,其他项目的公允价值与账面价值相同。其中,固定资产尚可使用10年,无形资产分5年摊销。

(3)假定固定资产均为管理部门使用。两公司合并前的单独财务报表见下表:

合并前两公司单独财务报表
2008年12月31日

单位:元

报表及项目	A公司	B公司
利润表项目		
营业收入	1 382 000	890 000
营业成本	943 000	632 000
管理费用	90 940	38 600
销售费用	114 050	53 776
财务费用	52 000	30 000
所得税费用	72 804	54 249.6
净利润	109 206	81 374.4
所有者权益变动表部分项目		
本年净利润	109 206	81 374.4
加:年初未分配利润	11 200	6 400
可供分配的利润	120 406	87 774.4

续表

报表及项目	A公司	B公司
减:提取盈余公积	84 000	60 000.4
分派现金股利	15 906	21 774
年末未分配利润	20 500	6 000
资产负债表项目		
银行存款	980 000	52 000
应收账款——B公司	35 000	
存货	210 000	166 000
其他流动资产	166 000	105 000
固定资产	510 000	430 000
无形资产		27 000
资产合计	1 901 000	780 000
应付账款——A公司		54 000
应交税费	36 400	33 000
其他负债	1 050 000	135 000
股本	500 000	270 000
资本公积	70 000	112 000
盈余公积	224 100	170 000
未分配利润	20 500	6 000
负债和所有者权益合计	1 901 000	780 000

3.要求:(1)编制相关的调整与抵销分录。(2)编制合并工作底稿。

练习二

1.目的:练习调整分录与合并报表的编制。

2.资料:仍沿用练习一的资料,但是投资成本改为A公司支付银行存款760 000元购买了B公司80%发行在外的股份。B公司2009年度实现净利润270 000元,提取盈余公积27 000元;2009年宣告分派现金股利60 000元,无其他所有者权益变动。

3.要求:(1)编制相关的调整与抵销分录。(2)编制合并工作底稿。

练习三

1.目的:练习调整分录与合并报表的编制。

2.资料:仍沿用练习一的资料,但是投资成本改为A公司支付银行存款760 000元购买了B公司80%发行在外的股份。B公司2010年度实现净利润298 000元,提取盈余公积29 800元;2010年宣告分派现金股利80 000元,无其他所有者权益变动。

3.要求:(1)编制相关的调整与抵销分录。(2)编制合并工作底稿。

练习四

1.目的:练习调整分录与合并报表的编制。

2.资料:仍沿用练习一的资料,但是投资成本改为 A 公司支付银行存款 760 000 元购买了 B 公司 80%发行在外的股份。B 公司 2011 年度实现净利润 400 000 元,提取盈余公积 40 000 元;2011 年宣告分派现金股利 10 000 元,无其他所有者权益变动。

3.要求:(1)编制相关的调整与抵销分录。(2)编制合并工作底稿。

练习五

1.目的:练习权益法的调整

2.资料:A 公司为母公司,2009 年 1 月 1 日,A 公司用银行存款 660 000 元从证券市场上购入 B 公司发行在外的 100%的股份,并对 B 公司实施控制,且 A 公司和 B 公司属于同一控制下的两家子公司。B 公司 2009 年实现净利润 230 000 元,于年末宣告分派现金股利 35 000 元。当时 B 公司净资产的相关项目如下表:

项　目	账面价值	公允价值	备注
存货	100 000	98 000	本年出售
固定资产	340 000	370 000	10 年摊销
无形资产	220 000	240 000	5 年摊销
长期应付款	90 000	110 000	5 年后到期
净资产	570 000	598 000	

3.要求:为 A 公司编制从成本法调整为权益法的相关会计分录。

第四章

企业集团内部资产业务

　　学习目的:通过本章的学习,使学生能够掌握企业间的存货购销业务,固定资产买卖业务,以及企业间的无形资产业务在编制合并报表时的抵销处理方法;熟悉企业集团内部交易的类型和种类;了解企业集团内部资产业务的性质和基本内容;能够运用本章所学知识在编制合并报表时对企业集团内部资产业务进行合并抵销处理。

引导案例:

　　天津中新药业集团股份有限公司(简称"中新药业")是以中药创新为特色的大型医药集团,1997 年、2001 年分别在新加坡、上海两地上市。集团拥有 13 家全资、控股子公司,业务涵盖中成药、中药材、化学原料及制剂、生物医药、营养保健品研发制造及医药商业等众多领域,形成了完整的产业链、产品链。2009 年,集团内部发生了频繁的内部资产交易,中新药业将其生产的药品出售给其子公司,并从其控股子公司处购买了药材。为了避免未来产生同业竞争的可能性,中新药业还向其子公司转让了 5 种药品的药品注册证。

　　根据中国证监会的规定,中新药业需要同时编制母公司个别财务报表和合并财务报表对外提供会计信息。请问母、子公司间的内部资产交易对母公司个别财务报表和集团合并财务报表的影响一样吗? 中新药业在编制合并财务报表时,是否需要将母、子公司间的内部交易进行抵销呢?

第一节　集团内部资产业务的性质和内容

一、集团内部资产业务的性质

　　企业集团内部资产业务,是指企业集团内部母公司、子公司之间或子公司与子公司之间所发生的商品销售、固定资产及无形资产的买卖等经济业务。由于母公司、子公司都是独立的法人,当发生内部资产交易时,交易双方都要作相应的会计反映。比如母公司从子公司购买商品,子公司账上记为销售收入、结转销售成本、确认销售损益;母公司在存货尚未售出前,账上反映为购入的存货。但从企业集团的角度看,当商品没有向外界出售前,子公司所反映的交易损益并未实现,在合并时应当予以抵销,否则会虚增企业集团整体的损益。合并报表是在母公司、子公司单独财务报表的基础上合并而成的,用以反映由这些法人企业所组成的企业集团整体的财务状况和经营成果,因此从合并主体的角度看,企业集团内部资产交易的影响应当在编制合并报表时加以抵销和调整。

企业集团内部资产业务需要抵销的原因主要在于:

(1)内部交易的转移价格有失公平性。在现实中,母公司和子公司关系密切,母公司管理部门可以控制所有的内部交易,有时母公司为了谋求财务利益,较多地进行内部交易,通过内部交易转移定价、粉饰财务状况。

(2)反映没有发生内部交易的真正的集团财务状况和经营成果。抵销的真正目的在于,让合并报表反映没有发生内部交易时的企业集团的财务状况和经营成果。若内部交易不予抵销,合并报表的资产和净收益将会虚增或高估。只有在企业间存货或固定资产等向外界出售或耗用之后,内部未实现的交易损益才真正得以实现。

二、集团内部资产业务的内容

企业集团的资产业务主要包括:企业间的存货购销业务,企业间的固定资产买卖业务,企业间的无形资产业务,企业间固定资产租赁业务,等等。这些企业间的资产业务无论有无损益产生,均会对合并财务报表产生影响。本章专门论述各种内部资产业务在编制合并报表时的处理方法。

第二节 企业集团内部存货业务

一、内部存货业务概述

企业集团内部存货交易是纵向合并的产物。纵向合并是指处于生产经营不同阶段的企业之间发生的合并,例如石油行业就区分为开采和生产、精炼以及向最终顾客推销等活动。纵向合并的目的在于纵向一体化经营,提高生产经营效率。在这种合并中,往往包括一个合并方和数个作为其客户或供应商的被并方。因此在企业集团内部,由于生产或产品的相关性,或因为财务上的考虑,往往会在集团内各企业之间相互买卖商品。在内部存货交易中,常有以下三种类型:(1)母公司向子公司销售商品称为顺销(或下销交易);(2)子公司出售商品给母公司称为逆销(或上销交易);(3)同一集团公司内部两个子公司之间的商品买卖,称为横向交易。

在编制合并报表时,内部存货交易必须抵销,因为合并报表只反映企业集团和外部所发生的销售收入以及由此引起的销售成本和销售费用,反映企业集团与集团外的债权债务关系。但在企业集团成员之间发生存货购销的情况下,各成员企业平时都从自身的角度,以自身独立的会计主体进行会计核算,反映存货增减、债权债务关系以及销售损益。即同一笔业务双方都要反映,若以各别报表的数额为基础直接相加合并,就必然出现重复计算问题,从而不能准确反映合并损益和合并的资产、负债状况。具体体现在以下三个方面:

(1)因内部存货交易引起的债权债务关系。当内部购销交易是赊销时,购买的一方记应付账款,而出售的一方记应收账款。但从合并的观点来看,集团内企业之间的应收应付项目是一种资金的内部转移。在编制合并报表时,企业集团内部的债权债务必须予以抵销,只有企业集团与外部企业发生的债权债务才反映在合并资产负债表上。

(2)因内部存货交易引起的销售收入和销售成本的重复计算。集团内部存货交易发生后,出售方记录销售收入,结转销售成本;购买方在出售此存货时也会记录销售收入,结转销售成本。但从企业集团整体看,同一商品在"账上"流转了两次,若不进行抵销,也必然会造成重复计算。

(3)因内部存货交易引起的未实现内部销售利润。这是指出售方记录销售收入,结转销售成本,在其损益表上体现销售利润后,若购买方当期未将该存货全部售出,从企业集团角度看,反映在出售方的利润并未真正实现。只有抵销内部未实现利润,才能编制出真正反映集团损益的合并利润表。

二、内部存货业务的抵销方法

(一)按成本销售存货

在企业集团内部存货业务中,一般按成本加上一定的毛利销售存货,在特殊情况下,也可按成本或低于成本的金额出售。若按销货企业的成本出售,则不论购货企业在合并财务报表编制日是否已将从企业集团内部其他企业购入的存货对外出售,合并工作底稿上的抵销分录是相同的,因为期末存货中没有未实现损益。在发生内部交易时,销售方在自己的利润表中按存货成本确认了销售收入和销售成本,并无销售利润,而购买方则以存货的实际成本入账。从企业集团来说,只不过是存货的存放地点在内部发生了转移(购买企业内部购进的存货全部未出售),最终存货只实现了一次销售(购买企业内部购进的存货全部或部分出售)。编制抵销分录时,应按照集团内部销售企业销售该商品的销售收入,借记"营业收入",贷记"营业成本",以免企业集团重复计算销售收入和销售成本。

【例4-1】甲公司持有乙公司80%的股权,母公司甲于2009年向子公司乙按成本出售了250 000元商品。乙公司2009年12月31日的存货中有30 000元购自甲公司,乙公司尚欠甲公司25 000元货款。甲公司按应收账款期末余额的1%提取坏账损失准备。乙公司当年向外出售从甲公司购入的存货,售价280 000元。

为了更好地编制合并财务报表,母公司和子公司应对内部存货业务专设明细账户反映。假定两家公司均按永续盘存制记录存货业务,对上述业务编制的会计分录见表4-1。

表 4-1 甲、乙公司的会计分录

业务摘要	甲公司的账面记录	乙公司的账面记录
①甲公司向乙公司出售商品	借：应收账款——乙　250 000 　贷：主营业务收入——乙　250 000 借：主营业务成本——乙　250 000 　贷：库存商品　250 000	借：库存商品　250 000 　贷：应付账款——甲　250 000
②乙公司向甲公司支付现金	借：银行存款　225 000 　贷：应收账款——乙　225 000	借：应付账款——甲　225 000 　贷：银行存款　225 000
③乙公司向外出售从甲公司购入的存货		借：应收账款　280 000 　贷：主营业务收入　280 000 借：主营业务成本　220 000 　贷：库存商品　220 000

虽然上述业务在甲乙公司各自账上得到了反映,但从企业集团看,成本为 250 000 元的这批存货是集团内部交易,已按 280 000 元的售价出售了其中的 220 000,尚有 30 000 元留在集团内部,企业集团只实现了 60 000 元的销售毛利。上述结果可通过编制合并报表抵销分录的办法完成。合并工作底稿的抵销分录如下:

(1)抵销集团内部交易所产生的销售收入和销售成本

借：营业收入(销售方收入)　　　　　　　　　　　　　　　250 000

　贷：营业成本(销售方成本)　　　　　　　　　　　　　　　250 000

(2)抵销企业集团内部交易所产生的往来账户

借：应付账款　　　　　　　　　　　　　　　　　　　　　25 000

　贷：应收账款　　　　　　　　　　　　　　　　　　　　　25000

(3)抵销企业集团为内部交易所产生的应收账款而提取的坏账准备

借：应收账款　　　　　　　　　　　　　　　　　　　　　250

　贷：资产减值损失　　　　　　　　　　　　　　　　　　　250

同时,确认该项资产减值可抵扣暂时性差异转回的递延所得税影响 250×25％＝62.5

借：所得税费用　　　　　　　　　　　　　　　　　　　　62.5

　贷：递延所得税资产　　　　　　　　　　　　　　　　　　62.5

2009 年 12 月 31 日,甲公司在工作底稿上的抵销分录见表 4-2,表中仅列示部分有关项目。

表 4-2 甲公司合并工作底稿

(2009 年 12 月 31 日)

项　目	甲公司	乙公司	抵销分录		合并后金额
			借方	贷方	
利润表:					
营业收入	600 000	540 000	(1)250 000		890 000
营业成本	480 000	400 000		(1)250 000	630 000
营业利润	120 000	140 000			260 000
资产减值损失	30 000	27 000		(3)250	56 750
资产负债表:					
应收账款	49 500		(3)250	(2)25 000	24 750
应付账款		96 000	(2)25 000		71 000

表 4-2 工作底稿中,抵销分录(3)是因抵销分录(2)引起的。由于分录(2)抵销了甲公司的应收账款,相应地也要抵销为这一应收账款所提取的坏账准备。需要注意的是,在工作底稿上,乙公司 2009 年的销售成本和 12 月 31 日的存货不受影响,因为从企业集团看,乙公司的销售成本和存货均已按实际成本计价,没有需要调整的未实现损益。

(二)按非成本销售存货

在企业集团内部存货业务中,更为典型的是按成本加上一定的毛利销售存货,其中毛利率可能等于、低于或高于对外出售的商品的毛利率。在特殊情况下,也可能按低于成本出售。这里主要讨论母公司按成本加上一定毛利出售存货的情形。

1.期末存货未实现利润的抵销

从销货企业来看,当其将存货出售给企业集团内部其他企业时,在其账上应确认销售收入和销售成本,并且已实现了毛利。但是从企业集团来看,销货企业的毛利只有在购货企业将这些存货出售给外界或已被消耗时,才能实现。因此,从企业集团内部其他企业购入的存货,若在合并财务报表编制日仍未向外出售,这些存货的价值就包括两个部分:一部分是存货的真正成本,另一部分是销货方的销售毛利。从企业集团的角度来看,存货中所包含的这部分销售方的销售毛利属于未实现的内部销售损益,在合并工作底稿中需要通过编制分录加以抵销。抵销分录为:借记"营业成本",贷记"存货"。贷记"存货",使这些期末存货按合并主体的成本计价;借记"营业成本",则递延尚未实现的利润,并将购货企业的销售成本调整为相对于合并主体的成本基础。

(1)购买企业内部购进的存货全部未出售

【例 4-2】甲公司持有乙公司 80％的股权,母公司甲公司 2009 年向其子公司乙公司销售了 300 000 元商品,销售成本为 200 000 元,期末,乙公司尚未出售该批商品。同时,在合并财务报表编制日,乙公司尚欠甲公司货款 45 000 元。甲公司和乙公司均按应收账款期末余额的 1％提取坏账准备。对这些业务,甲公司和乙公司在其各自的账上所做的分录见表 4-3。

表 4-3 甲、乙公司的会计分录

业务摘要	甲公司的账面记录		乙公司的账面记录	
(1)甲公司向乙公司出售商品	借:应收账款——乙	300 000	借:库存商品	300 000
	贷:主营业务收入——乙	300 000	贷:应付账款——甲	300 000
	借:主营业务成本——乙	200 000		
	贷:库存商品	200 000		
(2)乙公司向甲公司支付现金	借:银行存款	255 000	借:应付账款——甲	255 000
	贷:应收账款——乙	255 000	贷:银行存款	255 000

虽然上述业务在甲公司和乙公司各自的账上得到反映,但从企业集团来看,这只不过是存货的存放地点在内部发生了变动,没有实现销售收入,也没有发生销售成本,包含在期末存货成本中的销售方的销售毛利 100 000 元,属于未实现的内部销售利润。从企业集团的角度来看,该存货的账面价值与计税基础之间形成了 100 000 元的可抵扣暂时性差异,在所得税率为 25％的情况下,应确认递延所得税资产 25 000 元,同时冲减所得税费

用 25 000 元。抵销分录列示如下:

①抵销企业集团内部交易所产生的销售收入、销售成本以及期末存货中的未实现毛利。

借:营业收入	300 000	
贷:营业成本		200 000
存货		100 000
借:递延所得税资产	25 000	
贷:所得税费用		25 000

②抵销企业集团内部交易所产生的往来账户。

借:应付账款	45 000	
贷:应收账款		45 000

③抵销为内部交易所产生的应收账款而提取的坏账准备。

借:应收账款	450	
贷:资产减值损失		450
借:所得税费用	112.5	
贷:递延所得税资产		112.5

将上述三笔分录记入合并工作底稿,见表 4-4。

表 4-4 甲公司合并工作底稿(部分)
(2009 年 12 月 31 日)

项 目	甲公司	乙公司	调整与抵销 借方	调整与抵销 贷方	合并后金额
利润表:					
营业收入	800 000	545 000	①300 000		1 045 000
营业成本	520 000	400 000		①200 000	720 000
营业利润	280 000	145 000			325 000
资产减值损失	56 000	38 450		③450	94 000
资产负债表:					
应收账款	76 230	83 160	③450	②45 000	114 840
存货	120 000	450 000		①100 000	470 000
应付账款	80 000	105 000	②45 000		140 000

(2)购买企业内部购进的存货部分出售

【例 4-3】乙公司在购入甲公司存货后向企业集团以外的单位和个人出售了其中的75%,售价为 280 000 元,尚有 25%包括在 2009 年 12 月 31 日的期末存货之中。甲公司和乙公司在其各自的账上所做的分录见表 4-5。

表 4-5　甲、乙公司的会计分录

业务摘要	甲公司的账面记录	乙公司的账面记录
(1)甲公司向乙公司出售商品	借:应收账款——乙　　300 000 　贷:主营业务收入——乙　300 000 借:主营业务成本——乙　200 000 　贷:库存商品　　　　　　200 000 借:银行存款　　　　　255 000 　贷:应收账款——乙　　　255 000	借:库存商品　　　　　300 000 　贷:应付账款——甲　　　300 000 借:应付账款——甲　　255 000 　贷:银行存款　　　　　　255 000
(2)乙公司向甲公司支付现金		
(3)乙公司向外界出售从甲公司购入的存货		借:应收账款　　　　　280 000 　贷:主营业务收入　　　　280 000 借:主营业务成本　　　225 000 　贷:库存商品　　　　　　225 000

从企业集团来看,已实现的内部销售利润为 75 000 元(10 0000×75%=75 000),包含在期末存货中的未实现内部销售利润 25 000 元(10 0000×25%=25 000)。抵销分录如下:

抵销企业集团内部交易所产生的销售收入、销售成本以及期末存货中的未实现毛利。

借:营业收入　　　　　　　　　　　　　　　　　　　　300 000
　贷:营业成本　　　　　　　　　　　　　　　　　　　　　275 000
　　存货　　　　　　　　　　　　　　　　　　　　　　　　25 000

上述抵销分录的影响体现在:首先,他抵销了集团内部销售收入 300 000 元和相关的集团内部销售成本 200 000 元,防止了销售收入和销售成本合并数额的高估。其次,贷记销售成本 75 000 元,通过减少合并销售成本,从而增加合并毛利,表明随着存货的对外出售,其中的未实现利润已经实现了。最后,它将期末存货成本从内部转移价格 75 000 元减少到合并主体的成本基础 50 000 元。

上述抵销分录也可以分解成两笔抵销分录:

①抵销企业集团内部交易所产生的销售收入、销售成本。

借:营业收入(销售方内部收入)　　　　　　　　　　　300 000
　贷:营业成本(购进方内部成本)　　　　　　　　　　　　300 000

上述分录(1)与按成本向集团内其他企业出售存货时的分录相同,表示假设本期内部购进存货全部对外销售,抵销集团内部存货交易所产生的销售收入与销售成本。

②抵销企业集团内部交易所产生的期末存货中的未实现毛利。

借:营业成本(期末内部存货×销售方本期毛利率)　　　25 000
　贷:存货(期末内部存货×销售方本期毛利率)　　　　　　25 000

上述分录②借记销售成本通过增加企业集团的销售成本,减少了本期毛利,将期末存货中的未实现利润递延至乙公司向外界售出这批存货之时,并将期末存货成本从 75 000元减少到 50 000 元。这是对抵销分录①进行的调整,使期末未实现利润递延,并使期末存货从内部转移价格减少到合并主体的成本基础。在企业集团层面,该存货的账面价值与计税基础之间形成了 25 000 元的可抵扣暂时性差异,在所得税率为 25%的情况下,应确认该存货可抵扣暂时性差异的递延所得税影响 6 250 元(25 000×25%=6 250)。

借：递延所得税资产   6 250

    贷：所得税费用   6 250

2.期初存货未实现利润的抵销

在连续编制合并会计报表的情况下,上期内部购进存货中包含的未实现内部销售利润对下期合并财务报表的编制仍有影响。由于合并报表中上期期末未分配利润的数额就是本期期初未分配利润的数额,但是,本期编制合并财务报表时是以母公司和子公司本期个别财务报表为基础,而母公司和子公司个别财务报表中未实现内部销售利润是作为其实现利润的部分包括在其期初未分配利润之中,以母子公司个别财务报表中期初未分配利润为基础计算得出的合并期初未分利润的金额就可能与上期合并财务报表中的期末未分利润的金额不一致。因此,本期编制合并财务报表时必须在合并母子公司期初未分配利润的基础上,将上期抵销的未实现内部销售损益对本期期初未分配利润的影响予以抵销,调整本期期初未分配利润。

通常情况下,期末存货的未实现利润会在下一会计期确认,即在下一期确认期初存货的未实现利润。在连续编制合并会计报表时,其抵销分录为:借记"未分配利润——年初",贷记"营业成本"。这一抵销分录,可以理解为上期内部购进的存货中包含的未实现内部销售利润在本期视同为实现利润。从合并主体看,当期末存货向外界出售时,其中的未实现利润则实现了。抵销分录中,贷记"营业成本"正是因为购货企业在向外界出售存货时是以相对于企业集团较高的成本结转销售成本的,从企业集团看,应予抵销。

【例 4-4】仍然以上例说明 2010 年甲公司合并工作底稿的编制。2010 年甲公司售给乙公司的 360 000 元存货,销售成本 240 000 元;乙公司 2010 年的销售收入有一部分来自销售从甲公司购入的存货,金额为 400 000 元,销售成本 330 000 元,其中包括期初存货 75 000 元。乙公司期末存货中有 105 000 元来自甲公司,含有未实现利润 35 000 元(105 000×甲公司当期销售毛利率 33.%)。乙公司期末尚欠甲公司货款 60 000 元。甲公司和乙公司均按应收账款期末余额的 1‰提取坏账准备。

对这些业务,甲公司和乙公司在其各自的账上所作的分录见表 4-6。

表 4-6　甲、乙公司的会计分录

业务摘要	甲公司的账面记录	乙公司的账面记录
(1)甲公司向乙公司出售商品	借：应收账款——乙　360 000 　贷：主营业务收入——乙　360 000 借：主营业务成本——乙　240 000 　贷：库存商品　240 000	借：库存商品　360 000 　贷：应付账款——甲　360 000
(2)乙公司向甲公司支付现金	借：银行存款　300 000 　贷：应收账款——乙　300 000	借：应付账款——甲　300 000 　贷：银行存款　300 000 借：应收账款　400 000 　贷：主营业务收入　400 000
(3)乙公司向外界出售从甲公司购入的存货		借：主营业务成本　330 000 　贷：库存商品　330 000

内部交易抵销分录如下:

①抵销期初内部存货包含的未实现内部销售利润,确认 2009 年递延的期初存货未实现利润。

借:未分配利润——年初(期初内部存货×销售方上期毛利率)　25 000
　　贷:营业成本(期初内部存货×销售方上期毛利率)　　25 000
借:递延所得税资产　6 250
　　贷:未分配利润—年初　　6 250

②抵销企业集团本期内部交易所产生的销售收入和销售成本以及期末存货中的未实现毛利。同时,确认该存货可抵扣暂时性差异的递延所得税影响。

借:营业收入　360 000
　　贷:营业成本　　325 000
　　　存货(期末内部存货×销售方本期毛利率)　　35 000
借:递延所得税资产　2 500
　　贷:所得税费用　　2 500

③抵销企业集团内部交易所产生的往来账户。

借:应付账款　60 000
　　贷:应收账款　　60 000

④抵销为内部交易所产生的应收账款而提取的坏账准备,同时确认该资产减值可抵扣暂时性差异转回的递延所得税影响。

借:应收账款　600
　　贷:未分配利润——年初　　450
　　　资产减值损失　　150
借:所得税费用　37.5
　　未分配利润——年初　112.5
　　贷:递延所得税资产　　150

兹将上述四笔分录记入合并工作底稿,见表 4-7。

表 4-7　甲公司合并工作底稿
(2010 年 12 月 31 日)

项　目	甲公司	乙公司	调整与抵销		合并后金额
			借方	贷方	
利润表:					
营业收入	960 000	654 000	②360 000		1 254 000
营业成本	624 000	480 000		①25 000	754 000
				②325 000	
营业利润	336 000	174 000			510 000
资产减值损失	67 200	46 140		④150	112 740
所得税费用			④37.5	②8 750	
所有者权益变动表:					
未分配利润——年初	250 000	5 000	①25 000	④450	230 337.5

续表

项　目	甲公司	乙公司	调整与抵销		合并后金额
			借方	贷方	
			④112.5		
资产负债表:					
应收账款	91 080	997 920	④600	③60 000	1 029 600
存货	144 000	114 000	②35 000		223 000
应付账款	96 000	105 000	③60 000		141 000
递延所得税资产			②8 750	④150	8 600

　　在连续编制合并会计报表时,期初内部存货交易中包含的未实现利润的抵销分录在理论上应该区分情况处理:如果期初内部存货当期全部对外销售,抵销分录应该是借记"未分配利润——年初",贷记"营业成本";如果期初内部存货当期全部未实现对外销售,抵销分录应该是借记"未分配利润——年初",贷记"存货"。但是,由于企业期初存货和本期存货是不断流动的,其成本流转和实物流转往往不一致,我们很难区分当期销售的存货有多少是期初存货,有多少是本期购入存货。那么,我们也可以通过如下方式进行处理:先假设期初内部存货和本期购入存货在当期全部对外销售,然后再根据期末内部存货,对上述假设进行修正。因此,在连续编制合并会计报表时,内部商品交易三笔抵销分录的具体含义是:(1)先假设期初内部存货当期全部对外销售,借记"未分配利润——年初",贷记"营业成本"。(2)再假设本期购进存货全部对外销售,借记"营业收入",贷记"营业成本"。(3)最后根据期初和本期的内部存货未实现对外销售部分(即期末内部存货),对上述两笔抵销分录进行调整,借记"营业成本",贷记"存货"。

三、内部存货业务举例

　　以下将举两例复杂的例子,详细说明合并财务报表编制时对存货内部交易的处理。

　　(一)存货顺销的合并会计报表的编制

　　【例 4-5】A 公司于 2008 年 1 月 1 日用 472 500 元银行存款取得了 B 公司 90％的股份(假定 A 公司与 B 公司的合并不属于同一控制下的企业合并),当时 B 公司的股东权益为 525 000 元,其中股本 500 000 元,资本公积 5 000 元,盈余公积 10 000 元,未分配利润 10 000 元。A 公司在个别资产负债表中采用成本法核算该项长期股权投资。假定 A 公司与 B 公司适用的会计政策、会计期间相同,投资时 B 公司各项可辨认资产、负债的公允价值与其账面价值亦相等。有关 A 公司和 B 公司的其他相关资料见表 4-8。

　　A 公司在合并后向 B 公司出售存货,2009 年有关存货内部交易的资料如下:

2009 年向 B 公司出售存货	300 000(成本 225 000)
2009 年 1 月 1 日期初存货未实现利润	10 000
2009 年 12 月 31 日期末存货未实现利润	12 500
2009 年 12 月 31 日 B 公司欠 A 公司货款	50 000

2008 年 B 公司实现净利润 250 000 元,宣告并发放现金股利 60 000 元,提取盈余公积 25 000 元。

2009 年 B 公司实现净利润 150 000 元,宣告并发放现金股利 50 000 元,提取盈余公积 15 000 元。

2009 年 1 月 1 日,A 公司的"长期股权投资"账户余额为 472 500 元。2009 年 12 月 31 日,在合并工作底稿中 A 公司将对 B 公司的长期股权投资由成本法调整为权益法。根据相关规定,如果存在未实现内部交易损益,无论是顺销交易还是逆销交易,均应完全抵销,以确定整个集团的合并净利润。在确定了合并净利润之后,如何将其在归属于母公司所有者的净利润与少数股东净利润之间进行分配,或者说如何确定少数股东净利润,则要区分顺销交易和逆销交易。在顺销时,母公司的净利润包含了内部交易所产生的期末存货中的未实现利润,但子公司的净利润不受影响。我国现行会计准则明确规定,顺销交易所发生的未实现内部交易损益,应当全额抵销"归属于母公司所有者的净利润",即顺销交易的未实现销售损益,应全额调整母公司的净利润,与少数股东净利润无关。

2009 年有关调整分录如下:

(1)确认收到 B 公司 2008 年分派的现金股利 54 000 元(60 000×90%),同时抵销年初未分配利润 54 000 元。

借:未分配利润——年初　　　　　　　　　　54 000
　贷:长期股权投资　　　　　　　　　　　　　　　　54 000

(2)确认 2008 年对 B 公司投资的收益 225 000 元,调整年初未分配利润 225 000 元。2009 年 1 月 1 日期初存货包含的顺销交易未实现利润 10 000 元,并不影响子公司 2008 年度实现的损益。A 公司在确认 2008 年投资收益时,无须扣除未实现的内部交易损益,应确认的投资收益金额=250 000×90%=225 000 元。

借:长期股权投资　　　　　　　　　　　　225 000
　贷:未分配利润——年初　　　　　　　　　　　　225 000

(3)确认收到 B 公司 2009 年分派的现金股利 45 000 元(50 000×90%),同时抵销原按成本法确认的投资收益 45 000 元。

借:投资收益　　　　　　　　　　　　　　45 000
　贷:长期股权投资　　　　　　　　　　　　　　45 000

(4)确认 2009 年对 B 公司投资的收益 135 000(150 000×90%)元。

借:长期股权投资　　　　　　　　　　　　135 000
　贷:投资收益　　　　　　　　　　　　　　　　135 000

2009 年 12 月 31 日,在合并工作底稿中,A 公司按权益法调整的 A 公司对 B 公司长期股权投资的金额为 733 500 元(投资成本 472 500+权益法调整增加的长期股权投资 261 000);2009 年 A 公司按权益法调整的对 B 公司的投资收益为 135 000 元,B 公司本期少数股东损益为 15 000 元。

2009 年 A 公司的合并工作底稿见表 4-8。

表 4-8 工作底稿上的抵销分录如下:

(1)抵销本期购入内部存货包含的未实现内部销售利润,抵销因内部交易所产生的销售收入和销售成本。

```
借:营业收入                                          300 000
    贷:营业成本                                                   300 000
```

（2）抵销期初内部存货包含的未实现内部销售利润,确认年初存货未实现利润在本年实现,调整销售成本和未分配利润——年初。

```
借:未分配利润——年初                                 10 000
    贷:营业成本                                                    10 000
借:递延所得税资产                                      2 500
    贷:未分配利润—年初                                             2 500
```

（3）抵销期末内部存货包含的未实现内部销售利润,调整销售成本和存货,同时确认该存货可抵扣暂时性差异的递延所得税影响。

```
借:营业成本                                          12 500
    贷:存货                                                        12 500
借:递延所得税资产                                        625
    贷:所得税费用                                                     625
```

（4）抵销 A 公司确认的投资收益与子公司的利润分配。

```
借:投资收益                                         135 000
    少数股东损益                                      15 000
    未分配利润——年初                                 175 000
    贷:对所有者(股东)的分配                                         50 000
       提取盈余公积                                                15 000
       未分配利润——年末                                          260 000
```

（5）抵销 A 公司长期股权投资与子公司所有者权益。

```
借:股本                                            500 000
    资本公积                                          5 000
    盈余公积                                         50 000
    未分配利润                                       260 000
    贷:长期股权投资                                               733 500
       少数股东权益(815 000×10%)                                   81 500
```

（6）抵销存货内部交易所产生的往来账户。

```
借:应付账款                                          50 000
    贷:应收账款                                                    50 000
```

表 4-8 A 公司合并工作底稿
（2009 年 12 月 31 日）

项 目	A公司			B公司			抵销分录		合并后金额
	报表金额	借方	贷方	报表金额	借方	贷方	借方	贷方	
利润表项目:									
营业收入	5 000 000			1 500 000			(1)300 000		6 200 000
营业成本	2 750 000			1 000 000			(3)12 500	(1)300 000	3 452 500
								(2)10 000	
销售费用	1 750 000			350 000					2 100 000

续表

项　目	A公司			B公司			抵销分录		合并后金额
	报表金额	借方	贷方	报表金额	借方	贷方	借方	贷方	
投资收益	45 000	c.45 000	d.135 000				(4)135 000		—
净利润	545 000	45 000	135 000	150 000			447 500	310 000	647 500
少数股东损益							(4)15 000		15 000
归属于母公司所有者的利润									632 500
所有者权益变动表项目:									
未分配利润——年初	970 000	a.54 000	b.225 000	175 000			(2)10 000 (4)175 000		1 131 000
提取盈余公积	100 000			15 000				(4)15 000	100 000
对股东的利润分配	250 000			50 000				(4)50 000	250 000
未分配利润——年末	1 165 000	99 000	360 000	260 000			(5)260 000 907 500	(4)260 000 635 000	1 413 500
资产负债表项目:									
银行存款	150 000			25 000					175 000
应收账款	350 000			100 000				(6)50 000	400 000
存货	450 000			225 000				(3)12 500	662 500
其他流动资产	320 000			50 000					370 000
长期股权投资——B公司	472 500	b.225 000 d.135 000	a.54 000 c.45 000					(5)733 500	0
固定资产	4 000 000			600 000					4 600 000
资产合计	5 742 500	360 000	99 000	1 000 000				796 000	6 207 500
应付账款	177 500			125 000			(6)50 000		252 500
其他负债	100 000			60 000					160 000
负债合计	277 500			185 000			50 000		412 500
股本	3 000 000			500 000			(5)500 000		3 000 000
资本公积	500 000			5 000			(5)5 000		500 000
盈余公积	800 000			50 000			(4)50 000		800 000
未分配利润	1 165 000	c.45 000	d.135 000	260 000			907 500	635 000	1 413 500
少数股东权益		a.54 000	b.225 000					(5)81 500	81 500
股东权益合计	5 465 000	99 000	360 000	815 000			1 437 500	702 750	5 795 000
负债和股东权益合计	5 742 500	99 000	360 000	1 000 000			1 487 500	702 750	6 207 500

(二)存货逆销的合并会计报表的编制

我国现行会计准则规定,当企业集团存在逆向交易时,应采用与顺向交易相同的抵销方法100％予以抵销。当发生逆销交易时,子公司的净利润包括期末存货的未实现利润,母公司本身的净利润则不受影响。子公司已实现的净利润应为子公司个别报表上的净利润减去内部交易所产生的未实现交易损益,即逆销交易未实现销售损益应全额调整子公司的净利

润,从而既与少数股东净利润有关,也与归属于母公司所有者的净利润有关。少数股东损益
=(子公司按合并日各项可辨认净资产的公允价值为基础调整后的净利润－未实现的逆销
交易损益)×少数股东持股比例;少数股东权益＝子公司按合并日各项可辨认净资产的公允
价值为基础并考虑未实现内部逆销交易损益因素调整后的股东权益×少数股东持股比例。

【例 4-6】C 公司于 2008 年 1 月 1 日用 360 000 元银行存款取得了 D 公司 80%的股份
(假定 C 公司与 D 公司的合并不属于同一控制下的企业合并),当时 D 公司的股东权益为
450 000 元,其中股本 300 000 元,资本公积 75 000 元,盈余公积 75 000 元。C 公司在个别
资产负债表中采用成本法核算该项长期股权投资。假定 C 公司与 D 公司适用的会计政策、
会计期间相同,投资时 D 公司各项可辨认资产、负债的公允价值与其账面价值亦相等。

D 公司在合并后向 C 公司出售存货,2009 年有关存货内部交易的资料如下:

2009 年向 C 公司出售存货	200 000
2009 年 1 月 1 日期初存货未实现利润	25 000
2009 年 12 月 31 日期末存货未实现利润	20 000
2009 年 12 月 31 日 C 公司欠 D 公司货款	30 000

2008 年 D 公司实现净利润 82 500 元,宣告并发放现金股利 20 000 元,提取盈余公积
25 000 元。

2009 年 D 公司实现净利润 100 000 元,宣告并发放现金股利 60 000 元,提取盈余公
积 40 000 元。有关 C 公司和 D 公司的其他相关资料见表 4-9。

2009 年 1 月 1 日,C 公司的"长期股权投资"账户余额为 360 000 元。2009 年 12 月
31 日,在合并工作底稿中 C 公司将对 D 公司的长期股权投资由成本法调整为权益法。有
关调整分录如下:

(1)确认收到 D 公司 2008 年分派的现金股利 16 000 元(20 000×80%),同时抵销年
初未分配利润 16 000 元。

借:未分配利润——年初　　　　　　　　　　　　　　　　　　　16 000
　　贷:长期股权投资　　　　　　　　　　　　　　　　　　　　　　　16 000

(2)确认 2008 年对 D 公司投资的收益 46 000 元,调整年初未分配利润 46 000 元。
由于 2009 年 1 月 1 日期初存货包含未实现利润 25 000 元,说明 2008 年子公司出售给母
公司的这批存货并未销售给外部第三方,C 公司在确认 2008 年投资收益时,应扣除未实
现的内部交易损益,调减 D 公司的净利润。应确认的投资收益金额=(82 500－25 000)
×80%=46 000 元。

借:长期股权投资　　　　　　　　　　　　　　　　　　　　　　46 000
　　贷:未分配利润——年初　　　　　　　　　　　　　　　　　　　　46 000

(3)确认收到 D 公司 2009 年分派的现金股利 48 000 元(60 000×80%),同时抵销原
按成本法确认的投资收益 48 000 元。

借:投资收益　　　　　　　　　　　　　　　　　　　　　　　　48 000
　　贷:长期股权投资　　　　　　　　　　　　　　　　　　　　　　　48 000

(4)确认 2009 年对 D 公司投资的收益 84 000 元。2009 年年初内部购进存货在 2009
年实现了对外部第三方的销售。C 公司在确认 2009 年投资收益时,应调增 D 公司净利润

25 000元。2009年逆销交易未实现的内部交易损益应调减D公司当年的净利润20 000元。

2009年C公司应确认的投资收益金额＝(100 000＋25 000－20 000)×80％＝84 000元。

借:长期股权投资　　　　　　　　　　　　　　　　　　　　84 000

　　贷:投资收益　　　　　　　　　　　　　　　　　　　　　　　　84 000

2009年12月31日,在合并工作底稿中,C公司按权益法调整的C公司对D公司长期股权投资的金额为426 000元(投资成本360 000＋权益法调整增加的长期股权投资66 000);2009年C公司按权益法调整的对D公司的投资收益为84 000元,D公司本期少数股东损益为21 000元。

2009年A公司的合并工作底稿见表4-9。

表4-9工作底稿上的抵销分录如下:

(1)抵销本期购入内部存货包含的未实现内部销售利润,抵销因内部交易所产生的销售收入和销售成本。

借:营业收入　　　　　　　　　　　　　　　　　　　　　　200 000

　　贷:营业成本　　　　　　　　　　　　　　　　　　　　　　　200 000

(2)抵销期初内部存货包含的未实现内部销售利润,确认年初存货未实现利润在本年实现,调整销售成本和未分配利润——年初。

借:未分配利润——年初　　　　　　　　　　　　　　　　　　25 000

　　贷:营业成本　　　　　　　　　　　　　　　　　　　　　　　25 000

借:递延所得税资产　　　　　　　　　　　　　　　　　　　　6 250

　　贷:未分配利润——年初　　　　　　　　　　　　　　　　　　6 250

(3)抵销期末内部存货包含的未实现内部销售利润,调整销售成本和存货,同时确认该存货可抵扣暂时性差异的递延所得税影响。

借:营业成本　　　　　　　　　　　　　　　　　　　　　　20 000

　　贷:存货　　　　　　　　　　　　　　　　　　　　　　　　20 000

借:所得税费用　　　　　　　　　　　　　　　　　　　　　　1 250

　　贷:递延所得税资产　　　　　　　　　　　　　　　　　　　　1 250

(4)抵销C公司确认的投资收益与子公司的利润分配。

借:投资收益　　　　　　　　　　　　　　　　　　　　　　84 000

　　少数股东损益　　　　　　　　　　　　　　　　　　　　21 000

　　未分配利润——年初(82 500－25 000－45 000)　　　　　12 500

　　贷:分配现金股利　　　　　　　　　　　　　　　　　　　　60 000

　　　　提取盈余公积　　　　　　　　　　　　　　　　　　　　40 000

　　　　未分配利润——年末[12 500＋(100 000＋25 000－20 000)－100 000]　　17 500

(5)抵销C公司长期股权投资与子公司所有者权益。

借:股本　　　　　　　　　　　　　　　　　　　　　　　300 000

　　资本公积　　　　　　　　　　　　　　　　　　　　　75 000

　　盈余公积　　　　　　　　　　　　　　　　　　　　　140 000

　　未分配利润　　　　　　　　　　　　　　　　　　　　17 500

　　贷:长期股权投资　　　　　　　　　　　　　　　　　　　　426 000

　　　　少数股东权益(532 500×20％)　　　　　　　　　　　　106 500

(6)抵销存货内部交易所产生的往来账户。

借:应付账款   30 000

    贷:应收账款   30 000

表 4-9   C公司合并工作底稿

项 目	C公司			D公司			抵销分录		合并后金额
	报表金额	借方	贷方	报表金额	借方	贷方	借方	贷方	
利润表项目:									
营业收入	3 125 000			1 250 000			(1)200 000		4 175 000
营业成本	2 262 500			725 000			(3)20 000	(1)200 000	2 782 500
								(2)25 000	
销售费用	588 500			425 000					1 013 500
投资收益	48 000	c.48 000	d.84 000				(4)84 000		0
净利润	322 000	48 000	84 000	100 000			304 000	225 000	379 000
少数股东利润							(4)21 000		21 000
归属于母公司所有者的利润									358 000
所有者权益变动表未分配利润——年初	80 000	a.16 000	b.46 000	37 500			(2)25 000		110 000
							(4)12 500		
提取盈余公积	64 400			40 000				(4)40 000	64 400
对股东分配的利润	150 000			60 000				(4)60 000	150 000
未分配利润——年末	187 600	64 000	130 000	37 500			(5)17 500	(4)17 500	253 600
							380 000	342 500	
资产负债表项目:									
银行存款	200 000			50 000					250 000
应收账款	393 000			62 500				(6)30 000	425 500
存货	757 000			256 000				(3)20 000	993 000
其他流动资产	382 000			38 000					420 000
长期股权投资	360 000	b.46 000	a.16 000					(5)426 000	——
		d.84 000	c.48 000						
固定资产	1 932 000			428 500					2 360 500
资产合计	4 024 000	130 000	64 000	835 000				476 000	4 449 000
应付账款	150 000			85 000			(6)30 000		205 000
其他负债	94 400			197 500					291 900
负债合计	244 400			282 500			30 000		496 900
股本	2 500 000			300 000			(5)300 000		2 500 000
资本公积	300 000			75 000			(5)75 000		300 000
盈余公积	792 000			140 000			(5)140 000		792 000
未分配利润	187 600	64 000	130 000	37 500			380 000	342 500	253 600
少数股东权益								(5)106 500	106 500
股东权益合计	3 779 600	64 000	130 000	552 500			895 000	449 000	3 952 100
负债和股东权益合计	4 024 000	64 000	130 000	835 000			925 000	449 000	4 449 000

第三节 企业集团内部固定资产业务

一、内部固定资产业务概述

内部固定资产交易,是指企业集团内部发生的一方企业购买另一方企业的资产作为固定资产使用的购销业务。它包括三种类型:一种是企业集团一方企业将固定资产有偿转让给另一方企业作为固定资产使用;第二种是企业集团一方企业将自身经营的商品销售给另一方企业作为固定资产使用;第三种是企业集团一方企业将固定资产有偿转让给另一方企业作为商品对外出售。一般来说,第三种类型的内部固定资产交易在实务中发生情况极少。

当一家企业将自身使用的固定资产出售给集团内部其他企业使用时,对于销售企业来说,其个别会计报表中表现为固定资产原价和累计折旧的减少,同时表现为固定资产处置损益。对于购买企业来说,在其个别会计报表中则反映为固定资产的增加,其固定资产原价中既包括该固定资产的原销售企业的净值,也包括销售企业因该固定资产处置所实现的损益。但从整个企业集团来看,这一交易属于集团内部固定资产调拨的性质,它既不能产生收益,也不能发生损失,固定资产既不能增值也不能减值。因此,必须将销售企业因处置固定资产所反映的损益予以抵销,同时将购买企业固定资产原价中包含的未实现内部销售固定资产损益的数额予以抵销。通过上述抵销后,使其在合并报表中该固定资产原价仍以原来的成本反映。

在企业集团内部,当一家企业从另一家企业购入商品作为固定资产使用时,如果出售方以不等于其成本的价格结算,并由此确认当期损益,同时购买方以支付的价款作为固定资产原值入账,那么,从集团整体来看,购买企业入账的固定资产中,就包含有销售方未实现的内部交易损益,这种未实现损益在合并财务报表中同样也需要进行抵销。

二、内部固定资产业务的抵销方法

由于固定资产可供长期使用,抵销未实现损益对合并报表的影响要比存货复杂,也比不需计提折旧(或不需摊销)的长期资产复杂,所以对于内部交易形成的固定资产,不仅在该内部交易发生的当期需要进行抵销处理,而且在以后使用该固定资产的期间也需要进行抵销处理。固定资产在使用过程中是通过折旧的方式将其价值转移到产品价值之中,由于固定资产按原价计提折旧,在固定资产原价中包含未实现内部交易损益的情况下,每期计提的折旧费中也必然包含着未实现内部销售损益的金额,由此也需要对该内部交易形成的固定资产每期计提的折旧费进行相应的抵销处理。同样,如果购买企业对该项固定资产计提了固定资产减值准备,由于固定资产减值准备是按原价为基础进行计算确定的,在固定资产原价中包含未实现内部销售损益的情况下,对该项固定资产计提的减值准备中也必然包含着未实现损益的金额,由此也需要对该内部交易形成的固定资产计提的减值准备进行相应的抵销处理。

(一)内部固定资产交易发生当期的抵销处理

1.内部固定资产有偿转让

当一家企业将自身使用的固定资产出售给集团内其他企业使用时,销售企业在其个别账簿上通过"固定资产清理"账户记录固定资产转让过程,清理完毕后将固定资产处置损益转入营业外收入或营业外支出。购买企业则在其个别账簿中记录固定资产的增加,固定资产原价中既包括该固定资产在原销售企业中的净值,也包括销售企业因该固定资产销售所实现的损益。但从企业集团来看,这一交易属于集团内部固定资产的调拨,它既不产生收益,也不会发生损失,固定资产既不能增值也不会减值。因此,必须将内部固定资产交易的未实现损益予以抵销,将购买企业固定资产原价调整为企业集团的成本基础。在发生内部交易的当年,抵销固定资产未实现损益的一般程序为:(1)借记"营业外收入",贷记"固定资产——原价";(2)借记"固定资产——累计折旧",贷记"管理费用"。为了便于理解,本节有关内部交易形成的固定资产多计提的折旧费的抵销,均假定该固定资产为购买企业管理用固定资产,通过"管理费用"项目进行抵销。

【例 4-7】假设 A 公司(母公司)于 2009 年 12 月 31 日将一台机器设备出售给其拥有90%股份的子公司 B 公司。该机器设备的原始成本 90 000 元,累计折旧 40 000 元,净值为 50 000 元,售给 B 公司的售价为 80 000 元。在 A 公司和 B 公司账面上记录这笔业务的会计分录如表 4-10 所示:

表 4-10　A、B 公司的会计分录

A 公司账面记录		B 公司账面记录	
借:固定资产清理	50 000	借:固定资产	80 000
累计折旧	40 000	贷:银行存款	80 000
贷:固定资产	90 000		
借:银行存款	80 000		
贷:固定资产清理	80 000		
借:固定资产清理	30 000		
贷:营业外收入——机器出售利得	30 000		

从整个企业集团来看,2009 年 12 月 31 日 A 公司账上的 30 000 元固定资产处置利得并未实现,在 2009 年的合并利润表中,不应出现机器设备出售利得项目。同时,在合并资产负债表中,该机器设备对整个企业集团而言,原始成本为 90 000 元,累计折旧为 40 000元,而不是子公司账上的原始成本为 80 000 元,累计折旧为零。在 2009 年 12 月 31 日编制合并会计报表时,这一调整过程可通过编制合并工作底稿上的抵销分录加以完成:

借:营业外收入——机器出售利得　　　　　　　　　　　　　　30 000

　贷:固定资产——原价　　　　　　　　　　　　　　　　　　　　30 000

此外,还要考虑公司间内部交易抵消对所得税的影响。上述抵销分录使集团层面该项固定资产的账面价值与计税基础之间形成了 30 000 元的可抵扣暂时性差异,在所得税率为 25%的情况下,应确认递延所得税资产 7 500 元,同时冲减所得税费用 7 500 元。抵销分录列示如下:

借:递延所得税资产	7 500
贷:所得税费用	7 500

【例 4-8】如果机器设备不是在 2009 年 12 月 31 日,而是在 2010 年 1 月 1 日出售给 B 公司,那么,2010 年 B 公司需对该机器提取折旧。2010 年对机器未实现利得的折旧应被视为未实现利得的部分实现。假设该机器于 2010 年 1 月 1 日尚可使用 5 年,无残值,按直线法提取折旧。A 公司和 B 公司对这一业务的会计处理与 2009 年 12 月 31 日的分录相同。此外,B 公司还要编制提取折旧费用的分录(为简化处理,假定 B 公司从 2010 年 1 月开始计提折旧):

借:管理费用(80 000÷5)	16 000
贷:累计折旧	16 000

分录中折旧费用 16 000 元,其中 10 000 元(50 000÷5)是按企业集团的成本基础提取的,另有 6 000 元(30 000÷5)是按该机器的未实现利得 30 000 元提取的。这 6 000 元就是内部交易未实现利得 30 000 元的部分(1/5)实现。从理论上说,这相当于将仍留在集团内部的机器的 1/5 的服务能力出售给外界。

2010 年 12 月 31 日甲公司应在合并工作底稿中编制抵销分录来消除内部固定资产交易所产生的影响,分录为:

(1)借:营业外收入——机器出售利得	30 000
贷:固定资产——原价	30 000
(2)借:固定资产——累计折旧	6 000
贷:折旧费用	6 000
(3)借:递延所得税资产	6 000
贷:所得税费用	6 000

2010 年合并工作底稿的一部分见表 4-11。

表 4-11　A 公司合并工作底稿(部分)

2010 年 12 月 31 日

项　目	A 公司	B 公司	调整与抵销		合并后金额
			借方	贷方	
利润表:					
营业外收入	30 000		(1)30 000		
折旧费用		16 000		(2)6 000	10 000
资产负债表:					
固定资产		64 000	(2)6 000	(1)30 000	40 000

2.内部交易商品转作固定资产

在企业集团内部一方企业将自身生产的产品销售给另一方企业作为固定资产使用的情况下,对于销售企业来说,在其个别利润表中反映为内部销售商品的销售收入、销售成本和销售利润。对于购买企业来说,则以其支付的价款作为固定资产原价列示于其个别财务报表中。但是,从整个企业集团来看,将经营的商品作为固定资产使用,相当于通过在建工程自建固定资产,它不能产生利润,作为固定资产原价确认的也只能是其建造成本。因此,必须将销售企业的内部销售收入、销售成本以及购买企业固定资产原价中包含的销售企业内部销售利润予以抵销,在合并会计报表中净利润反映的是扣除企业集团未实现内部销售利润后的利润,固定资产原价反映的是抵销这部分未实现内部销售利润后的原价。在发生内部交易的当年,抵销固定资产未实现损益的一般程序为:(1)借记"营业收入",贷记"营业成本"和"固定资产——原价";(2)借记"固定资产——累计折旧",贷记"管理费用"。

【**例 4-9**】假设 C 公司(母公司)于 2009 年 1 月 1 日以 700 000 元的价格将其生产的产品销售给 D 公司(子公司),其成本为 500 000 元。D 公司购买该产品作为管理用途的固定资产使用,按 700 000 元入账。假设 D 公司对该固定资产按 5 年的使用寿命采用年限平均法计提折旧,预计净残值为 0(为简化处理,假定 D 公司从 2009 年 1 月开始计提折旧)。

在合并工作底稿中,其抵销分录如下:

(1)借:营业收入 700 000
　　贷:营业成本 500 000
　　　　固定资产——原价 200 000
(2)借:固定资产——累计折旧 40 000
　　贷:管理费用 40 000
(3)借:递延所得税资产 40 000
　　贷:所得税费用 40 000

第一笔抵销分录将 C 公司账上销售该产品的销售收入 700 000 元和销售成本 500 000 元以及 D 公司固定资产原价中包含的 200 000 元未实现内部销售利润予以抵销。第二笔抵销分录在于消除因内部交易形成的未实现利润而多计提折旧的影响。由于 2009 年 D 公司计提年折旧为 140 000(700 000/5)元,相对于企业集团,折旧费用多提了 40 000(200 000/5)元,也应当予以抵销,使折旧费用恢复到按企业集团的成本基础计提的数额 100 000(500 000/5)元。上述两笔抵消分录使得在集团层面该项固定资产的账面价值小于计税基础形成 160 000 元的可抵扣暂时性差异,在所得税税率为 25%的情况下,应确认递延所得税资产 40 000 元,同时冲减所得税费用 40 000 元。

(二)内部交易形成的固定资产在以后会计期间的抵销处理

在以后的会计期间,该内部交易固定资产仍然以其原价在购买企业的个别资产负债表中列示,因此首先必须将其固定资产原价中包含的未实现内部销售利润的数额予以抵销;相应的销售企业以前会计期间由于该内部交易固定资产所实现的销售利润,形成销售当期的净利润的一部分并结转到以后的会计期间,在其个别所有者权益变动表中列示,因此必须将期初未分配利润中包含的该未实现内部销售利润予以抵销,以调整期初未分配利润的数额。将内部交易固定资产原价中包含的未实现内部销售利润抵销,并调整期初未分配利润。即按照固定资产原价中包含的未实现内部销售利润的数额,借记"未分配利润——年初",贷记"固定资产——原价"。

其次,由于以前会计期间均按包含有未实现内部销售利润的固定资产原价为依据计提累计折旧,因此需对期初累计折旧中多计提的折旧额予以抵销,一方面,必须按照以前会计期间累计多计提的折旧额抵销期初累计折旧;另一方面,由于以前会计期间累计折旧抵销而影响到期初未分配利润,因此还必须调整期初未分配利润的金额。将以前会计期间内部交易形成的固定资产多计提的累计折旧抵销,并调整期初未分配利润。即按照以前会计期间抵销该内部交易形成的固定资产多计提的累计折旧额,借记"固定资产——累计折旧",贷记"未分配利润——年初"。

根据《企业会计准则第 30 号——财务报表列报》的规定,资产负债表中单独列报固定资产项目,揭示企业固定资产的账面价值,不再区分固定资产原值、累计折旧、固定资产减值准备分别列示。因此,上述两笔抵销分录可以合成一笔抵销分录,借记"未分配利润——年初",贷记"固定资产"。

最后,该内部交易形成的固定资产在本期仍然计提了折旧,由于多计提折旧导致本期有关资产或费用项目增加并形成累计折旧,为此,一方面,必须将本期多计提折旧而计入相关资产的成本或当期损益的金额予以抵销;另一方面,将本期多计提折旧而形成的累计折旧额予以抵销。即按本期该内部交易形成的固定资产多计提的折旧额,借记"固定资产",贷记"折旧费用"。

【例 4-10】续例 4-9,从 2009 年到 2013 年的每一年里,该机器内部交易未实现利润的抵销和逐步确认情况以及对年末合并未分配利润的影响见表 4-12。

表 4-12

年份	机器未实现利润的抵销	通过折旧逐步确认利润	对年末合并未分配利润的影响
2009 年	(200 000)	40 000	(160 000)
2010 年		40 000	(120 000)
2011 年		40 000	(80 000)
2012 年		40 000	(40 000)
2013 年		40 000	0

在合并工作底稿上,2010 年内部固定资产交易的抵销分录为:

(1)借:未分配利润——年初   160 000

    贷:固定资产   160 000

(2)借:固定资产   40 000

    贷:折旧费用   40 000

上述两笔抵销分录也可合并为一笔抵销分录:

借:未分配利润——年初   160 000

  贷:折旧费用   40 000

    固定资产   120 000

(3)借:递延所得税资产   30 000

    所得税费用   10 000

    贷:未分配利润——年初   40 000

从这笔分录可以看到,借记"未分配利润——年初"160 000 元用以抵销内部固定资产交易对 2010 年合并期初未分配利润的影响(200 000－40 000),贷记折旧费用 4 000 元则抵销了当年多计的金额,贷记固定资产 120 000 元用以抵销期末内部固定资产交易的未实现利润。2011 年、2012 年和 2013 年在合并工作底稿上也应编制类似的调整与抵销分录,只是"未分配利润——年初"和"固定资产"项目应逐年递减。以后各年度的抵销分录如表 4-13 所示。

表 4-13 2010—2013 年合并工作底稿的部分内容

项 目	C公司	D公司	抵销分录		合并后金额
			借方	贷方	
2010 年					
利润表:					
折旧费用		140 000		(1)40 000	100 000
所有者权益变动表:					
未分配利润——年初	××		(1)1 600 000		××－80 000
资产负债表:				(1)12 000	
固定资产(净值)		420 000			300 000
2011 年					
利润表:					
折旧费用		140 000		(1)40 000	100 000
未分配利润——年初	××		(1)120 000		××－20 000
资产负债表:					
固定资产(净值)		280 000		(1)80 000	200 000
2012 年					
利润表:					
折旧费用		140 000		(1)40 000	100 000
未分配利润——年初	××		(1)80 000		××－80 000
资产负债表:					
固定资产(净值)		140 000		(1)40 000	100 000
2013 年					
利润表:					
折旧费用		140 000		(1)40 000	100 000
未分配利润——年初	××		(1)40 000		××－40 000
资产负债表:					
固定资产(净值)		0			0

(三)内部交易形成的固定资产在清理期间的抵销处理

对于销售企业来说,企业集团内部固定资产交易实现的利润,作为期末未分配利润的一部分结转到以后会计期间,直到购买企业对该内部交易形成的固定资产进行清理的会计期间为止。对购买企业来说,对内部交易形成的固定资产进行清理的期间,在其个别资产负债表中表现为固定资产价值的减少;该固定资产清理收入减去该固定资产账面价值以及有关清理费用后的余额,则在其个别利润表中以营业外收入(或营业外支出)列示。固定资产清理时可能出现期满清理、超期清理和提前清理三种情况,编制合并财务报表时应当根据具体情况进行抵销处理。

1.内部交易形成的固定资产使用期限届满进行清理的抵销处理

在这种情况下,购买企业内部交易形成的固定资产实体已不复存在,包含未实现内部销售损益在内的该内部交易形成的固定资产的价值已全部转移到其加工的产品价值或各期损益中去,因此不存在未实现内部销售损益的抵销问题。从整个企业集团来说,随着该内部交易形成的固定资产的使用寿命届满,其包含的未实现内部交易损益也转化为已实现利润。但是,由于销售企业因该内部交易所实现的利润,作为期初未分配利润的一部分结转到购买企业对该内部交易形成的固定资产进行清理的会计期间为止。为此,必须调整期初未分配利润。其次,在固定资产进行清理的会计期间,如果仍计提了折旧,本期计提的折旧费用中仍然包含多计提的折旧额,因此需要将多计提的折旧额予以抵销。抵销分录为:借记"未分配利润——年初",贷记"折旧费用"。

【例 4-11】续例 4-10,D 公司在 2013 年该固定资产使用期满时对期报废清理,该固定资产报废清理时实现固定资产清理净损失 3 000 元,在其个别利润表中以营业外支出列示。在编制合并财务报表时,将本期多计提的折旧费用抵销并调整期初未分配利润,抵销分录如下:

借:未分配利润——年初　　　　　　　　　　　　　　　　40 000
　　贷:折旧费用　　　　　　　　　　　　　　　　　　　　　　40 000

2013 年合并工作底稿的一部分见表 4-14。

表 4-14　2013 年合并工作底稿的部分内容

项　目	C 公司	D 公司	抵销分录		合并后金额
			借方	贷方	
2011 年					
利润表:					
折旧费用		140 000		(1)40 000	100 000
营业外收入		3 000			3 000
未分配利润——年初	××		(1)40 000		××−40 000
资产负债表:					
固定资产(净值)		0			0

2.内部交易形成的固定资产超期使用进行清理的抵销处理

内部交易形成的固定资产超期使用未进行清理前,该项固定资产仍处于使用之中,并在购买企业资产负债表中列示,但其账面价值已减记至零。在编制内部交易形成的固定资产超期使用的会计期间的合并财务报表时,不再需要编制抵销分录。

对于超期使用的内部交易形成的固定资产,由于当期对该项固定资产进行了清理,其实物已不存在,不存在固定资产原价中包含未实现内部销售利润的抵销问题;同时,该固定资产累计折旧也随着固定资产清理而核销,也不存在固定资产多计提折旧的抵销问题。因此,在编制对该项内部交易形成的固定资产进行清理的会计期间的合并会计报表,不需要进行抵销处理。

3.内部交易形成的固定资产使用期限未满提前进行清理的抵销处理

在这种情况下,购买企业内部交易形成的固定资产实体已不复存在,因此不存在未实现内部销售损益的抵销问题,但由于固定资产提前报废,固定资产原价中包含的未实现内部销售利润随着清理而成为实现的损益。对于销售企业来说,因该内部交易所实现的利润,作为期初未分配利润的一部分结转到购买企业对该内部交易形成的固定资产进行清理的会计期间为止。为此,必须调整期初未分配利润。其次,在固定资产使用期限未满进行清理的会计期间仍须计提折旧,本期计提的折旧费用中仍然包含多计提的折旧额,因此需要将多计提的折旧费用予以抵销。抵销分录为:借记"未分配利润——年初",贷记"折旧费用",贷记"营业外收入"。

【例 4-12】续例 4-10,假设 D 公司在 2012 年末对该固定资产进行报废清理,该固定资产报废清理时实现固定资产清理净收益 5 000 元,在其个别利润表中以营业外收入列示。在编制合并财务报表时,将本期多计提的折旧费用抵销并调整期初未分配利润,抵销分录如下:

(1)借:未分配利润——年初　　　　　　　　　　　　　　　　　80 000

　　　贷:营业外收入　　　　　　　　　　　　　　　　　　　　　　40 000

　　　　　折旧费用　　　　　　　　　　　　　　　　　　　　　　40 000

2012 年合并工作底稿的一部分见表 4-15。

表 4-15　2012 年合并工作底稿的部分内容

项　　目	C 公司	D 公司	抵销分录		合并后金额
			借方	贷方	
2012 年					
利润表:					
折旧费用		140 000		(1)40 000	100 000
营业外收入		5 000		(1)40 000	45 000
未分配利润——年初	××		(1)80 000		××－80 000
资产负债表:					
固定资产(净值)		0			0

三、低于成本的固定资产交易

有时,企业集团内部的固定资产也会按低于出售企业成本的售价进行交易。低于成本的固定资产交易发生当年会在出售企业账面上存在未实现损失。在固定资产内部交易发生损失时,工作底稿上抵销未实现损失的合并程序与抵销未实现利润的合并程序基本上是相同的。

【例 4-13】假定 A 公司(母公司)于 2009 年 1 月 1 日向其子公司 B 公司(拥有 80％股份)出售一台设备,有关资料如下:

(1)2009 年 B 公司账面净利润为 400 000 元;

(2)2009 年 1 月 1 日该设备尚可使用年限为 4 年;

(3)该设备采用的折旧方法为直线法;

(4)该设备估计残值为 6 000 元;

(5)A 公司购入该设备的成本为 100 000 元;

(6)该设备 2008 年 12 月 31 日的累计折旧为 40 000 元;

(7)A 公司出售给 B 公司的价格为 40 000 元。

2009 年合并工作底稿上有关的抵销和调整分录列示如下:

(1)抵销内部设备销售的未实现损失:

借:固定资产	20 000	
贷:营业外支出——设备出售损失		20 000

(2)抵销由于内部交易未实现损失而少计提折旧的影响:

借:折旧费用	5 000	
贷:固定资产——累计折旧		5 000

(3)确认该项固定资产应纳税暂时性差异的递延所得税影响 3 750(15 000×25％)元:

借:所得税费用	3 750	
贷:递延所得税负债		3 750

2010 至 2012 年合并工作底稿上的抵销和调整分录也可参照上述列示的抵销和调整分录。

第四节　企业集团内部无形资产业务

一、内部无形资产业务概述

无形资产包括专利权、商标权、著作权、非专利技术、特许权、土地使用权等。在大多数情况下,无形资产具有一定的使用寿命,其成本应在其使用寿命内采用系统合理的方法加以摊销。无形资产成本的摊销,其实质与固定资产的折旧相同。企业集团内部购销无形资产也会出现未实现损益,除非该无形资产已向外界转售。对需要摊销成本的无形资产,合并工作底稿上的抵销处理程序与固定资产基本一致。

企业从政府或其他单位取得的土地使用权可能有一定的使用期限,这时土地使用权的会计处理与其他无形资产一样,其取得成本应在使用期限内摊销。但在特殊情况下,企业从政府取得土地使用权后,可无限期使用,其使用寿命不能确定,此时土地使用权的成本可以不予摊销。本节以土地使用权为例,讨论成本不需摊销的无形资产在合并报表编制中的处理,这一技术同样也适用于不需计提折旧的固定资产的内部交易。

二、内部交易形成的使用寿命不确定的无形资产业务的抵销方法

集团内部发生按非成本价转让可无限期使用的土地使用权(以下简称土地使用权)时,从企业集团看,也会产生未实现损益。在交易当年,这一内部交易损益会出现在销售企业账上,但实际上这种损益并未实现,在编制合并财务报表时也应予以抵销。

【例 4-14】假定母公司 M 公司于 2009 年 6 月 1 日以 200 000 元的价格从其子公司 N 公司(M 公司拥有 90% 股份)购入土地使用权,N 公司取得该土地使用权的成本为 160 000 元。

对这一土地使用权内部转让业务,M 公司和 N 公司在各自的账上所作会计分录见表 4-16:

表 4-16　M 公司和 N 公司的账簿记录

M 公司账面记录		N 公司账面记录	
借:无形资产——土地使用权	200 000	借:银行存款	200 000
贷:银行存款	200 000	贷:无形资产——土地使用权	160 000
		营业外收入——土地转让收益	40 000

从企业集团的角度来看,2009 年 12 月 31 日 N 公司账上的 40 000 元土地转让收益并未实现,在 2009 年的合并利润表中,不应出现土地转让收益项目;同时,在合并资产负债表中,该项土地使用权对整个企业集团而言,其成本应为 160 000 元,而非 200 000 元。在 2009 年 12 月 31 日编制合并会计报表时,抵销土地使用权内部交易的未实现利得,使无形资产减少至企业集团的成本基础,抵销分录如下:

借:营业外收入——土地转让收益　　　　　　　40 000
　贷:无形资产——土地使用权　　　　　　　　　　　　40 000
借:递延所得税资产　　　　　　　　　　　　　　10 000
　贷:所得税费用　　　　　　　　　　　　　　　　　　10 000

2010 年若 M 公司继续掌握该土地使用权,在合并工作底稿上,需要将土地使用权调整到企业集团的成本基础,同时调整期初未分配利润,抵销分录为:

借:未分配利润——年初　　　　　　　　　　　　40 000
　贷:无形资产——土地使用权　　　　　　　　　　　　40 000
借:递延所得税资产　　　　　　　　　　　　　　10 000
　贷:未分配利润——年初　　　　　　　　　　　　　　10 000

这一分录调减了 2010 年年初未分配利润 40 000 元,用以抵销 2010 年年初以 M 公司和 N 公司个别财务报表中期初未分配利润为基础计算得出的合并期初未分配利润,使 2010 年合并期初未分配利润与 2009 年年末合并未分配利润金额达到一致。减少无形资产 40 000 元使该账户余额调整到企业集团的成本基础。

【例 4-15】假定 M 公司在利用该土地 3 年后,即 2012 年,以 260 000 元的价格将该土地使用权转让给外界。在出售当年,M 公司账上确认土地使用权转让利得 60 000 元

(260 000－200 000)。但是对企业集团而言,2012 年实现的土地使用权转让利得为 100 000元(260 000－160 000)。为将 M 公司账上的土地使用权转让利得 60 000 元调整为企业集团的土地使用权转让利得 100 000 元,须在合并工作底稿中编制调整分录如下:

借:未分配利润——年初   40 000

    贷:营业外收入——土地出售利得   40 000

在 M 公司向外界转让土地使用权的当年所编制的这笔分录,与 2010 年至 2011 年合并工作底稿上所编制的抵销未实现利得的分录几乎相同,但差异在于这里贷记的是土地转让收益,因为 2012 年年末 M 公司账上已无土地使用权项目,而且从企业集团来看,需要再确认土地使用权转让利得 40 000 元。

案例 4-1

爱家电子股份有限公司合并会计报表

爱家电子股份有限公司(简称爱家公司)是一家市属企业。2000 年创立,生产电子科技产品,彩管为其主要产品,除此之外还有无线通信网络和软件设计服务及经营电脑元部件。爱家公司 2006 年 1 月初取得对爱华电子配件股份有限公司(简称爱华公司)的控制权。爱华公司是爱家公司唯一的子公司。2007 年度两家公司的个别财务报表和合并财务报表如下表所示:

爱家公司和爱华公司的个别财务报表和合并财务报表

项 目	爱家公司	爱华公司	合并主体
一、利润表项目			
营业收入	2 150 000	950 000	2 690 000
减:营业成本	1 871 000	669 000	2 172 000
营业税金及附加	9 000	6 000	15 000
销售费用	30 000	25 000	55 000
管理费用	17 500	44 000	55 100
财务费用	14 500	11 000	20 500
资产减值损失	1 500	300	1 750
加:投资收益	86 000	0	0
营业利润	292 500	194 700	370 650
加:营业外收入	67 500	1 000	68 500
减:营业外支出	10 000	3 000	13 000
利润总额	350 000	192 700	426 150
减:所得税费用	100 000	42 700	142 700
净利润	250 000	150 000	283 450

续表

项　目	爱家公司	爱华公司	合并主体
少数股东损益			11 440
归属于母公司所有者的净利润			272 010
加:未分配利润——年初	200 000	170 000	222 500
可供分配利润	450 000	320 000	479 510
减:提取盈余公积	25 000	15 000	25 000
应付利润	100 000	90 000	100 000
未分配利润——年末	325 000	215 000	369 510
二、资产负债表项目			
流动资产:			
货币资金	312 500	129 000	441 500
应收账款	650 000	120 000	760 050
其中:应收爱华公司账款	9 950		0
预付账款	21 000	20 000	21 000
存货	522 000	373 000	870 000
流动资产合计	1 505 500	642 000	2 077 550
持有至到期投资	80 000	0	30 000
其中:持有爱华公司债券	50 000		0
长期股权投资	540 000		0
其中:对子公司投资	540 000	0	0
固定资产	820 000	432 000	1 226 400
无形资产	70 000	36 000	106 000
非流动资产合计	1 510 000	468 000	1 362 400
资产总计	3 015 500	1 110 000	3 454 950
流动负债:			
短期借款	149 050	70 000	219 050
应付票据	100 000	30 000	130 000
应付账款	100 000	60 000	150 000
预收账款	200 000	29 340	209 340
其中:预收爱华公司货款	20 000		0
流动负债合计	549 050	189 340	708 390
非流动负债:			

续表

项　目	爱家公司	爱华公司	合并主体
长期借款	551 450	120 660	672 110
应付债券	500 000	100 000	550 000
其中:应付债券——爱家公司		50 000	0
非流动负债合计	1 051 450	220 660	1 222 110
负债合计	1 600 500	410 000	1 930 500
所有者权益:			
实收资本	600 000	300 000	600 000
资本公积	400 000	100 000	400 000
盈余公积	90000	85 000	90 000
未分配利润	325000	215 000	369 510
少数股东权益			64 940
所有者权益合计	1 415 000	700 000	1 524 450
负债及所有者权益总计	3 015 500	1 110 000	3 454 950

要求:

1.分析爱家公司对爱华公司的长期股权投资是否采用了权益法。为什么?

2.计算爱家公司取得爱华公司股权的份额。

3.分析爱家公司对爱华公司的并购是否为溢价收购。

4.分析说明 2007 年两家公司是否存在公司间的存货销售。

5.分析说明爱家公司与爱华公司固定资产合计数与合并资产负债表中固定资产数存在差异的原因。

6.爱家公司持有爱华公司发行的债券,本年确认利息收入 5 000 元,请试着写出有关内部债券业务的抵销分录。

本章小结

本章主要阐述了集团内部资产业务的种类和内部资产业务抵消的方法:

1.内部存货交易的概念及类型

企业集团内部存货交易主要有顺销、逆销和平销三种。顺销是指母公司对子公司的销售;逆销是指子公司对母公司的销售;平销是指子公司之间的销售。

2.内部存货交易的抵销方法

(1)按成本销售存货。从合并主体的角度看,内部存货交易的影响应当在编制合并财务报表时全部加以抵销,而与是否存在少数股权无关。通常在顺销交易下,如果母公司按照企业的成本出售存货给子公司,则不论购货企业在合并财务报表编制日是否已将内部购入的存货对外出售,合并工作底稿上的抵销分录均为:借记"营业收入",贷记"营业成本"。

(2)按非成本销售存货。在企业集团内部存货业务中,更为典型的是按成本加上一定的毛利销售存货。抵销期末存货未实现利润的一般程序为:①借记"营业收入",贷记"营业成本";②借记"营业成本",贷记"存货"。

在连续编制合并会计报表时,期初内部存货交易中包含的未实现利润的抵销分录在理论上应该区分情况处理:①如果期初内部存货当期全部对外销售,抵销分录应该是借记"未分配利润——年初",贷记"营业成本";②如果期初内部存货当期全部未实现对外销售,抵销分录应该是借记"未分配利润——年初",贷记"存货";③如果期初内部存货当期部分未实现对外销售,已售出部分的抵销分录是借记"未分配利润——年初",贷记"营业成本",未售出部分的抵销分录则是借记"未分配利润——年初",贷记"存货"。

(3)在连续编制合并会计报表时,内部商品交易抵销程序为:①先假设期初内部存货当期全部对外销售,借记"未分配利润——年初",贷记"营业成本";②再假设本期购进存货全部对外销售,借记"营业收入",贷记"营业成本";③最后根据期初和本期的内部存货未实现对外销售部分(即期末内部存货),对上述两笔抵销分录进行调整,借记"营业成本",贷记"存货"。

(4)存货逆销。我国《企业会计准则第33号——合并财务报表》并未提及内部交易的存货逆销,当企业集团存在逆向交易时,应采用与顺向交易相同的抵销方法100%予以抵销。无论顺销或逆销,少数股权收益=(子公司按合并日各项可辨认净资产的公允价值为基础调整后的净利润-未实现的内部交易损益)×少数股东持股比例;少数股东权益=子公司按合并日各项可辨认净资产的公允价值为基础并考虑未实现内部交易损益因素调整后的股东权益×少数股东持股比例。

3.内部固定资产交易的抵销

(1)内部固定资产交易发生当期的抵销处理。内部固定资产有偿转让,在发生内部交易的当年,抵销固定资产未实现损益的一般程序为:①借记"营业外收入",贷记"固定资产";②借记"固定资产",贷记"折旧费用"。内部交易商品转作固定资产,在发生内部交易的当年,抵销固定资产未实现损益的一般程序为:①借记"营业收入",贷记"营业成本"和"固定资产";②借记"固定资产",贷记"折旧费用"。

(2)内部交易形成的固定资产在以后会计期间的抵销处理。固定资产的折旧过程被认为是固定资产未实现损益的逐步实现过程,在连续编制合并报表时,内部固定资产交易的抵销分录为:借记"未分配利润——年初"(期初固定资产包含的未实现内部销售利润),贷记"折旧费用"(本期多计提的折旧额),贷记"固定资产"(期末固定资产包含的未实现内部销售利润)。

(3)内部交易形成的固定资产在清理期间的抵销处理。期限届满进行清理的抵销分录为根据内部未实现销售利润分摊的当年折旧额,借记"未分配利润——年初",贷记"折旧费用"。超期使用进行清理的固定资产,超期使用期间不需编制抵销分录,报废时亦不需要抵销处理。内部交易形成的固定资产使用期限未满提前进行清理的抵销分录为:借记"未分配利润——年初"(金额为内部交易对清理当期期初未分配利润的影响额),贷记"折旧费用"(金额为内部未实现销售利润分摊的当年折旧额),贷记"营业外收入"(金额是期末未实现内部销售利润转入清理损益)。

4.内部无形资产交易的抵销

内部交易形成的使用寿命不确定的无形资产,如内部转移的土地使用权,其成本不需要摊销,在合并财务报表上未实现的内部交易损益应全部抵销,除非该土地使用权已经对外转让,未实现内部交易损益永远不会确认。

内部交易形成的使用寿命确定、需要摊销成本的无形资产,合并工作底稿上的抵销和调整分录,与固定资产的处理基本相同。

思考题

1.在编制合并财务报表时,企业集团内部资产交易的未实现损益的影响为什么应予抵销? 在企业集团看来,什么时候内部交易的未实现损益实现了?

2.内部交易的销售收入和销售成本的抵销对合并净利润有什么影响?

3.何谓顺销? 何谓逆销? 顺销和逆销对计算母公司净利润和合并净利润有何影响? 对少数股权净利润又有什么影响?

4.试描述工作底稿对期初、期末存货未实现损益的处理。

5.在编制合并财务报表时,抵销固定资产内部交易影响的目的是什么?

6.根据我国现行会计制度的规定,固定资产内部交易的顺销或逆销对计算少数股权净利润是否有影响?

7.固定资产内部交易所产生的未实现损益是怎样实现的? 若固定资产在使用一段时期后又出售呢?

8.试描述工作底稿对内部交易形成的固定资产的清理的抵销处理。

9.固定资产内部交易对交易后年份的合并净利润有何影响?

10.当发生无形资产内部交易时,母公司账上和合并工作底稿上应如何处理?

练习题

(一)单项选择题

1.母公司本期销售给子公司产品一批,销售收入为 11 700 元(含增值税为 1 700 元),销售成本为 6 000 元。子公司购入后当期全部出售,销售收入为 13 000 元。母公司在编制合并会计报表时应作的抵销分录为(　　)。

A.借:营业收入   10 000

    贷:营业成本   10 000

B.借:营业收入   13 000

    贷:营业成本   13 000

  C.借:营业收入   11 700

    贷:营业成本   11 700

  D.借:营业收入   6 000

    贷:营业成本   6 000

  2.母公司销售一批产品给子公司,销售成本6 000元,售价8 000元。子公司购进后,销售了50%,取得收入5 000元,另50%为存货。母公司销售毛利率为25%。根据资料,未实现内部销售的利润为( )。

  A.4 000元   B.3 000元   C.2 000元   D.1 000元

  3.母公司将成本为2 000元的商品销售给子公司,售价为3 000元。子公司本期将40%的从母公司购入的存货对集团外销售,售价为1 800元。在编制合并会计报表时,集团公司应冲减的存货成本为( )。

  A.1 800元   B.1 200元   C.1 000元   D.600元

  4.企业以前年度内部交易形成的存货在本期实现对外销售时,对于存货价值中包含的未实现内部销售利润,应当编制的抵销分录是( )。

  A.借记"未分配利润——年初",贷记"存货"

  B.借记"未分配利润——年初",贷记"营业成本"

  C.借记"营业收入",贷记"存货"

  D.借记"营业成本",贷记"存货"

  5.企业以前年度内部交易形成的存货在本期未实现对外销售时,对于存货价值中包含的未实现内部销售利润,应当编制的抵销分录是( )。

  A.借记"未分配利润——年初",贷记"存货"

  B.借记"未分配利润——年初",贷记"营业成本"

  C.借记"营业收入",贷记"存货"

  D.借记"营业成本",贷记"存货"

  6.子公司上期从母公司购入的50 000元存货全部在本期实现销售,取得70 000元的销售收入,该项存货母公司的销售成本40 000元,在母公司编制本期合并财务报表时所作的抵销分录为( )。

  A.借:未分配利润——年初   20 000

    贷:营业成本   20 000

  B.借:未分配利润——年初   10 000

    贷:存货   10 000

  C.借:未分配利润——年初   10 000

    贷:营业成本   10 000

  D.借:营业收入   70 000

    贷:营业成本   50 000

      存货   20 000

  7.A公司于2008年4月全资合并了B公司,年末两公司的内部债权债务为40 000

元,计提坏账准备 2 000 元,则编制坏账准备的抵销分录时,借记"应收账款——坏账准备"项目对应的贷方项目应为(　　)。

　　A.未分配利润——年初　　　　　　　　B.营业外支出

　　C.未分配利润——年末　　　　　　　　D.资产减值损失

　　8.A 公司采用备抵法核算坏账损失,坏账准备计提比例为 5%。上年年末 A 公司对其子公司内部应收账款余额为 200 万元,本年年末对其子公司的应收账款余额为 300 万元。A 公司本年编制合并财务报表时应抵销的坏账准备总额为(　　)。

　　A.15 万元　　　　　B.10 万元　　　　　C.5 万元　　　　　D.0 万元

　　9.A 公司拥有 B 公司 60%的股份,A 公司 2008 年年初结存的存货中含有从 B 公司购入的存货 500 万元,该批存货 B 公司的销售毛利率为 15%,A 公司对该批存货已提跌价准备 20 万元,2008 年 A 公司将从 B 公司购入的上述存货全部对外销售。在编制合并会计报表时,针对 A 公司计提的存货跌价准备的会计处理,下列做法正确的是(　　)。

　　A.无抵销分录

　　B.借:存货跌价准备　　　　　　　　　　　　　　　　　　20

　　　　贷:未分配利润——年初　　　　　　　　　　　　　　　　　　20

　　C.借:管理费用　　　　　　　　　　　　　　　　　　　　20

　　　　贷:存货跌价准备　　　　　　　　　　　　　　　　　　　　20

　　D.借:存货跌价准备　　　　　　　　　　　　　　　　　　20

　　　　贷:管理费用　　　　　　　　　　　　　　　　　　　　　20

　　10.第一年 12 月 31 日子公司 S 公司从其母公司 P 公司处以 48 万元的价格购入一台经济寿命为 6 年的机器设备,预计净残值为零。S 公司采用直线法计提折旧。母公司在此次交易中取得未实现利润 12 万元,在第四年年末编制合并财务报表时,"未分配利润——年初"项目应调减(　　)。

　　A.4 万元　　　　　B.6 万元　　　　　C.8 万元　　　　　D.12 万元

　　11.2006 年 6 月 20 日,子公司 M 公司将其固定资产出售给另一个子公司 N 公司作为固定资产使用,则 2008 年编制合并财务报表时,抵销分录不包括(　　)。

　　A.借记"未分配利润——年初"项目,贷记"固定资产"项目

　　B.借记"固定资产——累计折旧"项目,贷记"未分配利润——年初"项目

　　C.借记"固定资产——累计折旧"项目,贷记"管理费用"项目

　　D.借记"固定资产——累计折旧"项目,贷记"未分配利润——年末"项目

　　12.根据资料完成①~③问:M 公司和 N 公司均为纳入甲公司合并范围的子公司。2008 年 6 月 1 日,M 公司将其产品销售给 N 公司作为管理用途的固定资产使用,售价为 25 万元(不含增值税),销售成本 13 万元。N 公司购入后按 4 年的期限,采用直线法计提折旧,预计净残值为零。甲公司在编制 2009 年度合并会计报表时:

　　①应调减"固定资产"项目的金额是(　　);

　　②应调减"未分配利润——年初"项目的金额是(　　);

③应调减"折旧费用"项目的金额是(　　)。

A.10.5万元　　　　B.7.5万元　　　　C.3万元　　　　D.4.5万元

13.M公司和N公司均为纳入甲公司合并范围的子公司。2007年12月31日,M公司将其产品销售给N公司作为管理用途的固定资产使用,售价为25万元(不考虑增值税),销售成本13万元。N公司购入后按4年的期限,采用直线法计提折旧,预计净残值为零。2011年,N公司将该项固定资产清理,清理损失计入营业外支出,甲公司在编制2011年度合并会计报表时,应编制的抵销分录为(　　)。

A.借:未分配利润——年初　　　　　　　　　　　　　　30 000
　　贷:固定资产　　　　　　　　　　　　　　　　　　　　　　30 000
B.借:管理费用　　　　　　　　　　　　　　　　　　　30 000
　　贷:营业外支出　　　　　　　　　　　　　　　　　　　　　30 000
C.借:未分配利润——年初　　　　　　　　　　　　　　30 000
　　贷:营业外支出　　　　　　　　　　　　　　　　　　　　　30 000
D.借:未分配利润——年初　　　　　　　　　　　　　　30 000
　　贷:管理费用　　　　　　　　　　　　　　　　　　　　　　30 000

14.M公司和N公司均为纳入甲公司合并范围的子公司。2007年12月31日,M公司将其产品销售给N公司作为管理用途的固定资产使用,售价为25万元(不考虑增值税),销售成本13万元。N公司购入后按4年的期限,采用直线法计提折旧,预计净残值为零。2009年,N公司将该项固定资产对外转让,转让所得12万元,甲公司在编制2009年度合并会计报表时,抵销内部固定资产交易,应贷记营业外收入项目的金额为(　　)。

A.3万元　　　　B.6万元　　　　C.9万元　　　　D.12万元

(二)多项选择题

1.编制合并会计报表时,将企业集团内部以前年度交易形成的尚未报废的行政管理部门使用的固定资产抵销时,应当编制如下抵销分录:(　　)。

A.借记"未分配利润——年初"项目,贷记"固定资产——原价"项目
B.借记"固定资产——累计折旧"项目,贷记"未分配利润——年初"项目
C.借记"固定资产——累计折旧"项目,贷记"管理费用"项目
D.借记"营业外收入"项目,贷记"固定资产——原价"项目

2.甲公司于2008年年初通过收购股权成为乙股份有限公司的母公司,2008年年末,甲公司应收乙公司账款为100万元;2009年年末,甲公司应收乙公司账款为50万元。甲公司坏账准备计提比例为4%。对此,编制2009年合并会计报表工作底稿时应编制的抵销分录包括:(　　)。

A.借:应收账款——坏账准备　　　　　　　　　　　　20 000
　　贷:管理费用　　　　　　　　　　　　　　　　　　　　　20 000
B.借:应付账款　　　　　　　　　　　　　　　　500 000
　　贷:应收账款　　　　　　　　　　　　　　　　　　　　500 000

C.借:管理费用 20 000

　　贷:应收账款——坏账准备 20 000

D.借:应收账款——坏账准备 40 000

　　贷:未分配利润——年初 40 000

3.M公司和N公司均为纳入甲公司合并范围的子公司。2008年6月1日,M公司将其产品销售给N公司作为管理用固定资产使用,售价为25万元(不含增值税),销售成本13万元。N公司购入后按4年的期限,采用直线法计提折旧,预计净残值为零。甲公司在编制2009年度合并会计报表时,应编制的抵销分录包括:( )。

A.借:未分配利润——年初 120 000

　　贷:固定资产——原价 120 000

B.借:固定资产——累计折旧 15 000

　　贷:未分配利润——年初 15 000

C.借:固定资产——累计折旧 30 000

　　贷:管理费用 30 000

D.借:固定资产——累计折旧 30 000

　　贷:未分配利润——年初 30 000

4.从合并的观点看,集团内部出售固定资产的损益( )实现。

A.销售当日　　　　　　　　　　　B.买方向集团外处置此项固定资产时

C.买方计提折旧时　　　　　　　　D.不能

5.在连续编制合并财务报表时,需要通过"未分配利润——年初"项目予以抵销的经济业务有( )。

A.内部存货交易中期末存货未实现利润抵销

B.内部存货交易中期初存货未实现利润抵销

C.内部固定资产交易后多计提折旧的抵销

D.内部期初应收账款计提的坏账准备抵销

6.内部商品交易形成的固定资产在购入当期的抵销处理程序包括:( )。

A.抵销与内部交易形成的固定资产相关的销售收入、销售成本以及原价中包含的未实现内部销售损益

B.抵销与内部交易形成固定资产相关的营业外收入及原价中包含的未实现交易损益

C.抵销内部交易形成的固定资产当期多提的折旧费和累计折旧

D.抵销期初固定资产净值中包含的未实现内部交易损益

7.连续编制合并报表的情况下,抵销上一年度内部交易形成的固定资产的抵销程序包括:( )。

A.将固定资产原价中包含的未实现内部销售损益对本期期初未分配利润的影响进行抵销

B.抵销该上年度多计提的折旧费和累计折旧

C.抵销当期多提的折旧费和累计折旧

D.抵销上年度多计提的累计折旧和期初未分配利润

8.在发生内部固定资产交易的当年,抵销固定资产未实现利得的一般程序为( )。

A.借记未分配利润——年初,贷记固定资产

B.借记处置固定资产损益,贷记固定资产

C.借记累计折旧,贷记折旧费用

D.借记累计折旧,贷记未分配利润——年初

9.在发生内部固定资产交易的以后年度,抵销固定资产未实现利得的一般程序为( )。

A.借记未分配利润——年初,贷记固定资产

B.借记处置固定资产损益,贷记固定资产

C.借记累计折旧,贷记折旧费用

D.借记累计折旧,贷记未分配利润——年初

10.企业集团内部交易需要抵销的原因主要在于( )。

A.内部交易的转移价格有失公平性

B.避免母公司管理当局通过内部交易粉饰财务状况

C.反映母公司真实的财务状况和经营成果

D.反映企业集团真实的财务状况和经营成果

11.P公司2007年向子公司S公司销售商品1 000元,其销售成本为800元,该商品的销售毛利率为20%,S公司购进的该商品2007年全部未实现对外销售而形成期末存货,在编制2007年合并财务报表时,应编制的抵销分录为( )。

A.借:营业收入   1 000

    贷:营业成本   1 000

B.借:营业收入   800

    贷:营业成本   800

C.借:营业成本   200

    贷:存货   200

D.借:营业成本   800

    贷:存货   800

12.P公司2007年向子公司S公司销售商品1 000元,其销售成本为800元,该商品的销售毛利率为20%。S公司购进的该商品2007年对外销售了60%,售价为800元,剩余40%形成期末存货。在编制2007年合并财务报表时,应编制的抵销分录为( )。

A.借:营业收入   800

    贷:营业成本   800

B.借:营业收入   1 000

    贷:营业成本   1 000

C.借:营业成本   120

    贷:存货   120

D.借:营业成本　　　　　　　　　　　　　　　　　　80
　　贷:存货　　　　　　　　　　　　　　　　　　　　　　　　80

13.P公司2008年向子公司S公司销售商品1 000元,其销售成本为800元,该商品的销售毛利率为20%。S公司购进的该商品2008年对外销售了60%,售价为700元,剩余40%形成期末存货。2007年从P公司购进的400元存货(P公司销售毛利率20%)也在当年售出,售价460元。在编制2008年合并财务报表时,应编制的抵销分录为( )。

A.借:营业收入　　　　　　　　　　　　　　　　　700
　　贷:营业成本　　　　　　　　　　　　　　　　　　　　　700

B.借:营业收入　　　　　　　　　　　　　　　　 1 000
　　贷:营业成本　　　　　　　　　　　　　　　　　　　　 1 000

C.借:未分配利润——年初　　　　　　　　　　　　 80
　　贷:营业成本　　　　　　　　　　　　　　　　　　　　　 80

D.借:营业成本　　　　　　　　　　　　　　　　　 80
　　贷:存货　　　　　　　　　　　　　　　　　　　　　　　 80

14.M公司和N公司均为纳入甲公司合并范围的子公司。2008年7月1日,M公司向N公司以80 000元的价格出售一项专利,专利的账面成本60 000元,尚有4年经济寿命。甲公司在编制2009年度合并会计报表时,应编制的抵销分录包括:( )。

A.借:未分配利润——年初　　　　　　　　　　 20 000
　　贷:无形资产　　　　　　　　　　　　　　　　　　　 20 000

B.借:无形资产——累计摊销　　　　　　　　　　 2 500
　　贷:未分配利润——年初　　　　　　　　　　　　　　 2 500

C.借:无形资产——累计摊销　　　　　　　　　　 5 000
　　贷:管理费用　　　　　　　　　　　　　　　　　　　　 5 000

D.借:无形资产——累计摊销　　　　　　　　　　 7 500
　　贷:管理费用　　　　　　　　　　　　　　　　　　　　 7 500

15.M公司和N公司均为纳入甲公司合并范围的子公司。2008年7月1日,M公司向N公司以80 000元的价格出售一项专利,专利的账面成本60 000元,尚有4年经济寿命。2009年年末N公司将该项专利转让,转让所得100 000元。甲公司在编制2009年度合并会计报表时,应编制的抵销分录包括:( )。

A.借:未分配利润——年初　　　　　　　　　　 20 000
　　贷:营业外收入　　　　　　　　　　　　　　　　　　 20 000

B.借:营业外收入　　　　　　　　　　　　　　　 2 500
　　贷:未分配利润——年初　　　　　　　　　　　　　　 2 500

C.借:营业外收入　　　　　　　　　　　　　　　 5 000
　　贷:管理费用　　　　　　　　　　　　　　　　　　　　 5 000

D.借:营业外收入　　　　　　　　　　　　　　　 7 500
　　贷:管理费用　　　　　　　　　　　　　　　　　　　　 7 500

(三)判断题

1. 通常将母公司销货给子公司称为顺销,而将子公司销货给母公司称为逆销。 ( )

2. 集团内部存货交易如果销货方按成本出售,无论购货方在合并财务报表日是否已将这些货物对外售出,抵销方法是一致的。 ( )

3. 集团内部存货交易如果销货方按成本出售,购货方在合并财务报表日已将这些货物对外售出,则不需要进行抵销处理。 ( )

4. 所谓横项交易,是指同一集团内的两个子公司之间发生的存货购销业务。 ( )

5. 从合并主体看,当期末存货向外界出售时,其中的未实现利润则实现了。 ( )

6. 销售方的集团内部销售利润在购买方将货物对外销售后才能得以确认。 ( )

7. 固定资产的折旧过程被认为是固定资产未实现损益的逐步实现过程。 ( )

8. 集团内部固定资产交易与存货交易的抵销程序完全一样。 ( )

9. 内部交易形成的固定资产超期使用期间和清理时均不需要抵销处理。 ( )

10. 在固定资产内部交易发生损失时,工作底稿上抵销未实现损失的合并程序与抵销未实现利润的合并程序基本上是相同的。 ( )

11. 固定资产提前报废,由于购买企业内部交易形成的固定资产实体已不复存在,因此固定资产清理期间不存在抵销问题。 ( )

12. 内部交易形成的固定资产超期使用未进行清理前,该项固定资产仍处于使用之中,并在购买企业资产负债表中列示,在编制合并财务报表时,仍然需要编制抵销分录。 ( )

13. 内部转移的土地使用权可永久使用,在合并财务报表上未实现损益应全部抵销,除非该土地使用权已对外转让,未实现损益永远不会确认。 ( )

14. 由于土地使用权无须分期摊销,在内部土地使用权转让交易发生的以后年度无须进行抵销处理。 ( )

15. 对需要摊销成本的无形资产,合并工作底稿上的抵销处理程序与固定资产基本一致。 ( )

(四)业务题

1.

(1)目的:内部存货业务的抵销处理。

(2)资料:甲公司获取了乙公司 80% 的股权。2007 年,甲公司向乙公司出售商品一批,售价 180 000 元,成本 130 000 元,50% 由乙公司当年售出,另外 50% 于 2008 年售出。2008 年,甲公司又向乙公司出售商品一批,售价 210 000 元,成本 150 000 元,其中 60% 由乙公司于当年售出。

(3)要求:

①编制 20×7 年合并工作底表分录,抵销内部存货交易的影响。

②编制 20×8 年合并工作底表分录,抵销内部存货交易的影响。

2.

(1)目的:内部存货业务的抵销处理。

(2)资料:A公司于几年前按账面价值获取了B公司80%的股权,企业合并时B公司可辨认资产、负债及或有负债的公允价值与账面价值一致。A公司在个别资产负债表中采用成本法核算该项长期股权投资。20×2年,B公司售给A公司商品45 500元,该批商品成本为35 000元。20×2年末,A公司当年购进的B公司商品有20%未售出。此外,A公司期初存货中属于从B公司购进的商品有13 000元(期初购进商品的销售毛利率为30%),B公司当年账面净利润为150 000元,提取盈余公积15 000元,派发现金股利50 000元。

(3)要求:

①编制合并工作底稿抵销分录,消除公司间存货交易的影响。

②计算B公司少数股权收益。

3.

(1)目的:内部固定资产业务的抵销处理。

(2)资料:Y公司于2005年1月1日获取了Z公司80%的股权。2005年年初,Y公司以10 000元的价格向Z公司出售设备一台,当时该设备账面原值为7 000元,已提折旧2 000元,尚可使用5年。假定Z公司从2005年1月开始计提折旧。

要求:

①编制2005年合并工作底稿分录,抵销内部固定资产交易的影响。

②编制2006年合并工作底稿分录,抵销内部固定资产交易的影响。

③Z公司在2010年该固定资产使用期满时对其报废清理,清理净损失500元,编制2010年合并工作底稿分录,抵销内部固定资产交易的影响。

④Z公司在2009年初对其报废清理,清理净损失500元,编制2009年合并工作底稿分录,抵销内部固定资产交易的影响。

⑤Z公司在2012年初对其报废清理,清理净损失500元,编制2011年、2012年合并工作底稿分录,抵销内部固定资产交易的影响。

4.

(1)目的:内部固定资产业务的抵销处理。

(2)资料:M公司于2007年1月1日获取了N公司80%的股权。2008年年初,M公司将其不需用的设备一台出售给N公司,售价50 000元。当时该设备账面原值为100 000元,已提折旧40 000元,尚可使用5年。

(3)要求:

①编制2008年合并工作底稿分录,抵销内部固定资产交易的影响。

②编制2009年合并工作底稿分录,抵销内部固定资产交易的影响。

5.

(1)目的:内部无形资产业务的抵销处理。

(2)资料:E公司于2005年1月1日按账面价值获取了F公司75%的股权。2006年,E公司向F公司转让土地使用权,获利8 000元。2006年,F公司报告的净利润为40 000元。2008年,F公司将土地使用权再出售给外界,获利6 000元。2008年,F公司报告的净利润为 15 000 元。

(3)要求：

①编制 2006 年合并工作底表分录,抵销内部土地使用权交易的影响。

②编制 2007 年合并工作底表分录,抵销内部土地使用权交易的影响。

③编制 2008 年合并工作底表分录,抵销内部土地使用权交易的影响。

第五章

外币交易会计

学习目的:通过本章的教学,使学生了解外汇和外汇市场的基本问题;熟悉记账本位币的确定、外汇折算方法的确定;掌握外币交易会计处理的单一交易观点和两笔交易观点的特点及记账方法,逐日折算法和月终调整法的会计处理方法。

引导案例:

大华公司记录外币交易

大华公司的记账本位币为人民币,某日向美国出口商品一批,款项约定用美元结算,并按会计制度的规定记录该笔销售收入。

光华公司进口设备一台,款项约定用欧元结算。该公司记账本位币为人民币,需要以人民币兑换欧元,支付设备款。

以上两个例子说明,在经济全球化的今天,企业的外币交易业务越来越呈现一种常态化。那么企业发生外币交易后如何将其折算为记账本位币,并在财务报表中得到正确的处理和反映呢?

第一节 外币交易会计概述

一、记账本位币、外币与外币交易

(一)记账本位币

记账本位币(functional currency),是企业从事经营活动的主要经济环境中使用的货币,是企业计量其现金流量和经营成果的统一尺度。一般而言,企业以其所在国的货币(本国货币)为记账本位币,但对跨国公司而言,对其境外子公司所择定的记账本位币可能是母公司所在国的货币,也可能是另一外国货币。外币交易实质上就是指非记账本位币交易。

根据我国《企业会计准则第19号——外币折算》的规定,企业通常应选择人民币作为记账本位币。业务收支以人民币以外的货币为主的企业,可以选定其中一种货币作为记账本位币。但是,编报的财务报表应当折算为人民币。企业选定记账本位币时,应当考虑下列因素:

1.该货币主要影响商品和劳务的销售价格,通常以该货币进行商品和劳务的计价和结算;

2.该货币主要影响商品和劳务所需人工、材料和其他费用,通常以该货币进行上述费用的计价和结算;

3.融资活动获得的货币以及保存从经营活动中收取款项所使用的货币。

企业选定境外经营的记账本位币,除了考虑上述因素外,还应当考虑下列因素:

1.境外经营对其所从事的活动是否拥有很强的自主性。如果境外经营所从事的活动是视同企业经营活动的延伸,该境外经营应当选择与企业记账本位币相同的货币作为记账本位币;如果境外经营所从事的活动拥有极大的自主性,境外经营不能选择与企业记账本位币相同的货币作为记账本位币。

2.境外经营活动中与企业的交易是否在境外经营活动中占有较大比重。如果境外经营与企业的交易在境外经营活动中所占的比例较高,境外经营者应当选择与企业记账本位币相同的货币作为记账本位币;反之,应选择其他货币。

3.境外经营活动产生的现金流量是否直接影响企业的现金流量,是否可以随时汇回。如果境外经营活动产生的现金流量直接影响企业的现金流量,并可随时汇回,境外经营应当选择与企业记账本位币相同的货币作为记账本位币;反之,应选择其他货币。

4.境外经营活动产生的现金流量是否足以偿还现有债务和可预期的债务。如果境外经营活动产生的现金流量在企业不提供资金的情况下,难以偿还其现有债务和正常情况下可预期的债务,境外经营应当选择与企业记账本位币相同的货币作为记账本位币;反之,应选择其他货币。

以上所说境外经营,是指企业在境外的子公司、合营企业、联营企业、分支机构。在境内的子公司、合营企业、联营企业、分支机构,采用不同于企业记账本位币的,也视同境外经营。

企业记账本位币一经确定,不得随意变更,除非企业经营所处的主要经济环境发生重大变化。企业因经营所处的主要经济环境发生重大变化,确需变更记账本位币的,应当采用变更当日的即期汇率将所有项目折算为变更后的记账本位币。

案例 5-1

境外经营记账本位币的选择

长城公司为中国一家跨行业多种经营的跨国公司,在马来西亚收购了 K 公司,占 K 公司 75%的股权。K 公司生产的原材料、人工、生产设备均在当地取得,产品由 K 公司自行销售,生产成本及销售费用均采用当地货币记录并计算,K 公司与长城公司之间直接的交易比例很小。K 公司在股利分配上采取"多留少派"的股利政策。那么 K 公司应选择哪种货币作为记账本位币呢?

(二)外币

外币(foreign currency)是"外国货币"的通称,亦指非记账本位币,是企业记账本位币以外的货币,包括各种纸币和铸币,它常用于企业间交易、投资等经济活动引起的对外结算业务。广义的外币概念是指所有以外国货币表示的能够用以国际结算的支付凭证,除外国的纸币和铸币以外,还包括企业拥有对外国的有价证券,如以外币表示的政府债券、公司债券、金融债券、股票和息票等,也包括外币的支付凭证,如外币性的各种票据、银行存款、信用证、邮政储蓄等各种凭证,还包括其他外币资金,如各种外币汇款和各种可在国外兑换或流通的凭证等。

会计上是以记账货币作为记账本位币,非记账本位币就为外币。当会计上以外国货币为记账本位币记账时,本国货币就成为会计核算上的外币。

(三)外币交易

外币交易(foreign currency transaction)是以非记账本位币(外币)计价或者结算的交易。通常企业发生的外币交易包括:

1.买入或卖出以外币计价的商品或者劳务;

2.借入或者借出外币资金;

3.其他以外币计价或者结算的交易。

应注意的是,本国企业向外国企业购入商品,或本国企业将商品销售给外国企业,并不一定就会发生外币交易。例如:当中国企业购入美国企业商品,并约定以美元结算时,对中国企业来说是外币交易(因其记账本位币为人民币),而对美国企业来说则不是外币交易(因其记账本位币为美元)。此外,即便是本国企业间发生的商品交易,若双方约定以某一外币进行结算,就会发生外币交易。由此看来,确定是否为外币交易,应视其是否用外币(非记账本位币)进行结算。

二、外币折算和外币兑换

(一)外币折算

外币折算(foreign currency translation)是指把不同的外币金额换算为另一种货币金额的折合换算过程。这种折算只是货币表述形式的改变,是将在收支过程中实际使用的外币折合为等值的编报货币,不是进行实际的货币转换,也不是货币之间的兑换。

外币交易之所以要进行折算是因为交易本身是以外币进行计量的,但企业必须以其记账本位币作为统一计量尺度,以便编制财务报表。因此,这就要求企业发生外币交易时,在按原币(某种外币)计量和反映的同时,还要将其折算为等值的本国货币(记账本位币),既外币交易必须要进行双重的计量反映。外币折算既包括外币交易的折算,也包括外币财务报表的折算。

(二)外币兑换

外币兑换(foreign currency exchange)是将一种货币兑换为另一种货币的经济业务。外币兑换是货币实体的转换,发生在一些用外币结算的交易中。例如,用本国货币兑换外国货币,以清偿一笔外币负债;或是由于需要,以一种外币兑换为另一种外币。

显然,外币交易中的折算和兑换其含义是不同的,前者只是改变货币表述,即以一种货币计量单位重新表述为另一种货币计量单位,并不改变计量资产或负债的固有价值;而后者则是不同货币之间的实际交换,要进行实际发生交易的记录。虽然如此,外币折算和外币兑换的基础和依据都是汇率。

三、外汇汇率及汇兑差额

(一)外汇

外汇是外币资金的总称,通常是指以外币表示的用于国际结算的支付凭证。国际货币基金组织规定:外汇是货币行政管理当局以银行存款、财政部国库券、长短期债券等形式所保有的在国际收支逆差时可以使用的债权。我国《外汇管理暂行条例》规定:外汇是指以外币表示的用于国际结算的支付手段,以及可用于国际支付的特殊债权、其他外币资产,包括:(1)外国货币,包括纸币、铸币等;(2)外币有价证券,包括:政府公债、国库券、公司债券、股票、息票等;(3)外币收支凭证,包括:票据、银行存款凭证、邮政储蓄凭证等;(4)其他外汇资金。

(二)汇率

1.汇率及其标价

(1)汇率(foreign rate)。汇率是指用一国货币兑换成另一国货币时的比价或比率,即以一国货币表示的另一国货币的价格。外汇作为一种特殊的商品,买卖时的价格就表现为汇率,因而汇率也称外汇汇价。

(2)外汇的标价(foreign rate pricing)。汇率的标价是汇率以外国货币来表示本国货币的价格,或以本国货币表示外国货币的价格。

汇率有直接标价法和间接标价法两种表示方式。

直接标价法,是指以一定单位的外国货币为标准折算为一定数额的本国货币,这种方法被包括我国在内的大多数国家所采用。例如,以人民币为本国货币,美元为外币,则 1 美元＝6.30 元人民币。直接标价法的特点是:外币数额固定不变,本国货币数随汇率高低发生变化,本国货币币值大小与汇率的高低成反比,即一固定外币数换取的本国货币越多,表示本国货币币值下降,外国货币币值相对上升,外汇汇率上升;反之,表示本国货币币值上升,外国货币币值下降,外汇汇率下跌。

间接标价法,是以一定数额的本国货币为标准,折算为若干单位的外国货币,即每单位本国货币可兑换外币的金额。间接标价法的特点是:本国货币固定不变,外币数随汇率高低发生变化,本国币值价值大小与汇率高低成正比,如果折算的外币数增加了,表示外币币值下降,本国货币币值相对上升,汇率下跌;相反,则汇率上升。间接标价法与直接标价法正好相反,例如,在直接标价法下,1 美元＝6.30 元人民币,用间接法标价则表示为:1 元人民币＝0.159 美元。英国采用间接标价法,美国对英国采用直接标价法。

此外,在外币交易中可能会用到套算汇率。套算汇率是根据两种外币对本国货币的汇率套算出两种外币间的汇率。在国际外汇市场上,外汇汇率一般是指某一国家的货币对美元的比价,因而,当交易的两种货币都不是美元时,就必须进行套算。例如,日元对欧元的买卖,首先以日元买入美元,再以美元买入欧元,然后再将日元换算成欧元。再例如,我国只公布外币对人民币汇率,要将美元兑换成港元,就可以通过套算汇率进行换算。

126 高级财务会计

如,以下是 2011 年 11 月 30 日中国人民银行公布的外汇汇价(每 100 元人民币):

	买入价	卖出价
100 美元=	635.31	637.86
100 港元=	80.56	81.89

根据上述汇率,计算美元对港元的套算汇率为:

$$\frac{¥635.31}{US\$100} \div \frac{¥81.89}{HK\$100} \times US\$100 = HK\$775.81$$

上述公式中美元采用的是买入价,港元采用的是卖出价。

企业发生外币业务时,如无法直接采用中国人民银行公布的人民币对美元、日元、港元等的基准汇率作为折算汇率时,应当按照下列方法进行折算:

美元、日元、港元等以外的其他货币对人民币的汇率,根据美元对人民币的基准汇率和国家外汇管理局提供的纽约外汇市场美元对其他主要外币的汇率进行套算,按照套算后的汇率作为折算汇率。美元对人民币以外的其他货币的汇率,直接采用国家外汇管理局提供的纽约外汇市场美元对其他主要货币的汇率。

美元、人民币以外的其他货币之间的汇率,按国家外汇管理局提供的纽约外汇市场美元对其他主要外币的汇率进行套算,按套算后的汇率作为折算汇率。

2.汇率的分类

按不同的标准,可将汇率分成以下几类:

(1)汇率按是否固定分为固定汇率和市场汇率。固定汇率也称法定汇率或官方汇率,是指由政府规定该国货币同其他国家货币的比价。这个比价是基本固定不变的,或被限制在一定的幅度内。市场汇率也称浮动汇率,是指外汇市场上由交易双方供求关系形成的汇率,这种汇率经常随市场的行情变化而上下波动。国际上按政府干预与否将市场汇率分为"自由浮动汇率"和"管理浮动汇率"两种,我国实行的是管理浮动汇率。

(2)汇率按会计入账时间分为现行汇率和历史汇率。现行汇率也称记账汇率,是指企业发生外币业务或编制财务报表时所采用的汇率。历史汇率也称账面汇率,是相对于现行汇率而言的,指最初取得外币资产或承担外币负债时的汇率。昨天的现行汇率即为今天的历史汇率,如企业 1 月 5 日以外币表示某项应付账款时,1 月 5 日记入账中的汇率为现行汇率,在 1 月 31 日编制资产负债表时,如汇率发生变动,1 月 31 日的汇率作为现行汇率,1 月 5 日的汇率即为历史汇率。

(3)汇率按从事外汇经营的银行角色不同分为买入汇率、卖出汇率和中间汇率。买入汇率也称买入价,是指银行向客户买入外汇时所采用的汇率。卖出汇率也称卖出价,是指银行向客户出售外汇时所采用的汇率。在直接标价法下,卖出价高于买入价;在间接标价法下,卖出价低于买入价;买入价与卖出价的差额即为银行买卖外汇的收益。中间汇率也称中间价,是指银行买入汇率和卖出汇率的平均价。我国企业外币业务会计是以买入价和卖出价计算的中间价作为入账汇率。

(4)即期汇率和即期汇率的近似汇率。根据我国《企业会计准则第 19 号——外币折算》的规定,企业在处理外币交易和对外币财务报表进行折算时,应当采用交易发生日的即期汇率将外币金额折算为记账本位币金额反映;也可以采用按照系统合理的方法确定的、与交易发生日即期汇率近似的汇率折算。

①即期汇率。即期汇率是相对于远期汇率而言,即期汇率也称现行汇率,是指外汇买卖双方在成交后即期办理交割的交易业务,通常隔两个营业日交割。远期汇率也称期汇汇率,是指外汇卖双方在成交时,只是订立合同,规定外汇买卖的数量、交割期限、汇率等条款,等到合同约定日再办理交割的交易业务,属于预定的外汇买卖。为了方便核算,企业用于记账的即期汇率一般指当日中国人民银行公布的中间价。但是,在企业发生单纯的货币兑换交易或涉及货币兑换的交易时,仅用中间价不能反映货币买卖的损益,需要使用买入价或卖出价折算。

②即期汇率的近似汇率,是指按照系统合理的方法确定的、与交易发生日即期汇率近似的汇率,通常采用当期平均汇率或加权平均汇率等。一般是在汇率变动不大的情况下为简化核算而采用的。以人民币兑换美元的周平均汇率为例,假定人民币兑换美元每天的即期汇率为周一 6.9,周二 6.87,周三 6.86,周四 6.84,周五 6.83,周平均汇率为$(6.9+6.87+6.86+6.84+6.83) \div 5 = 6.86$。月平均汇率的计算方法与周平均汇率的计算方法相同。月加权平均汇率需要采用当月外币交易的外币金额作为权重进行计算。

无论采用平均汇率还是加权平均汇率,抑或其他方法确定的即期汇率的近似汇率,该方法应在前后各期保持一致。

(三)汇兑损益

汇兑损益也称汇率差额(foreign exchange gain or loss),是指企业在进行外币业务会计处理时,由于采用不同的汇率换算而产生的折合成记账本位币金额的差额,这个差额要作为企业的利得或损失处理。汇兑差额有以下几种类型:

1.交易过程中产生的汇兑差额,即在以外币计价的商品购销业务中因收回或偿付外币债权债务而产生的汇兑差额。

2.不同外币兑换过程中产生的汇兑差额。

3.期末外币调整时产生的汇兑差额,期末将有关外币账户按期末市场汇率进行调整,调整时历史汇率与现行汇率(期末汇率)不同而产生的差额。

4.外币报表折算时产生的折算损益。

第二节　外币交易的会计处理

一、外币交易会计

企业涉及的外币交易业务很多,主要包括商品购销、劳务供应、接受投资、往来结算和货币借贷等,因而也就形成专门处理外币交易的会计。对已发生的外币交易,会计上要处理以下问题:

1.发生外币交易时,按一定的汇率折算为记账本位币;

2.会计期末,按一定的汇率调整各外币账户余额,报告外币资产和负债;

3.计算汇兑差额并进行账务处理;

4.交易结束日,按一定的汇率折算和记录收回及支付的外币债权债务。

二、外币交易会计处理的基本方法

在外币交易会计处理中,对于涉及的外币债权债务账户,由于交易日和结算日可能采用不同的汇率结算而产生差额,这种差额是否确认汇兑差额还是应调整原来业务的对应账户,在会计处理上存在两种方法,即单一交易观点和两笔交易观点

(一)单一交易观点

单一交易观点(one-transaction approach)是指企业将发生的销货或购货业务,以及以后的账款结算均分别视为一笔交易的两个阶段,外币业务按记账本位币反映的销售收入或购货成本,取决于它们结算日的汇率。期末不确认未实现的汇兑差额,汇率变动的影响处理为对原先入账的销售收入或购货成本的调整。

【例5-1】大华公司2011年12月15日以赊销方式向美国A公司销售商品一批,计10 000美元,约定于2012年1月15日付款,大华公司记账本位币为人民币。会计处理程序如下:

(1)2011年12月15日交易发生日:当日汇率为1美元=6.35元人民币,会计分录如下:

借:应收账款($10 000×6.35)　　　　　　　　　　　　　¥63 500
　　贷:主营业务收入　　　　　　　　　　　　　　　　　　　　　¥63 500

(2)2011年12月31日报表编制日:当日汇率为1美元=6.31元人民币。由于汇率变动,故销售收入和应收账款减少400元,并据以调整原先入账的销售收入和应收账款。编制会计分录如下:

借:主营业务收入　　　　　　　　　　　　　　　　　　　　¥400
　　贷:应收账款　　　　　　　　　　　　　　　　　　　　　　　¥400

(3)2012年1月15日结算日:当日汇率1美元=6.30元人民币。由于汇率的变动,确认销售收入和应收账款减少200元,并据以调整销售收入和应收账款,同时将收到的外币存入银行。编制会计分录如下:

借:主营业务收入　　　　　　　　　　　　　　　　　　　　¥100
　　贷:应收账款　　　　　　　　　　　　　　　　　　　　　　　¥100

同时:

借:银行存款($10 000×6.30)　　　　　　　　　　　　　¥63 000
　　贷:应收账款($10 000×6.30)　　　　　　　　　　　　　　¥63 000

由此可见,在单一交易观点下,外币交易差额(汇兑差额)被作为销售收入的调整数。

同理:如为购货业务,则外汇交易差额被视为购货成本的调整数。现将上例资料改为大华公司向美国A公司购入商品,则会计分录如下:

(1)2011年12月15日交易发生日:

借:存货　　　　　　　　　　　　　　　　　　　　　　　　¥63 500
　　贷:应付账款($10 000×6.35)　　　　　　　　　　　　　　¥63 500

(2)2011年12月31日报表编制日:

借:应付账款   ¥400

  贷:存货   ¥400

(3)2012 年 1 月 15 日结算日:

借:应付账款   ¥100

  贷:存货   ¥100

同时:

借:应付账款（$10 000×6.30）   ¥63 000

  贷:银行存款（$10 000×6.30）   ¥63 000

综上所述,单一交易观点的会计处理有如下特点:

(1)将交易日的金额及销货或购货价格看作一项暂记数,待有关应收、应付账款结清之后,再根据实际收到或支付的金额对暂记数进行调整,即会计处理的基础以结算日为基准。

(2)将由于汇率变动而形成的汇兑差额作为销售收入或购货成本的调整数,而不单独计列"汇兑损益"项目。

(二)两笔交易观点

两笔交易观点(two-transaction approach)是指将企业发生的销货或购货业务,以及以后的账款结算视为两笔交易,外币业务按记账本位币反映的销售收入或购货成本,取决于交易日的汇率。由于汇率变动产生的影响不改变销售收入或购货成本,而是作为"汇兑损益"项目单独列示在两笔交易观点下,处理交易结算前的汇兑差额,即未实现汇兑差额的方法有两种,第一种方法是作为未实现的递延损益,列入资产负债表,待外币账项结算日,才把递延的汇兑差额转为已实现的汇兑差额,称为递延法。第二种方法是作为已实现的损益,列入当期损益表,称为当期确认法。

1.递延法

该观点认为,根据分期确定报告期损益的概念,对本期汇兑差额的确认应以实现为准,即实际的外币交易业务已经发生,对其已产生的汇兑差额才能确认入账,记入当期损益。而对尚未使用的外币货币资金和各项尚未完成结算的外币债权债务等,则不能在当期确认汇兑差额,而是将其作为未实现汇兑差额递延到以后会计期间记入损益。

递延法的会计处理:

【例 5-2】某出口商 2011 年 12 月 15 日向美国某公司出口一批货物,售价为 20 000 美元,货款尚未收到。

(1)按 2009 年 12 月 15 日交易日汇率 1 美元=6.35 元人民币,记入应收账款并确认销售收入。会计分录如下:

借:应收账款（$20 000×6.35）   ¥127 000

  贷:主营业务收入   ¥127 000

(2)2011 年 12 月 31 日按年末汇率 1 美元=6.31 元人民币,调整应收账款金额20 000 美元×6.31=126 200 元人民币,127 000 元－126 200 元=800 元,将 800 元的汇兑差额益确认为未实现递延损失。会计分录如下:

借:未实现汇兑损益   ¥800

  贷:应收账款   ¥800

(3)2010年1月15日结算应收账款,按当日汇率1美元=6.30元人民币,调整应收账款余额20 000美元×6.30=126 000元人民币,126 200-126 000=200元,将200元的汇兑差额确认为2012年的汇兑损失。由于此笔交易已完成,因此还要同时2011将年已确认的未实现汇兑差额800元转为已实现汇兑差额,记入2012年的损益。会计分录如下:

借:汇兑损益　　　　　　　　　　　　　　　　　　　　　　　￥1 000

　　贷:应收账款　　　　　　　　　　　　　　　　　　　　　　　￥200

　　　未实现汇兑损益　　　　　　　　　　　　　　　　　　　　￥800

2.当期确认法

该观点认为根据分期确定损益的概念,在会计期末对于各项外币资金账户和外币债权债务账户均按期末汇率调整其账面余额,将调整后的账面余额与原账面余额之差额,确认为汇兑差额。不管是已实现还是未实现的汇兑差额,均应记入当期损益,而在账款结算日再去确认由于上一会计期末和结算日之间由于汇率变动而形成的汇兑差额。当期确认法反映汇率变动跨越两个会计期间的实际过程。

目前,大多数国家对汇兑差额的确认采用的是当期确认法。当汇率为单向变动时,对企业损益的确认影响不大,并能较为客观地反映企业的财务状况和经营成果,但当汇率变动较大或为逆向变动时,在上一期会计期末,确认的汇兑差额就不可能实现,从而导致两个会计期间的损益歪曲。

目前我国外币业务会计采用的是当期确认法。各种外币账户的外币余额,期末时应当按照期末汇率折合为记账本位币。按照期末汇率折合的记账本位币金额与账面记账本位币金额之间的差额,作为汇兑差额,记入当期损益;属于筹建期间的,记入长期待摊费用;属于与购建固定资产有关的借款产生的汇兑差额,按照借款费用资本化的原则进行处理。

两笔交易观点被认为符合公认会计准则,把汇率变动的影响确认为汇兑差额是较为恰当的。

三、外币交易的会计核算原则

(一)我国外币交易的核算原则

我国企业外币交易会计处理方法采用两笔交易观的第二种处理方法,并遵循以下核算原则:

1.企业发生外币业务时,应当将有关外币金额折合为记账本位币金额记账,按折合后的记账本位币金额登记有关账户;在登记有关记账本位币账户的同时,按照外币业务的外币金额登记相应的账户。

2.外币交易应当在初始确认时,采用交易日发生的即期汇率将外币金额折算为记账本位币金额;也可以采用按照系统合理的方法确定的、与交易发生日即期汇率近似的汇率折算。

3.企业因向外汇指定银行结售或购入外汇使用银行买入价、卖出价与市场汇价,由此产生的差额作为汇兑损益。

4.企业在资产负债表日,应当分别按外币货币性项目和非外币货币性项目进行处理。

(二)汇兑差额的处理

1.对于货币性项目,因结算或采用资产负债表日的即期汇率折算而产生的汇兑差额,计入当期损益,同时调增或者调减外币货币性项目的记账本位币。

2.对于外币非货币性项目,以历史成本计量的,由于已在交易发生日按照当日即期汇率折算,资产负债表日不应改变其原记账本位币,不产生汇兑差额;以公允价值计量的,如交易性金融资产(股票、基金等),采用公允价值确定日的即期汇率折算,折合后的记账本位币金额与原记账本位币金额的差额,作为公允价值变动(含汇兑变动)处理,计入当期损益。

3.企业收到投资者以外币投入的资本,应当采用交易发生日即期汇率折算,不得采用合同约定汇率和即期汇率的近似汇率折算,外币投入资本与相应的货币性项目的记账本位币金额之间不产生外币资本折算差额。

四、外币交易会计记账方法

外币业务记账方法有外币统账制和外币分账制两种。

(一)外币统账制

外币统账制也称记账本位币法,是指发生外币业务时,按照一定的汇率折算为记账本位币入账,非记账本位币金额只在账上作辅助记录。在选择折算汇率时,既可采用外币业务发生当日的即期汇率,也可以采用按照系统合理的方法确定的、与交易发生日即期汇率近似的汇率折算。

(二)外币分账制

外币分账制也称原币记账法,是指企业在日常核算时按照外币原价记账,分别按币种核算损益和编制财务报表,平时无需按汇率进行折算,也不反映记账本位币金额,期末将外币报表折算为记账本位币表示的财务报表,并确认其汇兑损益。

五、外币交易账户设置

为了记录和反映企业发生的外币交易业务,应设置各种外币账户。涉及外币业务的账户一般是在按记账本位币设立的总分类账户下,根据不同的外币币种设立二级账户。凡涉及外币计价的存款、现金、债权债务和长短期投资等账户,均应按不同币种设立二级账户。如:

银行存款——××外币账户

库存现金——××外币账户

应收账款——××外币账户

应收票据——××外币账户

预付账款——××外币账户

应付账款——××外币账户

应付票据——××外币账户

预收账款——××外币账户

应付职工薪酬——××外币账户

短期借款——××外币账户

长期借款——××外币账户

长期应付款——××外币账户

持有至到期投资——××外币账户

不允许开立现汇账户的企业,可以设置外币现金和外币银行存款以外的其他外币账户。此外,根据外币会计核算原则的规定,外币账户要进行复币记账,采用一定的汇率折合为企业的记账本位币进行记录,只有这样,才能正确反映外币账户中的原币金额和折算的人民币金额,并将以外币记录的外币业务的会计信息汇总并入企业以记账本位币反映的总体会计信息之中。

为了核算汇兑差额,企业应设置"财务费用——汇兑差额"账户。该账户属于损益类账户,贷方反映汇兑收益额,借方反映汇兑损失额。余额在贷方,表示汇兑收益净额;余额在借方,表示汇兑损失净额。期末"财务费用——汇兑差额"账户余额转至"本年利润"账户,结转后,"财务费用——汇兑差额"账户无余额。

六、外币交易业务的会计处理

外币交易折算的会计处理主要涉及两个环节,一是在交易日对外币交易进行初始确认,将外币金额折算为记账本位币金额;二是在资产负债表日对相关项目进行折算,因汇率变动产生的差额记入当期损益。

(一)统账制记账方法

1.外币购销业务处理

企业从国外进口商品或引进设备,按当日即期汇率将支付的外币或应支付的外币折算为人民币记账,以确定购入商品及债务的入账价值,同时按照外币的金额登记有关外币账户。

【例5-3】企业从国外购入不需要安装的设备一台,设备价款为200 000美元。购入设备时的即期汇率为1美元=6.32元人民币,款项尚未支付。该企业采用业务发生时的即期汇率折算。会计分录如下:

借:固定资产 ¥1 264 000

　贷:应付账款($ 200 000×6.32) ¥1 264 000

企业出口商品时,按当日的即期汇率将外币销售收入折算为人民币记账,对于出口销售取得的款项或发生的债权,按折算为人民币的金额入账,同时按照外币金额登记有关外币账户。

【例5-4】企业出口商品100件,销售合同规定售价为每件200美元。当日即期汇率为1美元=6.31元人民币,货款尚未收到。该企业采用业务发生时的即期汇率折算。假定不考虑相关税费,会计分录如下:

借:应收账款($ 20 000×6.31) ¥126 200

　贷:主营业务收入 ¥126 200

2.外币借款业务处理

企业借入外币时,应按照借入外币时的即期汇率折算为记账本位币入账,同时按照借入外币的金额登记相关的外币账户。

【例5-5】企业从中国银行借入2 000 000港元,期限为半年,借入的外币暂存中国银行。借入港元时的即期汇率为1港元＝0.82元人民币。假设该企业设有现汇账户,采用业务发生时的即期汇率折算。假定企业设有外汇现汇账户,会计分录如下:

借:银行存款(HK＄2 000 000×0.82)　　　　　　　　　　　　　　￥1 640 000
　贷:短期借款(HK＄2 000 000×0.82)　　　　　　　　　　　　　　　　￥1 640 000

该企业半年后归还港元借款。归还借款时的即期汇率为1港元＝0.81元人民币。会计分录如下:

借:短期借款(HK＄2 000 000×0.81)　　　　　　　　　　　　　　￥1 620 000
　贷:银行存款(HK＄2 000 000×0.81)　　　　　　　　　　　　　　　　￥1 620 000

3.外币投资业务处理

企业收到投资者以外币投入的资本,无论是否有合同约定汇率,均不得采用合同约定汇率和即期汇率的近似汇率折算,而是采用交易日的即期汇率折算,投入资本与相应的货币性项目的记账本位币金额之间不产生外币资本折算差额。

【例5-6】企业收到外币投资500 000美元,收到出资额时的即期汇率为1美元＝6.30元人民币,投资合同约定汇率1美元＝6.5元人民币。假定企业设有外汇现汇账户,会计分录如下:

借:银行存款(＄500 000×6.30)　　　　　　　　　　　　　　　　￥3 150 000
　贷:实收资本　　　　　　　　　　　　　　　　　　　　　　　　　　￥3 150 000

4.外币兑换业务处理

外币兑换是指将一种外币兑换为另一种外币的业务事项。发生外币兑换业务时,首先按某外币的银行买入价将企业持有的外币(欲换出的外币)折合为记账本位币,再按银行对另一种外币(欲换入外币)的卖出价将记账本位币折合为该种外币。兑换时产生的差额计入汇兑差额。

【例5-7】企业购买设备需要将100 000港元兑换成美元,兑换日,美元的即期汇率为1美元＝6.31元人民币,兑换银行美元与人民币的买入价为6.30元人民币,卖出价为6.32元人民币;港元对人民币的即期汇率为1港元＝0.82元人民币,兑换银行的买入价为0.81元人民币,卖出价为0.83元人民币,该公司按上述汇率以港元兑换美元。

首先,用港元兑换人民币。企业按照结汇的要求,按照银行的买入价记录港元换取的人民币,HK＄100 000×0.81＝￥81 000,按兑换日的即期汇率记录港元折合为记账本位币的减少数,HK＄100 000×0.82＝￥82 000,两者之间的￥1 000差额计入汇率损益。会计分录如下:

借:银行存款——人民币户　　　　　　　　　　　　　　　　　　￥81 000
　财务费用——汇兑差额　　　　　　　　　　　　　　　　　　　￥1 000
　贷:银行存款——港元户(HK＄100 000×0.82)　　　　　　　　　　　￥82 000

其次,以换到的人民币再去兑换美元。企业按购汇(售汇)的要求以银行卖出价记录人民币支付额￥81 000,记录换入的美元数￥81 000÷6.32＝＄12 816,同时按兑换日的即期汇率记录以人民币兑换的美元数＄12 816×6.31＝￥80 869,两者的差额￥129计入汇兑差额,会计分录如下:

借:银行存款——美元户($12 816×6.31) ¥80 869

财务费用——汇兑差额 ¥131

贷:银行存款——人民币户 ¥81 000

合并以上分录为:

借:银行存款——美元户($12 816×6.31) ¥80 869

财务费用——汇兑差额 ¥1 131

贷:银行存款——港元户(HK$100 000×0.82) ¥82 000

5.外币账户期末余额的会计处理

资产负债表日,企业应当分别对外币货币性项目和外币非货币性项目进行处理。

(1)货币性项目的处理。货币性项目,是指企业持有的货币资金和将以固定或可确认的金额收取的资产或者偿付的债务。货币性项目分为货币性资产和货币性负债。货币性资产包括库存现金、银行存款、应收账款、其他应收款、长期应收款;货币性负债包括应付账款、其他应付款、长期借款、应付债券、应付职工薪酬、长期应付款等。对于货币性项目,采用资产负债表日即期汇率折算。因资产负债表日即期汇率与初始确认或者前一资产负债表日即期汇率不同而产生的汇兑差额,计入当期损益。

【例 5-8】某月 30 日美元与人民币的即期汇率为 1 美元=6.36 元人民币,企业期末以美元表示的各账户及按期末汇率计算的调整额记录为:

账户名称	外币金额	人民币账面记录额	期末汇率	按期末汇率折合人民币数	差异额
银行存款	60 000	381 700	6.36	381 600	−100
应收账款	50 000	318 600	6.36	318 000	−600
应收票据	25 000	159 300	6.36	159 000	−300
短期借款	100 000	637 000	6.36	636 000	1 000
应付账款	40 000	254 900	6.36	254 400	500

会计分录如下:

借:财务费用——汇兑差额 1 000

贷:银行存款 100

应收账款 600

应收票据 300

借:短期借款 1 000

应付账款 500

贷:财务费用——汇兑差额 1 500

通过上述调整分析可看出:资产项目中,若期末汇率折合数小于账面记录额,会产生汇兑损失;反之,若期末汇率折合数大于账面记录额,则会产生汇兑收益。负债项目则正好相反。

(2)非货币性项目的处理。非货币性项目,是指货币性项目以外的项目,包括存货、长期股权投资、固定资产、无形资产等。对于以历史成本计量的非外币货币性项目,仍采用交易发生日的即期汇率折算,不改变其记账本位币金额,不产生汇兑差额。因为这些项目在取得时已按取得时即期汇率折算,从而构成这些项目的历史成本,如果再按资产负债表日的即期汇率折算,就会导致这些项目价值不断变动,从而使这些项目的折旧、摊销和减值不断随之变动,这与这些项目的实际情况不符。但要考虑以下情况汇率变动的影响,比如:当存货在资产负债表日采用成本与可变现净值孰低计量时,在以外币购入存货并且该存货在资产负债表日的可变现净值以外币反映的情况下,计提存货跌价准备时应当考虑汇率变动的影响。

【例 5-9】某企业以人民币为记账本位币,2011 年 12 月 5 日,以每件 3 000 欧元的价格从德国购入 A 商品 10 件,并已支付货款(假定该公司有欧元存款)。当日即期汇率为 1 欧元=8.25 元人民币。假定不考虑相关税费,会计分录如下:

借:库存商品——A 商品　　　　　　　　　　　　　　　　　￥247 500
　贷:银行存款(3 000×10×8.25)　　　　　　　　　　　　　　　　￥247 500

12 月 31 日,汇率为 1 欧元=8.20 元人民币。A 商品已售出 4 件,A 商品在国际市场的价格为 2 900 欧元,表明其可变现净值低于成本,应计提存货跌价准备 5 920 元(3 000 ×6×8.25-2 900×6×8.20),会计分录如下:

借:资产减值损失　　　　　　　　　　　　　　　　　　　￥5 820
　贷:存货跌价准备　　　　　　　　　　　　　　　　　　　　　￥5 820

对于以公允价值计量的股票、基金等非货币性项目,如果期末的公允价值以外币反映,则应当现将该外币按照公允价值确定当日的即期汇率折算为记账本位币金额,再与原记账本位币金额进行比较,其差额作为公允价值变动损益,计入当期损益。

【例 5-10】某企业采用人民币为记账本位币,2011 年 12 月 5 日以每股 2 美元的价格购入甲公司 B 股 20 000 股作为交易性金融资产。当日即期汇率为 1 美元=6.35 元人民币,款已付。2011 年 12 月 31 日甲公司 B 股的市场价格为 2.2 美元,当日的即期汇率为 1 美元=6.31 元人民币。假定不考虑相关税费的影响。

12 月 5 日,会计分录如下:

借:交易性金融资产　　　　　　　　　　　　　　　　　　￥254 000
　贷:银行存款(20 000×2×6.35)　　　　　　　　　　　　　　　￥254 000

12 月 31 日,上述交易性金融资产在资产负债表日的人民币金额为 277 640 元(20 000×2.2×6.31),与原账面价值 254 000 元的差额为 23 640 元人民币,应计入公允价值变动损益,会计分录如下:

借:交易性金融资产　　　　　　　　　　　　　　　　　　￥23 640
　贷:公允价值变动损益　　　　　　　　　　　　　　　　　　　￥23 640

23 640 元既包含该公司所购 B 股股票公允价值变动的影响,也包含人民币与美元之间汇率变动的影响。

2012 年 3 月 1 日,该公司将所购 B 股股票售出,当日的市场价格为每股 2.5 美元,所得价款为 50 000 美元。当日即期汇率为 1 美元=6.29 元人民币,折算为人民币金额 314 500元,与账面价值 277 640 元相差 36 860 元。该差额不再区分为股票市价的变动和汇率变动,均作为投资收益进行处理,会计分录如下:

借:银行存款 ¥314 500

　贷:交易性金融资产 ¥277 640

　　投资收益 ¥36 860

因公司将所购 B 股股票售出,结转账面公允价值变动损益。

借:公允价值变动损益 ¥23 640

　贷:投资收益 ¥23 640

(二)分账制记账方法

对于外币交易频繁、外币币种较多的金融保险企业,也可以采用分账制记账方法进行日常核算。资产负债表日,对相应的外币账户余额分别按货币性项目和非货币性项目进行处理。货币性项目按资产负债表日即期汇率折算,非货币性项目按交易日即期汇率折算,产生的汇兑差额计入当期损益。采用分账制记账方法,其产生的汇兑差额的处理结果与统账制记账方法一致。

分账制记账方法下,为保持不同币种借贷方金额合计相等,需要设置"货币兑换"账户进行核算。实务中可采用两种方法核算。

1.所有外币交易均通过"货币兑换"账户处理

(1)企业发生的外币交易同时涉及货币性项目和非货币性项目的,按照相同外币金额同时记入货币性项目和"外币兑换——外币"账户;同时,按以交易发生日期即期汇率折算为记账本位币的金额,记入非货币性项目和"货币兑换——记账本位币"账户。

(2)企业发生的交易仅涉及记账本位币外的一种货币反映的货币性项目的,按相同币种金额入账,不需要通过"货币兑换"账户核算;如果涉及两种以上货币,按相同币种金额记入相应货币性项目和"货币兑换——外币"账户。

(3)期末,应将所有以记账本位币以外的货币反映的"货币兑换"账户余额按期末汇率折算为记账本位币金额,并与"货币兑换——记账本位币"账户余额相比较,其差额转入"财务费用——汇兑差额"账户;如为借方差额,借记"财务费用——汇兑差额"账户,贷记"货币兑换——记账本位币"账户;如为贷方差额,借记"货币兑换——记账本位币"账户,贷记"财务费用——汇兑差额"账户。

(4)结算外币货币性项目产生的汇兑损益差额计入"财务费用——汇兑差额"账户。

【例 5-11】假定某银行采用分账制记账方法核算有关外币业务,选定的记账本位币为人民币并以人民币列报财务报表。2011 年 11 月,该银行发生以下业务:

(1)11 月 5 日,收到投资者投入的货币资金 200 000 美元,无合同约定汇率,当日即期汇率为 1 美元＝6.39 元人民币,会计分录如下:

借:银行存款——美元户 $200 000

　贷:货币兑换——美元 $200 000

借:货币兑换——人民币 ¥1 278 000

　贷:实收资本 ¥1 278 000

(2)11 月 9 日,以 3 000 美元购入一台设备,当日即期汇率 1 美元＝6.38 元人民币,会计分录如下:

借:固定资产 ¥19 140

　贷:货币兑换——人民币 ¥19 140

借:货币兑换——美元 $3 000

  贷:银行存款——美元户 $3 000

(3)11 月 12 日,某企业以 38 340 元人民币购入 6 000 美元,当日美元卖出价为 1 美元=6.39 元人民币,会计分录如下:

借:银行存款——人民币户 ￥38 340

  贷:货币兑换——人民币 ￥38 340

借:货币兑换——美元 $6 000

  贷:银行存款——美元户 $6 000

(4)11 月 15 日,发放短期贷款 8 000 美元,当日即期汇率为 1 美元=6.37 元人民币,会计分录如下:

借:贷款——美元 $8 000

  贷:银行存款——美元户 $8 000

(5)11 月 20 日,向其他银行拆借资金 50 000 欧元,期限 1 个月,年利率 3%,当日即期汇率为 1 欧元=8.51 元人民币,会计分录如下:

借:银行存款——欧元户 50 000

  贷:拆入资金——欧元 50 000

(6)11 月 30 日的即期汇率为 1 美元=6.36 元人民币,1 欧元=8.50 元人民币。

根据资料汇总如下:

"货币兑换——美元"账户的贷方余额为 $191 000($200 000-$3 000-$6 000),按月末汇率折算为人民币余额￥1 214 760($191 000×6.36);

"货币兑换——人民币"账户借方余额 1 220 520(1 278 000-19 140-38 340);

"货币兑换"账户的借贷方差额 5 760 元(1 220 520-1 214 760),即为当期产生的汇兑差额,相应的会计处理如下:

借:财务费用——汇兑差额 ￥5 760

  贷:货币兑换——人民币 ￥5 760

2.外币交易的日常核算不通过"货币兑换"账户,仅在资产负债表日结转汇兑损益时通过"货币兑换"账户处理

在外币交易发生时直接以发生的币种进行账务处理。期末,由于所有账户均需要折算为记账本位币列报,因此,所有以外币反映的账户余额均需要折算为记账本位币余额。期中,货币性项目以资产负债表日即期汇率折算,非货币性项目以交易日期即期汇率折算。折算后,所有账户借方余额之和与所有账户贷方余额之和的差额即为当期汇兑差额,应当计入当期损益。

【例 5-12】以上述资料为例,日常核算中相应会计分录如下:

(1)11 月 5 日,收到投资:

借:银行存款——美元户 $200 000

  贷:实收资本——美元 $200 000

(2)11 月 9 日,购入固定资产:

借:固定资产 $3 000

  贷:银行存款——美元户 $3 000

（3）11 月 12 日,售出美元:

借:银行存款——人民币户   ￥38 340

   贷:银行存款——美元户(38 340÷6.39)   ＄6 000

（4）11 月 15 日,发放短期贷款:

借:贷款——美元   ＄8 000

   贷:银行存款——美元户   ＄8 000

（5）11 月 20 日,拆借资金:

借:银行存款——欧元户   50 000

   贷:拆入资金——欧元   50 000

（6）11 月 30 日的汇率 1 美元＝6.36 元人民币,1 欧元＝8.50 元人民币。

资产负债表日,编制账户余额(人民币)调节表,见表 5-1。

表 5-1

借方余额账户	币种	外币余额	汇率	人民币余额	贷方余额账户	币种	外币余额	汇率	人民币余额
银行存款	美元	183 000	6.36	1 588 880	拆入资金	欧元	50 000	8.50	425 000
	欧元	50 000	8.50						
贷款	美元	8 000	6.36	50 880	实收资本	美元	200 000	6.39	1 278 000
固定资产	美元	3 000	6.38	19 140					
银行存款	人民币			38 340					
人民币余额合计				1 697 240	人民币余额合计				1 703 000
汇兑损益				5 760					

相应的会计分录如下:

借:财务费用——汇兑差额   ￥5 760

   贷:货币兑换——人民币   ￥5 760

本章小结

本章主要阐述外币与外币交易的基本概念和相关实务。记账本位币,是企业在从事经营活动的主要经济环境中使用的货币,是企业计量其现金流量和经营成果的统一尺度。

根据我国《企业会计准则第 19 号——外币折算》的规定,企业通常应选择人民币作为记账本位币。

外币折算是指把不同的外币金额换算为另一种货币金额的折合换算过程。外币兑换是将一种货币兑换为另一种货币的经济业务。外币折算和外币兑换的基础和依据都是汇率。

对已发生的外币交易,会计上要处理以下问题:

（1）发生外币交易时,按一定的汇率折算为记账本位币;

（2）会计期末,按一定的汇率调整各外币账户余额,报告外币资产和负债;

(3)计算汇兑差额并进行账务处理;

(4)交易结束日,按一定的汇率折算和记录收回及支付的外币债权债务。

我国企业外币交易会计处理遵循以下核算原则:

(1)企业发生外币业务时,应当将有关外币金额折算为记账本位币金额记账,按折合后的记账本位币金额登记有关账户;在登记有关记账本位币账户的同时,按照外币业务的外币金额登记相应的账户。

(2)外币交易应当在初始确认时,采用交易日发生的即期汇率将外币金额折算为记账本位币金额;也可以采用按照系统合理的方法确定的、与交易发生日即期汇率近似的汇率折算。

(3)企业因向外汇指定银行结售或购入外汇使用银行买入价、卖出价与市场汇价,由此产生的差额作为汇兑损益。

(4)企业在资产负债表日,应当分别按外币货币性项目和非外币货币性项目进行处理。

外币业务记账方法有外币统账制和外币分账制两种。外币统账制也称记账本位币法,是指发生外币业务时,按照一定的汇率折算为记账本位币入账,非记账本位币金额只在账上作辅助记录。在选择折算汇率时,既可采用外币业务发生当日的即期汇率,也可以采用按照系统合理的方法确定的、与交易发生日即期汇率近似的汇率折算。外币分账制也称原币记账法,是指企业在日常核算时按照外币原价记账,分别按币种核算损益和编制财务报表,平时无需按汇率进行折算,也不反映记账本位币金额,期末将外币报表折算为记账本位币表示的财务报表,并确认其汇兑损益。

思考题

1.什么是记账本位币?如何确定记账本位币?

2.如何理解外汇与外币两者之间的区别?

3.外币折算与外币兑换有什么区别?

4.直接标价和间接标价有什么特点?

5.什么是套算汇率?如何计算?

6.阐述买入价、卖出价与中间价的含义。

7.简述汇率的分类。

8.什么是汇兑差额?阐述汇兑差额的类型。

9.什么是单一交易观点和两笔交易观点?它们在会计处理上有什么特点?

10.简述我国外币交易的核算原则。

练习题

(一)单项选择题

1.收到以外币计价的投入资本时,其对应的资产账户采用的折算汇率是(　　)。

A.收到外币投资时的市场汇率　　　　　　B.投资合同约定汇率

C.签订投资合同时的市场汇率　　　　　　D.首次收到外币资本的折算汇率

2.企业各外币账户和外币报表的各项目由于记账时间和汇率的不同而产生的折合为记账本位币的差额,称为(　　)。

A.外币兑换　　　　B.外币交易　　　　C.外币折算　　　　D.汇兑损益

3.我国现行会计制度规定,销售商品所形成的外币应收账款由于市场汇率上涨引起的折算差额,在期末确认时,应当(　　)。

A.冲减财务费用　　B.增加营业收入　　C.增加财务费用　　D.冲减营业收入

4.某企业的外币业务采用发生时的即期汇率折算。该企业本月月初持有 80 000 美元,月初市场汇率为 1 美元＝7.45 元人民币。本月 20 日将其中的 40 000 美元售予中国银行,当日美元买入价为 1 美元＝7.41 元人民币,即期汇率为 1 美元＝7.42 元人民币。企业出售该笔美元时,应确认的汇兑损益为(　　)。

A.400 元　　　　　B.－40 000 元　　　C.40 000 元　　　　D.－400 元

5.将一种货币兑换成另一种货币的业务是(　　)。

A.外币交易　　　　B.外币兑换　　　　C.外币信贷　　　　D.外币折算

6.资产负债表编制日本国货币与外币之间的比率是(　　)。

A.现行汇率　　　　B.历史汇率　　　　C.即期汇率　　　　D.远期汇率

7.企业在会计期末将所有外币账户按期末汇率调整时而产生的汇兑损益是(　　)。

A.交易损益　　　　B.折算损益　　　　C.调整损益　　　　D.兑换损益

8.按照两笔交易观点,确认的购货成本或销售收入取决于(　　)。

A.交易日　　　　　B.结算日　　　　　C.决算日　　　　　D.成交日

9.企业应将借入的外币按交易发生(　　)的即期汇率折合为人民币记账。

A.当日　　　　　　B.当年　　　　　　C.年末　　　　　　D.月末

10.在编制合并财务报表前,需要对(　　)的外币报表进行折算。

A.母公司　　　　　B.子公司　　　　　C.关联方　　　　　D.债权方

11.会计上所指的外币是指(　　)。

A.外国货币　　　　　　　　　　　　　B.国际支付和结算手段

C.外汇　　　　　　　　　　　　　　　D.非记账本位币

12.直接标价法的特点是(　　)。

A.本国货币数固定不变

B.外国货币数随汇率高低而变化

C.本国货币币值大小与汇率的高低呈反比

D.本国货币币值大小与汇率的高低呈正比

13.某企业采用人民币作为记账本位币,下列项目中,不属于该企业外币业务的是(　　)。

A.与外国企业发生的以人民币计价结算的销售业务

B.与中国银行发生的外币借款业务

C.与外国企业发生的以美元计价结算的购销业务

D.与中国银行之间发生的外币兑换业务

14.对外币交易采用"单一交易观点"进行会计处理时,交易发售日与报表编制日汇率变动的差额应该(   )。

A.调整该交易发生日的账户   B.作当期损益处理

C.作递延损益处理   D.不予以考虑

15.在单一交易观点下,外币业务按记账本位币反映的购货成本或销售收入,最终取决于它们的(   )。

A.合同签订日汇率   B.交易日汇率

C.结算日汇率   D.合同约定日汇率

16.收到外币投资时,合同约定的汇率与收到出资额时的即期汇率不同的差额,会计处理方法为(   )。

A.计入"盈余公积"账户   B.不计差额

C.计入"汇兑损益"账户   D.计入"资本公积"账户

17.某企业外币业务按交易发生日即期汇率折算,本月从中国银行购入 1 000 美元,当日银行美元买入价 USD 1：RMB 8.20,卖出价 USD 1：RMB 8.30,市场汇率 USD 1：RMB 8.24,则企业购进外汇时确认的汇兑损益为(   )。

A.借方 60 万元   B.贷方 60 万元   C.借方 40 万元   D.贷方 40 万元

18.以下不属于外币交易的是(   )。

A.买入或卖出以外币计价的商品或者劳务

B.借入或借出外币资金

C.其他以外币计价或者结算的交易

D.中国企业购入美国企业商品

19.以下不属于外币账户的是(   )。

A.库存现金——××外币账户   B.应收账款——××外币账户

C.主营业务收入——××外币账户   D.长期借款——××外币账户

20.汇率按会计入账时间分为(   )。

A.现行汇率和历史汇率   B.买入汇率和卖出汇率

C.固定汇率和市场汇率   D.即期汇率和即期汇率的近似汇率

(二)多项选择题

1.按照我国外汇管理暂行条例的规定,下列项目中属于外汇的项目有(   )。

A.外国货币   B.外币有价证券

C.外汇收支凭证   D.外国纸币与铸币

2.下列项目中属于外币业务类型的有(   )。

A.外币兑换和外币折算   B.外币借贷

C.外币标价   D.外币商品交易

3.外汇汇率的标价方法有(   )。

A.直接标价法   B.现行汇率法   C.历史汇率法   D.间接标价法

4.企业的外币货币性项目有(   )。

A.外币现金   B.存货

C.外币银行存款　　　　　　　　　D.外币债权与外币债务

5.对外币财务报表折算所采用的汇率有（　　）。

　　A.现行汇率　　　　　　B.平均汇率　　　　　　C.历史汇率　　　　　　D.远期汇率

6.在货币与非货币项目法下,下列项目中属于非货币项目的有（　　）。

　　A.固定资产　　　　　　B.存货　　　　　　　　C.实收资本　　　　　　D.长期借款

7.在货币与非货币项目法下,下列项目中属于货币项目的有:（　　）。

　　A.银行存款　　　　　　B.应收账款　　　　　　C.长期借款　　　　　　D.应付账款

8.外币报表折算的两个主要会计问题有:（　　）。

　　A.外币报表折算汇率的选择　　　　　　B.外币报表折算损益的处理

　　C.外币报表项目兑换汇率的选择　　　　D.规定损益的处理

9.外币报表折算损益的处理方法有（　　）。

　　A.计入管理费用　　　　　　　　　　　B.计入销售费用

　　C.计入当期损益　　　　　　　　　　　D.递延到以后各期

10.下列项目中,应当计入当期损益的有（　　）。

　　A.兑换外币时发生的折算差额　　　　　B.外币银行存款账户发生的汇兑损益

　　C.外币应收账款账户期末折算差额　　　D.外币财务报表折算差额

11.下列关于"汇率"说法正确的是（　　）。

　　A.汇率是不同货币之间进行兑换的标准

　　B.汇率是用一国货币兑换另一国货币的比率

　　C.汇率是用一国货币兑换另一国货币的比价

　　D.汇率是用一国货币所表示的另一国货币的价格

12.按外汇付款期限不同,汇率可分为（　　）。

　　A.银行挂牌汇率　　　　　　　　　　　B.外汇市场汇率

　　C.即期汇率　　　　　　　　　　　　　D.远期汇率

13.根据汇兑损益产生的不同,可分为（　　）。

　　A.交易汇兑损益　　　　　　　　　　　B.兑换汇兑损益

　　C.调整汇兑损益　　　　　　　　　　　D.外币折算汇兑损益

14.下列关于我国外币交易会计核算原则表述正确的有（　　）。

　　A.记录外币交易业务,可以采用业务员发生时的票面汇率

　　B.外币账户采用复式记账

　　C.所有外币账户余额要按月初汇率进行调整

　　D.所有外币账户余额要按月末汇率进行调整

15.以下进行复币记账的账户有（　　）。

　　A.应收外汇账款　　　B.应收外汇票据　　　C.应付外汇股利　　　D.短期外汇借款

（三）判断题

1.根据我国会计准则的规定,企业必须以人民币作为记账本位币。　　　　　　　（　　）

2.汇率是将一国货币换算成另一国货币的比价。　　　　　　　　　　　　　　　（　　）

3.外币交易应当在初始确认时,采用交易发生日的即期汇率将外币金额折算为记账

本位币;也可以采用按照系统合理的方法确定的、与交易日即期汇率近似汇率折算。　　　　　　　　　　　　　　　　　　　　　　　　　（　　）

4.一般说来交易损益属于未实现损益。　　　　　　　　　　　　　（　　）

5.在两笔交易观点下,购货成本与销售收入的确定,与交易日的汇率无关。（　　）

6.对于跨国公司而言,其境外子公司所选定的记账本位币可能是母公司所在国的货币,也可能是另一国货币。　　　　　　　　　　　　　　　　　　（　　）

7.本国企业向外国企业购入商品,或本国企业将商品销售给外国企业一定会发生外币交易。　　　　　　　　　　　　　　　　　　　　　　　　　　（　　）

8.外币折算和外币兑换的基础和依据都是汇率。　　　　　　　　　（　　）

9.直接标价法下,外币数额固定不变,本国货币数额随汇率高低发生变化,本国货币币值大小与汇率高低成反比。　　　　　　　　　　　　　　　　　（　　）

10.单一交易观点下,外币业务按记账本位币反映的销售收入或购货成本取决于它们交易日的汇率。　　　　　　　　　　　　　　　　　　　　　　　（　　）

11.外币交易应当在初始确认时采用交易日的即期汇率将外币金额折算为记账本位币金额,也可以采用即期汇率的近似汇率折算。　　　　　　　　　　　（　　）

12.根据我国外币交易的会计核算原则,企业在资产负债表日应当分别按外币货币性项目和非外币货币性项目进行处理。　　　　　　　　　　　　　　　（　　）

13.外币统账制下,在选择折算汇率时,既可以采用外币业务发生当日的即期汇率,也可以采用即期汇率的近似汇率折算。　　　　　　　　　　　　　　　（　　）

14.在两笔交易观点下,处理交易结算前汇兑差额,即未实现汇兑损益的方法有递延法和当期确认法。目前我国外币业务会计采用的是递延法。　　　　　　　（　　）

15.对于以历史成本计量的非外币性项目,仍采用交易发生日的即期汇率折算,不改变其记账本位币金额,不产生汇兑损益。　　　　　　　　　　　　　（　　）

（四）业务题

1.

(1)目的:掌握外币兑换的会计处理方法。

(2)资料:B公司因采购物资需要 100 000 港元。根据规定,需要以美元兑换港元。兑换日有关资料如下:

①美元买入价,1 美元＝6.27 元人民币;

②美元卖出价,1 美元＝6.30 元人民币;

③美元中间价,1 美元＝6.285 元人民币;

④港元买入价,1 港元＝0.81 元人民币;

⑤港元卖出价,1 港元＝0.83 元人民币;

⑥港元中间价,1 港元＝0.82 元人民币。

(3)要求:计算需要的美元金额(列出计算过程),并做相应的账务处理。

2.

(1)目的:掌握外币交易会计处理的基本方法。

(2)资料:C公司 2011 年 12 月 1 日从美国进口一批商品,计 50 000 美元,约定于

2012年1月31日付款。C公司记账本位币为人民币。有关汇率资料如下：

①交易发生日：2011年12月1日汇率为1美元=6.36元人民币；

②报表编制日：2011年12月31日汇率为1美元=6.27元人民币；

③交易结算日：2012年1月31日汇率为1美元=6.30元人民币。

（3）要求：

①采用单一交易观点编制会计分录；

②采用两笔交易观点编制会计分录。

3.

（1）目的：掌握外币交易的会计处理方法。

（2）资料：某企业外币业务采用经济业务发生日的即期汇率作为折算汇率，按月末的即期汇率对外币类账户进行调整，该企业某月发生的部分外币业务如下：

①3月1日销售商品一批，售价为22 000美元，当日即期汇率为1美元=6.9元人民币，货款尚未收到。

②3月4日，从银行借入10 000美元，当日的即期汇率为1美元=6.89元人民币，借款存入银行美元账户。

③3月15日，收到上述销货部分货款18 000美元，结售给银行，当日的即期汇率为1美元=6.88元人民币，银行买入价为1美元=6.78元人民币。

④3月25日，用美元存款偿还应付账款9 000美元，当日的即期汇率为1美元=6.86元人民币。

⑤3月31日，即期汇率为1美元=6.85元人民币，该企业有关外币类账户的期末余额为：

账户	余额	美元	人民币
应收账款	借方余额	20 000	138 000
应付账款	贷方余额	14 000	96 400
短期借款	贷方余额	60 000	413 100

（3）要求：根据以上资料编制该企业有关外币业务的会计分录。

4.

（1）目的：掌握分账制记账方法。

（2）资料：假定甲银行采用分账制记账方法，选定的记账本位币为人民币并以人民币列报财务报表。2009年11月，该银行发生以下交易：

①11月5日，收到投资者投入的货币资本100 000美元，无合同约定汇率，当日汇率为1美元=6.8元人民币；

②11月10日，以2 000美元购入一台固定资产，当日汇率为1美元=6.75元人民币；

③11月15日，某客户以34 400元人民币购入5 000美元，当日美元卖出价为1美元=6.88元人民币；

④11月20日，发放短期贷款5 000美元，当日汇率为1美元=6.85元人民币；

⑤11月25日，向其他银行拆借资金10 000欧元，期限为1个月，年利率为3%，当日汇率为1欧元=8.5元人民币；

⑥11 月 30 日的汇率为 1 美元＝7 元人民币，1 欧元＝9 元人民币。

（3）要求：

①按所有交易均通过"货币兑换"账户对以上业务进行会计处理；

②按外币交易的日常核算不通过"货币兑换"账户，在资产负债表日结转汇兑损益的方法对以上业务进行会计处理。

5.

（1）目的：掌握非货币性项目的处理。

（2）资料：假定乙公司以人民币为记账本位币。2009 年 12 月 5 日以每股 1.5 美元的价格购入甲公司 B 股 10 000 股作为交易性金融资产，当日即期汇率为 1 美元＝6.9 元人民币，款已付。2009 年 12 月 31 日，由于市价变动，当月购入的乙公司 B 股的市价变为每股 2 美元，当日即期汇率为 1 美元＝6.85 元人民币。2010 年 2 月 25 日，乙公司将所购甲公司 B 股股票按当日市价每股 2.2 美元全部售出（即结算日），所得价款为 22 000 美元，当日即期汇率 1 美元＝6.84 元人民币。假定不考虑相关税费的影响。

（3）要求：根据以上资料进行相应的会计处理。

第六章

外币报表折算

学习目的:通过本章教学,使学生了解外币报表折算的基本问题,熟练掌握外币报表折算的四种方法,尤其是现行汇率法和时态法;掌握外币报表折算的折算程序和重新计量程序。

引导案例:

光华公司编制合并报表

光华公司为一集团公司,记账本位币为人民币。其海外子公司采用的编表货币为美元。为了编制合并财务报表,需要将其子公司以外币表述的财务报表折算为母公司的记账本位币。

振兴公司根据其发展战略,在美国证券市场发行股票进行融资。振兴公司的记账本位币及编表货币为人民币。为了满足国外投资者的需求,帮助其做出投资决策,需要将以人民币表述的财务报表折算为美元表述的财务报表。

第一节 外币报表折算概述

一、外币报表折算的意义

随着经济的发展,企业跨国经营越来越多,跨国公司得到迅速发展。企业在跨国经营中,为了控制和管理整个集团企业,预测、评估集团企业总体经营成果、经营业绩,必须编制合并财务报表,以反映整个集团企业的财务状况和经营成果,向集团企业的母公司及子公司的投资人、债权人、经营决策人提供必要的信息。跨国公司在编制合并财务报表方面面临着一个特殊问题,即各企业的财务报表可能是以不同的货币表述的,如在由美国母公司和其中国子公司组成的跨国集团编制财务报表时,不能直接将以美元、人民币表示的母、子公司的个别财务报表项目直接相加。这两张财务报表必须按相同的货币表示,这就意味着必须将按某种外币表示的国外子公司的个别财务报表折算为按另一种货币表述的财务报表。由于编制合并财务报表的目的主要是为了满足母公司股东和债权人的需要,因而合并财务报表一般是以母公司所使用的货币表述。为此,子公司的财务报表必须按母公司的记账本位币重新表述,这样才能使两张财务报表得以在相同的货币表述基础上进行合并。

综上所述,外币报表折算(foreign currency translation)就是为了反映和揭示一个企业集团整体的财务状况、经营成果和有关经济信息,运用一定的核算方法,将所属企业不同货币金额表述的财务报表按另一种选定的货币金额对其进行重新表述的过程。

外币报表折算只是将一种货币反映的财务报表转换为以另一种货币来表述,它在实质上不影响原企业的财务状况和经营成果。外币报表折算不同于"货币兑换"。

二、外币报表折算的目的

外币报表的折算都是为了特定目的而进行的。

1.为了编制合并报表。主要是指存在跨国经营的控股公司与其境外子公司在编制合并财务报表时,由于境外子公司通常采用的是所在地国家或地区的货币作为记账本位币和编表货币,因而与其母公司编表货币可能不一致,所以在编制合并财务报表之前,需将子公司以某种外币表述的财务报表进行折算,折算为以母公司记账本位币表述的财务报表。

2.提供特种财务报表。除跨国经营企业外,一些独立经营、以本国货币为记账本位币的国外公司,为满足企业所在地政府管理部门及各方面关系人使用财务报表的需要,也需要对其财务报表进行折算,编制以所在国货币表述的财务报表。此外,企业若为了在国际资本市场上进行融资,在外国证券市场上发行股票和债券等,就需要向国外各投资者、债权人提供按他们要求的货币编制的财务报表。

三、外币报表折算的主要问题

采用什么样的汇率,以及如何处理由折算而产生的损益,这是外币报表折算的两个会计问题,它们不仅影响到资产负债表有关资产和负债项目金额的列示,而且影响到损益表中损益的计算确定。

(一)外币报表折算汇率的选择

外币报表在折算时,不同的项目可选择不同的汇率。可选择的汇率主要有:现行汇率,即财务报表编制日的汇率;历史汇率,即经济业务发生时的记账汇率;平均汇率,即编表期内的平均汇率。就财务报表而言,不同的项目(如资产、负债项目,收入、费用项目,货币性项目和非货币性项目等)对汇率变动的反映是不尽相同的。因此,选用什么样的汇率,就成为外币报表折算方法的重要因素。

(二)外币报表折算损益的处理

外币报表折算损益(translation adjustment),是指外币报表折算时,由于对报表的不同项目采用不同的汇率折算而产生的外币折算差额。外币折算损益需要反映在财务报表中。当外币贬值时,外币资产会发生折算损失;当外币升值时,则会产生折算收益。负债则恰好相反。但无论怎样,最终产生的收益或损失,必须加以调整,否则会出现折算后的不平衡。那么应如何调整、如何处理外币报表折算的收益或损失呢?有两种方法,即计入当期损益或递延到以后各期。

1.计入当期损益。在这种处理方法下,将外币报表折算损益单独列示于当期损益表内,并合并反映在资产负债表的未分配利润项目中。该方法认为,由于汇率的变动而引起了资产和负债折合后价值的改变,因而导致企业资产净值发生改变,从而使企业收益受到影响,因此应将外币报表折算损益计入当期损益,才能如实反映财务信息。但采用这种方法,使企业的收益额中可能包含汇率变动而形成的因素。

2.递延到以后各期。在这种处理方法下,将外币报表折算损益列示于资产负债表的所有者权益项目下,作递延处理。该方法认为,这种损益是一种未实现损益,是子公司报表以母公司记账本位币的重新表述,而汇率是多变的,在本期为折算损失,那么下期就可能为折算收益,它们是可以抵销的,因此将其作为递延处理,更能真实地反映企业的财务状况。但这种方法掩盖了汇率变动的现象

第二节　外币报表折算方法

目前为止,世界各国对外币报表的折算方法尚未形成一致的惯例,主要使用的方法有四种:区分流动与非流动项目法、区分货币与非货币项目法、现行汇率法和时态法。

案例 6-1

外币报表折算方法的选择

中国福林公司以冶炼和加工生产钢铁制品为主要经营业务,该公司从澳大利亚进口铁矿石,然后在国内冶炼加工,生产出产品后在国际市场销售。2013 年福林公司在澳大利亚投资建立了一家子公司——A 公司(全资子公司),A 公司从事铁矿石的冶炼,将冶炼出的钢铁制品销售给福林公司继续进行深加工。A 公司生产所需要的原材料、人力、设备等生产要素均由其在澳大利亚取得,从对福林公司的销售结算中获得利润。那么,福林公司在对 A 公司财务报表进行折算时,采用哪种折算方法呢?

一、区分流动与非流动项目法

(一)区分流动与非流动项目法概述

区分流动与非流动项目法(current-noncurrent method)是将资产负债表项目按其流动性划分为流动性项目与非流动性项目两大类,每类采用不同的汇率进行折算的一种方法。流动性项目包括流动资产和流动负债,非流动性项目包括非流动资产和非流动负债。这种方法的基本内容为:

1.流动资产项目和流动负债项目按资产负债表日现行汇率折算,非流动资产和非流动负债项目(除留存收益外)按历史汇率折算。

2.实收资本项目按历史汇率进行折算。

3.资产负债表上的留存收益项目为轧算的平衡数,并转为利润表中未分配利润的折算金额,无须按特定汇率折算。计算公式为:

$$\text{折合后资产负债表中的留存收益} = \text{折算后的资产总额} - \text{折算后的负债总额} - \text{折算后的实收资本总额}$$

4.利润表中的收入和费用项目,按项目发生时的汇率折算;或者为了简化,按编表期内的平均汇率折算。

5.利润表中的折旧费用和摊销费用,按相关资产入账时的历史汇率折算。

6.折算差额,按照谨慎性原则,如为折算净损失,计入当期损益;如为折算净收益,则予以递延,计入资产负债表,用来抵销未来会计年度可能发生的折算损失。

流动与非流动项目法在 20 世纪 30 年代曾被广泛使用。其理由是非流动性项目在短期内不会转变成现金或付出现金,因而不受现行汇率变动的影响,流动性项目按现行汇率折算有助于营运资金的分析。但这种方法的不足是,没有充分的理由说明流动与非流动性项目应采用不同的折算汇率;采用此种折算方法对折算差额的处理将掩盖汇率波动的真实影响,有可能歪曲了各会计期间的经营成果。例如,一个企业在一个会计年度将其折算收益予以递延,而下一年度如为折算损失,则可能相互抵销,使两个会计年度的利润出现稳定的现象,这与事实情况不符。目前,国际上只有为数较少的国家采用此种方法。

(二)区分流动与非流动项目法释例

采用流动与非流动项目法的基本程序是,先折算资产负债表,再折算利润分配表,最后折算利润表。

【例 6-1】某企业有一境外子公司,该子公司采用美元作为记账本位币和编表货币。假设有关资料如下:

1.200×年度 1 月 1 日汇率为 1 美元=8.00 元人民币;

2.200×年度 12 月 31 日汇率为 1 美元=7.80 元人民币;

3.200×年度平均汇率为 1 美元=7.90 元人民币;

4.某企业对子公司投资时的汇率为 1 美元=8.20 元人民币;

5.固定资产取得日的汇率为 1 美元=8.10 元人民币;

6.获得长期负债时的汇率为 1 美元=8.06 元人民币;

7.向投资者分配利润时的汇率为 1 美元=7.90 元人民币;

8.进行长期投资时的汇率为 1 美元=8.15 元人民币;

9.子公司期初留存收益为 37 500 美元,折合人民币金额为 324 000 元。

根据以上资料,对该子公司的财务报表按流动与非流动项目法进行折算。见表 6-1、表 6-2、表 6-3。

表 6-1 资产负债表
（200×年 12 月 31 日）

项目	美元	折算汇率	人民币
货币资金	30 000	7.80	234 000
应收账款	60 000	7.80	468 000
存货	80 000	7.80	624 000
长期投资	100 000	8.15	815 000
固定资产	250 000	8.10	2 025 000
减:累计折旧	70 000	8.10	567 000
资产总额	450 000		3 599 000
短期借款	40 000	7.80	312 000
应付账款	60 000	7.80	468 000
长期借款	90 000	8.06	725 400
实收资本	200 000	8.20	1 640 000
留存收益	60 000		453 600[①]
负债及权益合计	450 000		3 599 000

①留存收益 453 600＝3 599 000－(312 000＋468 000＋725 400＋1 640 000)

表 6-2 利润分配表
（200×年 12 月份）

项目	美元	折算汇率	人民币
净利润	52 500		366 600[①]
加:期初留存收益	37 500		324 000[②]
可供分配利润	90 000		690 600
减:应付利润	30 000	7.90	237 000
留存收益	60 000		453 600[③]

①净利润 366 600＝期末留存收益＋应付利润－期初留存收益

        ＝453 600＋237 000－324 000

②期初留存收益＝资产负债表项目的期初数

③期末留存收益＝资产负债表项目的期末数

表 6-3 利润表
（200×年 12 月份）

项目	美元	折算汇率	人民币
一、营业收入	880 000	7.90	6 952 000
减:折扣与折让	3 000	7.90	23 700
营业收入净额	877 000		6 928 300
减:营业成本	670 000	7.90	5 293 000
营业税金	25 000	7.90	197 500

续表

项目	美元	折算汇率	人民币
二、主营业务利润	182 000		1 437 800
加:其他业务利润	80 000	7.90	632 000
减:存货跌价损失	3 000	7.90	23 700
管理费用	10 000	7.90	79 000
营业费用	100 000	7.90	790 000
折旧费用	20 000	8.10	162 000
财务费用	47 500	7.90	375 250
三、营业利润	81 500		639 850
加:投资收益	10 000	7.90	79 000
营业外收入	6 000	7.90	47 400
减:营业外支出	15 000	7.90	118 500
四、折算损益(损失)			(44 150)①
五、利润总额	82 500		603 600
减:所得税	30 000	7.90	237 000
六、净利润	52 500		366 600

①折算损益 44 150＝营业利润＋投资收益＋营业外收入－营业外支出－利润总额
＝639 850＋79 000＋47 400－118 500－603 600

二、区分货币与非货币项目法

(一)区分货币与非货币项目法概述

区分货币与非货币项目法(monetary-nonmonetary method)是将资产负债表项目划分为货币性项目和非货币性项目两大类,每类采用不同的汇率进行折算的一种方法。货币性项目包括企业拥有的货币和权利,如现金、银行存款、应收票据和应收账款等货币性资产,还包括企业应付的以定量货币为限的债务,如应付票据、应付账款、应付债权和长短期借款等货币性负债,这些货币性项目按现行汇率折算。货币性项目以外的其他项目均为非货币性项目,非货币性项目采用历史汇率进行折算。这种方法的基本内容为:

1.资产负债表中的货币性项目,包括货币性资产和货币性负债,按编表日的现行汇率折算。

2.资产负债表中的非货币性项目,包括存货、固定资产、无形资产、长期投资等,按历史汇率折算。

3.资产负债表中的实收资本按历史汇率折算。

4.资产负债表中的留存收益和流动与非流动性项目法一样属于轧算的平衡数,可倒挤确定。

5.利润表中的收入和费用项目(除折旧费和摊销费用外)按业务发生时的汇率折算,

或者为了简化核算,按编表期内的平均汇率折算。

6.利润表中的折旧费用和摊销费用,按有关资产取得时的历史汇率折算。此外,由于存货按历史汇率折算,因而销售成本实际上也是按历史汇率折算的,在实际折算时,销售成本一般按倒挤的方法确定:

销售成本＝期初存货＋本期购货－期末存货

7.折算差额计入当期损益。

区分货币与非货币项目法同区分流动与非流动项目法一样,试图通过对资产与负债进行分类组合,选用不同的汇率进行折算,二者的区别只是分类的标准不同。这种方法的优点是考虑到货币性项目容易受汇率变动的影响,汇率的每次变动都将直接引起等量外币金额的变化,因而货币性项目采用现行汇率进行折算。存货按历史汇率折算,可以避免存货价值在折算后的不合理情况出现。此外,将折算差额计入当期损益,放弃了流动与非流动项目法中将折算收益递延到以后年度来抵销折算损失的做法,有了较大的改进。但与流动与非流动项目法一样,仍存在着共同的缺陷,即报表项目的分类缺乏充分的理由,如果非货币性项目(如存货、投资)是按现行市价表述的,则按历史汇率折算就不可能得出合理的结果来。

（二）区分货币与非货币项目法释例

采用区分货币与非货币项目法时的折算程序,和区分流动与非流动项目法基本相同。

【例6-2】现根据例6-1的资料,再假设期初存货余额为50 000美元,本期购入存货700 000美元,期末存货购入期间的历史汇率为1美元＝7.95元人民币。采用货币与非货币项目法折算,折算后的财务报表如表6-4、表6-5、表6-6所示。

表6-4　资产负债表

（200×年12月31日）

项目	美元	折算汇率	人民币
货币资金	30 000	7.80	234 000
应收账款	60 000	7.80	468 000
存货	80 000	7.95	636 000
长期投资	100 000	8.15	815 000
固定资产	250 000	8.10	2 025 000
减:累计折旧	70 000	8.10	567 000
资产总额	450 000		3 611 000
短期借款	40 000	7.80	312 000
应付账款	60 000	7.80	468 000
长期借款	90 000	7.80	702 000
实收资本	200 000	8.20	1 640 000
留存收益	60 000		489 000
负债及权益合计	450 000		3 611 000

留存收益 489 000＝3 611 000－（312 000＋468 000＋702 000＋1 640 000）

表 6-5 利润分配表
（200×年 12 月份）

项目	美元	折算汇率	人民币
净利润	52 500		402 000①
加:期初留存收益	37 500		324 000②
可供分配利润	90 000		726 000
减:应付利润	30 000	7.90	237 000
留存收益	60 000		489 000③

①净利润 402 000＝期末留存收益＋应付利润－期初留存收益
　　　　　　　　＝489 000＋237 000－324 000
②期初留存收益＝资产负债表项目的期初数
③期末留存收益＝资产负债表项目的期末数

表 6-6 利润表
（200×年 12 月份）

项目	美元	折算汇率	人民币
一、营业收入	880 000	7.90	6 952 000
减:折扣与折让	3 000	7.90	23 700
营业收入净额	877 000		6 928 300
减:营业成本	670 000		5 294 000
营业税金	25 000	7.90	197 500
二、主营业务利润	182 000		1 436 800
加:其他业务利润	80 000	7.90	632 000
减:存货跌价损失	3 000	7.90	23 700
管理费用	10 000	7.90	79 000
营业费用	100 000	7.90	790 000
折旧费用	20 000	8.10	162 000
财务费用	47 500	7.90	375 250
三、营业利润	81 500		638 850
加:投资收益	10 000	7.90	79 000
营业外收入	6 000	7.90	47 400
减:营业外支出	15 000	7.90	118 500
四、折算损益（损失）			（7 750）①

续表

项目	美元	折算汇率	人民币
五、利润总额	82 500		639 000[②]
减:所得税	30 000	7.90	237 000
六、净利润	52 500		402 000[③]

其中,营业成本 5 294 000＝期初存货＋本期购货－期末存货

$$＝50\ 000×8.00＋700\ 000×7.9－80\ 000×7.95$$

$$＝400\ 000＋5\ 530\ 000－636\ 000$$

①折算损益 7 750＝营业利润＋投资收益＋营业外收入－营业外支出－利润总额

$$＝638\ 850＋79\ 000＋47\ 400－118\ 500－639\ 000$$

②利润总额 639 000＝净利润＋所得税＝402 000＋237 000

③净利润＝利润分配表项目

三、现行汇率法

(一)现行汇率法概述

现行汇率法(current rate method)是采用资产负债表日的现行汇率,将外币财务报表中的资产和负债项目、收入和费用项目进行折算,只将资产负债表的实收资本项目按历史汇率折算的一种方法,因而它是一种单一汇率法。这种方法的基本内容为:

1.资产负债表中各资产与负债项目均按编表日的现行汇率折算;

2.资产负债表中的实收资本项目,按投入时的历史汇率折算;

3.资产负债表的留存收益为折算后利润表中的留存收益;

4.利润表中的收入、费用项目,按其发生时的汇率折算,或者为了简化核算,按编表期内的平均汇率折算;

5.折算差额,在资产负债表所有者权益项目下单独列示,作递延处理。

现行汇率法的优点是简便易行,折算后的资产负债表各项目仍保持原来外币报表中各项目之间的比例关系和结构,以及据此计算出来的各项财务指标,符合企业的实际情况。主要不足是资产、负债折算的汇率选择仍缺乏足够的理论依据,当汇率发生较大的改变时,这些资产负债都将承受汇率变动的影响,可能会使某些项目的实际价值受到影响。

(二)现行汇率法释例

由于现行汇率法中的折算损益一般不列入当期利润表,因而其折算程序为,先折算利润表,然后折算资产负债表。

【例 6-3】现根据例 6-1、例 6-2 中的资料,按现行汇率法对财务报表进行折算,折算后的财务报表见表 6-7、表 6-8、表 6-9。

表 6-7 利润表

(200×年 12 月份)

项目	美元	折算汇率	人民币
一、营业收入	880 000	7.90	6 952 000
减:折扣与折让	3 000	7.90	23 700
营业收入净额	877 000		6 928 300
减:营业成本	670 000	7.90	5 293 000
营业税金	25 000	7.90	197 500
二、主营业务利润	182 000		1 437 800
加:其他业务利润	80 000	7.90	632 000
减:存货跌价损失	3 000	7.90	23 700
管理费用	10 000	7.90	79 000
营业费用	100 000	7.90	790 000
折旧费用	20 000	7.90	158 000
财务费用	47 500	7.90	375 250
三、营业利润	81 500		643 850
加:投资收益	10 000	7.90	79 000
营业外收入	6 000	7.90	47 400
减:营业外支出	15 000	7.90	118 500
四、利润总额	82 500		651 750
减:所得税	30 000	7.90	237 000
五、净利润	52 500		414 750

表 6-8 利润分配表

(200×年 12 月份)

项目	美元	折算汇率	人民币
净利润	52 500		414 750
加:期初留存收益	37 500		324 000
可供分配利润	90 000		738 750
减:应付利润	30 000	7.90	237 000
留存收益	60 000		501 750

表 6-9　资产负债表

(200×年 12 月 31 日)

项目	美元	折算汇率	人民币
货币资金	30 000	7.80	234 000
应收账款	60 000	7.80	468 000
存货	80 000	7.80	624 000
长期投资	100 000	7.80	780 000
固定资产	250 000	7.80	1 950 000
减:累计折旧	70 000	7.80	546 000
资产总额	450 000		3 510 000
短期借款	40 000	7.80	312 000
应付账款	60 000	7.80	468 000
长期借款	90 000	7.80	702 000
实收资本	200 000	8.20	1 640 000
留存收益	60 000		501 750
折算差额			(113 750)[①]
负债及权益合计	450 000		3 510 000

①折算差额－113 750＝3 510 000－(312 000＋468 000＋702 000＋1 640 000＋501 750)

四、时态法

(一)时态法概述

时态法也称时间量度法(temporal method),是指依据资产和负债项目的计价时间分别采用现行汇率或历史汇率进行折算的方法。这种方法的理论根据是:外币报表折算只是一种计量交换程序,是对既定价值的重新表述。表述中只能改变计量单位,而不能改变计量项目的性质,因此外币报表中以历史成本计价入账的资产和负债项目按历史汇率折算,以现行价值计价入账的资产和负债项目按现行汇率折算。时态法的基本内容是:

1.资产负债表中的应收应付项目及长期负债项目,按编表日的现行汇率折算;

2.资产负债表中按历史成本计价的项目(如固定资产、无形资产等),按取得时的历史汇率折算;

3.资产负债表中按现行市价计价的项目(如存货、投资等),按编表日的现行汇率折算;

4.资产负债表中的实收资本项目按投入时的历史汇率折算;

5.资产负债表中的留存收益为轧算的平衡数,可倒挤确定;

6.利润表中的折旧费用和摊销费用,按相关资产的汇率折算;

7.利润表中的收入和其他费用项目,按项目发生时的历史汇率折算,或者为了简化,按编表期内的平均汇率折算;

8.营业成本在对期初存货、本期购货和期末存货区别的基础上,分别采用适当的汇率折算。对于期末存货中按现行购销价格记录的应按现行汇率折算,按历史成本计价的存货,则按取得时的历史汇率折算;

9.折算差额计入当期损益。

时态法的优点是:折算汇率的选择标准具有较强的理论依据,折算时的汇率选用与资产或负债项目的真正价值能有机地结合起来,从而使外币报表折算在汇率的选择上有一个合理的时间量度。这种方法的不足是,由于对资产负债表各项目采用不同的汇率折算,因而折算后的资产负债表有关项目之间的比率不同于原财务报表。

在上述四种外币报表折算方法中,国际会计准则要求各国"从现行汇率和时态法中选择其一进行外币报表折算"。目前的会计实务中,现行汇率法和时态法得到普遍的应用。

(二)时态法释例

采用时态法的折算程序同区分流动与非流动项目法及区分货币与非货币项目法下基本相同。

【例 6-4】仍采用例 6-1 的资料,假设存货和长期投资均采用市价计价。采用时态法对财务报表进行折算,折算后的财务报表见表 6-10、表 6-11、表 6-12。

表 6-10　资产负债表

（200×年 12 月 31 日）

项目	美元	折算汇率	人民币
货币资金	30 000	7.80	234 000
应收账款	60 000	7.80	468 000
存货	80 000	7.80	624 000
长期投资	100 000	7.80	780 000
固定资产	250 000	8.10	2 025 000
减:累计折旧	70 000	8.10	567 000
资产总额	450 000		3 564 000
短期借款	40 000	7.80	312 000
应付账款	60 000	7.80	468 000
长期借款	90 000	7.80	702 000
实收资本	200 000	8.20	1 640 000
留存收益	60 000		442 000①
负债及权益合计	450 000		3 564 000

①留存收益 442 000＝3 564 000－(312 000＋468 000＋702 000＋1 640 000)

表 6-11 利润分配表

（200×年 12 月份）

项目	美元	折算汇率	人民币
净利润	52 500		355 000①
加:期初留存收益	37 500		324 000②
可供分配利润	90 000		679 000
减:应付利润	30 000	7.90	237 000
留存收益	60 000		442 000③

①净利润 355 000＝期末留存收益＋应付利润－期初留存收益

＝442 000＋237 000－324 000

②期初留存收益＝资产负债表项目的期初数

③期末留存收益＝资产负债表项目的期末数

表 6-12 利润表

（200×年 12 月份）

项目	美元	折算汇率	人民币
一、营业收入	880 000	7.90	6 952 000
减:折扣与折让	3 000	7.90	23 700
营业收入净额	877 000		6 928 300
减:营业成本	670 000		5 306 000①
营业税金	25 000	7.90	197 500
二、主营业务利润	182 000		1 424 800
加:其他业务利润	80 000	7.90	632 000
减:存货跌价损失	3 000	7.90	23 700
管理费用	10 000	7.90	79 000
营业费用	100 000	7.90	790 000
折旧费用	20 000	8.10	162 000
财务费用	47 500	7.90	375 250
三、营业利润	81 500		626 850
加:投资收益	10 000	7.90	79 000
营业外收入	6 000	7.90	47 400
减:营业外支出	15 000	7.90	118 500
四、折算损益(损失)			(42 750)②
五、利润总额	82 500		592 000③

续表

项目	美元	折算汇率	人民币
减:所得税	30 000	7.90	237 000
六、净利润	52 500		355 000④

①营业成本 5 306 000＝期初存货＋本期购货－期末存货

  ＝50 000×8.00＋700 000×7.9－80 000×7.8

  ＝400 000＋5 530 000－624 000

②折算损益 42 750＝营业利润＋投资收益＋营业外收入－营业外支出－利润总额

  ＝626 850＋79 000＋47 400－118 500－592 000

③利润总额 592 000＝净利润＋所得税

  ＝355 000＋237 000

④净利润＝利润分配表项目

五、折算方法的比较

上述四种方法为外币报表折算的基本方法,在折算汇率的选择、折算差额的处理方面存在着不同之处,应在经济环境和管理思想的基础上确定适合的折算方法。

(一)资产负债表的折算汇率比较

资产负债表格项目的汇率比较复杂,见表 6-13。

表 6-13　资产负债表折算项目汇率比较

项目		流动与非流动性项目法	货币与非货币性项目	现行汇率法	时态法
货币资金		C	C	C	C
应收账款		C	C	C	C
存货	按成本计价	C	H	C	H
	按市价计价				C
固定资产	按成本计价	H	H	C	H
	按市价计价				C
长期投资	按成本计价	H	H	C	H
	按市价计价				C
无形资产	按成本计价	H	H	C	H
	按市价计价				C
应付账款		C	C	C	C
长期负债		H	C	C	C
实收资本(普通股)		H	H	H	H
留存收益		G	G	G	G

注:表中 C 代表现行汇率,H 为历史汇率,G 为轧算的平衡数。

（二）利润表各项目选用汇率比较

利润表外币项目的折算，在流动与非流动法下，除了对固定资产折旧费用和摊销费用项目分别按相关资产的历史汇率折算外，其余的收入、费用项目均按编表期内的平均汇率折算。在货币与非货币项目法和时态法下，固定资产折旧费用和摊销费用项目分别按相关资产的历史汇率折算；营业成本项目，则根据"期初存货＋本期购货－期末存货"的公式倒挤确定，其中的期初存货可以从上年折算后的财务报表中取得，本期购货一般采用平均汇率；其余各项，采用确认这些项目时的历史汇率或编表期内的平均汇率折算。对期末存货的选择，在现行汇率和流动与非流动项目法下采用现行汇率；在货币与非货币项目法下采用历史汇率；在时态法下采用现行汇率或历史汇率。

（三）折算结果的比较

在资产负债表的折算中，四种不同的折算方法采用的折算汇率不同，产生的折算差额不一样，对折算差额的处理方法也不一样，如表 6-14 所示：

表 6-14 折算结果比较

项目	流动与非流动项目法	货币与非货币项目法	现行汇率法	时态法
折算差额	44 150（损失）	7 750（损失）	113 750（损失）	52 750（损失）
折算差额的列示方法	利润表	利润表	资产负债表	利润表
净利润	366 600	402 000	414 750	355 000
资产	3 599 000	3 611 000	3 510 000	3 564 000
负债	1 505 400	1 482 000	1 482 000	1 482 000
所有者权益	2 093 600	2 129 000	2 028 000	2 082 000

第三节 我国外币财务报表的折算

我国外币财务报表折算是指对境外子公司以外币表示的财务报表的折算，以及境内子公司采用母公司记账本位币以外的货币编表的财务报表的折算。

我国《企业会计准则第 19 号——外币折算》，对外币财务报表的折算做出了相关规定。

一、境外经营财务报表的折算

企业的子公司、合营企业、联营企业和分支机构如果采用与企业相同的记账本位币，即便是设在境外，其财务报表也不存在折算问题。但是，如果企业境外经营的记账本位币不同于企业的记账本位币，在将企业的境外经营通过合并、权益法核算等纳入到企业的财务报表中时，需要将企业境外经营的财务报表折算为企业记账本位币反映的财务报表。

对境外经营的财务报表进行折算时，应当遵循下列规定：

1.资产负债表中的资产和负债项目,采用资产负债表日的即期汇率折算,所有者权益项目除"未分配利润"项目外,其他项目采用发生时的即期汇率折算。

2.利润表中的收入和费用项目,采用交易发生日的即期汇率折算;也可以采用按照系统合理的方法确定的、与交易发生日即期汇率近似的汇率折算。

折算产生的外币财务报表折算差额,在编制合并财务报表时,应在合并资产负债表中所有者权益项目下单独作为"外币报表折算差额"项目列示。

所有者权益变动表中的"净利润"项目,按折算后利润表的数额填列;"年初未分配利润"项目,以上一年折算后的期末"未分配利润"项目的数额填列;"未分配利润"项目,按折算后表中其他各项目的数额计算填列。

比较财务报表的折算比照上述规定处理。

【例 6-5】A 公司为甲公司设在美国的全资子公司,该子公司自主经营、自担风险,采用美元为记账本位币。20×7 年为编制合并财务报表,需要将 A 公司的美元财务报表折算为甲公司的记账本位币表述,甲公司采用人民币为记账本位币。A 公司的有关资料如下:

20×7 年 12 月 31 日的即期汇率为 1 美元=7.60 元人民币;

20×7 年的平均汇率为 1 美元=7.80 元人民币;

20×6 年 12 月 31 日的即期汇率为 1 美元=7.90 元人民币;

实收资本为 312 500 美元,投资时的即期汇率为 1 美元=8 元人民币;

累计盈余公积为 27 500 美元,折算为人民币 217 000 元;

累计未分配利润为 50 000 美元,折算为人民币 400 000 元;

A 公司年末提取盈余公积 15 000 美元。

折算后的财务报表见表 6-15、表 6-16、表 6-17。

表 6-15 利润表
(20×7 年度)

项目	本年累计数(美元)	汇率	折算为人民币
一、营业收入	262 500	7.8	2 047 500
减:营业成本	100 000	7.8	780 000
营业税金及附加	15 000	7.8	117 000
销售费用	20 000	7.8	156 000
管理费用	30 000	7.8	234 000
财务费用	25 000	7.8	195 000
二、营业利润	72 500		565 500
加:营业外收入	12 500	7.8	97 500
减:营业外支出	10 000	7.8	78 000
三、利润总额	75 000		585 000

续表

项目	本年累计数（美元）	汇率	折算为人民币
减：所得税费用	25 000	7.8	195 000
四、净利润	50 000		390 000
五、每股收益			

表 6-16 资产负债表
（20×7 年 12 月 31 日）

资产	期末数（美元）	汇率	人民币	负债和股东权益	期末数（美元）	汇率	人民币
流动资产：				流动负债：			
货币资金	50 000	7.6	380 000	短期借款	25 000	7.6	190 000
交易性金融资产	25 000	7.6	190 000	应付票据	5 000	7.6	38 000
应收票据	20 000	7.6	152 000	应付账款	37 500	7.6	285 000
应收账款	55 000	7.6	418 000	应付职工薪酬	30 000	7.6	228 000
存货	100 000	7.6	760 000	应交税金	7 500	7.6	57 000
流动资产合计	250 000		1 900 000	流动负债合计	105 000		798 000
非流动资产：				非流动负债：			
固定资产	300 000	7.6	2 280 000	长期借款	30 000	7.6	228 000
无形资产	75 000	7.6	570 000	长期应付款	50 000	7.6	380 000
非流动资产合计	375 000		2 850 000	非流动负债合计	80 000		608 000
				所有者权益：			
				实收资本	312 500	8	2 500 000
				盈余公积	42 500		331 000
				未分配利润	85 000		676 000
				报表折算差额	0		−163 000
				所有者权益合计	440 000		3 344 000
资产合计	625 000		4 750 000	负债和所有者权益合计	625 000		4 750 000

表 6-17　所有者权益变动表

（20×7 年度）

项目	实收资本			盈余公积			未分配利润		外币报表折算差额	所有者权益合计
	美元	折算汇率	人民币	美元	折算汇率	人民币	美元	人民币		人民币
一、本年年初余额	312 500	8	2 500 000	27 500		217 000	50 000	400 000		3 117 000
二、本年增减变动金额										
（一）净利润							50 000	390 000		390 000
（二）直接计入所有者权益的利得和损失										
期中:外币报表折算差额									−163 000	−163 000
（三）利润分配										
1.提取盈余公积				15 000	7.6	114 000	15 000	114 000		
三、本年年末余额	3 125 000	8	2 500 000	42 500		331 000	85 000	676 000	−163 000	3 344 000

在境外经营为其子公司的情况下,企业在编制合并财务报表时,应按少数股东在境外经营所有者权益中所享有的份额计算少数股东应分担的外币报表折算差额,并入少数股东权益列示于合并资产负债表。

某公司含有实质上构成对子公司(境外经营)净投资的外币货币性项目的情况下,在编制合并财务报表时,应分别按以下两种情况编制抵销分录:

(1)实质上构成对子公司净资产投资的外币货币性项目以母公司或子公司的记账本位币反映,则该外币货币性项目产生的汇兑差额应转入"外币报表折算差额"。

(2)实质上构成对子公司净资产投资的外币货币性项目以母、子公司的记账本位币以外的货币反映,则应将母、子公司此项外币货币性项目产生的汇兑差额相互抵销,差额计入"外币报表折算差额"。

如果合并财务报表中各子公司之间也存在实质上构成对另一子公司(境外经营)净投资的外币货币性项目,在编制合并财务报表时应比照上述原则编制相应的抵销分录。

二、恶性通货膨胀经济中境外经营财务报表的折算

(一)恶性通货膨胀经济的判定

当一个国家经济环境显示出以下特征时,应当判定该国处于恶性通货膨胀经济中:

1.最近 3 年累计通货膨胀率接近或超过 100%;

2.利率、工资和物价与物价指数挂钩;

3.公众不是以当地货币,而是以相对稳定的外币作为衡量货币金额的基础;

4.公众倾向于以非货币性资产或相对稳定的外币来保存自己的财富,持有的当地货币立即用于投资以保持购买力;

5.即使信用期限很短,赊销、赊购交易仍按照补偿信用期预计购买力损失的价格成交。

（二）处于恶性通货膨胀经济中境外经营财务报表的折算

企业对处于恶性通货膨胀经济中境外经营财务报表进行折算时，需要先对其资产负债表进行重述：对资产负债表项目运用一般物价指数予以重述，对利润表项目运用一般物价指数变动予以重述，然后，再按照最近资产负债表日的即期汇率进行折算。

在境外经营不再处于通货膨胀经济中时，应当停止重述，按照停止之日的价格水平重述的财务报表进行折算。

1.资产负债表项目的重述

在对资产负债表项目进行重述时，由于现金、应收账款、其他应收款等货币性项目已经以资产负债表日的计量单位表述，因此不需要进行重述；通过协议与物价变动挂钩的资产和负债，应根据协议约定进行调整；非货币性项目中，有些是以资产负债表日的计量单位列示的，如存货已经以可变现净值列示，不需要进行重述；其他非货币性项目，如固定资产、投资、无形资产等，应自购置日起以一般物价指数予以重述。

2.利润表项目的重述

在对利润表项目进行重述时，所有项目金额都需要自其初始确认之日起，以一般物价指数变动进行重述，以使利润表的所有项目都以资产负债表日的计量单位表述。由于上述重述而产生的差额计入当期损益。

对资产负债表和利润表进行重述后，再按资产负债表日的即期汇率将资产负债表和利润表折算为记账本位币报表。

在处置境外经营时，应当将资产负债表中所有者权益项目下列示的、与该境外经营相关的外币财务报表折算差额，自所有者权益项目转入处置当期损益；部分处置境外经营的，应当按处置的比例计算处置部分的外币财务报表折算差额，转入处置当期损益。

本章小结

本章主要阐述外币报表折算的意义、目的和主要问题，外币报表折算的四种方法，以及外币报表折算的差额处理。

外币报表的折算都是为了特定目的而进行的，为了编制合并报表和提供特种财务报表。

采用什么样的汇率，以及如何处理由折算而产生的损益，这是外币报表折算的两个会计问题，它们不仅影响到资产负债表有关资产和负债项目金额的列示，而且影响到损益表中损益的计算确定。

到目前为止，世界各国对外币报表的折算方法尚未形成一致的惯例，主要使用的方法有四种：区分流动与非流动项目法、区分货币与非货币项目法、现行汇率法和时态法。

我国外币财务报表折算是指对境外子公司以外币表示的财务报表的折算，以及境内子公司采用母公司记账本位币以外的货币编制的财务报表的折算。

我国《企业会计准则第 19 号——外币折算》，对外币财务报表的折算做出了相关规定：

1.资产负债表中的资产和负债项目，采用资产负债表日的即期汇率折算，所有者权益项目除"未分配利润"项目外，其他项目采用发生时的即期汇率折算。

2.利润表中的收入和费用项目，采用交易发生日的即期汇率折算；也可以采用按照系统合理的方法确定的、与交易发生日即期汇率近似的汇率折算。

折算产生的外币财务报表折算差额,在编制合并财务报表时,应在合并资产负债表中所有者权益项目下单独作为"外币报表折算差额"项目列示。

所有者权益变动表中的"净利润"项目,按折算后利润表的数额填列;"年初未分配利润"项目,以上一年折算后的期末"未分配利润"项目的数额填列;"未分配利润"项目,按折算后表中其他各项目的数额计算填列。

思考题

1.简述外币报表折算的含义及意义。

2.外币报表折算要解决的主要会计问题是什么?

3.什么是区分流动与非流动项目法?请阐述它的理论依据及优缺点。

4.什么是区分货币与非货币项目法?请阐述它的理论依据及优缺点。

5.什么是时态法?其特点是什么?

6.什么是现行汇率法?其特点是什么?

7.外币报表折算差额有哪几种处理方法?

8.外币交易汇兑损益与外币报表折算差额有什么区别?

9.我国外币报表折算有哪些具体要求?

10.处于恶性通货膨胀经济中境外经营财务报表如何折算?

练习题

(一)单项选择题

1.外币报表折算时,"未分配利润"项目应当(   )。

A.按历史汇率折算

B.按现行汇率折算

C.按平均汇率折算

D.根据折算后利润分配表中其他项目的数额计算确定

2.根据我国会计准则的规定,对境外经营财务报表进行折算产生的外币财务报表折算差额,在财务报表中应作为(   )。

A.递延损益列示

B.管理费用列示

C.财务费用列示

D.外币报表折算差额在所有者权益项下单独列示

3.对财务报表折算后不改变资产和负债的内部结构和比例关系的折算方法是(   )。

A.时态法   B.现行汇率法

C.流动与非流动项目法   D.货币与非货币项目法

4.在采用货币与非货币项目法进行外币报表折算的情况下,按照历史汇率折算的项目是(　　)。

　　A.存货项目　　　　　　　　　　　B.应收账款项目

　　C.未分配利润项目　　　　　　　　D.长期负债项目

　　5.采用现行汇率法折算外币财务报表时,按照历史汇率折算的报表项目是(　　)。

　　A.实收资本项目　　　　　　　　　B.固定资产项目

　　C.应付债券项目　　　　　　　　　D.存货项目

　　6.在外币报表折算的货币与非货币项目法下,资产负债表中的货币性项目,应按
(　　)。

　　A.平均汇率折算　　　　　　　　　B.历史汇率折算

　　C.现行汇率折算　　　　　　　　　D.期初汇率折算

　　7.我国会计准则中外币财务报表折算差额在财务报表中应作为(　　)。

　　A.在资产负债表中所有者权益项目下单独列示

　　B.在长期股权投资项上单独列示

　　C.管理费用列示

　　D.长期负债列示

　　8.在对境外经营的子公司利润表中的营业外支出项目折算时,采用的折算汇率是
(　　)。

　　A.交易发生日的即期汇率　　　　　B.资产负债表日的即期汇率

　　C.年初即期汇率　　　　　　　　　D.年末即期汇率

　　9.以下说法不正确的是(　　)。

　　A.子公司的财务报表须按母公司的记账本位币

　　B.外币报表折算同于货币兑换

　　C.现行汇率即财务报表编制日的汇率

　　D.选择什么样的汇率是外币报表折算方法的重要因素

　　10.以下说法正确的是(　　)。

　　A.在外币贬值的情况下,外币资产会产生折算收益

　　B.在外币贬值的情况下,外币负债会产生折算损失

　　C.在外币升值的情况下,外币资产会产生折算损失

　　D.在外币升值的情况下,外币负债会产生折算损失

　　11.在区分流动与非流动项目法下,折算差额(　　)。

　　A.如为净损失计入当期损益,如为净收益予以递延

　　B.如为净损失予以递延,如为净收益计入当期损益

　　C.无论是净损失还是净收益,一律计入当期损益

　　D.无论是净损失还是净收益,一律予以递延

　　12.在区分货币与非货币性项目法下,以下按现行汇率折算的项目是(　　)。

　　A.存货　　　　B.长期股权投资　　　C.应收账款　　　D.实收资本

　　13.现行汇率法下,对资产负债表项目折算时,以下处理不正确的是(　　)。

　　A.各项资产和负债均按编表日的现行汇率

B.实收资本按现行汇率

C.留存收益为折算后利润表中的留存收益

D.折算差额在所有者权益项目下单独列示,作递延处理

14.在按时态法对资产负债表进行折算时,以下处理不正确的是( )。

A.应收应付项目及长期负债项目按编表日的现行汇率

B.资产项目按取得时的历史汇率折算

C.实收资本项目按投入时的历史汇率折算

D.留存收益为轧算的平衡数

15.在时态法下对利润表项目折算时( )。

A.折旧费用和摊销费用按相关资产的平均汇率折算

B.为简化核算,收入和其他费用项目按现行汇率折算

C.营业成本按现行汇率折算

D.折算差额计入当期损益

16.根据我国外币报表折算的相关规定,对境外经营的资产负债表进行折算时,应当遵循( )。

A.资产项目采用平均汇率

B.负债项目采用平均汇率

C.折算差额在合并报表所有者权益项目下列示

D.所有者权益项目采用现行汇率

17.在对期末存货项目进行折算时,以下不应该的是( )。

A.货币与非货币性项目法下采用现行汇率

B.现行汇率法下采用现行汇率

C.流动与非流动项目法下采用现行汇率

D.时态法下采用现行汇率或历史汇率

18.时态法的优点是( )。

A.折算后资产负债表有关项目之间的比率与原报表相同

B.折算汇率的选择标准具有较强的理论依据

C.折算后资产负债表有关项目之间的比率与原报表不相同

D.考虑到货币性项目容易受到汇率变动的影响

19.在对资产负债表项目折算时,时态法与区分货币与非货币性项目法的区别主要是( )。

A.按历史成本计价的项目采用取得时的历史汇率折算;按现行市价计价的项目采用报表日的现行汇率折算

B.货币性项目采用报表日的现行汇率折算

C.实收资本项目采用历史成本折算

D.留存收益为轧算的平衡数

(二)多项选择题

1.采用时态法折算外币财务报表时,按照历史汇率折算的报表项目是( )。

A.应付账款项目　　　　　　　　　　B.按成本计价的存货项目

C.按市价计价的投资项目　　　　　　D.按成本计价的投资项目

2.外币报表折算可供选择的汇率主要有(　　)。

A.历史汇率　　　　B.现行汇率　　　　C.平均汇率　　　　D.即期汇率

3.采用现行汇率法折算外币财务报表时,按照历史汇率折算的报表项目是(　　)。

A.实收资本项目　　B.固定资产项目　　C.应付债券项目　　D.资本公积项目

4.下列项目中,采用历史汇率折算的有(　　)。

A.现行汇率法下的固定资产项目　　　B.时态法下的无形资产项目

C.时态法下按照市价计价的存货项目　D.现行汇率法下的实收资本项目

5.按照我国会计准则的规定,外币财务报表中可以按照交易发生日即期汇率折算的项目有(　　)。

A.营业成本项目　　　　　　　　　　B.营业外支出项目

C.营业收入项目　　　　　　　　　　D.管理费用项目

6.下列属于非货币性资产性质的项目是(　　)。

A.现金　　　　　　B.存货　　　　　　C.应收账款　　　　D.无形资产

7.在外币财务报表折算业务中,可用于选择的折算标准有(　　)。

A.记账日的历史汇率(交易发生日的即期汇率)

B.报表日的现行汇率(资产负债表日汇率)

C.编表期内的平均汇率

D.业务发生当期的期初汇率

8.下列项目中,采用现行汇率折算的有(　　)。

A.货币性与非货币性项目法下的应收账款

B.现行汇率法下的应付票据

C.时态法下按现行市价计价的存货

D.流动与非流动项目法下的长期投资

9.采用时态法折算外币财务报表时,按照历史汇率折算的财务报表项目有(　　)。

A.应付账款　　　　　　　　　　　　B.按历史成本计价的存货

C.按成本计价的投资　　　　　　　　D.按成本计价的固定资产

10.企业对境外经营的财务报表进行折算时,下列项目中可采用资产负债表日即期汇率折算的有(　　)。

A.应收及应付款项　　　　　　　　　B.交易性金融资产

C.持有至到期投资　　　　　　　　　D.盈余公积

11.外币报表折算的目的有(　　)。

A.为了编制合并报表　　　　　　　　B.为了提供特种财务报表

C.为了更好地反映控股公司的财务状况　D.为了更好地反映控股公司的经营成果

12.到目前为止,外币报表的折算方法主要包括(　　)。

A.区分流动与非流动项目法　　　　　B.区分货币与非货币项目法

C.现行汇率法　　　　　　　　　　　D.时态法

13.下列项目中,属于境外经营或视同境外经营的有( )。

A.企业在境外的子公司

B.企业在境外的分支机构

C.采用相同于企业记账本位币的境内子公司

D.企业在境外的合营企业

14.我国对境外经营外币报表折算时,应( )。

A.资产负债表的资产和负债项目采用资产负债表的即期汇率

B.外币报表折算差额列在利润表中

C.利润表中的收入和费用项目采用交易发生日的即期汇率

D.所有者权益变动表中的净利润项目按折算后利润表的数额填列

15.外币报表折算的主要问题有( )。

A.外币报表折算汇率的选择   B.外币报表折算方法的选择

C.外币报表折算损益的处理   D.外币报表折算时间的选择

16.将外币财务报表折算差额作为短期损益的折算方法是( )。

A.现行汇率法   B.时态法

C.流动与非流动项目法   D.货币与非货币项目法

(三)判断题

1.在外币报表折算中,只需处理好外币报表中的各个项目选择什么汇率进行折算的问题。   ( )

2.现行汇率法假设所有的外币资产都将受汇率变动的影响,这与实际情况是不符的。   ( )

3.采用时态法时,对于存货项目,如果以历史成本计价,则按历史汇率折算;如果以现行成本计价,则按现行汇率折算。对于所有者权益项目也是这样。 ( )

4.外币报表折算差额,是指在外币报表折算时,由于不同项目所采用的汇率不同而产生的差额,它是一种未实现汇兑损益。   ( )

5.外币报表折算时产生的折算损益不属于汇兑损益。   ( )

6.外币折算只是货币表现形式的改变,不是进行实际的货币转换,也不是货币之间的兑换。   ( )

7.外币报表在折算,不同的项目可选择不同的汇率。   ( )

8.对外币折算损益的处理有计入当期损益和递延到以后各期两种方法。 ( )

9.区分流动与非流动项目法是将资产负债表项目划分为流动与非流动项目,流动性项目采用平均汇率折算,非流动性项目采用历史汇率折算。   ( )

10.在区分货币与非货币性项目法中,销售成本的折算按平均汇率。   ( )

11.现行汇率法也称单一汇率法。   ( )

12.现行汇率法的优点是,折算后的各项目仍然保持原外币报表中各项目之间的比例和结构,以及由此计算出来的各项财务指标。   ( )

13.时态法下,折算差额在资产负债表所有者权益项目下单独列示,作递延处理。

( )

14.时态法的理论根据是外币报表折算只是一种计量交换程序,是对既定价值的重新表述。　　　　　　　　　　　　　　　　　　　　　　　　　　（　　）

15.现行汇率法下,除营业成本之外的各项目,采用这些项目的历史汇率或编表期内的平均汇率折算。　　　　　　　　　　　　　　　　　　　　　　　　（　　）

（四）业务题

1.

(1)目的:掌握外币报表的折算方法。

(2)资料:A公司以美元为记账本位币,年末资产负债表列示如下:

资产负债表

编制单位:A公司　　　　　　　2009年12月31日　　　　　　　单位:美元

项目	金额	项目	金额
现金	20 000	负债	
应收账款	30 000	应付账款	40 000
应收票据	15 000	长期借款	113 000
存货	48 000	权益	
固定资产	150 000	股本	85 000
		留存收益	25 000
合计	263 000	负债与所有者权益合计	263 000

假设股本形成时美元对人民币的汇率为7.20,固定资产取得时的汇率为7.20,长期负债形成时的汇率为7.10,存货按市价计价,期末现行汇率为6.82,利润表中折算后的留存收益为183 500元。

(3)要求:分别用时态法和现行汇率法对上述报表进行换算,编制资产负债;比较这两种方法换算损益额的差别,并说明其理由。

2.

(1)目的:掌握利润及利润分配表的折算方法。

(2)资料:B公司收到境外乙公司以美元表示的利润及利润分配表。有关汇率资料如下:

假设期初美元对人民币汇率为6.83,期末现行汇率为6.82。

利润表

编制单位:B公司　　　　　　　2009年12月　　　　　　　单位:美元

项目	金额
营业收入	22 000 000
营业成本	18 000 000
主营营业利润	4 000 000
管理费用	600 000

续表

项目	金额
营业费用	400 000
财务费用	200 000
营业利润	2 800 000
营业外收入	200 000
营业外支出	300 000
利润总额	2 700 000
所得税	900 000
净利润	1 800 000
应付股利	900 000
未分配利润	900 000

(3)要求:将上述以美元表述的利润及利润分配表按编表期内的平均汇率折算为人民币利润表及利润分配表。

3.

(1)目的:掌握现行汇率法的外币报表折算。

(2)资料:甲公司以人民币为记账本位币。乙公司为甲公司的子公司,2007 年乙公司以美元为记账本位币编制的报表资料如下:

乙公司资产负债表

单位:美元

项目	金额
现金	1 000
应收账款	3 000
存货(按市价)	5 000
固定资产净额	12 000
资产总计	21 000
短期借款	4 500
应付债券	5 200
股本	9 000
未分配利润	2 300
权益总计	21 000

折算后的未分配利润为 16 960 元。

乙公司利润表

单位:元

项目	金额
主营业务收入	28 000
主营业务成本	17 500
营业费用	1 800
管理费用	2 000
利润总额	6 700
所得税	2 400
净利润	4 300

现行汇率　　　　　1美元=7.00人民币
平均汇率　　　　　1美元=7.20人民币
股票发行汇率　　　1美元=7.50人民币

(3)要求:采用现行汇率法进行外币报表折算。

4.

(1)目的:掌握时态法的特点。

(2)资料:B公司为甲公司持股80%的子公司,公司地址在美国,其记账本位币为美元。B公司的存货采用成本与可变现净值孰低法计价。甲公司的记账本位币为人民币。

2009年12月31日B公司存货的历史成本为100 000美元,重置成本为95 000美元。期末存货购入期间美元对人民币的汇率为1美元=6.86元人民币,年末汇率为1美元=6.85元人民币。

(3)要求:

①计算外币报表中存货项目的余额;

②计算折算后的财务报表中存货项目的余额。

5.

(1)目的:掌握货币与非货币项目法和时态法区别。

(2)资料:仍然使用第4题的资料。

(3)要求:

①分别按货币与非货币项目法、时态法计算外币报表中存货项目的余额;

②分别按货币与非货币项目法、时态法计算折算后的财务报表中存货项目的余额,并比较其不同,说明其原因。

第七章

物价变动会计

学习目的：通过本章的教学，使学生了解物价变动会计的发展；熟悉会计模式的构成要素；了解物价指数、物价变动的基本概念，物价变动对会计原则的影响，资本及资本维护的含义；掌握一般购买力会计基本原理、程序和方法；掌握现行成本会计的基本原理、程序和方法；掌握购买力损益计算原理和方法；掌握持有损益的性质和计算方法。

引导案例：

龙华公司会计信息不能提供足够的决策相关信息

龙华公司是一个具有悠久历史的老企业，生产规模较大，现拥有大量的固定资产。近年来，随着物价水平的逐步升高，一些问题困扰着企业。公司账面有很多利润，却没有足够的资金添置机器设备。有人指出，这是原始成本会计信息，不能提供足够的决策相关信息，应在年度报告中提供反映物价变动情况的补充信息。但应采用什么基础提供物价变动会计信息，为企业提供决策有用的信息呢？

第一节 物价变动会计概述

一、物价变动及对会计的影响

（一）物价变动与物价变动会计

1.物价变动

物价反映商品和劳动力价格在市场上的交换价值。当同一商品或劳动力的价格不同于它们以前在同一市场上的价格，上涨或下跌时，即为物价变动（prices changing）。在商品经济条件下，由于货币发行量超过商品流通正常需要量而造成的单位币值降低和商品价格上涨称为通货膨胀（inflation），表现为一般物价水平的持续上升和货币购买力的持续下降；反之，则称为通货紧缩。通货膨胀或通货紧缩使得不同时期相等数量的货币单位所计量的实物数量或劳动（时间）数量不等，货币计量单位与其他计量单位相互依存的比例关系遭到破坏,不同时期提供的会计信息失去了可比性,财务会计的计量基础受到严重的挑战,对以历史成本计价的传统财务会计形成了巨大的冲击,以历史成本为依据所提供的会计数据和财务比率难以为报表使用者提供有用的信息。这主要表现为:

(1)历史成本财务报表所提供的会计信息严重失实,资产难以反映其真实价值,收益难以反映其经营成果。如在历史成本下,资产和负债始终以其发生时的历史成本计价,资产负债表中列示的资产为未摊销成本。在物价持续上涨时,历史成本低于编表时的重置成本,其差异不在资产负债表中列示,也不承认因物价变动所引起的币值变动。

(2)企业的再生产能力下降,生产过程中消耗的资产得不到应有的补偿。如在通货膨胀条件下,按传统财务会计的历史成本原则计提的已耗资产的补偿并不能满足所耗资产的重置。

(3)会计信息的可理解性减弱,其质量降低。

(4)财务报表信息不能满足使用者决策的需要,甚至给企业管理当局、政府有关部门、投资者、债权人带来重大的失误,影响了财务会计目标的实现。

2.物价指数

物价指数(price index)是某一时期商品或劳务价格与基期的商品或劳务价格的比率。在市场经济中,商品、劳务的价格会由于各种原因而发生变动,可能表现为一定时期的物价高于或低于前一时期的物价。物价上涨时,一定数量的货币所购买的商品、劳务数量就会减少;反之,物价下降时,货币购买力则会上升。会计上关心的物价变动有两类:一般物价变动和特定物价变动。

一般物价变动,是指在通货膨胀或通货紧缩时,币值本身所发生的变动。一般物价变动通过计算物价变动的平均数来获得,即物价变动指数。物价变动指数是反映两个时期商品、劳务价格动态的指标。在计算一般物价指数时,要选择销售量大、价格变动趋势具有代表性的商品、劳务,根据其销售量确定在社会销售总量中的比重,并将该比重作为计算一般物价指数的权数,计算出各类商品的物价变动对一般物价水平的影响。一般物价指数的计算公式为:

$$一般物价指数 = \frac{\sum 报告期代表商品单价 \times 权数}{\sum 基期代表商品单价 \times 权数} \times 100\%$$

物价指数的倒数用来表示货币的价值,即购买力(purchasing power)。货币购买力指以一定数量的货币所能购买商品的数量或换取的劳务。例如,基期(年初)的物价指数为100,报告期(年末)的物价指数为125,说明在这一年里物价上涨了25%,货币购买力则下降了20%(1−100/125)。

案例 7-1

货币购买力

南方公司年初持有100万元银行存款,此时物价指数为100,年末该公司仍拥有银行存款100万元,年末物价指数为120。尽管南方公司年初、年末持有同样数额的银行存款,但由于物价上涨了 20%,导致货币购买力下降了 17%[100 万元×(1-100/120)],即南方公司年末实际只持有年初货币购买力的 83%,遭受了 17 万元的货币购买力损失。

特定物价变动,是指不反映货币本身价值的变动,它只是某一商品交换价值的变化,反映的是某一商品、劳务价格的变化。如目前一吨钢材的价格为 2 500 元,一年后升到 2 800 元,可以说钢材价格上升了 300 元,但这并不说明货币购买力本身下降了,此时的一般物价指数还有可能是下降了。因而,特定物价变动与一般物价变动的幅度并不是都一样的,有时甚至可能是相反的变动。

3.物价变动会计

利用一定的物价变动资料对企业原有方式提供的会计信息进行改动调整,或对会计的计量方式进行改进,可以反映或消除物价变动对财务报告的影响,从而保证企业财务报表的使用者能够注意到物价变动对企业经营成果和财务状况等会计信息的影响。

物价变动会计是财务会计的一个分支,在很大程度上遵循着传统财务会计的基本理论,并对财务会计理论具有相当程度的修正和补充,形成了特有的会计理论。由于物价变动对传统财务会计理论和实务产生了巨大的冲击和影响,不仅改变了币值不变的会计前提和历史成本原则及其他相关原则,而且动摇和否定了会计确认和计量过程中的两个根本要素——计量属性和计量单位,从而影响了会计信息质量,妨碍了会计目标的实现。物价变动会计的研究对象涉及诸如物价变动会计的目标和前提,物价变动会计的基本理论,物价变动会计的一般原则,物价变动会计的模式等。

物价变动会计产生的外在条件是物价持续地大幅变动,内在动因是来自资本保全和确定收益的要求。1918 年 2 月,美国《会计月刊》刊登了《在账上应否反映价值变动》的文章,建议账户的年末余额应按物价变动指数重新表述。1936 年,斯威奈(A.W.Sweeney)教授在其出版的《稳定币值会计》一书中,提出了一套如何把传统财务财务报表中的美元调整为"等值美元"的程序。1940 年,著名会计学家佩顿(W.A.Paton)和利特尔顿(A.C.Litlllton)在其合著的《公司会计准则》绪论中,提出将入账的记录成本按货币购买力换算为"等值美元",作为财务报表的补充资料,该意见很快为美国会计界所接受。1963 年,美国注册会计师协会发表了《报告物价水平变动的财务影响》;1979 年,美国财务会计准则委员会又发布了第 33 号公告,提出了大公司必须补充揭示物价变动对财务报告影响的强制要求,必须提供两方面的资料:按一般购买力单位重新换算的补充资料,以现行成本为计量属性的补充资料。国际会计准则委员会 1981 年的第 15 号会计准则《反映价格变动影响的资料》、1989 年 7 月的第 29 号会计准则《恶性通货膨胀经济中的财务报告》,对物价变动的会计处理提出了具体要求,成了对物价变动会计有着很大影响的指导性准则,标志着物价变动会计的日臻成熟。英国、德国、欧共体、澳大利亚、巴西等国也较早地涉及物价变动的会计处理问题,曾先后发表过有关的会计准则,要求在财务报告中揭示由于物价变动对会计信息的影响情况。

纵观对物价变动采取的方法,一种是在传统财务会计中采取适当方法(如发出存货成本计算的后进先出法、固定资产加速折旧法、固定资产定期重置估价法等)来消除物价变动对会计信息的影响;另外一种则是改变会计的计量单位或计量属性(如以稳值货币代替名义货币,以现行成本取代历史成本等)来消除物价变动对会计信息的影响。

物价变动会计的目标是反映或消除物价变动对会计信息的影响,提高财务会计信息的质量。

(二)物价变动及对会计原则的影响

物价变动会计虽然仍以大部分传统财务会计的一般原则规范本身的会计活动,但由于物价变动的影响,使某些传统财务会计的一般原则不再符合它赖以产生和存在的社会经济条件,不能再作为提供会计信息的标准和规范。作为传统财务会计的改进和发展,物价变动会计在承袭传统财务会计一般原则的同时,根据社会经济环境的变化,对原有会计一般原则进行了修正和改进,以适应物价变动的新经济环境。作为物价变动会计特有的会计原则,一般包括两个方面:

1.建立了资产现行成本计价原则。物价的大幅变动,使不同时期的相等货币金额反映不同的价值,内含不同的购买力。不同时期以名义货币计量的经济业务,其金额相等而价值不等,实物资产的历史成本与现行成本的差距越来越大。只有以资产的现行成本计价,才能了解企业实际所拥有的经营能力或生产能力,更好地反映企业的财务状况和经营成果。

2.变革了部分会计原则。如:收入确认原则,物价变动会计虽遵循了传统财务会计收入确认的时间,却改变了确认收入数额的方法,将报告期不同时点的营业收入用一定的方法换算为提供报告时的现行收入。

又如配比原则,物价变动会计改变了传统财务会计中的现行收入与历史成本(费用)的配比,通过将收入和成本(费用)以同一计价标准为基准进行配比,以消除由于物价变动而造成的收入与成本(费用)的不可比因素,弥补了传统财务会计以历史成本和币值不变为计价基准的配比原则的不足。

再如谨慎性原则,物价变动会计在一定程度上否定了谨慎性原则。为了反映物价变动对会计信息的影响,将由于物价变动原因而使企业持有实物资产可能带来的收益(或损失)列入资产负债表或利润表项目中。

(三)物价变动及对会计前提的影响

物价变动会计虽然仍然依据传统财务会计的会计主体、持续经营、会计分期和货币计价等基本前提,但在物价剧烈变动时期,货币计价基本前提的重要附加内容——币值不变前提已经不存在,若再按经济业务发生时的历史成本为依据提供会计信息,计量期末资产以及计算当期取得的净收益,就会失去会计信息的相关性。会计信息的使用者也无法对企业经营者的业绩进行衡量,以至做出相应的预测和决策。因而,物价变动会计有了自己的基本前提,即:币值不断大幅变动前提。也就是说,在物价变动的条件下,货币价值在不断大幅度变动,由此引起的资产价格也在不断变动。可见,币值大幅变动是物价变动会计存在的先决条件。

二、物价变动会计的理论基础

物价变动会计产生的外在条件是物价持续地大幅度变动,内在动因是来自资本保全和确定收益的要求。在会计期内,企业的收入首先要保全资本,若有剩余,才是资本的回报,即利润。

(一)资本的概念

资本是所有者投入企业用于生产经营的货币和各种财产物资的货币表现,资本反映了企业净资产的规模和企业拥有的一定生产经营能力,也表示所有者投入企业一定数量的货币购买力。受物价变动的影响,不同时期相等货币的购买力不同,不同时期同一资产的价格不同,为了使所耗资产得到维护,资本分为财务(货币)资本和实物资本。

按照财务资本的概念,资本是投资者投入企业的货币数量或购买力。在物价变动的情况下,以货币表示的财务资本数额随着反映购买力水平变动的一般物价指数变动相应变动。

按照实物资本的概念,资本如同营运能力,被看作是以每日生产量等为基础的企业生产能力,以与其相当的实物量表示,在物价变动情况下,实物资本的变动随企业拥有的具体实物个别物价水平变动而变动并计量。当报表使用者主要关心维护名义上的投入资本或投入资本的购买力时,应当采用财务资本概念;当报表使用者主要关心生产能力或经营能力时,应当采用实物资本概念。

(二)资本维护

资本维护(capital maintenance),是指企业确认收益必须是以资本的保全为前提。

1.财务资本维护

财务资本维护(financial capital maintenance),是指为维护企业资本所具有的货币数量或购买力规模。财务资本的维护又可分为名义货币维护和购买力维护。传统财务会计中,企业利润的计量遵循的是配比原则,即以当期实现的营业收入与为实现这些收入所发生的按历史成本计量的生产要素相比较,其收入大于所耗生产要素的部分为当期的收益,这就是名义货币的补偿,或者说是原始价值补偿观。比如,企业期初有存货 100 件,购入成本为每件单价 100 元。期末出售存货 100 件,销售价格为 120 元,补购存货 100 件,购入成本为每件单价 110 元,本期的利润为 2 000 元(120 元×100 件-100 元×100 件)。传统财务会计的会计收益就是以名义货币保全为前提确定的收益。

当以货币购买力表示资本维护概念时,是以当期实现的营业收入与按一般物价指数调整后的所耗生产要素相配比,剩余部分才能确认为利润,所耗成本、费用的足额补偿,才能使企业维持简单再生产。比如上例,期初物价指数为 100,当再购入同样存货时物价指数为 110,则本期利润为 1 000 元(120 元×100 件-110 元×100 件)。一般购买力会计就是以购买力保全为前提确认的收益。

2.实物资本维护

实物资本维护(physical capital maintenance),是指维护企业资本所拥有的生产经营能力的规模。根据此概念,在不考虑本期向所有者分配利润的情况下,企业期末实物的生产能力或经营能力(或达到期末生产经营能力所需的资源或资金),必须大于期初实物生产经营能力。在物价变动条件下,以收回已耗实物资产的现行价格作为实物资本维护的前提。通货膨胀情况下,传统财务会计按其营业收入与所耗资产历史成本计算的成本、费用相配比,所确定的收益是在资本不能得到维护的情况下虚增的收益,不是真实的经营成果。比如,企业期初有存货 100 件,购入成本为每件 100 元,本期售出存货 100 件,售价每件 130 元。补进存货 100 件,购入成本为每件 130 元,期末存货 100 件。按照传统财务会计,本期的利润为 3 000 元(130 元×100 件－100 元×100 件),本年实现的营业收入 13 000 元,有 10 000 元用来补偿 100 件的原始成本,剩余的 3 000 元被认为是可以用做分配的利润,这也正是财务资本维护的观点。但从此例不难看出,从持续经营的角度,企业补进 100 件存货才能维持简单再生产。然而,由于当年物价上涨,每件存货的购入成本上升为 130 元,作为原始成本补偿的 10 000 元就不够了,企业必须再投入 3 000 元,才能购入 100 件存货,以便维持简单再生产,该企业不再有利润了,这即为实物资本维护的观点。资本维护的数额需要用相当于其生产经营能力具体实物数量的价值量表示,其得到补偿的所耗资本相当于实物资本的现行成本。马克思在政治经济学中指出:"当再生产按原有生产规模进行时,每一个已消耗掉的不变资本要素,都必须在实物形态上得到相应种类的新物品的补偿。"现行成本会计所依据的是实物资本维护观点。

三、物价变动会计模式

会计模式(accounting model),是指在会计核算中,将一定会计计量单位和会计计量属性按一定会计程序与会计方法相互结合的固定程式。会计计量单位和计量属性是会计模式的最基本构成要素。

会计采用货币为计量单位,单位货币价值反映一定的购买力。在币值稳定的情况下,相同货币量的价值相等。在通货膨胀条件下,币值下跌,其购买力或价值会发生变动,不同时期的币值是不等的,代表着不同时期的价值量。通常将不考虑购买力变动的货币单位称为名义货币。在通货膨胀条件下,传统财务会计所采用的货币为名义货币(nominal currency)。与名义货币相对应的是稳值货币(constant currency),稳值货币在不同时期的购买力相同。在物价变动会计中,通常是将报告期末的名义货币按一般物价指数确定为稳值货币单位进行计量。

计量属性是计量对象的某种特征,即会计对象计价所依据的基础和标准。对会计对象的计量因不同的会计目标分别依据不同的基础和标准,获得不同的计量数据。会计上除了可以采用历史成本计量以外,还可用其他的计量属性,其中最重要的是现行成本。

持续的物价变动对会计的影响是多方面的,但实质上可归为两个方面,即对会计计量单位稳定性的影响和对会计计量属性客观性的影响。因此,可以采用改变会计计量单位和计量属性的办法,反映或消除物价变动对会计的影响;或改进计量单位,以稳值货币取代名义货币;或改变计量属性,以现行成本取代历史成本;或同时改变计量单位和计量属性。改变计量单位可以反映和消除一般物价水平变动对会计的影响,改变计量属性可以反映和消除个别物价变动对会计的影响。将两种计量单位(名义货币、稳值货币)和两种计量属性(历史成本、现行成本)相结合,可以组成四种不同的会计模式:历史成本/名义货币会计、历史成本/稳值货币会计、现行成本/名义货币会计、现行成本/稳值货币会计,其中,后三种为物价变动会计模式。

(一)一般购买力会计(历史成本/稳值货币会计)

一般购买力会计仍保持历史成本的计量属性,以币值固定、购买力相等的货币(即稳值货币)为计量单位,采用一般物价指数,将传统财务报表中各项会计数据换算调整为按购买力计价的企业财务状况和经营成果,目的是消除一般物价水平变动对财务报表的影响,所以又称为一般物价水平会计。

(二)现行成本会计(现行成本/名义货币会计)

现行成本会计以名义货币为计量单位,以资产的现行成本(现行重置成本、重置生产成本)替代历史成本,提供企业的财务状况和经营成果,反映和消除通货膨胀条件下个别物价变动对传统财务会计的影响。

(三)现行成本/稳值货币会计

现行成本/稳值货币会计是将现行成本会计与一般购买力会计相结合,以现行成本为计量属性,以稳值货币为计量单位,全面反映并消除一般物价水平变动和特定物价水平变动对财务报表的影响。

第二节 一般购买力会计

一、一般购买力会计的基本原理

一般购买力会计(general price-level accounting)反映一般物价水平发生变动对会计的影响,其显著的特点是改变了会计计量单位,将历史成本会计模式下的会计计量单位由名义货币改变为稳值货币,而计量属性仍为历史成本。

与其他物价变动会计模式比较,一般购买力会计的特征为:

1.以稳值货币为计量单位,某一时点(会计报告期末)的名义货币作为稳值货币,将其他不同时期的名义货币按一般物价指数的变动情况换算为所确定的稳值货币计价的金额,以使不同时期形成的会计数据可比;

2.以历史成本为计量属性,认为历史成本计量原则本身不存在多大缺陷,关键在于应有一个稳定、可比的会计计量单位;

3.不建立单独的账户体系进行核算,在日常会计处理中,一般购买力会计核算与传统财务会计核算没有本质上的区别,只是在报告期末,以一般物价指数将财务报表中以历史成本反映的有关数据进行调整,从而消除一般物价变动对财务报表的影响。

二、一般购买力会计的基本程序和方法

该会计模式的程序主要包括:

1.划分货币性项目与非货币性项目;

2.将以名义货币表述的财务报表项目换算为稳值货币表述;

3.计算货币性项目的购买力损益;

4.编制一般购买力财务报表。

(一)划分货币性项目和非货币性项目

在一般购买力会计下,首先将财务报表项目区分为货币性和非货币性项目,然后根据一般购买力变动对货币性项目和非货币性项目影响的不同,采用不同的会计处理方法。

1.货币性项目(monetary item)。货币性项目是指在一般物价水平变动时,其金额固定不变,但其购买力发生变动的项目。货币性项目可分为货币性资产、货币性负债及货币性权益。货币性资产项目包括:货币资金、应收账款、应收票据、其他应收款,以及有固定利息收入的长期债券投资等。货币性负债主要包括:应付账款、应付票据、其他应付款、应付职工薪酬、应付利息以及可由固定货币金额表现的负债。货币性权益包括:收取固定股利的优先股和在公司停业清理时对留剩资产具有固定要求权的优先股。

在物价变动时期,货币性项目的特点是:

(1)其账面金额不随物价变动而改变,以期末名义货币为稳值货币,按一般物价水平变动对该期末金额进行换算时,其换算结果的金额固定不变。比如,企业期初所持有货币金额为5 000元,年内未发生收支业务,那么即使该年度内物价发生很大幅度的变化,期末账面余额仍为5 000元。因此,在一般购买力会计中,货币性资产属固定项目,不需要按一般物价指数对其进行调整,但购买力随物价变动而变化。

(2)在一般物价水平变动中,所持货币性项目实际购买力发生变化,并产生购买力损益。比如,期初一般物价指数为100,企业期初的5 000元,可购买某商品50件,当期末一般物价指数为200时,期初的5 000元只可购买同类商品25件。

一般物价水平变动对货币性项目的影响是:当物价上涨时,持有货币性资产项目,会使企业遭受购买力损失;持有货币性负债和货币性权益会给企业带来购买力利得,物价下跌时则相反。

2.非货币性项目(non-monetary item)。非货币性项目是指在一般物价水平变动时,其金额或价格不是固定不变的,而是随着一般物价水平的上涨而提高,随着一般物价水平的下降而降低的资产、负债或所有者权益项目。非货币性资产主要包括:存货、预付费用、厂房、设备、无形资产以及在未来收取商品或劳务的债权。非货币性负债主要包括:递延收入以及其他表现为在未来提供商品或劳务的责任。非货币性所有者权益主要包括:普通股、优先股和可转换优先股。

在物价变动时期,非货币性项目与货币性项目比较,其特点恰恰与之相反:

(1)账面金额随物价变动而变动,即以期末名义货币为稳值货币和以一般物价指数换算的各项目期末金额有所改变,而其原价值量并无改变,比如,企业期初所持存货的价值为4 000元,期末一般物价指数为150,则期末存货的价值应为6 000元。

(2)不发生购买力损益。在一般购买力会计中,非货币性项目换算结果的金额随物价变动的同时不产生购买力损益。比如,上述存货项目属非货币性资产,当物价上涨时,其本身所含价值量虽不会改变,但以名义货币计价的市场价格会上升;反之,物价下降时,其所含的价值量也不会改变,但以名义货币计价的市场价格也会随之下降,持有非货币性资产与货币购买力损益无关。同样,在物价变动时期,持有非货币性负债会发生与非货币性资产相反的变化。

(二)非货币性项目的调整

编制一般购买力的财务报表,目的在于反映和消除一般物价指数变动对企业财务状况和经营成果的影响。因此,一般购买力会计要求将历史币值表示的财务报表项目换算为稳值货币表示的金额,即在确定以某一时点的名义货币为稳值货币的前提下,将传统财务报表按不同时期的历史成本,和当时名义货币计价形成的各项报表数据,按一般物价指数折算为以历史成本和所确定的稳值货币计量的会计数据。这是因为,不同时期或不同时点的名义货币的购买力是不同的,由此形成的会计数据缺乏相关性和可比性。这里说的某一时点的一般物价指数可以是年初的物价指数、年末的物价指数和全年平均物价指数三种。通常采用年末物价指数调整资产负债表内的非货币性项目,以确切反映企业年末的财务状况;采用年度平均物价指数调整利润表项目,以体现物价指数对全年收入、费用项目的综合影响。但无论如何,在编制财务报表时,必须使用相同购买力的货币单位,以将原来具有不同购买力的名义货币单位统一到报告期末的一般物价指数,从而解决传统财务报表中在通货膨胀中形成的币值不等带来的问题。

实际工作中的调整步骤为:(1)确定某一非货币性项目形成或取得时的时间和物价指数;(2)确定编制财务报表时的物价指数;(3)计算换算系数。

由于非货币性项目涉及资产负债表和利润表,因此,两张报表都必须调整。

1.资产负债表项目的调整

(1)货币性项目的换算调整。在以编表日名义货币作为稳值货币的情况下,凡是货币性项目的本年年末余额都不必进行调整。但由于上年末(本年年初)的一般物价指数与期末的一般物价指数有可能不同,因而应对货币性项目的期初数进行换算调整。

$$期初货币性项目调整后金额=期初名义货币金额\times\frac{期末一般物价指数}{期初一般物价指数}$$

【例 7-1】假设某企业 2009 年 12 月 31 日资产负债表上的货币资金余额为 100 000 元,该年年末的物价指数为 230;2009 年 1 月 1 日资产负债表上的货币资金余额为 80 000 元,当时的物价指数为 200。为了编制 2009 年度一般购买力财务报表,将 2009 年年初的货币资金调整为:

$$80\ 000\times230/200=92\ 000(元)$$

调整后的 2009 年度期初货币资金数为 92 000 元,年末 100 000 元。

(2)非货币性项目的换算调整。非货币性项目的年初、年末余额都需要调整,调整公式为:

$$某非货币性项目调整后余额=用名义货币计价的金额\times\frac{年末物价指数}{某项目取得(形成)时的物价指数}$$
$$(历史成本金额)$$

非货币性项目调整中特殊项目的换算调整说明:

①"固定资产"和"累计折旧"项目。调整这类项目时,调整公式中的分母应为固定资产购置时(月份)的物价指数。由于固定资产购置的时间不同,数量较多时,会加大换算的工作量。

【例 7-2】某企业 2008 年 6 月 30 日购入设备一台,设备原值 200 000 元,当时的物价指数为 200,该设备按 5 年提折旧,预计净残值为 0,采用直线法提折旧,2009 年 12 月 31 日的物价指数为 230。对该设备的调整计算过程如下:

设备原值调整后余额为:

调整后金额＝200 000×230/200＝230 000(元)

设备累计折旧调整金额为:

调整金额＝[200 000×18/(5×12)]×230/200＝69 000(元)

设备净值调整后余额为:

230 000－69 000＝161 000(元)

②"存货"项目。存货品种多,收付频繁,因此在存货流转中,很难逐项辨别出每笔存货的流出时间,对存货项目的调整要考虑存货的购入时间,具体说就是考虑存货计价方法的假设。一般说来,若采用先进先出法,则假定年末存货的进货日期是最近月份。

例:某企业存货按先进先出法计算成本,期末存货成本为300 000元,购入存货期间的物价指数为210,年末的物价指数为230。

企业存货的调整结果为:

调整后的金额＝300 000×230/210≈328 571(元)

③留存收益项目。留存收益项目的调整不能通过一般物价指数的换算,而是采用余额法,计算公式如下:

留存收益＝调整后资产项目合计数－调整后负债项目合计数－调整后的投入资本数

2.利润表项目的调整

利润表上所列的项目主要包括营业收入、营业成本和营业费用,属于非货币性项目,都应进行换算调整。

(1)营业收入项目。营业收入为年度内均匀发生,因而应采用年度内的平均物价指数进行调整。

(2)营业成本项目。由于营业成本＝期初存货＋本期购货－期末存货,因而营业成本的核算调整要考虑期初存货成本、本期购货成本和期末存货成本。其中,期初存货成本可根据上年末的物价指数进行调整;本期期末的存货成本按年末的物价指数调整;本期购货成本视同均匀进货,采用年内平均物价指数进行调整。

(3)营业费用项目。营业费用项目的换算调整,应根据各项费用发生的不同情况而采用不同的调整方法。

①折旧费用。折旧费用是按固定资产原价计提的,其折算方式应与固定资产项目的换算相同。

②其他营业费用。其他营业费用是指除折旧费用以外的营业费用,这些营业费用假定一年中均匀发生,因而采用的换算方法与营业收入相同。此外,利润及利润分配表还有所得税和股利项目。股利采用宣告时的物价指数作为上述换算公式的分母;所得税是按企业的计税所得计算,它是按企业收入和费用在报告期内均匀发生而形成的,因此对所得税项目的调整与营业收入相同。

(三)货币性项目购买力损益的计算

购买力损益(purchasing power gain or loss)是指由于企业持有货币性资产、货币性负债和货币性权益,因一般物价水平变动而给企业带来的货币购买力的损失和收益。货币性项目受物价变动的影响,在物价上涨期间,持有货币性资产会产生购买力损失,持有货币性负债会产生购买力收益。从实质上看,货币性项目购买力损益是期末按一般物价指数调整过的货币性项目金额之间的差额。一般的做法是:先将年初货币性项目从年初货币调整为年末货币,再将年内发生货币性项目的变动数从发生时的货币调整为年末货币。因为年末货币作为稳值货币,故年末的货币性项目无须做出调整。最后,将调整后的年初净货币性项目(货币性资产减货币性负债)减去调整后的本年净货币性项目的变动数以及年末的净货币性项目,其差额即为本期的货币购买力损益。购买力损益计算表见表7-1。

表 7-1 货币购买力损益计算表

项目	历史成本	换算系数	调整金额
年初货币性项目净额			
年初货币性资产	200 000		
年初货币性负债	(150 000)		
小计	50 000	160/100	80 000
加:本年货币性项目增加	900 000	160/150	960 000
减:本年货币性项目减少	600 000	160/150	640 000
小计	350 000		320 000
年末货币性项目			400 000①
货币性资产	450 000		
货币性负债	(135 000)		
小计			350 000
净货币性项目购买力损失			50 000

①400 000＝80 000＋960 000－640 000,表示如果没有购买力损益,企业在年末应持有货币性项目净额 400 000 元,但事实上持有 350 000 元,故发生购买力损失 50 000 元。

(四)按一般购买力重编财务报表

一般购买力会计模式中的最后一个步骤就是按稳值货币重新编制财务报表。在实际应用中,通常是在按历史成本资料编制的财务报表基础上进行调整,以消除一般物价水平变动的影响。

【例 7-3】某公司 2009 年 12 月 31 日以历史成本资料为基础编制的资产负债表、利润及利润分配表如表 7-2、表 7-3 所示。

表 7-2 资产负债表

（历史成本）

单位:元

项目	年初数额	年末数额
货币资金	80 000	155 000
应收账款	200 000	300 000
存货	350 000	420 000
固定资产原值	840 000	840 000
减:累计折旧	—	14 000
固定资产净额	840 000	826 000
资产合计	1 470 000	1 701 000
短期借款	140 000	280 000
应付账款	110 000	110 000
长期负债	800 000	800 000
股本	420 000	420 000
未分配利润	—	91 000
负债及所有者权益合计	1 470 000	1 701 000

有关资料如下:

1.固定资产为期初购入,尚未提取折旧。

2.期初存货为年初购入,其余存货为年内均匀购入,发出存货按先进先出法计算。

3.年初一般物价指数为100,年末一般物价指数为160,年内年均物价指数为130。期末购进存货期间一般物价指数为150。

表 7-3 利润及利润分配表

（历史成本）

单位:元

项目	金额	
营业收入		1 120 000
营业成本		
期初存货(1月1日)	350 000	
本期购货	728 000	
可供销售的存货	1 078 000	
期末存货(12月31日)	420 000	658 000
营业利润		462 000
期间费用		238 000
折旧费用		14 000
利润总额		210 000

续表

项目	金额
所得税	84 000
净利润	126 000
年初未分配利润	—
可供分配利润	126 000
应付利润	35 000
未分配利润	91 000

有关资料如下：

1.营业收入为年内均匀发生；

2.折旧费用年末一次性计提；

3.所得税为年内均匀发生；

4.应付股利为年末一次性支付。

根据以上资料调整有关报表数据。

1.资产负债表项目的调整

(1)货币性项目的调整

①"货币资金"项目：

$$年初数 = 80\ 000 \times 160/100 = 128\ 000(元)$$

年末数不需调整。

②"应收账款"项目：

$$年初数 = 200\ 000 \times 160/100 = 320\ 000(元)$$

年末数不需调整。

③"短期借款"项目：

$$年初数 = 140\ 000 \times 160/100 = 224\ 000(元)$$

年末数不需调整。

④"应付账款"项目：

$$年初数 = 110\ 000 \times 160/100 = 176\ 000(元)$$

年末数不需调整。

⑤"长期负债"项目：

$$年初数 = 800\ 000 \times 160/100 = 1\ 280\ 000(元)$$

年末数不需调整。

(2)非货币性项目的调整

①"存货"项目：

年初数=350 000×160/100=560 000(元)

年末数=420 000×160/150=448 000(元)

②"固定资产原价"项目:

年初数=840 000×160/100=1 344 000(元)

年末数由于固定资产未发生增减,因而调整结果与年初数相同。

③"累计折旧"项目:

年初数为0

年末数=14 000×160/100=22 400(元)

④"固定资产净值"项目:

根据调整后的"固定资产原价"项目和"累计折旧"项目分别计算求得。

年初数=1 344 000−0=1 344 000(元)

年末数=1 344 000−22 400=1 321 600(元)

⑤"股本"项目:

年初数=420 000×160/100=672 000(元)

年末数与年初数调整相同,因实收资本为历史项目。

⑥"未分配利润"项目:

年初数为0不需要调整。

年末数=(155 000+300 000+448 000+1 321 600)−280 000−110 000−800 000−672 000
=362 600

2.利润及利润分配表项目的调整

(1)"营业收入"项目

1 120 000×160/130=1 378 462(元)

(2)"营业成本"项目

①期初存货=350 000×160/100=560 000(元)

②本期购货=728 000×160/130=896 000(元)

③期末存货=420 000×160/150=448 000(元)

④可供销售的存货=560 000+896 000=1 456 000(元)

⑤营业成本=1 456 000−448 000=1 008 000(元)

(3)"期间费用"项目

238 000×160/130=292 923(元)

(4)"折旧费用项目"项目

14 000×160/100=22 400(元)

(5)"所得税"项目

$$84\ 000 \times 160/130 = 103\ 385(元)$$

(6)"应付利润"项目

$$35\ 000 \times 160/160 = 35\ 000(元)$$

3.货币性项目购买力损益的计算

根据以上资料,编制货币性项目购买力损益计算表,见表 7-4。

表 7-4 货币购买力损益计算表

项目	历史成本	换算系数	调整金额
年初货币性项目净额			
货币资金	80 000		
应收账款	200 000		
短期借款	(140 000)		
应付账款	(110 000)		
长期负债	(800 000)		
小计	(770 000)	160/100	(1 232 000)
加:本年货币性增加			
营业收入	1 120 000	160/130	1 378 462
小计	1 120 000		1 378 462
减:本年货币性减少			
购入存货	728 000	160/130	896 000
期间费用	238 000	160/130	292 923
所得税	84 000	160/130	103 385
应付利润	35 000	160/160	35 000
小计	1 085 000		1 327 308
年末货币性项目			(1 180 846)
货币资金	155 000		
应收账款	300 000		
短期借款	(280 000)		
应付账款	(110 000)		
长期负债	(800 000)		
小计			(735 000)
净货币性项目购买力收益			445 846

计算结果表明,该企业持有的货币性负债大于货币性资产,因而产生购买力收益

445 846元。

4.编制调整后的财务报表,见表7-5、表7-6

表7-5　资产负债表

（按一般物价指数调整）　　　　　　　　　　　　　　单位:元

项目	年初数额	年末数额
货币资金	128 000	155 000
应收账款	320 000	300 000
存货	560 000	448 000
固定资产原值	1 344 000	1 344 000
减:累计折旧	—	22 400
固定资产净值	1 344 000	1 321 600
资产合计	2 352 000	2 224 600
短期借款	224 000	280 000
应付账款	176 000	110 000
长期负债	1 280 000	800 000
股本	672 000	672 000
未分配利润	—	362 600
负债及权益合计	2 352 000	2 224 600

表7-6　利润及利润分配表

（按一般物价指数调整）　　　　　　　　　　　　　　单位:元

项目	金额
营业收入	1 378 462
营业成本	1 008 000
期初存货(1月1日)	560 000
本期购货	896 000
可供销售的存货	1 456 000
期末存货(12月31日)	448 000
营业利润	370 462
期间费用	292 923
折旧费用	22 400
利润总额	55 139
所得税	103 385
净利润	(48 246)

续表

项目	金额
年初未分配利润	—
可供分配利润	(48 246)
应付利润	35 000
货币性项目购买力损益	445 846
未分配利润	362 600

三、一般购买力会计评述

一般购买力会计模式仍然保持了传统会计模式的报告结果,只是计量单位换成了稳值货币,其主要优点有:

1.使财务信息更具有可比性。一般购买力会计通过将不同时期的名义货币计价的各项数据换算为以期末名义货币为稳值货币计价的会计数据,使得企业不同时期的财务状况和经营成果可以比较,满足了报表使用者的需求。同时,由于不同企业的会计数据采用相同的物价指数进行调整,也增强了不同企业间会计数据的可比性,有利于企业间的公平竞争。

2.操作简便。一般购买力会计不改变传统会计模式的程序和方法,只是通过以期末名义货币为稳值货币,对财务报表进行调整,操作简便易于掌握,同时也便于进行监督。

3.有利于企业决策。通过对购买力损益的计算,能使人们注意一般物价水平变动对企业最终财务成果的影响,有利于决策者做出正确的决策。

但是,由于一般购买力会计在调整会计信息时使用的是一般物价指数,没有考虑到特定物价变动等的影响,因此,该模式也存在着一些明显的不足,其主要缺点是:

1.不能确切地反映有关会计信息。当个别物价指数与一般物价指数存在较大差异时,采用一般物价指数去调整财务报表的数据,调整后的数据会和实际有较大的出入,不能准确地反映企业的财务状况和经营成果。

2.可能会造成对信息的误解。在一般购买力会计下,持有货币性资产会产生购买力损失;持有货币性负债,会产生购买力收益。当企业的负债额增大,甚至超过企业持有的货币性资产时,不但会掩盖其沉重的利息支出,而且还可能会出现净收益,给人以错误的信息,导致决策失误,上述例题便是如此。

第三节 现行成本会计(一)

一、现行成本会计(current value accounting)的基本原理

由于一般购买力会计是以某一个时点的一般物价指数对按历史成本编制的财务报表

进行调整,只有当企业持有的特定资产或负债的物价指数与一般物价指数相等或接近时,调整后的财务报表数据才会接近原来财务报表中的表述,反之将会有较大的差异。现行成本会计改变了传统财务会计的计量属性——历史成本计量,对企业的资产以现行成本为计价属性进行调整,以消除物价变动的影响;同时,在调整的基础上确定资产等的持有损益。在现行成本会计下,收益被视为在保持企业再生产能力或实物资本的情况下,可用于分配出去的资源。现行成本会计的特征是:

1.以名义货币作为计量单位;

2.以资产的现行成本和个别物价指数变动为计量属性;

3.改变了企业收益确认原则,收益被视为营业收入与所耗生产要素现行成本相配比的结果;

4.设置现行成本账户体系进行日常核算。

二、现行成本会计的基本程序和方法

现行成本会计的处理程序为:按现行成本调整财务报表数据;计算现行成本变动额(持有损益);编制现行成本财务报表。

(一)以现行成本调整财务报表数据,确定各项资产的现行成本

现行成本可以分为现行重置成本和重置生产成本。现行重置成本是指在当前市场条件下,按现行价格重新购置与企业现有相同或类似的资产所应付出的现金或现金等价物。重置生产成本是指在当前的市场条件下重新生产与企业现有资产相同或类似的资产所应付出的成本。

确定资产的现行成本就是对企业资产的账面价值随着市场现行价格的不断变动而计算其现行价值并进行调整,以现行价格反映企业拥有资产的规模或付出资产的成本,以达到对实物资本的维护。

(二)计算现行成本变动额(持有损益)

持有损益是企业所持有的非货币性资产中现行成本和历史成本的差异。在现行成本会计中,应根据资产的现行成本对其价值基础进行调整,在调整的基础上,确定资产的持有损益。现行成本净收益由两部分构成:营业的现行成本损益和持有资产损益。营业的现行成本损益等于本期现行收入减去为获取本期收入而耗用的人力、物力、财力的现行成本;持有资产损益则是由于置存资产在物价变动条件下由于现行市场价格变动而给企业带来的损益。当持有资产的现行成本高于其历史成本,便可产生持有利得;反之,则产生持有损失。持有资产损益分为未实现持有损益和已实现持有损益。已实现持有损益是已被销售或被消耗掉资产的现行成本与历史成本之差。未实现持有损益是企业期末按现行成本计算的仍持有的资产与历史成本之差。比如,某企业期初购进商品 1 000 件,单位成本 100 元。将其中的 700 件出售,每件售价 160 元,当时每件的重置成本为 130 元,期末每件重置成本为 150 元。持有利得 $= 1\,000 \times (130 - 100) + 300 \times (150 - 130) = 36\,000$ 元,其中,已实现利得 $= 700 \times (130 - 100) = 21\,000$ 元,未实现持有利得 $= 300 \times (150 - 100) = 15\,000$ 元。现行成本会计利润 $= 700 \times (160 - 130) = 21\,000$ 元。

对持有损益的会计处理,因所采取的资本维护观念的不同而不同。财务资本维护观

念认为,持有损益应作为企业经营收益的构成要素,列在利润表之内;实物资本维护观念认为,应作为资本保全调整数列在资产负债表股东权益项目下。

(三)建立现行成本账户体系

在现行成本会计模式下,除按传统财务会计设置相应的账户体系外,还应设置专门的账户,反映由于企业持有资产因现行成本变动对企业财务状况和经营成果的影响。

1.“持有损益”账户。“持有损益”账户,核算企业持有的资产由于价格变动影响而获得的收益或遭受的损失,该账户应设置两个明细账户“已实现”和“未实现”,以区别损益是否实现;也可以直接设置“已实现持有损益”和“未实现持有损益”两个账户。

“持有损益”账户因资本维护观念不同,其性质、用途亦不同。

(1)财务资本维护观念下的“持有损益”账户。在财务资本维护观念下,“持有损益”属于损益类账户,用以核算企业持有资产由于物价变动影响而获得的收益或遭受的损失。期末根据该账户余额调整传统财务会计的“本年利润”账户,用以反映财务资本维护观念下的现行成本会计财务成果。

(2)实物资本维护观念下的“持有收益”账户。在实物资本维护观念下,“持有损益”属于所有者权益类账户,用以核算在物价变动条件下按个别物价水平变动的现行成本重置所持资产需要追加的资本金。当物价变动使企业置存资产的价格上升时,将其较原账面价值增加的金额记入该账户的贷方;价格下降时,将其较原账面价值降低的金额记入该账户的借方;其余额一般在贷方,表示在物价变动条件下要维护企业实物资本的生产规模所需的资本维护准备金的数额。作为所有者权益类账户,“持有损益”账户不再区分“已实现”和“未实现”。

2.“增补折旧费”账户。“增补折旧费”属于损益类账户,当期末增补折旧费时,记入该账户的借方和“累计折旧”账户的贷方;余额在借方,反映增补折旧费的累计额,亦反映物价变动对企业财务成果的影响因素。期末将该账户余额调整为传统财务会计的“本年利润”账户,用以反映现行成本的财务成果。在固定资产的使用过程中,各报告期均是依照传统财务会计的做法,按照固定资产现行成本的账面期初原值计提折旧费用,以了满足固定资产的处置和该项所耗资本的维护。在物价变动、固定资产价格不断上涨的情况,按各报告期固定资产账面期初现行成本计提的折旧累额必然不足以保证固定资产期末现行成本计算的对所耗固定资产的重置。为了保证该项固定资产的维护,必须按期末固定资产的现行成本提足折旧。为此,就需要在期末将按固定资产期末现行成本计算的应提取累计折旧的差额予以补提,这一补提的差额就是增补折旧费。增补折旧费是为弥补以前各期所提折旧费不足的一项支出,是累计折旧的一部分,但不完全属于本期费用。为了保证本期收入与费用的配比正确,增补折旧费不计入本期折旧费,而是单独设置“增补折旧费”账户进行核算。

(四)现行成本会计应用

【例7-4】甲公司2009年1月1日,购进设备一台,原值100 000元,预计使用期限为5年,净残值为0,按直线法计提折旧。该设备现行成本每年末增加5 000元。为简化核算,该公司每年末计提折旧并增补折旧费。计算结果见表7-7。

表 7-7 计提折旧并增补折旧计算表

单位:元

项目	第一年	第二年	第三年	第四年	第五年
历史成本	100 000	100 000	100 000	100 000	100 000
年末按历史成本计提的年折旧额	20 000	20 000	20 000	20 000	20 000
年末现行成本	105 000	110 000	115 000	120 000	125 000
按年末现行成本计提的年折旧额	21 000	22 000	23 000	24 000	25 000
按年末现行成本应计提的累计折旧额	21 000	44 000	69 000	96 000	125 000
年内增补的折旧费	——	1 000	2 000	3 000	4 000
年内增加的未实现持有损益	5 000	5 000	5 000	5 000	5 000
年内转入的已实现持有损益	1 000	3 000	5 000	7 000	9 000

根据以上资料,各年度会计处理如下:

第一年:年初以银行存款购进该项固定资产(增值税略),编制会计分录:

借:固定资产　　　　　　　　　　　　　　　　　　100 000

　　贷:银行存款　　　　　　　　　　　　　　　　　　　100 000

年末,按现行成本调整固定资产账面原值 5 000 元:

借:固定资产　　　　　　　　　　　　　　　　　　5 000

　　贷:未实现持有损益　　　　　　　　　　　　　　　　5 000

按现行成本计提当年折旧额:

借:管理费用　　　　　　　　　　　　　　　　　　21 000

　　贷:累计折旧　　　　　　　　　　　　　　　　　　　21 000

结转所提折旧中已实现持有损益 1 000 元(21 000-20 000+0):

借:未实现持有损益　　　　　　　　　　　　　　　1 000

　　贷:已实现持有损益　　　　　　　　　　　　　　　　1 000

第二年末:按现行成本调整固定资产账面原值 5 000 元:

借:固定资产　　　　　　　　　　　　　　　　　　5 000

　　贷:未实现持有损益　　　　　　　　　　　　　　　　5 000

按当年现行成本计提当年折旧 22 000 元:

借:管理费用　　　　　　　　　　　　　　　　　　22 000

　　贷:累计折旧　　　　　　　　　　　　　　　　　　　22 000

计提增补折旧费 1 000 元:

借:增补折旧费　　　　　　　　　　　　　　　　　1 000

　　贷:累计折旧　　　　　　　　　　　　　　　　　　　1 000

结转本期已实现持有损益 3 000 元(22 000-20 000+1 000):

借:未实现持有损益　　　　　　　　　　　　　　　3 000

　　贷:已实现持有损益　　　　　　　　　　　　　　　　3 000

第三年、第四年会计处理略。

第五年末:按现行成本调整固定资产账面原值 5 000 元:

借:固定资产　　　　　　　　　　　　　　　　　　　　　　　5 000

　贷:未实现持有损益　　　　　　　　　　　　　　　　　　　　　　　5 000

按当年现行成本计提当年折旧 25 000 元:

借:管理费用　　　　　　　　　　　　　　　　　　　　　　25 000

　贷:累计折旧　　　　　　　　　　　　　　　　　　　　　　　　25 000

计提增补折旧费 4 000 元:

借:增补折旧费　　　　　　　　　　　　　　　　　　　　　　4 000

　贷:累计折旧　　　　　　　　　　　　　　　　　　　　　　　　4 000

结转本期已实现持有损益 9 000 元(25 000－20 000＋4 000):

借:未实现持有损益　　　　　　　　　　　　　　　　　　　　9 000

　贷:已实现持有损益　　　　　　　　　　　　　　　　　　　　　9 000

【例 7-5】某企业按传统财务会计编制的财务报表如表 7-8、表 7-9 所示。

表 7-8　资产负债表

（历史成本）　　　　　　　　　　　　　　　　　　　　单位:元

项目	年初数额	年末数额
货币资金	75 300	81 000
应收账款	12 000	17 850
存货	37 500	52 500
固定资产原值	75 000	75 000
减:累计折旧	—	15 000
固定资产净额	75 000	60 000
资产合计	199 800	211 350
短期借款	20 000	25 000
应付账款	25 000	27 500
长期负债	60 000	60 000
股本	75 000	75 000
未分配利润	19 800	23 850
负债及所有者权益合计	199 800	211 350

表 7-9　利润及利润分配表

（历史成本）　　　　　　　　　　　　　　　　　　　　单位:元

项目	金额
营业收入	187 500
营业成本	112 500
期初存货(1月1日)	37 500
本期购货	127 500

续表

项目	金额	
可供销售的存货	165 000	
期末存货(12月31日)	52 500	
营业利润		75 000
期间费用		43 500
折旧费用		15 000
利润总额		16 500
所得税		4 950
净利润		11 550
年初未分配利润		19 800
可供分配利润		31 350
应付利润		7 500
未分配利润		23 850

有关资料如下:(1)固定资产的现行成本为87 000元,固定资产为年初一次性购入,使用期限为5年。(2)营业成本的现行成本为117 000元。(3)存货的现行成本为55 500元。

1.资产负债表项目的调整

(1)货币性项目。由于资产负债表中的货币性项目都是现行成本,年初数为上期末的现行成本,年末数为即期的现行成本,因此不需作调整。

(2)非货币性项目。由于非货币性项目是按取得时的历史成本表示的,因而应将期末账面数额调整为现行成本。

①存货项目。期末存货的账面余额为52 500元,现行成本为55 500元,计入本期持有损益的数额为3 000元(55 500-52 500)。会计分录如下:

借:存货　　　　　　　　　　　　　　　　　　　　　　3 000
　贷:未实现持有损益　　　　　　　　　　　　　　　　　　　　3 000

②固定资产项目。期末固定资产的账面余额为75 000元,现行成本为87 000元,应计入持有损益的数额为12 000元(87 000-75 000)。会计分录如下:

借:固定资产　　　　　　　　　　　　　　　　　　　　12 000
　贷:未实现持有损益　　　　　　　　　　　　　　　　　　　　12 000

(3)股东权益项目。股东权益项目余额保持原有数额,随资产调整及利润表调整结果而变动。

2.利润及利润分配表项目的调整

(1)营业收入、期间费用及所得税项目体现了该期间的现行价值,故不需调整。

(2)营业成本项目按现行成本调整。账面余额为112 500元,现行成本为117 000元,应计入已实现持有损益的数额为4 500元(117 000-112 500)。会计分录如下:

借:营业成本   4 500

  贷:已实现持有损益   4 500

（3）折旧费用项目。利润表中折旧费用的账面余额为 15 000 元,因资产负债表中固定资产原值已按现行成本调整为 87 000 元,本期以现行成本表述的折旧费用也应调整为 17 400 元(87 000/5),因此还应补提折旧 2 400 元(17 400－15 000)。会计分录如下:

借:增补折旧费用   2 400

  贷:累计折旧   2 400

同时:

借:未实现持有损益   2 400

  贷:已实现持有损益   2 400

后一个分录为结转已计入固定资产的未实现持有损益。

注:在本例中固定资产为年初购入,期初余额即为期初时固定资产的现行成本,此处的补提折旧费即为年末按现行成本应补提的折旧费。

（4）其他项目。如期初未分配利润、应付股利等,按实际发生额填列。

3.汇总计算持有损益

根据上述对资产负债表及利润表的调整结果,汇总计算持有损益结果如下:

  未实现持有损益＝3 000(存货部分)＋9 600(固定资产部分)＝12 600(元)

  已实现持有损益＝4 500(存货部分)＋2 400(固定资产补提折旧部分)＝6 900(元)

以现行成本会计为基础编制财务报表,见表 7-10、表 7-11。

表 7-10 资产负债表

（以现行成本为基础）   单位:元

项目	年初数额	年末数额
货币资金	75 300	81 000
应收账款	12 000	17 850
存货	37 500	55 500
固定资产原值	75 000	87 000
减:累计折旧	—	17 400
固定资产净额	75 000	69 600
资产合计	199 800	223 950
短期借款	20 000	25 000
应付账款	25 000	27 500
长期负债	60 000	60 000
股本	75 000	75 000
未分配利润	19 800	36 450
负债及所有者权益合计	199 800	223 950

表 7-11　利润及利润分配表

（以现行成本为基础）

单位:元

项目	金额
营业收入	187 500
营业成本	117 000
营业利润	70 500
期间费用	43 500
折旧费用	17 400
利润总额	9 600
所得税	4 950
净利润	4 650
年初未分配利润	19 800
可供分配利润	24 450
应付利润	7 500
未分配利润	16 950
已实现持有损益	6 900
未实现持有损益	12 600
期末未分配利润	36 450

在上述调整后的财务报表中,将持有损益列入利润表属于财务资本维护的观念。应该说不管是未实现还是已实现的持有损益,都是企业的不可分配利润。因此,在实物资本维护的观念下,应将持有损益作为资本维护调整数,列入资产负债表股东权益项下。仍按前例,见表 7-12、表 7-13。

表 7-12　资产负债表

（以现行成本为基础）

单位:元

项目	年末数额
货币资金	81 000
应收账款	17 850
存货	55 500
固定资产原值	87 000
减:累计折旧	17 400
固定资产净额	69 600
资产合计	223 950

续表

项目	年末数额
短期借款	25 000
应付账款	27 500
长期负债	60 000
股本	75 000
持有损益(6 900+12 600)	19 500
未分配利润	16 950
负债及所有者权益合计	223 950

表 7-13　利润及利润分配表

（以现行成本为基础）　　　　　　　　　　　　　单位:元

项目	金额
营业收入	187 500
营业成本	117 000
营业利润	70 500
期间费用	43 500
折旧费用	17 400
利润总额	9 600
所得税	4 950
净利润	4 650
年初未分配利润	19 800
可供分配利润	24 450
应付利润	7 500
未分配利润	16 950

三、现行成本会计评述

(一)现行成本会计的优点

1.可以更好地维护企业的实际生产能力。现行成本会计以现行成本计算和弥补生产中所耗用的各种资产,以保证所耗资产的回收和重置,从而可以维护企业实物资产的更新,维护企业的实际生产能力和生产经营规模。

2.增强了会计信息对决策的有用性。以现行成本所确定的经营成果和财务状况,如实地反映了企业拥有的经营规模和生产能力,所确定的经营成果和财务状况也能更好地体现企业的工作成果。

3.可以较为客观地考核和评价企业的经营业绩,促进企业经营管理的改进。采用现行成本会计,将已实现及未实现的持有损益单独列示,可以分清企业的经营成果中,哪些为经营管理者的业绩,哪些是由于物价变动原因造成的,有利于管理人员业绩的评估。

(二)现行成本会计的缺点

1.现行成本的确定带有主观性。现行成本的计算选择有一定的难度,往往会带有主观性。

2.不同时期的会计信息缺乏可比性。因为不同时期的资产是以当期现行成本调整的,因而不同时期形成的历年的财务状况和经营成果无法进行比较。同时现行成本会计模式在会计核算、记录方面也较为费时费力,掌握起来有一定的难度。

第四节 现行成本会计(二)

一、现行成本/稳值货币会计的基本原理

一般购买力会计(历史成本/稳值货币)改变的是计量单位,以稳值货币替代名义货币揭示和消除一般物价水平变动对传统财务会计信息的影响,但不反映和消除个别物价变动对传统财务会计信息的影响。现行成本会计(现行成本/名义货币会计)改变的是计量属性,用现行成本替代历史成本,以反映和消除个别物价变动对传统财务会计信息的影响,但却无法反映和消除一般物价变动对传统财务会计信息的影响。这两种会计模式各有特色,也都存在着不足。一般来说,会计信息可能会同时受到一般物价水平变动和个别物价变动的影响。而现行成本/稳值货币会计是以现行成本为计量属性,稳值货币为计量单位,全面反映和消除物价变动影响的会计程序和方法。

与其他物价变动会计模式比较,现行成本/稳值货币会计的特征为:

1.以现行成本为计量属性,反映各项资产、负债的现行成本,并计算其持有损益。

2.现行成本按稳值货币进行换算,反映货币性项目的购买力损益。

利润表需要反映两个指标:一是货币性项目的购买力损益,二是非货币性项目扣除一般物价水平变动后的现行成本变动额。

二、现行成本/稳值货币会计的基本程序或方法

现行成本/稳值货币会计的处理程序为:

1.确定和反映各项资产的现行成本;

2.确定和反映持有损益;

3.编制现行成本财务报表;

4.按稳值货币对现行成本财务报表进行调整;

5.计算货币性项目上的购买力损益;

6.计算非货币性项目消除物价变动后的现行成本变动数;

7.按现行成本/稳值货币重新编制财务报表。

现行成本/稳值货币会计可以反映和消除物价变动对传统财务会计的影响,提供更为

有用的会计信息。该会计模式所提供的会计数据反映了市场的现行价格,便于人们对企业财务状况和经营成果的理解,同时它又以稳值货币为计量单位,保持了货币计量单位的一致性,全面反映了一般物价水平变动和个别物价变动对企业财务状况和经营成果的不同影响。因此,它综合了其他物价变动会计模式的优点,提供的信息更为广泛,更为相关和更为可比,可满足报表使用者的不同需求。但这种会计模式也有着一些不足,比如,核算构成复杂,核算成本比较高,推行起来也比较困难,提供的会计信息不易被报表使用者所理解。

本章对现行成本/稳值货币会计不再作详细介绍。

本章小结

本章介绍了会计模式的构成要素;物价指数、物价变动的基本概念;物价变动对会计原则的影响;资本及资本维护的意义;一般购买力会计的基本原理、程序和方法;现行成本会计的基本原理、程序和方法;购买力损益计算的原理和方法;持有损益的性质和计算方法。

利用一定的物价变动资料对企业原有方式提供的会计信息进行改动调整,或对会计的计量方式进行改进,以反映或消除物价变动对财务报告的影响,从而保证企业财务报表的使用者能够注意到物价变动对企业经营成果和财务状况等会计信息的影响。

物价变动会计产生的外在条件是物价持续地大幅变动,内在动因是来自资本保全和确定收益的要求。

按照财务资本的概念,资本是投资者投入企业的货币数量或购买力。在物价变动的情况下,以货币表示的财务资本数额随着反映购买力水平变动的一般物价指数变动相应变动。

按照实物资本的概念,资本如同营运能力,被看作是以每日生产量等为基础的企业生产能力,以与其相当的实物量表示。在物价变动情况下,实物资本的变动随企业拥有的具体实物个别物价水平变动而变动并计量。

财务资本维护,是指为维护企业资本所具有的货币数量或购买力规模。财务资本的维护又可分为名义货币维护和购买力维护。

会计模式是指在会计核算中,将一定的会计计量单位和会计计量属性与一定的会计程序及会计方法相互结合的固定程式。会计计量单位和计量属性是会计模式的最基本构成要素。将两种计量单位(名义货币、稳值货币)和两种计量属性(历史成本、现行成本)相结合,可以组成四种不同的会计模式:历史成本/名义货币会计、历史成本/稳值货币会计、现行成本/名义货币会计、现行成本/稳值货币会计,其中,后三种为物价变动会计模式。

一般购买力会计反映了一般物价水平变动对空间的影响,其显著的特点是改变了会计计量单位,将历史成本会计模式下的会计计量单位由名义货币改变为稳值货币,而计量属性仍为历史成本,不建立单独的账户体系进行核算。在日常会计处理中,一般购买力会计核算与传统财务会计核算没有本质上的区别,只是在报告期末,以一般物价指数将财务报表中以历史成本反映的有关数据进行调整,从而消除一般物价变动对财务报表的影响。

该会计模式的程序主要包括:划分货币性项目与非货币性项目;将以名义货币表述的财务报表项目换算为稳值货币表述;计算货币性项目的购买力损益;编制一般购买力财务报表。

现行成本会计改变了传统财务会计的计量属性——历史成本计量,对企业的资产按现行成本为计价属性进行调整,以消除物价变动的影响。同时,在调整的基础上确定资产等的持有损益。在现行成本会计下,收益被视为在保持企业再生产能力或实物资本的情况下,可用于分配出去的资源。现行成本会计的特征是:以名义货币作为计量单位;以资产的现行成本为计量属性;改变了企业收益确认原则,收益被视为营业收入与所耗生产要素现行成本相配比的结果;设置现行成本账户体系进行日常核算。现行成本会计的处理程序为:(1)按现行成本调整财务报表数据;(2)计算现行成本变动额(持有损益);(3)编制现行成本财务报表。

思考题

1.简述物价变动对历史成本会计的冲击。

2.怎样计算物价指数? 个别物价指数与一般物价指数的关系怎样?

3.一般物价指数、个别物价指数与货币单位购买力的关系怎样?

4.什么是资本维护? 财务资本维护和实物资本维护是怎样确定净收益的?

5.什么是会计模式? 简述几种物价变动会计模式的含义。

6.简述一般购买力会计的特征和基本程序。

7.在物价变动时期,划分货币性项目和非货币性项目有何意义?

8.如何计算货币购买力损益?

9.简述现行成本会计的特征及基本程序。

10.什么是持有损益?

业务题

1.

(1)目的:掌握一般购买力会计的核算方法。

(2)资料:甲公司 2009 年 12 月 31 日的资产负债表及该年度的利润表见表 1、表 2。

表 1　资产负债表(历史成本)

编制单位:甲公司　　　　　　　　　2009 年 12 月 31 日　　　　　　　　　单位:元

项目	年初数	年末数
现金	70 000	36 000
应收账款		160 000
固定资产	1 000 000	1 000 000
减:累计折旧		100 000
固定资产净值	1 000 000	900 000
资产合计	1 070 000	1 096 000

续表

项目	年初数	年末数
应付账款	470 000	200 000
股本	600 000	600 000
未分配利润		296 000
负债及所有者权益	1 070 000	1 096 000

表 2　利润表(历史成本)

编制单位:甲公司　　　　　　　　　　2009 年　　　　　　　　　　单位:元

项目	金额
营业收入	1 200 000
减:营业成本	760 000
销售费用	40 000
折旧费用	100 000
利润总额	300 000
减:所得税	4 000
净利润	296 000

相关物价指数资料:

2009 年 1 月 1 日物价指数是 100,2009 度平均物价指数是 110,2009 年 12 月 31 日物价指数是 120。

固定资产为 2009 年 1 月 1 日购入,预计使用 10 年,净残值为 0,按直线法计提折旧。普通股发行时的物价指数为 100。收入、费用及存货购入为年内均匀发生,期初期末无存货。

(3)要求:按一般购买力会计编制甲公司 2009 年的资产负债表和利润表。

2.

(1)目的:掌握现行成本的核算方法。

(2)资料:乙公司采用现行成本会计,2009 年购入 A 产品 2 500 件,购入成本每件 50 元。销售 A 产品 1 500 件,每件售价 80 元,货款收到并存入银行。期末结存 A 产品 1 000 件,A 产品的现行成本为 60 元。

(3)要求:

①计算 A 产品的已实现损益和未实现损益;

②编制 A 产品销售及结转营业成本的会计分录。

3.

(1)目的:掌握持有损益的处理方法。

(2)资料:丙公司 2009 年度部分会计资料如下:

①期初存货 600 件,单位成本 48 元,2009 年以每件 60 元购入 5 000 件,年末结存 800

件。公司采用先进先出法对发出存货进行计价,销售时年末存货的现行成本是每件 65 元。

②年初购入设备一台,买价 80 000 元,预计使用 5 年,假设无残值,按直线法计提折旧。该固定资产年末的重置成本是 96 000 元。

(3)要求:

①按年末存货现行成本计算 2009 年的营业成本及存货持有损益。

②按年末固定资产现行成本计算 2009 年的折旧费用及固定资产的持有损益。

4.

(1)目的:掌握购买力损益的计算方法。

(2)资料:长江公司 2009 年 1 月 1 日的货币性项目如下:

现金	60 000	应付账款	48 000
应收账款	24 000	短期借款	12 000

本年度发生了以下有关经济业务:

①销售 180 000 元,购货 150 000 元;

②以现金支付营业费用 48 000 元;

③支付所得税 1 2000 元(假设以上三项均匀发生);

④年末支付股利 24 000 元;

⑤年末出售汽车一辆,得款 96 000 元。

有关物价指数的资料如下:

年初 100,年末 130,全年平均 115。

(3)要求:以年末货币为稳值货币计算购买力损益。

5.

(1)目的:现行成本的核算方法。

(2)资料:丁公司 2010 年 1 月购入一项固定资产,原值 63 000 元,预计使用期限为 4 年,预计净残值为 0,其现行成本每年末增加 21 000 元。假设丁公司从 2010 年 1 月份开始按直线法计提折旧,并增补折旧费。

(3)要求:

①计算丁公司:

每年末按历史成本计提的折旧额;

每年末的现行成本;

每年末按现行成本计提的折旧额;

每年末按现行成本应计提的累计折旧额;

每年末新增的未实现持有损益;

每年年内转入的已实现持有损益。

②根据以上资料,进行相应的会计处理。

6.

(1)目的:掌握现行成本会计的处理方法。

(2)资料:C 公司 2009 年按历史成本编制的资产负债表和利润表见表1、表2。

表1 资产负债表

编制单位:C公司   2009 年 12 月 31 日   金额单位:元

项目	金额	项目	金额
货币资金	723 000	应付账款	300 000
应收账款	150 000	应付债券	600 000
存货	375 000	股本	750 000
固定资产	750 000	未分配利润	198 000
减:累计折旧	150 000		
固定资产净值	600 000		
资产合计	1 848 000	负债及所有者权益合计	1 848 000

表2 利润表及利润分配表

编制单位:C公司   2009 年 12 月   金额:元

项目	金额	
营业收入		1 500 000
营业成本		600 000
年初存货	225 000	
购货	750 000	
可供销售的存货	975 000	
年末存货	375 000	
营业利润		900 000
营业费用(除折旧费外)	360 000	
折旧费	150 000	510 000
利润总额		390 000
所得税	117 000	117 000
净利润		273 000
应付利润		75 000
年末未分配利润	198 000	

其他有关现行成本资料如下:

①已销存货年内的平均成本为 660 000 元;

②年末存货现行成本为 390 000 元;

③固定资产年末重置成本为 825 000 元,固定资产为年初一次性购入,使用年限 5 年;

④2009 年 12 月 31 日宣告并发放现金股利 75 000 元。

(3)要求:根据上述资料重新编制现行成本财务报表。

第八章

分部报告与中期报告

学习目的：掌握分部报告和中期报告的含义与编制；熟悉分部报告和中期报告的内容和格式；了解编制分部报告和中期报告的意义及理论依据和编制原则；能够运用本章所学知识，正确解读和编制分部报告和中期报告。

引导案例：

康佳集团股份有限公司（000016）在 2009 年度报告中披露："业务分部，是指企业内可区分的、能够提供单项或一组相关产品或劳务的组成部分。该组成部分承担了不同于其他组成部分的风险和报酬。"该公司的业务分部为彩电业务、手机业务和其他业务。这些分部是如何划分的？分部信息从何而来？含义是什么？

第一节　分部报告

一、分部报告的意义

（一）分部报告的概念

分部报告（segment report）是从事跨地区、跨行业经营活动的大型企业将所属部门、机构的重要财务状况和经营成果等信息按一定分部标准归类而编制的财务报表。企业提供分部报告是为了帮助会计信息的使用者更好地理解企业的经营业绩，评估其风险和报酬，以及从整体上对企业的经营情况做出更准确的判断。

（二）分部报告的作用

1.有助于更好地理解企业的经营业绩及其差异性

跨地区、跨行业的经营，必然造成母公司及所属分公司或子公司在不同地区或不同行业中投入的技术、资金、劳动力等各方面的不同，它们的获利能力、资金分部、投资风险、发展前景等均可能存在很大区别。

2.有助于更好地评估企业的风险和回报

公司跨地区、跨行业经营时,合并财务报表通常不能提供不同地区、不同行业的盈利能力、增长趋势及风险等重要信息,而不同地区、不同行业或不同产品通常并不具有同样风险的经营环境或同样报酬的经营机会。当投资者掌握了按地区或按业务等披露的会计信息后,就能从整体上对企业做出更有根据的判断。

3.有助于宏观经济管理

大型企业的生产经营对国家的宏观经济有很大影响。国家需要通过有关的会计信息,掌握这些企业的生产经营状况及其发展规划对有关地区、有关行业甚至国家经济的影响,制定相应的制度、政策,进行必要的宏观调控,以保证有关地区、有关行业和国家经济健康地发展。

4.有助于企业管理

公司管理层在制定公司发展计划,做出投资、筹资决策,或根据既定发展计划,控制整个公司的生产经营过程中,需要将公司经营活动按地区或业务等类别加以划分,以了解其各部分生产经营、获利能力、投资风险、发展前景等情况。

二、报告分部的确定

(一)分部的确定

企业存在多种经营或跨地区经营的,应当按规定披露分部信息。企业披露分部信息,可以根据具体情况不同,按不同的分部类型分部。划分分部的依据是风险和报酬。分部类型包括:业务、地区、客户、组织结构、独立核算单位、生产线、产品等。确定分部划分的基础主要取决于分部报告的目标。一般来讲,分部报告的目标是提供不同产品和劳务以及企业经营所在不同地区的信息,所以,最常见的分部类型是按业务和地区分部划分,本节着重介绍这两种。

1.业务分部

业务分部(industry segment)是指企业内可区分的、能够提供单项或一组相关产品或劳务的组成部分。该组成部分承担了不同于其他组成部分的风险和报酬。一个业务分部不应当包含在风险和报酬方面存在重大差异的产品和劳务。

企业在确定业务分部时,应当结合企业内部管理要求,并应考虑以下主要因素:

(1)各单项产品或劳务的性质,包括产品或劳务的规格、型号、最终用途等。一般情况下,生产的产品和提供的劳务性质相同或类似,其风险、报酬率可能较为接近,因此,可以将其划分到同一业务分部之中。

(2)生产过程的性质,包括采用劳动密集或资本密集方式组织生产、使用相同或者相似设备和原材料,采用委托生产或加工方式等。一般情况下,生产过程的性质相同或相似,其成本驱动因素、成本构成可能较为接近,因此,可以将其划分到同一业务分部之中。

(3)产品或劳务的客户类型,包括大宗客户、零散客户等。一般情况下,产品或劳务的客户类型相同或类似,其销售条件会基本相同,如相同或相似的销售价格、销售折扣,相同或相似的售后服务,因而具有相同或相似的风险、报酬,因此,可以将其划分到同一业务分部之中。

(4)销售产品或提供劳务的方式,包括批发、零售、自产自销、委托销售、承包等。一般情况下,销售产品或提供劳务的方式相同或相似,其承受的风险、报酬可能较为接近,因此,可以将其划分到同一业务分部之中。

(5)生产产品或提供劳务受法律、行政法规的影响,包括经营范围或交易定价限制等。一般情况下,生产产品或提供劳务受法律、行政法规的限制,必然对企业的生产经营活动产生影响。对相同或类似法律、行政法规环境下的产品生产和劳务提供进行归类,以提供相关信息,有利于清晰地反映该类产品生产和劳务提供的会计信息。

2.地区分部

地区分部(region segment)是指企业内可区分的、能够在一个特定的经济环境内提供产品或劳务的组成部分。该组成部分承担了不同于在其他经济环境内提供产品或劳务的组成部分。

地区分部可以按企业的生产或劳务设施及其资产所在地确定,也可以按其市场和客户所在地确定,关键是确定主要的地区风险来自资产所在地——销售的来源地,还是客户所在地——销售的目的地。一个地区分部的范围可以是一个国家内的一个区域、一个国家、两个或两个以上国家的组合,但具有重大不同风险和回报的经营,即使是处于同一地区,也不得划入同一地区分部。

企业在确定地区分部时,应当结合企业内部管理要求,并应考虑以下主要因素:

(1)所处经济、政治环境的相似性。所处经济、政治环境的相似性,包括境外经营所在地区经济和政治的稳定程度等。所处经济、政治环境的相似意味着其生产经营活动所面临的政治、经济风险基本相同,在确定地区分部时,应将其划为一个地区分部。

(2)在不同地区经营之间的关系。在不同地区经营之间的关系,包括在某地区进行产品生产,而在其他地区进行销售等。在不同地区经营之间存在着紧密关系,意味着这些不同地区的生产经营活动风险和报酬基本相同,在确定地区分部时,应将其划为一个地区分部。

(3)经营的接近程度大小。经营的接近程度大小,包括在某地区生产的产品是否需在其他地区进一步加工生产等。经营的接近程度较高的地区,表明其生产经营活动所面临的风险和报酬基本相同,在确定地区分部时,应将其划为一个地区分部。

(4)与某一特定地区经营相关的特别风险。与某一特定地区经营相关的特别风险,包括气候异常变化等。如果某一特定地区在生产经营上存在特别风险,则这些地区不能在确定地区分部时,将其与其他地区合并,划为一个地区分部。

(5)外汇管理规定。即境外经营所在地区是否实行外汇管制。外汇管理规定直接影响着企业内部资金的调度和转移,从而可能影响企业的经营风险。所以,实现外汇管制的国家和地区不能与外汇自由流动的国家和地区划为一个地区分部。

(6)外汇风险。外汇风险,即外汇汇率变动的风险。通常情况下,外汇汇率波动不大的国家和地区,其生产经营所面临的风险和报酬基本相同,可以作为一个地区分部处理;而在外汇汇率波动较大的国家和地区,其生产经营所面临的风险和报酬不同,不能划为一个地区分部处理。

注意,企业在具体确定分部时,特定的分部一般不会同时符合上述业务分部和地区分部的全部因素,所以当包含上述的大部分因素时,就可认定某个分部。

3.分部与企业内部管理要求

企业确定分部时,通常是以企业的内部组织和管理结构,以及向董事会或者类似机构的内部报告制度为基础。但是,如果一个企业的内部组织和管理结构,以及向董事会或类似机构的内部报告制度,既不以产品或劳务为基础,也不以地区为基础,则该内部报告制度所使用的分部符合业务分部或地区分部定义的,即认定为相应分部;内部报告制度所使用的分部不符合业务分部或地区分部定义的,管理层就需要对内部管理单位做进一步细分,使所报告的信息与企业的产品和劳务分类或者企业的地区分类相一致。

【例 8-1】某公司生产甲、乙、丙、丁四个产品,根据管理要求,该公司设立六个生产经营部门,每个部门均生产经营上述四种产品,公司允许六个部门经营上相对独立,公司向董事会提交的财务报告列出了六个部门的总收入和费用。公司在确定分部时,应该按产品,划分甲、乙、丙、丁四个业务部门。

4.分部的合并

企业所有内部报告的业务分部或地区分部并不一定都作为独立的业务分部或地区分部来考虑。两个或两个以上的业务分部或地区分部如果确定业务分部或地区分部所考虑的因素类似,同时具有相近的长期财务业绩,包括具有相近的长期平均毛利率、资金回报率、未来现金流量等,可以合并为一个报告分部。

【例 8-2】某公司生产 A、B、C、D、甲、乙、丙、丁、戊等产品,每种产品均由独立的业务部门完成。该公司各项业务 2009 年 12 月 31 日的相关信息如表 8-1 所示。

表 8-1

单位:千元

项目	A	B	C	D	甲	乙	丙	丁	戊	合计
营业收入	212 000	260 000	200 000	190 000	520 000	460 000	138 000	540 000	100 000	2 620 000
其中:对外交易	200 000	240 000	160 000	180 000	160 000	300 000	100 000	540 000	100 000	1 980 000
分部间交易	12 000	20 000	40 000	10 000	360 000	160 000	380 000			640 000
营业费用	148 400	184 600	138 000	133 000	312 000	285 200	110 400	440 000	60 000	1 811 600
其中:对外交易	120 000	156 600	114 000	124 000	14 000	264 000	94 400	410 000	60 000	1 357 000
分部间交易	28 400	28 000	24 000	9 000	298 000	21 200	16 000	30 000		454 600
营业利润	63 600	75 400	62 000	57 000	208 000	174 800	27 600	100 000	40 000	
销售毛利率(%)	30	29	31	30	40	38	20	18.5	40	
资产总额	640 000	740 000	560 000	460 0001	300 0001	180 000	500 000	1 400 000	800 000	7 580 000
负债总额	300 000	340 000	260 000	200 000	600 000	400 000	300 000	600 000	360 000	3 360 000

假如经预测,A、B、C、D 四个部门今后 5 年内平均销售毛利率与本年差异不大,并且其生产产品类型、生产过程、客户类型、销售方式等类似,符合业务分部所考虑因素的相似性。该公司在确定业务分部时,可以将生产四个水平的分部予以合并,成立一个 abcd 部。

合并后 abcd 部的分部收入为 860 000 000 元,分部费用为 604 000 000 元,分部利润为 258 000 000 元。

(二)报告分部

报告分部(reportable segment)是分部报告信息分类的基础,是根据重要性原则对符合业务分部或地区分部定义的分部进行筛选确定的、应予报告的分部。

业务分部和地区分部是以分部的风险和报酬为基础划分的,对于有些生产或提供风险与报酬大不相同的产品或劳务的企业,可能会有数量较多的业务分部和地区分部,如果就此披露所有分部的报告信息,既不符合重要性原则,也不符合成本与效益原则。所以,分部报告的会计信息应在真实、可靠、正确的基础上,对重要的、实质性的、可对信息使用者的决策产生重大影响的信息予以披露,这就需要对报告分部予以确定。

确定报告分部,首先要确定重要性标准。一般的重要性标准是通过分部收入、分部利润(亏损)、分部资产等因素予以衡量。

1.符合重要性标准的报告分部

企业应当以业务分部或地区分部为基础确定报告分部。业务分部或地区分部的大部分收入是对外交易收入,且满足下列条件之一的,应当将其确定为报告分部:

(1)该分部的分部收入占所有分部收入合计百分之十或者以上。

分部收入包括对外交易收入和对内交易收入。当某分部收入大部分是对外收入并占所有分部收入合计百分之十或者以上,则可以将其确定为报告分部。

【例 8-3】仍以例 8-2 某企业资料为例。计算各分部收入是否达到所有分部收入合计的百分之十或者以上的重要性标准,计算见表 8-2。

表 8-2

单位:千元

项目	abcd	甲	乙	丙	丁	戊	合计
营业收入	862 000	520 000	460 000	138 000	540 000	100 000	2 620 000
占收入合计%	32.9	19.8	17.6	5.3	20.6	3.8	100

通过计算,满足 10% 或以上条件的分部为 abcd、甲、乙、丁。

但是,分部甲的对外交易收入占该分部收入合计的比例为 30.8%,不符合大部分收入是对外交易收入的要求。如果该公司的内部管理不属于按垂直一体化经营的层次来划分的,则甲分部不能确定为报告分部;如果该公司的内部管理属于按垂直一体化经营的层次来划分的,则甲分部可以确定为报告分部;

(2)该分部的分部利润(亏损)的绝对额,占所有盈利分部利润合计额或者所有亏损分部亏损合计额的绝对额两者中较大者的百分之十或者以上。

分部利润(亏损),是指分部收入减去分部费用后的余额。分部费用,是指可归属于分部的对外交易费用和对其他分部交易费用。当某分部收入大部分是对外收入,且该分部的分部利润(亏损)的绝对额占所有盈利分部利润合计额或者所有亏损分部亏损合计额的绝对额两者中较大者的百分之十或者以上,则可以将其确定为报告分部。

【例 8-4】某公司在 A、B、C、D、E、F、G、H、I 地区均设有分公司,假定各分公司之间不存在内部交易,其营业收入均为对外交易而取得。各分公司有关财务信息见表 8-3。

表 8-3   单位:千元

项目	A	B	C	D	E	F	G	H	I	合计
营业收入	20 000	4 000	10 000	1 000	600	7 000	2 000	1 400	6 000	52 000
营业费用	16 000	3 000	7 000	1 400	1 900	5 000	3 160	1 200	4 800	43 460
营业利润	4 000	1 000	3 000	(400)	(1 300)	2 000	(1 160)	200	1 200	8 540

分析:

①各分公司之间不存在内部交易,其营业收入均为对外交易而取得。各分公司均符合大部分收入是对外交易收入的要求。

②确定所有盈利分部利润合计额或者所有亏损分部亏损合计额的绝对额两者中较大者。

盈利分部为 A、B、C、F、H、I,利润合计额为 11 400 000 元;亏损分部为 D、E、G,亏损合计的绝对额为 2 860 000 元。

二者中较大者为 11 400 000 元。该公司在对各分部的分部利润或亏损进行比较时,应当以 11 400 000 元作为比较基数,通过各分部利润或亏损的绝对额占 11 400 000 元的百分比是否达到 10% 或以上,来确定应否确定为报告分部。

③计算各分部的分部利润(亏损)的绝对额,是否达到占所有盈利分部利润合计额或者所有亏损分部亏损合计额的绝对额两者中较大者的百分之十或者以上的重要性标准,计算见表 8-4。

表 8-4   单位:千元

项目	A	B	C	D	E	F	G	H	I	合计
营业收入	20 000	4 000	10 000	1 000	600	7 000	2 000	1 400	6 000	52 000
营业费用	16 000	3 000	7 000	1 400	1 900	5 000	3 160	1 200	4 800	43 460
营业利润	4 000	1 000	3 000	(400)	(1 300)	2 000	(1 160)	200	1 200	8 540
占利润%	35	8.8	26	3.5	11.4	17.5	10.2	1.8	10.5	

④通过计算,满足 10% 或以上条件的分部为:A、C、E、F、G、I,应确定为报告分部。

(3)该分部的分部资产占所有分部资产合计额的百分之十或者以上。

分部资产,是指分部经营活动使用的可归属于该分部的资产,不包括递延所得税资产。分部资产应当按照扣除相关累计折旧或摊销额以及累计减值准备后的金额确定。当某分部收入大部分是对外收入,且该分部的分部资产占所有分部资产合计额的百分之十或者以上,则可以将其确定为报告分部。

【例 8-5】仍以例 8-2 某企业资料为例。计算各分部的分部利润(亏损)的绝对额,是否达到占所有盈利分部利润合计额或者所有亏损分部亏损合计额的绝对额两者中较大者的百分之十或者以上的重要性标准,计算见表 8-5。

表 8-5

单位:千元

项目	abcd	甲	乙	丙	丁	戊	合计
资产总额	2 400 000	1 300 000	1 180 000	500 000	1 400 000	800 000	7 580 000
占资产合计%	32.8	17.1	15.6	6.6	18.5	10.6	100

通过计算,满足10%或以上条件的分部为abcd、甲、乙、丁、戊,应确定为报告分部。

2.其他报告分部

不符合上述条件的分部可以采用下列方法确定为报告分部:

(1)指定为报告分部。

(2)被指定的不符合条件的分部,可与其他类似不符合条件的一个或几个分部合并为一个报告分部。

(3)对于上期符合10%条件而本期未达到10%的分部,如果管理层认为其重要,仍可确定为报告分部。

(4)企业的内部管理是按照垂直一体化经营的不同层次来划分的,即使其大部分收入不通过对外交易取得,仍可将垂直一体化经营的不同层次确定为独立的报告业务分部。如例8-3中的分部甲的对外交易收入占该分部收入合计的比例为30.8%,不符合大部分收入是对外交易收入的要求。但如果该公司的内部管理属于按垂直一体化经营的层次来划分的,则甲分部可以确定为报告分部。

(5)不单独报告或与其他分部合并报告的分部,企业应当把这些分部作为其他项目(即未分配项目)单独披露。如例8-2中的甲(如果该公司的内部管理不属于按垂直一体化经营的层次来划分)、丙、例8-4中的B、D、H。

(6)所有报告分部的对外交易收入合计,至少应占合并总收入或企业总收入的75%。如果所有报告分部的对外收入占合并总收入或企业总收入的比重不足75%,应将更多的分部确定为报告分部,直到75%为止。

【例8-6】仍以例8-2某企业资料为例。计算所有报告分部的对外交易收入合计,是否达到合并总收入或企业总收入的75%(假设甲分部可以确定为报告分部)。计算见表8-6。

表 8-6

单位:千元

项目	abcd	甲	乙	丁	戊	小计	……	合计
营业收入	862 000	520 000	460 000	540 000	100 000	2 482 000		2 620 000
其中:对外交易	780 000	160 000	300 000	540 000	100 000	1 880 000		1 980 000
分部间交易	82 000	360 000	160 000			402 000		640 000

根据表8-6资料计算,所有报告分部的对外交易收入合计已达到企业总收入的94.9%(1 880 000÷1 980 000×100%),符合75%的限制性标准,不需要增加报告分部的数量。

【例8-7】仍以【例8-4】某企业资料为例。计算所有报告分部的对外交易收入合计,是否达到合并总收入或企业总收入的75%。

表8-7

单位:千元

项目	A	C	E	F	G	I	小计	……	合计
营业收入	20 000	10 000	600	7 000	2 000	6 000	45 600		52 000

根据表8-7资料,通过计算,所有报告分部的对外交易收入合计已达到企业总收入的87.7%(45 600÷52 000×100%),符合75%的限制性标准,不需要增加报告分部的数量。

三、分部报告的编制

(一)分部会计政策

分部会计政策,是指编制合并财务报表或企业财务报表时采用的会计政策,以及与分部报告特别相关的会计政策。

1.编制分部报告所采用的会计政策应与编制合并财务报表或企业财务报表所采用的会计政策相一致。企业应当以对外提供的财务报表为基础披露分部信息。对外提供合并财务报表的企业,应当以合并财务报表为基础披露分部信息。分部报告的目的是帮助财务报表使用者更好地从整体上理解企业,并对其做出更有根据的判断。所以分部报告采用与企业财务报表一致的会计政策,有利于报表使用者在一致的基础上对于整体和分部信息及其关系进行正确的分析,做出相应的判断。

2.与分部报告特别相关的会计政策包括分部的确定、分部间转移价格的确定方法,以及将收入和费用分配给分部的基础等。分部间转移交易应当以实际交易价格为基础计量。转移价格的确定基础及其变更情况,应当予以披露。

3.分部会计政策变更影响重大的,应当按照《企业会计准则第28号——会计政策、会计估计变更和差错更正》进行披露,并提供相关比较数据。提供比较数据不切实可行的,应当说明原因。企业改变分部的分类且提供比较数据不切实可行的,应当在改变分部分类的年度,分别披露改变前和改变后的报告分部信息。

4.企业在披露分部信息时,应当提供前期比较数据。但是,提供比较数据不切实可行的除外。

(二)分部报告的内容

1.分部收入

分部收入,是指可归属于分部的对外交易收入和对其他分部交易收入。分部收入主要由可归属于分部的对外交易收入构成,通常为营业收入。分部的对外交易收入和对其他分部交易收入,应当分别披露。可归属于分部的收入来源有两个:一是可以直接归属于分部的收益,即,直接由分部的业务交易而产生;二是可以间接归属于分部的收入,即,将企业交易产生的收入在相关的分部之间进行分配,按属于某分部的收入金额确认为分部收入。

分部报告中"对外交易收入"是各分部对整个企业以外的单位销售所产生的收入;"分部间交易收入"是各分部与其他分部销售业务所产生的收入,应在"抵销"栏进行抵销。

分部收入不包括：

(1)营业外收入。营业外收入不是产生于企业的日常活动,因而属于预期不会频繁发生或者不会有规则地发生的事项或交易形成的收益。如处置固定资产、无形资产等产生的净收益。

(2)利息和股利收入。如采用成本法核算的长期股权投资的股利收入(投资收益)、债券投资的利息收入、对其他分部贷款的利息收入等。但是,分部的日常活动是金融性质的,利息收入应当作为分部收入进行披露。分部收入信息应反映分部经营业绩,即分部日常活动的情况,与利息和股利收入相对应的投资活动,通常是企业层次上的日常活动而非某个分部层次上的活动,因此,利息和股利收入不应包括在分部收入中。

(3)采用权益法核算的长期股权投资在被投资单位实现的净利润中应享有的份额。但是,分部的日常活动是金融性质的,本项应当作为分部收入进行披露。企业在采用权益法核算长期股权投资时,应当在取得股权投资后,按照应享有或应分担的被投资单位实现的净利润的份额,确认投资收益并调整长期股权投资的账面价值。由于非金融企业的投资收益不属于企业营业收入的范畴,因此,不应当包括在分部收入中。

(4)处置投资产生的净收益。但是,分部的日常活动是金融性质的,本项应当作为分部收入进行披露。企业处置投资产生的净收益,包括出售投资获得的收益以及债务清偿所获得的收益两部分。由于非金融企业处置投资产生的净收益不属于企业营业收入的范畴,因此,不应当包括在分部收入中。分部收入应当与企业的对外交易收入(包括企业对外交易取得的、未包括在任何分部收入中的收入)相衔接。

2.分部费用

分部费用,是指可归属于分部的对外交易费用和对其他分部交易费用。分部的折旧费用、摊销费用以及其他重大的非现金费用,应当分别披露。可归属于分部的费用来源有两个:一是可以直接归属于分部的费用,即,直接由分部的业务交易而产生;二是可以间接归属于分部的费用,即,将企业交易产生的费用在相关的分部之间进行分配,按属于某分部的费用金额,确认为分部费用。分部费用主要由可归属于分部的对外交易费用构成,通常包括营业成本、营业税金及附加、销售费用等。分部报告中"营业费用"是各分部对整个企业以外的单位销售所产生和各分部与其他分部销售业务所产生的费用。分部费用中折旧费、摊销费以及其他非现金费用应在"补充信息"中单独披露。

分部费用不包括:

(1)营业外支出,如处置固定资产、无形资产等发生的净损失。营业外支出不是产生于企业的日常活动,因而属于预期不会频繁发生或者不会有规则地发生的事项或交易形成的费用。

(2)利息费用,如发行债券、向其他分部借款的利息费用等。但是,分部的日常活动是金融性质的,利息费用应当作为分部费用进行披露。与利息费用相对应的筹资活动,通常是企业层次上的日常活动而非某个分部层次上的活动,因此,利息费用不应包括在分部费用中。

(3)采用权益法核算的长期股权投资在被投资单位发生的净损失中应承担的份额。但是,分部的日常活动是金融性质的,本项应当作为分部费用进行披露。

(4)所得税费用。所得税费用通常是对公司整体而非公司内部的某个分部而言的,因此,不能计入分部费用。如果将公司所得税费用分摊于不同分部,其分摊的基础必然带有随意性,从而影响分部经营成果的可靠性。

(5)与企业整体相关的管理费用和其他费用。但是,企业代所属分部支付的、与分部经营活动相关的、且能直接归属于或按合理的基础分配给该分部的费用,属于分部费用。管理费用包括一般行政费、总部的费用,以及其他在企业层次上形成的、与整个企业相关的费用,一般不分摊计入分部费用。财务费用是企业为筹集生产经营所需资金而发生的费用,包括作为期间费用的利息支出(减利息收入)、汇兑损失(减汇兑收益)以及相关的手续费。由于筹资活动通常是企业总体计划活动,因此不应计入分部费用。但是,销售费用是企业在销售商品或提供劳务过程中发生的费用,是与分部的经营活动密切相关的费用,应计入分部费用,可以直接归属于或采用合理的基础分配给分部。

3.分部利润(亏损)

分部利润(亏损),是指分部收入减去分部费用后的余额。因此,不属于分部收入的总部的收入和营业外收入等,以及不属于分部费用的所得税费用、营业外支出等,在计算分步利润(亏损)时,不得作为考虑的因素。在此意义上,分部利润(亏损)与企业利润(亏损)总额或净利润(净亏损)包含的内容不同。企业在披露分部信息时,分部利润(亏损)应当单独进行披露。在合并利润表中,分部利润(亏损)应当在调整少数股东损益前确定。分部利润(亏损)应当在进一步考虑不属于分部的收入或费用等因素后与企业营业利润(或亏损)和企业净利润(或净亏损)相衔接。

4.分部资产

分部资产,是指分部经营活动使用的可归属于该分部的资产。分部资产包括企业在分部的经营中使用的、可归属于该分部的资产,以及能够以合理的基础分配给该分部的资产,不包括递延所得税资产。分部资产应当按照扣除相关累计折旧或摊销额以及累计减值准备后的金额确定。

分部资产与分部利润、分部费用等之间通常存在一定的对应关系:

(1)如果分部利润(亏损)包括利息或股利收入,则分部资产中就应包括相应的应收账款、贷款、投资或其他金融资产。

(2)如果分部费用包括某项固定资产的折旧费用,则分部资产中就应包括相应的固定资产。

(3)如果分部费用包括某项无形资产或商誉的摊销额或减值额,则分部资产中就应包括相应的无形资产或商誉。

5.分部负债

分部负债,是指分部经营活动形成的可归属于该分部的负债,分部负债包括可归直接属于该分部的负债,以及能够以合理的基础分配给该分部的负债,不包括递延所得税负债。常见的分部负债有:应付账款、其他应付款、预收账款、预计负债等。分部负债一般不包括借款、应付债券、融资租入固定资产所发生的相关债务,在经营活动之外为融资目的而承担的负债、递延所得税负债等。不属于任何一个分部的负债,应当作为其他项目单独披露。分部负债总额应当与企业负债总额相衔接。

四、分部报告的报告形式

企业应当区分主要报告形式和次要报告形式披露分部信息。在确定分部信息的主要报告形式和次要报告形式时,应当以企业的风险和报酬的主要来源和性质为依据,同时结合企业的内部组织结构、管理结构,以及向董事会或类似机构提供的内部报告的制度。

企业的风险和报酬的主要来源和性质,主要与其提供的产品或劳务,或者经营所在国家或地区密切相关。企业在分析其所承担的风险和报酬时,应当注意以下相关因素:

1.所生产产品或提供劳务的性质、过程、客户类型、销售方式等;

2.所生产产品或提供劳务受法律、行政法规的影响等;

3.所处的经济、政治环境等。

企业的内部组织结构、管理结构以及向董事会或类似机构提供内部报告的制度安排,通常会考虑或结合企业风险和报酬的主要来源和性质等相关因素。

(一)主要报告形式和次要报告形式的确定

1.如果企业的风险和报酬主要受其产品和劳务的差异的影响,则报告分部信息的主要形式应是业务分部,次要形式应是地区分部。

2.如果企业的风险和报酬主要受其在不同国家或地区经营活动的影响,则报告分部信息的主要形式应是地区分部,次要形式应是业务分部。

3.如果企业的风险和报酬同时受其产品和劳务的差异以及经营所在国家或地区差异的较大影响,则报告分部信息的主要形式应是业务分部,次要形式应是地区分部。

(二)主要报告形式和次要报告形式的披露内容

主要报告形式的披露内容包括:企业分部收入、分部费用、分部利润(亏损)、分部资产总额和分部负债总额等。

次要报告形式的披露内容包括:企业分部对外交易收入和分部资产总额等。

(1)主要报告形式为业务分部者

对外交易收入占企业对外交易收入总额百分之十或者以上的地区分部,以外部客户所在地为基础披露对外交易收入;

分部资产占所有地区分部资产总额百分之十或者以上的地区分部,以资产所在地为基础披露分部资产总额。

(2)主要报告形式为地区分部者

对外交易收入占企业对外交易收入总额百分之十或者以上的业务分部,应当披露对外交易收入;

分部资产占所有业务分部资产总额百分之十或者以上的业务分部,应当披露分部资产总额。

五、分部报告格式

分部报告格式如表8-8所示。

表 8-8

项目	××业务		××业务		……	其他		抵销		合计	
	本期	上期	本期	上期		本期	上期	本期	上期	本期	上期
一、营业收入											
其中:对外交易收入											
分部间交易收入											
二、营业费用											
三、营业利润(亏损)											
四、资产总额											
五、负债总额											
六、补充信息											
1.折旧和摊销费用											
2.资本性支出											
3.折旧和摊销以外的非现金费用											

主要报告形式是地区分部的,比照业务分部格式进行披露,并将"××业务"栏等改为"××地区"。

在主要报告形式的基础上,对于次要报告形式,企业还应披露对外交易收入、分部资产总额。

【例 8-8】并设该公司总部资产总额为 40 000 000 元,总部负债总额为 24 000 000 元,其他资料如表 8-9 所示。

表 8-9

金额单位:千元

项目	A	B	C	D	甲	乙	丙	丁	戊	合计
折旧费用	16 500	17 700	11 800	10 640	41 240	26 300	16 200	47 240	29 000	216 620
摊销费用	1 500	1 800	2 080	980	1 720	2 700	460	420		11 660
资本性支出	40 000	30 000	100 000	17 000	70 000	15 200		1 700	800	274 700

分析:

1.上述资料表明,该公司应当以业务分部为主要报告形式披露分部信息。

2.确定的报告分部为 abcd、甲、乙、丁、戊分部,丙为其他分部。

3.分部报告见表 8-10。

表 8-10　分部报告

金额单位:千元

项目	abcd	甲	乙	丁	戊	其他	抵销	合计
一、营业收入	862 000	520 000	460 000	540 000	100 000	138 000	(640 000)	1 980 000
其中:对外交易收入	780 000	160 000	300 000	540 000	100 000	100 000		
分部间交易收入	82 000	360 000	160 000			38 000	(640 000)	
二、营业费用	604 000	312 000	285 200	440 000	60 000	110 400	(454 600)	1 357 000
三、营业利润(亏损)	258 000	208 000	174 800	100 000	40 000	27 600	(185 400)	623 000
四、资产总额	2 400 000	1 300 000	1 180 000	1 400 000	800 000	540 000		7 620 000
五、负债总额	1 100 000	600 000	400 000	600 000	360 000	324 000		3 84 000
六、补充信息								
1.折旧和摊销费用	63 000	42 960	29 000	47 660	29 000	16 660		
2.资本性支出	187 000	70 000	15 200	1 700	800			

第二节　中期报告

　　中期报告(interim report)是以中期为基础编制的财务报告。中期是指短于一个完整的会计年度的报告期间,如一个月、一个季度、半年或其他短于一个会计年度的期间。中期财务报告可以是月度财务报告,也可以是季度财务报告或半年度财务报告,当然也包括年初至期中期末的财务报告。至于企业以什么中期为基础编制财务报告,应当根据有关法律、行政法规、规章的规定,或者会计信息使用者的要求而定。

一、中期财务报告的意义

(一)提供更及时的会计信息

　　在信息化经济的环境下,会计信息的及时性显得尤为重要。会计信息的使用者希望能够尽可能快地获得企业的财务状况、经营成果和现金流量的相关信息,用以预测其未来的赢利和发展能力,从而做出相关的经济决策。企业的年度财务报告,只能待年度终了后120 天内才能对外提供。因年度财务报告的报告期间隔过长,致使许多会计信息在提供的时间上滞后,难以满足及时性要求。中期财务报告在不同程度上缩短了报告期间隔,从而提供更及时的会计信息,满足使用者及时掌握企业会计信息的需求。编制中期财务报告,有助于会计信息的使用者了解企业的中期财务现状、经营成果和现金流量情况,为其决策及时提供有用的信息。

(二)建立更完善的会计信息披露制度

　　在全球化经济的环境下,建立完善的会计信息披露制度是我国经济走向成熟、走向世界的重要条件。中期财务报告是会计信息披露制度的一个组成部分,编制中期财务报告可以更广泛地满足国内外信息使用者对更高质量的会计信息的需求。

(三)强化更积极的监控与管理

财务报告是对企业进行监控与管理的重要依据。中期财务报告的及时性为企业内部的管理层和企业外部的监管部门提供了及时的信息,从而有助于及时发现问题,并积极地采取相应的措施进行更有效的监控和管理。

案例 8-1

招商银行 2011 年三季报

招商银行(600036)2011 年三季报披露,公司 1—9 月实现净利息收入 556.24 亿元,同比增长 36.1%,主要原因是生息资产规模增加,净利差和净利息收益率稳步提升,1—9 月净利差为 2.90%;手续费及佣金净收入 118.65 亿元,同比上升 45.71%。截至 9 月末,公司不良贷款总额为 94.20 亿元,比年初减少 2.66 亿元;不良贷款率 0.59%;资金充足率为 11.39%,比年初下降 0.08 个百分点。

二、中期财务报告的理论依据

中期财务报告的理论依据主要有以下两种:

(一)独立观

独立观(discrete view)是将每一中期视为一个独立的会计期间。所以,中期财务报告中所采用的会计政策和确认与计量原则与年度财务报告相一致,所应用的会计估计、成本分配和应计项目的处理等也与年度财务报告一致。

采用这一理论编制中期财务报告,可以直接利用企业在编制年度财务报告时已有的会计政策和确认、计量原则,可行性较强,中期财务报告中所反映的财务状况和经营成果等相对比较可靠,不容易被操纵。这一方法的缺点是容易导致各中期收入与费用的不合理配比,影响会计信息使用者对企业业绩的评价和对年度业绩的预测。

(二)一体观

一体观(integral view)是将每一中期视为年度会计期间的一个组成部分,而不是一个独立的会计期间。

一体观认为,中期财务报告中应用的会计估计、成本分配、递延应计项目的处理必须考虑到全年将要发生的情况,即需要顾及会计年度剩余期间的经营成果,为此,会计年度内发生的成本与费用需要以年度预计业务水平,如预计受益期间、预计销售量和产量等为基础,分配至各个中期。这一方法可以避免会计期间的缩短而导致的各中期收益的非正常波动,有利于年度收益的预测。但问题是,许多成本和费用需要以年度结果为基础进行估计,因此需要依赖于较高的职业判断能力,而且可能因估计结果缺乏可查证性,收益容易被操纵,影响中期财务报告的客观性和可靠性。

综合考虑我国会计信息质量、证券市场发育水平、会计人员职业判断能力、外部监管要求的现状及国际惯例,我国的企业会计准则对中期财务报告的编制要求主要以独立观为依据,在尽可能保证中期财务报告信息可靠性的前提下,提供中期财务报告信息的相关性信息,以满足会计信息使用者的需要。

可见,独立观与一体观的主要区别在于对费用的确认与计量的差异。独立观企业中期费用的确认与计量原则与年度财务报告一致,即以每一中期的实际发生额作为确认和计量的基础,处理比较简单;一体观按费用项目与收入的相关程度,采用不同的中期处理方法。以下举例说明两种理论在应用中的差异及影响。

【例 8-9】某企业按季度编制财务报告,该企业只生产和销售一种产品且各个季度和年度的产销量平衡,无其他投资和营业外收支活动。2014 年企业预计销售产品 40 万件,各季度相关资料如表 8-11 所示。

表 8-11

单位:元

季度	预计			实际		
	销售数	平均单价	销售金额	销售数	平均单价	销售金额
1	40 000	30	1 200 000	38 000	30	1 140 000
2	80 000	40	3 200 000	82 000	40	3 280 000
3	80 000	40	3 200 000	78 000	40	3 120 000
4	200 000	40	8 000 000	194 000	40	7 760 000
合计	400 000		15 600 000	392 000		15 300 000

各季度预计数与实际数的差异经各季度末评估均属正常,不需调整年度预计数。

2014 年固定制造成本和固定期间费用平均发生,变动费用不变,且实际与预计相符:

单位变动制造成本　　10 元/件

固定制造成本　　　150 万元/季度

单位变动期间费用　　2 元/件

固定期间费用　　　50 万元/季度

(1)按照独立观,各季度制造成本和期间费用均按实际发生数计入利润表。其中:

各季度变动制造成本=实际单位变动制造成本×各季度实际销售量

各季度变动期间费用=实际单位变动期间费用×各季度实际销售量

具体计算见表 8-12。

表 8-12

单位:元

季度	一	二	三	四	合计
销售收入	1 140 000	3 280 000	3 120 000	7 760 000	15 300 000
减:制造成本	1 880 000	2 320 000	2 280 000	3 440 000	9 920 000
其中:变动制造成本	380 000	820 000	780 000	1 940 000	3 920 000
固定制造成本	1 500 000	1 500 000	1 500 000	1 500 000	6 000 000

续表

季度	一	二	三	四	合计
减:期间费用	576 000	664 000	656 000	888 000	2 784 000
其中:变动期间费用	76 000	164 000	156 000	388 000	784 000
固定期间费用	500 000	500 000	500 000	500 000	2 000 000
税前利润	−1 316 000	296 000	184 000	3 432 000	2 596 000

(2)按照一体观,全年发生的固定制造成本和期间费用根据全年预计销售量和各季度实际销售量分摊计入各季度。其中:

前三季度各季度固定制造成本＝预计全年固定制造成本总额/全年预计销售量×各季度实际销售量

前三季度各季度固定期间费用＝预计全年固定期间费用总额/全年预计销售量×各季度实际销售量

第四季度固定制造成本＝全年固定制造成本总额−前三季度固定制造成本合计

第四季度固定期间费用＝全年固定期间费用总额−前三季度固定期间费用合计

具体计算见表8-13。

表 8-13

单位:元

季度	一	二	三	四	合计
销售收入	1 140 000	3 280 000	3 120 000	7 760 000	15 300 000
减:制造成本	950 000	2 050 000	1 950 000	4 970 000	9 920 000
其中:变动制造成本	380 000	820 000	780 000	1 940 000	3 920 000
固定制造成本	570 000	1 230 000	1 170 000	3 030 000	6 000 000
减:期间费用	266 000	574 000	546 000	1 398 000	2 784 000
其中:变动期间费用	76 000	164 000	156 000	388 000	784 000
固定期间费用	190 000	410 000	390 000	1 010 000	2 000 000
税前利润	−76 000	656 000	624 000	1 392 000	2 596 000

三、中期财务报告的编制原则

(一)一致性原则

1.编制中期财务报告应当采用与年度财务报告相一致的会计政策,包括中期财务报告各会计要素的确认与计量标准应当与年度财务报告相一致;不得在中期内随意变更会计政策,以保持前后各期会计政策的一致性。即企业在中期根据所发生交易和事项,对资产、负债、所有者权益、收入、费用和利润等各会计要素进行确认和计量时,应当符合这些会计要素的定义和确认计量标准,这些标准与年度报表一致。上年度资产负债表日之后发生了会计政策变更,且变更后的会计政策将在年度财务报表中采用的,中期财务报表应当采用变更后的会计政策,并按照《会计政策、会计估计变更和会计差错更正》准则的规定处理,同时,在附注中进行相应披露。

2.编制中期财务报告应当采用与年度财务报告相一致的会计原则,包括真实性原则、相关性原则、清晰性原则、可比性原则、实质重于形式原则、重要性原则、谨慎性原则和及时性原则等。

3.中期财务报告格式和内容应当与年度财务报告相一致。中期资产负债表、利润表和现金流量表应当是完整报表,其格式和内容,如各项目的名称、内容及其含义、各项目在报表中的排列顺序等,应当与上年度财务报表相一致。在上年度财务报告中编制合并会计报表的企业,其中期财务报告也应当编制合并财务报表。如果中期合并范围发生了变化,应按规定区别情况处理。在中期末除了需要编制中期末资产负债表、中期利润表和现金流量表之外,各报表有关栏次应当根据中期会计报表的要求进行必要调整。

中期资产负债表的日期应为中期期末日,如"××年3月31日,××年6月30日"等;中期利润表和中期现金流量表应为中期期间,如"××年1月1日至3月31日,××年4月1日至6月30日"等。自上一会计年度末到本中期末期间,如有新的会计准则或有关法规对会计报表的格式和内容进行了修改并生效,中期财务报告则应按新的会计准则或法规编制。企业中期财务报告中如提供上年度有关比较会计报表时,比较会计报表的格式和内容也应按照新准则或有关规定进行相应的调整。当年新施行的会计准则对财务报表格式和内容做了修改的,中期财务报表应当按照修改后的报表格式和内容编制,上年度比较财务报表的格式和内容,也应当进行相应调整。

(二)重要性原则

中期会计报表应当提供与理解企业中期末的财务状况和中期经营成果及其现金流量相关的、如不提供则会误导信息使用者决策的重要交易或者事项信息。

企业在判断重要性程度时应当注意:

1.重要性判断应以中期财务数据为基础。企业在编制中期财务报告时,重要性程度的判断应以中期财务数据为基础,而不应以年度财务数据为基础。中期财务数据包括本中期的财务数据和年初至本中期末的财务数据。因为有些对于预计的年度财务数据而言其重要性、相关性不强的信息,对于中期会计报表可能是重要的和相关的,应在中期会计报表中予以披露。

2.中期财务报告应保证包括企业中期末相关的财务信息。重要性原则的运用应以不会因某些信息不确认、不披露或被忽略而对信息使用者的决策产生误导为前提,保证提供理解企业中期末财务状况、经营成果及现金流量的相关信息。

3.在判断某一项目的重要性程度时,通常需要将项目的金额和性质结合起来加以考虑。重要性程度的判断需要根据具体情况做出具体分析和职业判断。在判断某一项目的重要性程度时,通常需要将项目的金额和性质结合起来加以考虑,而且在判断项目的重要性程度时,应当以资产、负债、净资产、营业收入、净利润等直接相关项目数字作为比较基础,并综合考虑其他相关因素。在一些特殊情况下,单独依据项目的金额或性质就可以判断其重要性。

（三）及时性原则

中期财务报告所涵盖的会计期间短于一个会计年度，其编报的时间通常也短于年度财务报告，所以，中期财务报告应该能够提供比年度财务报告更加及时的信息，以提高会计信息决策有用性。

（四）以年初至本中期末为基础

财务报告的频率不应当影响其年度结果的计量，无论企业中期财务报告的频率是月度、季度还是半年，中期会计计量的结果最终应当与年度会计报告的会计计量结果相一致，为此，中期会计计量应当以年初至本中期末为基础，而不应当以本中期作为会计计量的期间基础，披露自上年度资产负债表日之后发生的，有助于理解企业财务状况、经营成果和现金流量变化情况的重要交易或者事项。

【例 8-10】某企业于第一年 11 月利用专门借款资金开始自建厂房工程。第二年 3 月 1 日，该工程由于资金周转困难而停工。企业预计在一个半月之内即可补充专门借款，解决资金周转问题，重新施工。

根据我国《企业会计准则——借款费用》的规定，固定资产的购建活动发生非正常中断，并且中断时间连续超过 3 个月的，应当暂停借款费用的资本化，将其确认为当期费用，直至固定资产的购建活动重新开始。第一季度末，因企业预计其厂房建造工程非正常中断将低于 3 个月，所以，在编制第二年第一季度财务报表时，没有中断借款费用的资本化，将 3 月份发生的符合资本化条件的借款费用继续资本化，计入在建工程成本。可是，企业直到第二年 6 月 15 日才获得补充专门借款，工程才得以继续。在编制第二年第二季度财务报告时，如果仅以第二季度发生的业务作为会计计量的基础，则企业在第二季度发生工程的非正常中断的时间仅为两个半月，短于借款费用暂停资本化的 3 个月的期限，因而在第二季度内将 4 月 1 日至 6 月 15 日之间所发生的与固定资产建造有关的借款费用继续资本化，计入在建工程成本。这样处理显然是错误的。因为，如果企业只编制年度会计报表，不必编制季度会计报表，从全年看，企业建造固定资产工程发生非正常中断的时间为 3 个半月，应当暂停这一期间所发生的借款费用的资本化。即，以整个会计年度作为会计计量基础，上述借款费用应当予以费用化，计入当期损益。而以各报告季度为会计计量基础，则上述借款费用将继续资本化，计入在建工程成本，导致季度计量的结果与年度计量结果发生不一致，而这种不一致是由于财务报告的频率由年度编报变为季度编报造成的。

显然，单纯以季度为基础对上述固定资产建造中断所发生的借款费用进行计量是不正确的。如果以年初至本中期末为期间基础进行中期会计计量，则由第二年 1 月 1 日至 6 月 30 日，厂房建造工程中断期间超过了 3 个月，应当将中断期间所发生的所有借款费用全部费用化，所以在编制第二季度财务报告时，不仅第二季度 4 月 1 日至 6 月 15 日之间所发生的借款费用应当费用化，计入第二季度的损益，而且，第一季度已经资本化的借款费用也应当费用化，调减在建工程成本，调增财务费用，这样计量的结果将能够保证中期会计计量结果与年度会计计量结果相一致，实现财务报告的频率不影响年度计量的目标。

本例还涉及会计估计变更事项。中期财务报告会计计量过程中，会计估计变更应当符合《会计政策、会计估计变更和会计差错更正》准则的规定。对会计年度内以前中期的会计报告项目在以后中期发生了会计估计变更,则在以后中期财务报告中应当反映这种会计变更的金额,对以前中期财务报告中已反映的金额不再进行调整。

(五)更大程度上依赖于估计

由于时间上的限制或成本效益等原因的考虑,中期会计计量与年度财务数据相比,可在更大程度上依赖于估计。比如,按照现行会计制度规定,企业库存商品应当定期盘点,每年至少盘点一次。通常,企业会在会计年度末对库存商品进行全面盘点。但是,在中期末并不一定要求企业对库存商品进行全面的实地盘点。为了节约成本和时间,企业在各中期末对库存商品进行计量时,可以比会计年度末采用更多的会计估计。对于购货折扣,如果企业在中期末可以判断基本确定已经取得或将要取得,应当抵减购货成本。

再如,在每一中期末,企业都应当按照与会计年度末一致的标准计提坏账准备、库存商品跌价准备以及固定资产、无形资产等资产的减值准备,确认减值损失。为了节约成本和时间,可以不对各相关资产进行全面、详细的减值测试和计算,而只对自上一会计年度以来所发生的重大减值迹象进行检查,加以测试、计算和确认。

企业在采用估计时应当注意:

1.确保所提供的中期财务报告包括了相关的重要信息;

2.在同一会计年度内,以前中期财务报告中报告的某项估计金额在最后一个中期发生了重大变更、企业又不单独编制该中期财务报告的,应当在年度财务报告的附注中披露该项估计变更的内容、理由及其影响金额;

3.在同一会计年度内,以前中期财务报表项目在以后中期发生了会计估计变更的,以后中期财务报表应当反映该会计估计变更后的金额,但对以前中期财务报表项目金额不作调整。同时,该会计估计变更应当按照要求在附注中作相应披露。

四、中期财务报告的内容

中期财务报告至少应包括资产负债表、利润表、现金流量表和会计报表附注四个部分。

(一)中期资产负债表

1.中期资产

在中期资产负债表中所反映的资产应当符合资产的定义,即资产是过去的交易、事项形成并由企业拥有或者控制的资源,该资源预期会给企业带来经济利益。企业在中期资产负债表日对某些项目进行判断时应当采用与年度会计报表一样的标准,即能否给企业带来未来经济利益。

【例 8-11】某企业需要编制季度财务报告。××年 3 月 31 日,发现一台账面价值为 20 万元的设备盘亏,该设备不会再给企业带来经济利益,因而不再符合资产的定义。在编制该企业第一季度资产负债表时不能作为资产列报。

2.中期负债

在中期资产负债表中所反映的负债应当符合负债的定义,即负债是过去的交易、事项形成的现时义务,该义务预期会给企业带来经济利益的流出。企业在中期资产负债表日对某些项目进行判断时,应当采用与年度会计报表一样的标准,即负债必须反映当时的现时义务,并预期给企业带来未来经济利益的流出。

3.中期所有者权益

在中期资产负债表中所反映的所有者权益应当符合所有者权益的定义,即所有者权益是所有者在企业资产中享有的经济利益,其金额为资产减去负债的余额。年度会计报表中确认为所有者权益的项目,在中期会计报表中也应当确认为所有者权益。

(二)中期利润表

1.中期收入

在中期利润表中所反映的收入应当符合收入的定义,即收入是企业在日常活动中形成的、会导致所有者权益增加的、与投资者投入资本无关的经济利益的总流入。企业中期收入的确认条件和计量方法应当与年度会计报表一致。

企业取得的季节性、周期性或者偶然性收入,除了在会计年度末允许预计之外,应当在发生时予以确认和计量,不应在中期财务报表中预计或者递延。

2.中期费用

在中期利润表中所反映的费用应当符合费用的定义,即费用是企业在日常活动中发生的、会导致所有者权益减少的、与投资者分配利润无关的经济利益的总流出。企业中期费用的确认条件和计量方法应当与年度会计报表一致,严格按照配比原则、权责发生制原则、划分资本性支出和收益性支出原则等会计原则来确认和计量。

对会计年度内不均匀发生的费用,除了在会计年度末允许递延(待摊)之外,企业应当在发生时予以确认和计量,不应当在中期财务报告中递延(待摊)。

【例 8-12】某公司根据培训计划,在 2014 年 7 月对员工进行了专业技术培训,共发生培训费 20 万元。

公司应当将该项培训费直接、全额计入 7 月的损益,而不能在 7 月之前预提或 7 月之后摊销。

3.中期利润

中期利润和年度利润一样,应当反映企业在中期期间的经营成果。中期利润包括中期收入减去中期费用后的净额、直接计入本中期利润的利得和损失等。基本的和稀释的每股收益应当在中期利润表中单独列报。

(三)中期现金流量表

中期现金流量表是以中期为基础编制的反映企业现金和现金等价物流入和流出的报表。现金流量表应当分别按经营活动、投资活动和筹资活动列报现金流量。

1.经营活动现金流量,是指企业投资活动和筹资活动以外的所有交易和事项产生的现金流量。

2.投资活动现金流量,是指企业长期资产的购建和不包括在现金等价物范围的投资及其处置活动产生的现金流量。

3.筹资活动现金流量,是指导致企业资本及债务规模和构成发生变化的活动产生的现金流量。

(四)中期合并财务报表和母公司财务报表

1.上年度编制合并财务报表的,中期期末应当编制合并财务报表。

合并财务报表的合并范围、合并原则、编制方法和格式与内容应当与上年度合并财务报表相一致。但当年企业会计准则有新规定的除外。

2.上年度财务报告除了包括合并财务报表外,还包括母公司财务报表,中期财务报告也应当包括母公司财务报表。

在这种情况下,企业的中期财务报告中,既包括合并财务报表,也包括母公司财务报表。

3.上年度财务报告包括合并财务报表,但报告中期内处置了所有应当纳入合并财务报表编制范围的子公司的,中期财务报告只需提供母公司财务报表,但上年度比较财务报表仍应当包括合并财务报表,上年度可比中期没有子公司的除外。

4.如果企业在报告中期内新增子公司,企业在中期末应当将该子公司财务报表纳入合并财务报表的合并范围。

(五)比较财务报表

为了提高财务报告信息可比性、相关性和有用性,企业在中期末除了编制中期末资产负债表、中期利润表和中期现金流量表以外,还应当按照下列规定提供比较财务报表:

1.本中期末的资产负债表和上年度末的资产负债表。

2.本中期的利润表、年初至本中期末的利润表以及上年度可比期间的利润表。上年度可比期间的利润表包括:上年度可比中期的利润表和上年度年初至上年度可比中期末的利润表。

3.年初至本中期末的现金流量表和上年度年初至可比本中期末的现金流量表。

【例 8-13】某公司按要求需要提供半年度中期财务报告。该公司在截至 2014 年 6 月 30 日的上半年财务报告中应当提供的财务报表如表 8-14 所示。

表 8-14

报表	本年度中期财务报表时间(期间)	上年度比较财务报表时间(期间)
资产负债表	2014 年 6 月 30 日	2013 年 12 月 31 日
利润表	2014 年 1 月 1 日至 6 月 30 日	2013 年 1 月 1 日至 6 月 30 日
现金流量表	2014 年 1 月 1 日至 6 月 30 日	2013 年 1 月 1 日至 6 月 30 日

(六)中期财务报告附注

会计报表附注是对会计报表信息的补充说明,目的是使会计报表信息对信息使用者的决策更加相关、有用。期中会计报表附注并不要求企业提供像年度会计报表那样完整的附注信息,它相对于年度会计报表附注而言可以适当简化,但应遵循重要性原则,以会计年度年初至本中期末为基础,披露自上年度资产负债表日之后发生的,有助于理解企业财务状况、经营成果和现金流量变化情况的重要交易或者事项。对与理解本中期财务状况、经营成果和现金流量有关的重要交易或者事项,也应当在附注中作相应披露。

中期会计报表附注至少应当包括下列信息:

1.中期会计报表所采用的会计政策与上年度会计报表相一致的说明。如果发生了会计政策的变更,应当说明会计政策变更的内容、理由及其影响数;如果会计政策变更的累积影响数不能合理确定,应当说明理由。

2.计估计变更的内容、理由及其影响数;如果影响数不能确定,应当说明理由。

3.前期重大会计差错的内容及其更正金额。

4.企业经营的季节性或周期性特征。

5.存在控制关系的关联企业发生变化的情况;关联方之间发生交易的,应当披露关联方关系的性质、交易的类型和交易要素。

6.合并会计报表的合并范围发生变化的情况。

7.对性质特别或者金额异常的会计报表项目的说明。

8.债务性证券和权益性证券的发行、回购和偿还情况。

9.向企业所有者分配利润的情况(包括中期内实施的利润分配和已提出或者已批准但尚未实施的利润分配情况)。

10.根据规定应当披露分部报告信息的,应当披露主要报告形式的分部收入与分部利润(亏损)。

11.中期资产负债表日至中期财务报告批准报出日之间发生的非调整事项。

12.上年度资产负债表日以后所发生的或有负债和或有资产的变化情况。

13.企业结构变化情况,包括企业合并,对被投资单位具有重大影响、共同控制关系或者控制关系的长期股权投资的购买或者处置,终止经营等。

14.其他重大交易或者事项,包括重大的长期资产转让及其出售情况、重大的固定资产和无形资产取得情况、重大的研究和开发支出、重大的资产减值损失情况等。

本章小结

本章主要阐述了分部报告的确定,不同行业经营的揭示,不同地区经营的揭示,分部报告的内容、形式和编制;中期财务报告的揭示内容和编制方法。

1.分部报告是从事跨地区、跨行业经营活动的大型企业将所属部门、机构的重要财务状况和经营成果等信息按一定分部标准归类而编制的财务报表。企业提供分部报告是为了帮助会计信息的使用者更好地理解企业的经营业绩,评估其风险和报酬,以及从整体上对企业的经营情况做出更准确的判断。

2.报告分部是分部报告信息分类的基础,报告分部是根据重要性原则,对符合业务分部或地区分部定义的分部进行筛选确定的、应予报告的分部。确定报告分部,首先要确定重要性标准。一般的重要性标准是通过分部收入、分部利润(亏损)、分部资产等因素予以衡量。

3.编制分部报告所采用的会计政策应与编制合并财务报表或企业财务报表所采用的会计政策相一致。

4.分部报告的内容:分部收入、分部费用、分部利润(亏损)、分部资产和分部负债。

5.企业应当区分主要报告形式和次要报告形式披露分部信息。在确定分部信息的主要报告形式和次要报告形式时,应当以企业的风险和报酬的主要来源和性质为依据,同时结合企业的内部组织结构、管理结构以及向董事会或类似机构提供内部报告的制度。

6.中期财务报告的理论依据包括独立观和一体观。

7.中期财务报告的编制原则包括一致性原则、重要性原则、及时性原则、以年初至本中期末为基础、更大程度上依赖于估计。中期财务报告至少应包括资产负债表、利润表、现金流量表和会计报表附注四个部分。

思考题

1.如何确定业务分部和地区分部?

2.何谓报告分部? 如何确定报告分部?

3.分部报告的主要内容是什么?

4.分部报告信息的报告形式是怎样确定的?

5.何谓中期财务报告?

6.试述中期财务报告的两种主要理论依据。

7.简述中期财务报告的主要内容。

练习题

(一)单项选择题

1.业务分部划分的依据是(　　　)。

A.生产产品的相似性

B.提供劳务的相似性

C.承担不同于其他业务部门所承担的风险和报酬

D.业务分部所在地区相同

2.企业编制分部报表时,不需要在其分部报表中披露的项目是(　　　)。

A.分部间营业收入　　　　　　　　B.分部营业费用

C.分部间营业利润　　　　　　　　D.资产总额

3.下面各项中,不是判断报告分部重要性主要依据的标准有(　　　)。

A.一个分部的收入(包括对外营业收入和对其他分部的营业收入)达到企业分部收
　入总额的 10% 以上

B.一个分部披露的对外营业收入合计额应达到合并总收入(或企业总收入)的 75%

C.一个分部的营业利润(或营业亏损)达到下列两项中绝对值较大者的 10%

D.一个分部的资产达到各分部资产总额的 10% 以上

4.分部报告是指在企业的财务会计报告中,按照确定的企业内部组成部分(业务分部
或地区分部)提供的有关各组成部分(　　　)等信息的报告。

A.收入、资产和负债　　　　　　　　B.收入、费用和利润

C.利润、资产和负债　　　　　　　　D.利润、收入和资产

5.提供分部信息的主要目的,是为了帮助(　　　)评价不同因素对企业的影响,以便更
好地理解企业以往的经营业绩,并对其未来的发展趋势做出合理的预测和判断。

A.企业经营管理者　　　　　　　　　　B.会计信息使用者

C.企业投资者　　　　　　　　　　　　D.企业债权人

6.不是划分地区分部的依据的是（　　　）。

A.风险和报酬　　　B.销售方式　　　C.资产所在地　　　D.客户所在地

7.企业披露分部信息时，以下属于分部收入的是（　　　）。

A.对外部客户的交易收入　　　　　　　B.利息收入

C.处置投资形成的利得　　　　　　　　D.股利收入

8.下列有关中期财务报告的表述中，正确的是（　　　）。

A.中期会计报表的附注应当以本中期期间为基础编制

B.中期会计计量应当以年初至本中期期末为基础进行

C.编制中期会计报表时应当以年度数据为基础进行重要性的判断

D.对于年度中不均匀发生的费用，在中期会计报表中应当采用预提或摊销的方法处理

9.中期财务报告提供比较财务报表，其中不包括（　　　）。

A.截至本中期期末的资产负债表

B.上一会计年度与本中期可比期间的资产负债表

C.上一会计年度与本中期可比期间的现金流量表

D.上一会计年度与本中期可比期间的利润表

10.在编制中期财务报告，判断项目的重要性程度时应当以（　　　）为基础。

A.年度会计报表　　　B.上期会计报表　　　C.中期财务数据　　　D.估计财务数据

11.某公司 2014 年 4 月 10 日经核准对外公开发行股票，所发行股票于 2014 年 6 月 15 日正式在证券交易所挂牌交易，证券交易所要求在该所交易股票的公司必须编制季度财务报告。该公司 2014 年度第二季度的利润表涵盖的期间为（　　　）。

A.2014 年 4 月 1 日至 2014 年 6 月 30 日

B.2014 年 6 月 15 日至 2014 年 6 月 30 日

C.2014 年 4 月 10 日至 2014 年 6 月 30 日

D.2014 年 1 月 1 日至 2014 年 6 月 30 日

12.中期会计计量在更大程度上依赖于（　　　）。

A.中期期末盘点　　　B.估计　　　C.上期数据　　　D.职业判断

13.中期资产负债表、利润表和现金流量表应当是完整报表，其格式和内容与上年度财务报表（　　　）。

A.必须相同　　　　　　　　　　　　　B.一般情况下应当相同

C.企业自己选择　　　　　　　　　　　D.视情况而定

14.企业在 2015 年度第三季度编制中期资产负债表时，要求同时提供上年度比较会计报告时间是（　　　）。

A.2014 年 9 月 30 日　　　　　　　　B.2014 年 12 月 31 日

C.2014 年 7 月 1 日至 2014 年 9 月 30 日　　D.2014 年 1 月 1 日至 2014 年 9 月 30 日

15.中期财务报告中的附注应当披露向所有者分配利润的情况不包括（　　　）。

A.在中期内实施的利润分配情况　　　　B.已提出但尚未实施的利润分配情况

C.已批准但尚未实施的利润分配情况　　D.已经实施的利润分配情况

(二)多项选择题

1.在确定业务分部时需要考虑的因素有(　　)。

A.产品或劳务的性质　　　　　　　　B.生产过程的性质

C.产品或劳务的客户类型或类别　　　D.销售商品或提供劳务的方式

E.相关法律或法规的影响

2.在确定地区分部时需要考虑的因素有(　　)。

A.经济和政治环境的相似性　　　　　B.在不同地区中经营之间的关系

C.经营的接近程度大小　　　　　　　D.在特定地区经营有关的特别风险

E.外汇管制规定和外汇风险

3.下列属于主要报告形式信息披露的有(　　)。

A.企业披露的分部信息,应当与合并财务报表或企业财务报表中的总额信息相衔接

B.分部收入应当与对外交易收入相衔接

C.分部利润应当与企业营业利润和企业净利润相衔接

D.分部资产总额应当与企业资产总额相衔接

E.分部负债总额应当与企业负债总额相衔接

4.分部负债不包括(　　)。

A.借款　　　　　　　　　　　　　　B.应付融资租赁款

C.非经营性目的的负债　　　　　　　D.递延所得税负债

E.预付账款

5.非金融企业当期计入分部利润(亏损)中的分部费用总额主要包括(　　)。

A.分部的销售成本　　　　　　　　　B.分部营业费用

C.所得税费用　　　　　　　　　　　D.固定资产出售损失

E.权益法核算的投资产生的亏损份额

6.当主要报告形式为业务分部时,次要报告形式应披露的信息有(　　)。

A.达到企业分部收入总额10%以上的客户地区分部的营业收入

B.达到分部营业利润(或亏损)10%以上的地区分部利润

C.达到分部资产总额10%以上的地区分部的资产账面价值

D.达到分部资产总额10%以上的地区分部的当期购置的固定资产和无形资产的成本总额

E.达到分部负债10%以上的地区分部负债

7.在以资产所在他的地区分部为主要报告形式时,其应披露的主要分部信息有(　　)。

A.分部收入　　　　B.分部费用　　　　C.分部利润　　　　D.分部资产

E.分部负债

8.符合下列哪些标准的业务分部或地区分部,可以作为报告分部披露其相关的会计信息?(　　)。

A.10%重要性的标准　　　　　　　　B.报告分部75%的标准

C.报告分部的数量不超过 10 个　　　　　D.报告分部的数量不少于 10 个

E.管理层认为重要

9.下列关于上市公司中期报告的表述中,正确的有( )。

A.中期会计计量应以年初至本中期末为基础

B.中期报告中应同时提供合并报表和母公司报表

C 中期报表仅是年度报表项目的节选,不是完整的报表

D.对中期报表项目进行重要性判断应以预计的年度数据为基础

E.中期报表中各会计要素的确认与计量标准应当与年度报表相一致

10.下列项目中,属于中期财务报告应披露的内容有( )。

A.中期资产负债表日至中期财务报告批准报出日之间发生的非调整事项

B.重大资产减值损失

C.上年度资产负债表日以后所发生的或有负债和或有资产的变化情况

D.企业结构变化情况

E.企业经营的季节性或者周期性特征

11.通常在判断项目金额的重要性时,应当以( )等相关数字作为比较基础,并考虑其他相关因素。

A.资产总额　　　　B.负债总额　　　　C.净资产总额　　　　D.营业收入总额

E.净利润

12.下列项目中,( )除了在会计年度末允许预计或者递延之外,企业都应当在发生时予以确认和计量,不应在中期财务报表中预计或者递延。

A.永久性收入　　　　B.季节性收入　　　　C 周期性收入　　　　D.偶然性收入

E.会计年度中不均匀发生的费用

13.在同一会计年度内,以前中期财务报告中报告的某项估计金额在最后一个中期发生了重大变更、企业又不单独编制该中期财务报告的,应当在年度财务报告的附注中披露( )。

A.该项估计变更的内容　　　　　　　　　B.该项估计变更的理由

C.该项估计变更的影响金额　　　　　　　D.会计政策变更的性质

E.其他重要信息

14.下列有关中期报告的说法中,正确的有( )。

A.当年新施行的会计准则对财务报表格式和内容作了修改的,中期财务报表应当按照修改后的报表格式和内容编制,上年度比较财务报表的格式和内容,也应当作相应调整

B.上年度财务报告包括了合并财务报表,但报告中期内处置了所有应当纳入合并财务报表编制范围的子公司的,中期财务报告只需提供母公司财务报表,但上年度比较财务报表仍应当包括合并财务报表,上年度可比中期没有子公司的除外

C.由于企业财务报告的频率会影响其年度结果的计量,因此,中期会计计量应当以整个年度为基础

D.中期会计报表附注至少应当披露的内容中包括业务分部和地区分部的分部收入与

分部利润(亏损)

 E.在中期财务报告中提供的资产负债表、利润表必须是完整的会计报表,现金流量表可以是简要的会计报表,也可以不提供现金流量表

15.中期财务报告至少应当包括(　　　)。

 A.资产负债表　　　　B.利润表　　　　　　C.现金流量表　　　　D.所有者权益表

 E.会计报表附注

(三)判断题

1.报告分部确定的重要性标准是指一个分部的对外企业营业收入达到企业总营业收入的10%以上。　　　　　　　　　　　　　　　　　　　　　　　　　　　　(　　)

2.确定地区分部时,不考虑企业内部管理要求。　　　　　　　　　　　　　　(　　)

3.所有的业务分部或地区分部都是报告分部。　　　　　　　　　　　　　　　(　　)

4.当企业的风险和报酬同时较大地受其产品和劳务的差异以及经营所在地区差异的影响时,分部报告的主要形式可采用业务分部,也可采用地区分部。　　　　　(　　)

5.分部间交易应当以对外交易价格为基础计量。　　　　　　　　　　　　　　(　　)

6.分部费用不包括财务费用。　　　　　　　　　　　　　　　　　　　　　　(　　)

7.分部信息是对合并信息必要的补充,辅之以分部信息的合并信息会更有用。

                             (　　)

8.一个业务分部不应包括在风险和报酬方面存在重大差异的产品和劳务。　　(　　)

9.企业于2014年5—7月份发生劳务收入5万元,500工时。在2014年3月底已完成400工时,已收到2万元,余款按合同于培训结束后结清,则第二季度中期财务报告中该劳务收入应按4万元确认。　　　　　　　　　　　　　　　　　　　　　　　(　　)

10.企业第一季度的净利润50万元,其中因投资减值的转回使投资收益增加了20万元,企业计划全年净利润1 000万元,因投资减值只占全年净利润的2%,不属于重要事项,因此可在第一季度中期报告中进行披露。　　　　　　　　　　　　　　　(　　)

11.中期会计报表的附注应当以本中期期间为基础编制。　　　　　　　　　　(　　)

12.中期会计计量应当以年初至本中期末为基础进行。　　　　　　　　　　　(　　)

13.对于年度中不均匀发生的费用,在中期会计报表中应当采用预提或摊销的方法处理。　　　　　　　　　　　　　　　　　　　　　　　　　　　　　　　　　　(　　)

14.企业在编制中期财务报告时,重要性判断应以中期财务数据为基础。　　　(　　)

15.中期财务报告至少应包括资产负债表、利润表、现金流量表和会计报表附注。

                             (　　)

(四)业务题

1.

(1)资料:某公司有关资料如下表所示。

单位:元

分部	营业收入			经营利润（亏损）	资产
	对外	分部间	合计		
甲	100 000	15 000	11 5000	22 500	140 000
乙	20 000	0	2 0000	(5 000)	40 000
丙	230 000	40 000	270 000	65 000	550 000
丁	45 000	5 000	50 000	(30 000)	160 000
未	37 000	8 000	45 000	12 500	147 500
己	140 000	14 000	154 000	42 500	380 000
合计	572 000	82 000	654 000	107 500	1 417 500

注:各分部间销售均按成本销售,对外销售成本均占对外营业收入的40%。

(2)要求:①确定报告分部;②编制该公司分部报告。

2.

(1)资料:

①某公司为需要编制季度财务报告的企业,于2012年初签订了一项工程合同,合同总额为600万元。工程于2012年1月开工,2014年3月完工。建造该项工程的其他资料如下:

单位:万元

项目	2012 年	2013 年	2014 年
每年实际发生成本	120	240	120
至本年末止累计已发生成本	120	360	480
完成合同尚需发生成本	360	120	0
当年已结算工程价款	150	270	180
当年实际收到价款	120	240	240

②2012年各季度建造该项工程的有关资料如下:

项目	第一季度	第二季度	第三季度	第四季度
每季度实际发生成本	24	30	18	48
至本季度末止累计已发生成本	24	54	72	120
完成合同尚需发生成本	456	426	408	360
合同预计总成本	480	480	480	480
当季已结算工程价款	15	45	30	60
当季实际收到价款	9	36	30	45

③公司采用累计实际发生的合同成本占合同预计总成本的比例计算确定合同完工进度。

(2)要求:确认、计量 2014 年各季度的合同收入、费用和毛利。

第九章

合伙会计

　　学习目的:掌握合伙企业的基本概念及其特点,合伙企业的初始投资及权益变动以及合伙企业的清算等会计问题;能够运用本章所学知识正确理解合伙的特点、合伙协议的主要内容;正确确定合伙投资及权益变动、合伙经营损益的分配和合伙企业的清算的金额并进行会计处理。

引导案例:

　　康达企业是由甲、乙、丙共同出资的合伙企业,因合伙人之间多次发生矛盾,合伙企业决定解散。合伙企业全部资产为 60 万元,所欠债务共 100 万元,其中,欠职工工资 12 万元,欠税款 20 万元,欠银行贷款 68 万元。另外,发生清算费用 1 万元。该合伙企业在清算时,财产应如何分配?

第一节　合伙的概述

一、合伙企业的概念

　　合伙企业(partnership),是指自然人、法人和其他组织依照《中华人民共和国合伙企业法》在中国境内设立的普通合伙企业和有限合伙企业。

　　普通合伙企业由普通合伙人组成,合伙人对合伙企业债务承担无限连带责任。

　　有限合伙企业由普通合伙人和有限合伙人组成,普通合伙人对合伙企业债务承担无限连带责任,有限合伙人以其认缴的出资额为限对合伙企业债务承担责任。

　　合伙关系是由合伙人之间订立契约而建立的。确定合伙关系的契约称为合伙契约,或称合伙协议、合伙合同、合伙条款等。合伙协议依法由全体合伙人协商一致,以书面形式订立。

二、合伙协议的主要内容

　　合伙协议是指合伙人之间签订的,以各自提供的资金、实物、技术等共同经营等为内容的合同。合伙协议应当载明下列事项：

　　1.合伙企业的名称和主要经营场所的地点；

　　2.合伙目的和合伙经营范围；

　　3.合伙人的姓名或者名称、住所；

　　4.合伙人的出资方式、数额和缴付期限；

　　5.利润分配、亏损分担方式；

　　6.合伙事务的执行；

　　7.入伙与退伙；

　　8.争议解决办法；

　　9.合伙企业的解散与清算；

　　10.违约责任。

　　合伙协议经全体合伙人签名、盖章后生效。合伙人按照合伙协议享有权利，履行义务。

案例 9-1

好好企业合伙协议

　　好好企业是甲、乙、丙、丁四人投资设立的一家合伙企业，并签订了书面合伙协议。合伙协议的部分内容如下：(1)甲以现金出资 10 万元，乙以机器设备折价出资 8 万元，经其他三人同意，丙以劳务折价出资 6 万元，丁以现金出资 4 万元；(2)甲、乙、丙、丁按 2：2：1：1 的比例分配利润和承担风险；(3)由甲执行合伙企业事务，对外代表合伙企业，其他三人均不再执行合伙企业事务，但签订购销合同及代销合同应经其他合伙人同意。合伙协议中未约定合伙企业的经营期限。

　　修改或者补充合伙协议，应当经全体合伙人一致同意。但是，合伙协议另有约定的除外。

　　合伙协议未约定或者约定不明确的事项，由合伙人协商决定；协商不成的，依照《合伙企业法》和其他有关法律、行政法规的规定处理。

第二节　合伙投资及权益变动

一、合伙投资

　　各合伙人按合伙契约的规定，投入企业的资本，在"资本"科目进行核算，按各合伙人分别设置明细账。

　　以现金投入的资本，应按照实际投入或存入企业开户银行的金额，借记"银行存款"科目，贷记"资本"科目。

以非现金资产投入的资本,应根据投资日资产的公允价值所确定的投资合同或协议约定的价值确定,借记有关资产科目,贷记"资本"科目。

以无形资产投入的资本,应根据投资日资产的公允价值,按投资合同或协议约定的价值确定,借记"无形资产"科目,贷记"资本"科目。

境外合伙人投入的外币,应按收到出资额当日的汇率或采用按照系统合理的方法确定的与收到投资额当日的即期汇率近似的汇率折合的人民币金额,借记"银行存款",贷记"资本"科目。

【例 9-1】某合伙企业的两合伙人分别向企业投入现金,甲 80 000 元,乙 160 000 元。

借:银行存款	240 000	
贷:资本——甲		80 000
资本——乙		160 000

二、权益变动

(一)提取

合伙人在合伙期间可以定期从企业提出现金或其他资产用于个人需要,称为"提取"。各合伙人定期从企业提取时,可直接借记"资本",也可单独设置"提取"账户,并按各合伙人设明细账户,作为"资本"账户的备抵账户。在设置"提取"账户的企业,合伙人可自行拟订提取限额及超额提取的处罚规定,以避免无限制提取,影响企业的正常生产经营。规定了提取限额的企业,提取额小于、等于规定提取限额时,借记"提取"账户,提取额超过提取限额时,限额内部分借记"提取"账户,超过限额部分借记"资本"账户;未规定提取限额的,所有提取金额借记"提取"账户,贷记"银行存款"或其他资产账户。

【例 9-2】续上例,该合伙企业规定了提取限额,各合伙人均为 10 000 元。本期内,两合伙人提取额超过提取限额数为:甲 4 000 元,乙 8 000 元。

借:提取——甲	10 000	
提取——乙	10 000	
资本——甲	4 000	
资本——乙	8 000	
贷:银行存款		32 000

(二)新合伙人入伙

新合伙人入伙通常采用两种方式,一种是新合伙人向一个或几个原合伙人购买全部或部分权益,此时,新合伙人直接付款给原合伙人,而合伙企业并未收到任何新增投资和资产,所以企业的资本总额不变,资产总额也不变。另一种是新合伙人投资于合伙企业,此时,企业的资本增加,资产同时增加。

在第一种方式下,新合伙人入伙对企业的唯一影响是,将出售权益的原合伙人的资本金额,转入到购买权益的新合伙人的资本账户。

【例 9-3】某合伙企业合伙人甲和乙在企业的投资各为 80 000 元,新合伙人丙现在与原合伙人甲商定,支付 80 000 元购买其在企业的全部权益。乙同意丙作为新的合伙人入伙。企业记录此项新合伙人入伙的分录为:

| 借:资本——甲 | | 80 000 | |
| 　贷:资本——丙 | | | 80 000 |

因合伙企业并未收到任何新增投资和资产,即使丙支付给甲 70 000 元或 90 000 元,合伙企业的分录仍同上。

在第二种方式下,新合伙人入伙对企业的影响是,合伙企业的资本金额因新合伙人投入新的资本而增加,企业的资产也因此而增加。由于原合伙企业在新合伙人入伙之前已经经营了一段时期,其资产的账面价值与新合伙人入伙时的公允价值通常会不同。为了避免新合伙人因其入伙前企业企业净资产的账面价值与其入伙时公允价值不同而引起的不合理损益分配,在新合伙人入伙时,应按当时的公允价值对企业的资产和负债进行确认和评估。评估结果包括:(1)原合伙企业净资产账面价值等于其公允价值;(2)原合伙企业净资产账面价值低于其公允价值;(3)原合伙企业净资产账面价值高于其公允价值。如果原合伙企业净资产账面价值等于其公允价值,则新合伙人可按公允价值取得合伙人权益;如果原合伙企业净资产账面价值低于其公允价值,表明原合伙企业净资产通过经营已经升值,则新合伙人应按高于公允价值的价格,取得合伙人权益;如果原合伙企业净资产账面价值高于其公允价值,表明原合伙企业经营不当,已经贬值,则新合伙人应按低于公允价值取得合伙人权益。

【例 9-4】新合伙人丙将其原来独资企业的资产及负债包括银行存款 120 000 元、应收账款 64 000 元、库存商品 96 000 元及应付账款 208 000 元投入到某合伙企业,按公允价值取得合伙人权益,记录此项新合伙人入伙的分录为:

借:银行存款		120 000	
应收账款		64 000	
库存商品		96 000	
贷:应付账款			208 000
资本——丙			72 000

如果,新合伙人按高于(或低于)公允价值取得合伙人权益时,有两种不同的方法可供会计处理时选择:商誉法和红利法。

1.商誉法

商誉法(goodwill approach)是指新合伙人按高于(或低于)公允价值取得合伙人权益时,将高于(或低于)公允价值的部分,作为"商誉"入账的会计处理方法。

【例 9-5】甲、乙合伙企业的有关资料如下:

合伙人	资本	损益分配比例
甲	96 000 元	50%
乙	168 000 元	50%

新合伙人丙入伙时,对原合伙企业的资产和负债进行评估的结果为:库存商品增值 3 200 元,固定资产增值 20 800 元,其他各项不变。

合伙企业账面价值应做如下调整:

借:库存商品		3 200	
固定资产		20 800	
贷:资本——甲			12 000
资本——乙			12 000

丙以 100 000 元现金投资入伙,取得合伙企业 25% 的权益,损益分配比例为 1∶1∶1。

如果 100 000 元为 25% 的权益,则合伙企业的总权益为 400 000 元。而根据上述资料,合伙企业的净资产为 388 000 元(甲 108 000,乙 180 000,丙 100 000),12 000 元的差额即为原合伙企业的商誉,由甲乙二人所有。

按损益分配比例分配商誉的会计分录为:

借:商誉   12 000

   贷:资本——甲   6 000

      资本——乙   6 000

记录丙投资入伙的会计分录为:

借:银行存款   100 000

   贷:资本——丙   100 000

上述分录过账后,各合伙人权益如下:

合伙人	资本	损益分配比例
甲	114 000	1/3
乙	186 000	1/3
丙	100 000	1/3
合计	400 000	

【例 9-6】续例 9-5,如果丙投入 88 000 元现金,取得 25% 合伙企业的权益,则表明丙除了投入现金外,还投入了另一项资产——商誉。因为,原合伙企业合伙人权益为:甲 108 000 元,乙 180 000 元,加上丙投入的 88 000 元,合计为 376 000 元,而丙若取得其 25% 的权益,表明丙除了投入现金 88 000 元外,还投入了商誉。因为

总权益×25%＝丙投资

(108 000＋180 000＋丙投资)25%＝丙投资

丙投资＝96 000

商誉＝96 000－88 000＝8 000

记录丙投资的分录如下:

借:银行存款   88 000

   商誉   8 000

   贷:资本——丙   96 000

上述分录过账后,各合伙人权益如下:

合伙人	资本	损益分配比例
甲	108 000	1/3
乙	180 000	1/3
丙	96 000	1/3
合计	384 000	

2.红利法

红利法(bonus approach)是指新合伙人按高于(或低于)公允价值取得合伙人权益时,将高于(或低于)公允价值的部分作为红利,按损益分配比例在原合伙人之间进行分配

的会计处理方法。

在新合伙人入伙时,不确认商誉,只按新合伙人占新合伙企业权益份额来确定新合伙人权益。新合伙人因原合伙企业的商誉所多付或少付的金额,应作为红利按损益分配比例在原合伙人之间进行分配。

【**例 9-7**】仍采用例 9-5 资料。新合伙人丙入伙时,根据对原合伙企业的资产和负债进行评估,调整后的有关账户余额为:

合伙人	资本
甲	108 000
乙	180 000

丙以 100 000 元现金投入新合伙企业,该企业合伙人权益总额为 388 000 元(108 000 +180 000+100 000),25% 的权益应为 97 000 元,可见,丙多付了 3 000 元(100 000 — 97 000)。说明原企业有未确认商誉,由原合伙人所有。丙因原合伙企业的商誉所多付的 3 000 元,应作为红利按损益分配比例在原合伙人甲、乙之间进行分配。

此时,丙投资的会计分录为:

借:银行存款 100 000
　贷:资本——甲 1 500
　　　资本——乙 1 500
　　　资本——丙 97 000

将上述分录过账后的账户余额为:

合伙人	资本
甲	109 500
乙	181 500
丙	97 000
合计	388 000

【**例 9-8**】续例 9-7,如果丙投入 88 000 元现金,取得 25% 合伙企业的权益,则表明丙除了投入现金外,还投入了商誉。丙以 88 000 元现金投入新合伙企业,该企业合伙人权益总额为 376 000 元(108 000+180 000+88 000),25% 的权益应为 94 000 元,可见,丙少付了 6 000 元(97 000 — 94 000)。说明丙投资有未确认商誉,由新合伙人所有。丙因投入新合伙企业的商誉应由原合伙人按损益分配比例将其资本作为红利分配给丙。

此时,丙投资的会计分录为:

借:银行存款 88 000
　　资本——甲 3 000
　　资本——乙 3 000
　贷:资本——丙 94 000

将上述分录过账后的账户余额为:

合伙人	资本
甲	105 000
乙	177 000
丙	94 000
合计	376 000

（三）原合伙人退伙

在某些情况下，现有合伙人可能因合伙人亡故但未指定继承人，合伙人违反合伙契约被开除，合伙人因其他原因等而主动或被动退出合伙企业，即退伙。退伙有两种方式：将其权益出售给新合伙人或从合伙企业撤出资本。

退出合伙人的实际权益通常会因记账的差错、净资产的公允价值与账面价值的差异、未入账商誉等原因与账面的资本余额不同。为了保护现存合伙人及退伙合伙人的权益，企业应在办理有关合伙人退伙之前将发现的差错更正、差异调整并根据合伙契约的规定在各合伙人之间进行分配。

第一种方式：将权益出售给新合伙人时，新合伙人直接付款给原合伙人，而合伙企业并未因此而减少资本和资产，所以企业的资本总额不变，资产总额也不变。

原合伙人退伙对企业的唯一影响是，将出售权益的原合伙人的资本金额，转入到购买权益的新合伙人的资本账户。

【例 9-9】某合伙企业合伙人甲和乙在企业的投资各为 80 000 元，新合伙人丙现在与原合伙人甲商定，支付 80 000 元购买其在企业的全部权益。乙同意甲退伙，丙作为新的合伙人入伙。企业记录原合伙人退伙的分录为：

借：资本——甲　　　　　　　　　　　　　　　　　　　　　　　　　80 000
　　贷：资本——丙　　　　　　　　　　　　　　　　　　　　　　　　　　80 000

因合伙企业并未减少资本和资产，即使丙支付给甲 70 000 元或 90 000 元，合伙企业的分录仍同上。

第二种方式：原合伙人从合伙企业撤出资本，此时，企业的资本减少，资产同时减少。其会计处理也有商誉法和红利法两种。

【例 9-10】甲、乙、丙合伙企业在丙退出前的有关资料如下：

合伙人	资本	损益分配比例
甲	38 400	40%
乙	21 600	40%
丙	15 000	20%
合计	75 000	100%

原合伙人丙退伙时，对原合伙企业的资产和负债进行评估的结果为：库存商品增值 1 200 元，固定资产增值 7 200 元，其他各项不变。

企业账面价值应做如下调整：

借：库存商品　　　　　　　　　　　　　　　　　　　　　　　　　1 200
　　固定资产　　　　　　　　　　　　　　　　　　　　　　　　　7 200
　　　贷：资本——甲　　　　　　　　　　　　　　　　　　　　　　　3 360
　　　　　资本——乙　　　　　　　　　　　　　　　　　　　　　　　3 360
　　　　　资本——丙　　　　　　　　　　　　　　　　　　　　　　　1 680

将上述分录过账后的账户余额为：

合伙人	资本
甲	41 760
乙	24 960
丙	16 680

在征得其他合伙人同意后,合伙企业支付给丙现金18 000元。

1.商誉法

可分为确认退伙人部分商誉方法和确认全部商誉方法

①按确认退伙人部分商誉方法,商誉为1 320元(18 000－16 680)

企业确认商誉的会计分录为:

借:商誉　　　　　　　　　　　　　　　　　　　　　　　1 320
　　贷:资本——丙　　　　　　　　　　　　　　　　　　　　　　　1 320

企业记录合伙人丙退伙的会计分录为:

借:资本——丙　　　　　　　　　　　　　　　　　　　　18 000
　　贷:银行存款　　　　　　　　　　　　　　　　　　　　　　　18 000

②按确认全部商誉方法,企业全部商誉为6 600元(1 320÷20％)。

企业确认商誉的会计分录为:

借:商誉　　　　　　　　　　　　　　　　　　　　　　　6 600
　　贷:资本——甲　　　　　　　　　　　　　　　　　　　　　　　2 640
　　　　资本——乙　　　　　　　　　　　　　　　　　　　　　　　2 640
　　　　资本——丙　　　　　　　　　　　　　　　　　　　　　　　1 320

企业记录合伙人丙退伙的会计分录为:

借:资本——丙　　　　　　　　　　　　　　　　　　　　18 000
　　贷:银行存款　　　　　　　　　　　　　　　　　　　　　　　18 000

(2)红利法

不确认商誉,将企业多付给退伙人的部分,作为未退伙合伙人分配给其的红利。

企业记录合伙人丙退伙的会计分录为:

借:资本——甲　　　　　　　　　　　　　　　　　　　　　660
　　资本——乙　　　　　　　　　　　　　　　　　　　　　660
　　资本——丙　　　　　　　　　　　　　　　　　　　　16 680
　　贷:银行存款　　　　　　　　　　　　　　　　　　　　　　　18 000

第三节　合伙经营损益的分配

合伙组织的损益应按损益分配比例来进行,如果合伙人之间未明确约定损益分配比例,各合伙人之间的损益平均分配;如果合伙人之间已经规定利益分配比例,而未规定损失分配比例,则按利益分配比例分配损失。

一、影响损益分配的因素

合伙企业在确定损益分配比例时,应考虑的主要因素包括:

1.各合伙人投入的资本量:包括投入的有形资产和无形资产。

2.各合伙人提供的劳务量:其衡量标准不仅要考虑合伙人为合伙组织所花费的时间,同时也要考虑各合伙人的经营能力、管理经验、交易范围及对企业盈利的贡献等因素。

3.各合伙人承担的风险量:指合伙人资产将来可能发生的损失程度。其衡量标准包括各合伙人投入的资本量及其对合伙组织所负债务可能作为补偿的私人财产的数额。

二、损益分配方法

合伙组织常用的损益分配方法包括约定比例法、资本额比例法和顺序分配法。

(一)约定比例法

约定比例法是指在考虑上述损益分配各主要因素的基础上,确定分配比例,并按该比例分配合伙组织的损益。

【例 9-11】设甲、乙二人合伙企业的当年度净利润金额为 96 000 元,在考虑影响损益分配各主要因素的基础上,确定分配比例为 1:2,按该比例分配的结果为:

合伙人	分配比例	分配金额
甲	1/3	32 000
乙	2/3	64 000
合计		96 000

(二)资本额比例法

如果合伙人投入的资本是合伙企业利润的主要来源,而其他损益分配的因素影响很小,或这些因素在各合伙人之间基本均等时,则可按各合伙人投入的资本额比例分配损益。按资本额比例分配可分为按期初资本额或按期末资本额分配两种。

1.按期初资本额比例分配

【例 9-12】甲、乙二人合伙企业的资本账户的期初余额如下:

甲 　　　80 000 元

乙 　　　160 000 元

设当年度净利润金额为 96 000 元,按期初资本额比例分配的结果为:

合伙人	期初资本额	分配比例	分配金额
甲	80 000	1/3	32 000
乙	160 000	2/3	64 000
合计	240 000		96 000

2.按期末资本额比例分配

采用这种分配比例进行损益的分配,可以起到约束各合伙人在经营期间提取大量款项私用,并鼓励各合伙人在企业需用资金时增投资本的作用。

【例 9-13】续例 9-12,设本期甲、乙各新增投资 16 000 元。新增投资时会计分录如下:

借:银行存款　　　　　　　　　　　　　　　　　　　　　　　32 000

　贷:资本——甲　　　　　　　　　　　　　　　　　　　　　　　　16 000

　　资本——乙　　　　　　　　　　　　　　　　　　　　　　　　16 000

仍设当年度净利润金额为 96 000 元,按期末资本额比例分配的结果为:

合伙人	期初资本额	分配比例	分配金额
甲	96 000	6/17	33 882
乙	176 000	11/17	62 118
合计	272 000		96 000

(三)顺序分配法

采用这种方法,在确定损益分配比例时,既考虑投入资本额,又考虑其他影响因素,并将各因素的分配顺序进行排列,按顺序分配损益。

【例 9-14】续例 9-12,设合伙条款规定,企业损益先按投资额 6% 进行分配,剩余部分平均分配。投资额可按期初资本额确定,也可按期末资本额确定。本例按期初资本额计算:

	甲	乙	合计
按期初资本分配			
80 000×6%	4 800		4 800
160 000×6%		9 600	9 600
合计			14 400
余额平均分配	40 800	40 800	81 600
分配金额	45 600	50 400	96 000

【例 9-15】续例 9-12,如合伙条款规定,企业损益先按提供劳务的报酬进行分配,剩余部分平均分配。设每年的报酬甲为 28 800 元,乙为 38 400 元,则分配结果如下:

	甲	乙	合计
劳务报酬	28 800	38 400	67 200
余额平均分配	14 400	14 400	28 800
分配金额	43 200	52 800	96 000

【例 9-16】续例 9-12,如合伙条款规定,企业损益先按投提供劳务的报酬进行分配,再按投资额 6% 进行分配,剩余部分平均分配。则分配结果如下:

	甲	乙	合计
劳务报酬	28 800	38 400	67 200
按期初资本分配			
80 000×6%	4 800		4 800
160 000×6%		9 600	9 600
合计			81 600
余额平均分配	7 200	7 200	14 400
分配金额	40 800	55 200	96 000

需要特别说明的是,这里所使用的资本比例或劳务报酬均为用于分配合伙企业净损益的量化指标,而不是费用,因而不反映在利润表内。

【例 9-17】续例 9-16,若当年企业净利润为 72 000 元,而不是 96 000 元,按上述合伙条款进行分配时,按提供劳务的报酬进行分配,再按投资额 6% 进行分配的利润额为 81 600 元,超过可供分配净利润额 9 600 元,即剩余部分为 −9 600。

企业仍按合伙条款分配如下:

	甲	乙	合计
劳务报酬	28 800	38 400	67 200
按期初资本分配			
80 000×6%	4 800		4 800
160 000×6%		9 600	9 600
合计			81 600
余额平均分配	−4 800	−4 800	−9 600
分配金额	28 800	43 200	72 000

第四节 合伙企业清算

合伙企业具有经营期间有限的特点。合伙企业因各种原因不再持续经营之日,就是合伙企业清算之时。

一、清算程序

1.变卖企业资产:将企业全部非现金资产进行变卖,变卖过程所产生的损益按损益分配比例在各合伙人之间进行分配。

2.清理债权债务:收回企业的全部应收账款,清偿全部应付账款。

3.支付清理费用:支付清理过程中所发生的有关费用,如人工费、手续费等。

4.分配剩余财产:按合伙契约约定的条款分配剩余变现资产或分担损失。

【例9-18】设某合伙企业在即将清算时的资产负债表如表9-1所示:

表9-1　某合伙企业资产负债表

××年9月30日

资产		负债与合伙人权益	
银行存款	40 000	应付账款	72 000
库存商品	240 000	资本——甲	240 000
固定资产	200 000	资本——乙	160 000
减:累计折旧	8 000		
资产总额	472 000	负债及合伙人权益总额	472 000

首先,将企业的非现金资产变卖,售价416 000元,分录如下:

借:银行存款	416 000	
累计折旧	8 000	
变卖资产损益	16 000	
贷:库存商品		240 000
固定资产		200 000

其次,将企业的非现金资产变卖损益在合伙人之间进行分配。设该企业合伙条款规定的损益分配比例为平均分配,则分配变卖资产损失16 000元的分录如下:

借:资本——甲	8 000	
资本——乙	8 000	
贷:变卖资产损益		16 000

再次,清偿企业债务,分录如下:

| 借:应付账款 | 72 000 | |
| 贷:银行存款 | | 72 000 |

最后,将剩余变现资产在合伙人之间进行分配:

借:资本——甲	232 000	
资本——乙	152 000	
贷:银行存款		384 000

有的合伙企业由于经营亏损,提取超额或清算时的变现损失及清理费用金额较大,在完成清算过程的变卖企业资产、清理债权债务和支付清理费用等步骤时,可能会发生合伙人资本账户出现借方余额的情况。这一金额应被视为该合伙人欠合伙企业的,清算时,可

以由该合伙人直接支付给相关的合伙人,也可以先由该合伙人偿还企业,再由企业支付给相关合伙人。

【例9-19】甲、乙合伙企业在完成清算过程的变卖企业资产、清理债权债务和支付清理费用等步骤时各账户余额如下:

	借方余额	贷方余额
银行存款	160 000	
资本——甲	40 000	
资本——乙		200 000
合计	200 000	200 000

合伙企业分配剩余资产的分录如下:

借:资本——乙　　　　　　　　　　　　　　　　　　　200 000
　　贷:银行存款　　　　　　　　　　　　　　　　　　　　　160 000
　　　　资本——甲　　　　　　　　　　　　　　　　　　　　 40 000

企业全部变现资产分配给甲后,"资本——乙"仍有贷方余额40 000元,应由甲支付给乙。

【例9-20】合伙企业在完成清算过程的变卖企业资产、清理债权债务和支付清理费用等步骤时各账户余额如下:

	借方余额	贷方余额
银行存款	160 000	
资本——甲	40 000	
资本——乙		120 000
资本——丙		80 000
合计	200 000	200 000

各合伙人的损益分配比例是甲20%,乙40%,丙40%,即2∶4∶4。

由甲合伙人先向合伙企业偿付40 000元,用于弥补资本账户的借方余额,再由企业支付乙、丙二合伙人应分配到的剩余变现资产。

合伙人甲弥补资本账户的借方余额的分录如下:

借:银行存款　　　　　　　　　　　　　　　　　　　　40 000
　　贷:资本——甲　　　　　　　　　　　　　　　　　　　　 40 000

分配剩余资产的分录如下:

借:资本——乙　　　　　　　　　　　　　　　　　　　120 000
　　资本——丙　　　　　　　　　　　　　　　　　　　 80 000
　　贷:银行存款　　　　　　　　　　　　　　　　　　　　　200 000

如甲合伙人无力偿还其资本账户的借方余额,这部分金额则应作为合伙企业的损失,由其他两个合伙人按损益分配比例分担。因二人损益分配比例为4∶4,即平均分配,所以甲合伙人无力偿还的40 000元损失,应由乙、丙而人各负担20 000元。

分配甲资本账户的借方余额的分录如下:

借:资本——乙		20 000	
资本——丙		20 000	
贷:资本——甲			40 000

分配剩余资产的分录如下:

借:资本——乙		100 000	
资本——丙		60 000	
贷:银行存款			160 000

合伙企业可能希望通过必要的程序,转制为股份公司,在此情况下,企业可以选择进行必要的调整后,继续使用原合伙企业账簿,也可以选择将原合伙企业账簿结清后,设立新的公司账簿。

【例 9-21】设某合伙企业结账后各账户余额如下:

	借方余额	贷方余额
银行存款	1 600	
应收账款	16 800	
库存商品	47 200	
固定资产	276 000	
坏账准备		1 600
累计折旧		52 000
应付账款		8 000
应付票据		4 800
资本——甲		128 000
资本——乙		147 200
合　计	341 600	341 600

该合伙企业经批准于当日改制为股份公司。核发股票 5 000 股,每股面值为 80 元。原合伙人权益折合为公司股票 3 700 股。

1.进行必要的调整后,继续使用原合伙企业账簿

先将合伙企业的有关账户按照转给公司的数额进行调整,调整损益按损益分配比例分配到各合伙人资本账户。

设各合伙人同意将合伙企业的资产按下列数额转给公司:

银行存款	1 600
应收账款	14 400
库存商品	47 200
固定资产	245 600

有关账户调整如下:

固定资产账面价值为 276 000－52 000＝224 000 元,按 245 600 元价值转入公司,其调整收益为 21 600 元(245 600－224 000);应收账款账面价值为 16 800－1 600＝15 200 元,按 14 400 元价值转入公司,其调整损失为 800 元(15 200－14 400)。

借:固定资产   21 600

贷:坏账准备   800

调整损益   20 800

调整损益按损益分配比例分配到各合伙人资本账户,设损益分配比例为平均分配:

借:损益调整   20 800

贷:资本——甲   10 400

资本——乙   10 400

将合伙人权益转给公司时,借记原合伙企业"资本"账户将该账户结清,以反映原企业组织形式——合伙的结束;贷记公司的"股本"账户,以反映新企业组织形式——公司的建立:

借:资本——甲   138 400

资本——乙   157 600

贷:股本   296 000

如果各合伙人转给公司的资本金额之和,超过合伙人所取得的股票面额,则应将超额部分作为资本溢价记入公司"资本公积"账户。如例 9-21 股票面值为每股 70 元而不是 80 元,其他条件不变,上笔分录应改为:

借:资本——甲   138 400

资本——乙   157 600

贷:股本   259 000

资本公积   37 000

2.将原合伙企业账簿结清后,设立新的公司账簿

先将合伙企业的有关账户按照转给公司数额进行调整,调整损益按损益分配比例分配到各合伙人资本账户。各项条件如前例,有关账户调整如下:

借:固定资产   21 600

贷:坏账准备   800

调整损益   20 800

调整损益按损益分配比例分配到各合伙人资本账户,设损益分配比例为平均分配:

借:损益调整   20 800

贷:资本——甲   10 400

资本——乙   10 400

结清合伙企业所有账户,以反映原企业组织形式——合伙的结束:

借:坏账准备   2 400

累计折旧   52 000

应付账款   8 000

应付票据   4 800

资本——甲   138 400

资本——乙   157 600

贷:银行存款   1 600

应收账款   14 400

库存商品   47 200

固定资产   297 600

至此,原合伙企业的账户全部结平,公司可根据规定和需要,设立新的公司账簿。

二、清算方式

(一)一次付款清算

按顺序完成上述所有分配程序后,一次性将企业剩余的现金资产和非现金资产的变现金额,分配并支付给各合伙人。

(二)分次付款清算

企业在清算时,通常需要花费较长的时间用于债权、债务的清理和非现金资产的变卖。因此,合伙企业可以根据实际情况,在各合伙人都同意的前提下,在未完成所有清算程序时,提前分次对可供分配的现金资产进行分配,并付款给相关的合伙人。

分次付款清算,也称为"安全清算"。必须遵守的原则是:其各次分配的现金资产的总和不得超过企业完成清算程序时可供分配的现金资产和非现金资产变现金额的总和。为了保证这一原则的执行,各次现金分配时,企业必须在下列假设下进行:(1)所有非现金资产可能全部损失;(2)所有合伙人均无力偿还其对企业的欠款;(3)企业可能存在需要偿还或支付的未记录和或有负债及损失。

1.分次付款清算的计算

分次付款清算的计算应按下列顺序依次进行:

(1)计算确定各合伙人在企业的权益:各合伙人"资本"账户余额调整各自往来账户的金额;

(2)计算确定各合伙人应负担的非现金资产的可能的损失:假定所有非现金资产可能的全部损失,将这一损失按损益分配比例分配给各个合伙人;

(3)计算确定各合伙人应负担的企业可能存在需要偿还或支付的未记录和或有负债及损失:将这一损失按损益分配比例分配给各合伙人;

(4)计算确定各合伙人应负担的因其他合伙人无力偿还其对企业的欠款的可能的损失:各合伙人权益在负担上述损失后,有些合伙人的权益可能出现负数,由于分次付款清算是建立在所有合伙人均无力偿还其对企业的欠款的假设前提下,所以出现的负数应由其他合伙人按损益分配比例进行负担,一直到该负数为零;

(5)计算确定付款金额:剩余的现金资产分配给相关合伙人。

2.计算公式

某合伙人某次得到的清算款=该合伙人资本账户余额+该合伙人往来账户贷方余额−该合伙人往来账户借方余额−该合伙人负担的各项可能的损失

如开始清算时,各合伙人资本账户的余额比例与损益分配比例相等,同时合伙人往来账户余额为零,企业即可按损益分配比例分配及支付清算款。否则,可编制分期清算表进行分次付款清算的计算。

【例 9-22】某合伙企业将于××年12月31日开始清算。其合伙人甲、乙、丙的损益分配比例为 5：3：2。企业决定采用分次付款清算方式进行清算,保留 2 500 元现金,用于支付未记录和或有负债及损失,剩余现金分期分配并支付给各有关合伙人。该企业当年

12 月 31 日资产负债表如表 9-2 所示。

表 9-2 某合伙企业资产负债表

××年 12 月 31 日

资产		负债及合伙人权益	
银行存款	20 000	合伙人往来——丙	5 000
合伙人往来——乙	2 500	资本——甲	12 500
		资本——乙	17 500
固定资产	40 000	资本——丙	27 500
合计	62 500	合计	62 500

可编制分期清算表(如表 9-3)进行分次付款清算的计算。

表 9-3 某合伙企业

项目	甲	乙	丙	合计
某年 12 月 31 日合伙人权益	12 500	15 000	32 500	60 000
减:非现金资产的可能的损失	−20 000	−12 000	−8 000	−40 000
小计	−7 500	3 000	24 500	20 000
减:未记录和或有负债及损失	−1 250	−750	−500	−2 500
小计	−8 750	2 250	24 000	17 500
负担合伙人甲无力偿还金额	8 750	−5 250	−3 500	0
小计	0	−3 000	20 500	17 500
负担合伙人乙无力偿还金额		3 000	−3 000	0
小计		0	17 500	17 500
分配现金		0	17 500	17 500

根据表 9-3 的计算,本期清算应付给合伙人丙 17 500 元,先用于支付其往来账户的余额,剩余部分支付其资本。付款分录为:

借:合伙人往来——丙　　　　　　　　　　　　　　　　　5 000
　　资本——丙　　　　　　　　　　　　　　　　　　　12 500
　　贷:银行存款　　　　　　　　　　　　　　　　　　　　　17 500

以后各期也依照同样方法进行分配计算,直至清算全部完成。

【例 9-23】某合伙企业将于××年 12 月 31 日开始清算。其合伙人甲、乙、丙的损益分配比例为 5:3:2。企业决定采用分次付款清算方式进行清算,即,每月保留 5 000 元现金,用于支付未记录和或有负债及损失,剩余现金分配并支付给各有关合伙人。该企业当年 12 月 31 日资产负债表如表 9-4 所示。

表 9-4　某合伙企业资产负债表

××年 12 月 31 日

资产		负债及所有者权益	
银行存款	60 000	应付账款	75 000
应收账款	70 000	应付票据	50 000
合伙人往来——丙	10 000	合伙人往来——乙	5 000
库存商品	100 000	资本——甲	85 000
固定资产	100 000	资本——乙	85 000
无形资产	10 000	资本——丙	50 000
合计	350 000	合计	350 000

企业清算期间发生事项及其账务处理如下：

次年 1 月,将丙的往来账户抵减其资本账户,核销无形资产,应收账款收回 50 000 元,售出成本为 40 000 元的库存商品,价款 50 000 元。

月末分配并支付当期清算额：

(1)将丙的往来账户抵减其资本账户

借:资本——丙　　　　　　　　　　　　　　　　　　　　　10 000

　贷:合伙人往来——丙　　　　　　　　　　　　　　　　　　　　　　10 000

(2)核销无形资产,作为清算损益按损益分配比例分配给各合伙人

借:资本——甲　　　　　　　　　　　　　　　　　　　　　5 000

　　资本——乙　　　　　　　　　　　　　　　　　　　　　3 000

　　资本——丙　　　　　　　　　　　　　　　　　　　　　2 000

　贷:无形资产　　　　　　　　　　　　　　　　　　　　　　　　　　10 000

(3)应收账款收回

借:银行存款　　　　　　　　　　　　　　　　　　　　　50 000

　贷:应收账款　　　　　　　　　　　　　　　　　　　　　　　　　50 000

(4)售出库存商品并在各合伙人之间分配资产变卖损益

借:银行存款　　　　　　　　　　　　　　　　　　　　　50 000

　贷:库存商品　　　　　　　　　　　　　　　　　　　　　　　　　40 000

　　　资本——甲　　　　　　　　　　　　　　　　　　　　　　　　5 000

　　　资本——乙　　　　　　　　　　　　　　　　　　　　　　　　3 000

　　　资本——丙　　　　　　　　　　　　　　　　　　　　　　　　2 000

(5)清偿"合伙人往来"以外的债务

借:应付账款　　　　　　　　　　　　　　　　　　　　　75 000

　　应付票据　　　　　　　　　　　　　　　　　　　　　50 000

　贷:银行存款　　　　　　　　　　　　　　　　　　　　　　　125 000

(6)月末分配并支付当期清算额

各期清算额的确定,可以通过编制下列清算分配表(表 9-5)来完成。

表 9-5　某合伙企业分期清算表(第一期)
次年 1 月 31 日

	甲	乙	丙	合计
次年 1 月 31 日合伙人权益	85 000	90 000	40 000	215 000
减:非现金资产的可能的损失	−90 000	−54 000	−36 000	−180 000
小计	−5 000	36 000	4 000	35 000
减:未记录和或有负债及损失	−2 500	−1 500	−1 000	−5 000
小计	−7 500	34 500	3 000	30 000
负担合伙人甲无力偿还金额	7 500	−4 500	−3 000	0
分配现金	0	30 000	0	30 000

借:合伙人往来——乙　　　　　　　　　　　　　　　　　5 000
　　资本——乙　　　　　　　　　　　　　　　　　　　25 000
贷:银行存款　　　　　　　　　　　　　　　　　　　　　　　30 000

为了反映分期清算的进展情况,保证清算的正常进行,并为今后的工作做好准备,每期清算完成后,还应编制合伙清算表(表 9-6)。

表 9-6

项目	现金	非现金资产	对外负债	资本(甲)	合伙人往来(乙)	资本(乙)	资本＋合伙人往来(丙)
1 月 1 日余额	60 000	290 000	125 000	85 000	5 000	85 000	50 000
清理合伙人往来借方余额		−10 000					−10 000
核销无形资产		−10 000		−5 000		−3 000	−2 000
收回应收账款	50 000	−50 000					
售出库存商品	50 000	−40 000		5 000		3 000	2 000
1 月份分配付款前余额	160 000	180 000	125 000	85 000	5 000	85 000	40 000
偿还对外负债	−125 000		−125 000				
分配剩余现金(见分配表)	−30 000				−5 000	−25 000	
2 月 1 日余额	5 000	180 000	0	85 000	0	60 000	40 000

次年 2 月,售出账面价值为 20 000 元的固定资产,价款 15 000 元;出售剩余库存商品,价款 45 000 元;支付清算费用 1 000 元;发现未入账负债 2 000 元;月末分配并支付当期清算额。

(1)出售价值为 20 000 元的固定资产,价款 15 000 元

借:银行存款 15 000
　资本——甲 2 500
　资本——乙 1 500
　资本——丙 1 000
　贷:固定资产 20 000

（2）出售剩余库存商品,价款 45 000 元

借:银行存款 45 000
　资本——甲 7 500
　资本——乙 4 500
　资本——丙 3 000
　贷:库存商品 60 000

（3）支付清算费用 1 000 元

借:资本——甲 500
　资本——乙 300
　资本——丙 200
　贷:银行存款 1 000

（4）发现未入账负债 2 000 元

借:资本——甲 1 000
　资本——乙 600
　资本——丙 400
　贷:应付账款 2 000

（5）偿还新发现的负债

借:应付账款 2 000
　贷:银行存款 2 000

（6）月末分配并支付当期清算额（表 9-7）

表 9-7　某合伙企业分期清算分配表（第二期）
次年 2 月 28 日

	甲	乙	丙	合计
次年 2 月 28 日合伙人权益	73 500	53 100	35 400	162 000
减:非现金资产的可能的损失	−50 000	−30 000	−20 000	−100 000
小计	23 500	23 100	15 400	62 000
减:未记录和或有负债及损失	−2 500	−1 500	−1 000	−5 000
分配现金	21 000	21 600	14 400	57 000

借:资本——甲 21 000
　资本——乙 21 600
　资本——丙 14 400
　贷:银行存款 57 000

本期清算完成后,还应编制合伙清算表,如表 9-8 所示:

表 9-8 合伙清算表

项目	现金	非现金资产	对外负债	实收资本（甲）	合伙人往来（乙）	实收资本（乙）	资本＋合伙人往来（丙）
1月1日余额	60 000	290 000	125 000	85 000	5 000	85 000	50 000
清理合伙人往来借方余额		−10 000					−10 000
核销无形资产		−10 000		−5 000		−3 000	−2 000
收回应收账款	50 000	−50 000					
售出库存商品	50 000	−40 000		5 000		3 000	2 000
1月份分配付款前余额	160 000	180 000	125 000	85 000	5 000	85 000	40 000
偿还对外负债	−125 000		−125 000				
分配剩余现金(见分配表)	−30 000				−5 000	−25 000	
2月1日余额	5 000	180 000	0	85 000	0	60 000	40 000
出售固定资产	15 000	−20 000		−2 500		−1 500	−1 000
出售库存商品	45 000	−60 000		−7 500		−4 500	−3 000
支付清算费用	−1 000			−500		−300	−200
新发现负债			2 000	−1 000		−600	−400
月末分配前余额	64 000	100 000	2 000	73 500		53 100	35 400
偿还负债	−2 000		−2 000				
分配现金	−57 000			−21 000		−21 600	−14 400

次年 3 月，出售固定资产，账面价值 25 000 元，售价 37 500 元；支付清理费 1 250 元，月末分配并支付当期清算额。

(1)出售固定资产，账面价值 25 000 元，售价 37 500 元

借：银行存款　　　　　　　　　　　　　　　　　　　37 500

　　贷：资本——甲　　　　　　　　　　　　　　　　　　　　6 250

　　　　资本——乙　　　　　　　　　　　　　　　　　　　　3 750

　　　　资本——丙　　　　　　　　　　　　　　　　　　　　2 500

　　　　固定资产　　　　　　　　　　　　　　　　　　　　25 000

(2)付清理费 1 250 元

借：资本——甲　　　　　　　　　　　　　　　　　　　625

　　资本——乙　　　　　　　　　　　　　　　　　　　375

　　资本——丙　　　　　　　　　　　　　　　　　　　250

　　贷：银行存款　　　　　　　　　　　　　　　　　　　　1 250

(3)月末分配并支付当期清算额

因上期末各合伙人均获现金分配，则以后各期可按损益分配比例进行分配而不必再编制分配表。

借：资本——甲 18 125

资本——乙 10 875

资本——丙 7 250

贷：银行存款 36 250

次年 4 月，出售剩余固定资产，售价 37 500 元；核销不能收回应收账款账面余额，月末分配并支付当期清算额。

（4）出售剩余固定资产，售价 37 500 元，核销应收账款账面余额

借：银行存款 37 500

资本——甲 8 750

资本——乙 5 250

资本——丙 3 500

贷：固定资产 55 000

借：资本——甲 10 000

资本——乙 6 000

资本——丙 4 000

贷：应收账款 20 000

（5）月末分配并支付当期清算额

借：资本——甲 21 250

资本——乙 12 750

资本——丙 8 500

贷：银行存款 42 500

本期清算完成后，还应编制合伙清算表（表 9-9）。

表 9-9

项目	现金	非现金资产	对外负债	实收资本（甲）	合伙人往来（乙）	实收资本（乙）	资本＋合伙人往来（丙）
1月1日余额	60 000	290 000	125 000	85 000	5 000	85 000	50 000
清理合伙人往来		−10 000					−10 000
核销无形资产		−10 000		−5 000		−3 000	−2 000
收回应收账款	50 000	−50 000					
售出库存商品	50 000	−40 000		5 000		3 000	2 000
1月付款前	160 000	180 000	125 000	85 000	5 000	85 000	40 000
偿还对外负债	−125 000		−125 000				
分配剩余现金*	−30 000				−5 000	−25 000	
2月1日余额	5 000	180 000	0	85 000	0	60 000	40 000
出售固定资产	15 000	−20 000		−2 500		−1 500	−1 000
出售库存商品	45 000	−60 000		−7 500		−4 500	−3 000

续表

项目	现金	非现金资产	对外负债	实收资本（甲）	合伙人往来（乙）	实收资本（乙）	资本＋合伙人往来（丙）
支付清算费用	−1 000			−500		−300	−200
新发现负债			2 000	−1 000		−600	−400
月末分配前余额	64 000	100 000	2 000	73 500		53 100	35 400
偿还负债	−2 000		−2 000				
分配现金	−57 000			−21 000		−21 600	−14 400
3月1日余额	5 000	100 000		52 500		31 500	21 000
出售固定资产	37 500	−25 000		6 250		3 750	2 500
支付清算费用	−1 250			−625		−375	−250
月末分配前余额	41 250	75 000		58 125		34 875	23 250
分配现金	−36 250			−18 125		−10 875	−7 250
4月1日余额	5 000	75 000		40 000		24 000	16 000
出售剩余固定资产	37 500	−55 000		−8 750		−5 250	−3 500
核销应收账款		−20 000		−10 000		−6 000	−4 000
月末分配前余额	42 500	0		21 250		12 750	8 500
分配现金	−42 500			−21 250		−12 750	−8 500
清算完成	0	0	0	0	0	0	0

*见分配表

本章小结

本章主要阐述了合伙的概念、合伙协议的主要内容、合伙投资及权益变动、合伙经营损益的分配和合伙企业的清算等会计问题。

1.合伙企业（partnership），是指自然人、法人和其他组织依照《中华人民共和国合伙企业法》在中国境内设立的普通合伙企业和有限合伙企业。

普通合伙企业由普通合伙人组成，合伙人对合伙企业债务承担无限连带责任。

有限合伙企业由普通合伙人和有限合伙人组成。普通合伙人对合伙企业债务承担无限连带责任，有限合伙人以其认缴的出资额为限对合伙企业债务承担责任。

确定合伙关系的契约称为合伙契约，或称合伙协议、合伙合同、合伙条款等。

2.各合伙人按合伙契约的规定，投入企业的资本在"资本"科目进行核算，按各合伙人分别设置明细账。合伙人在合伙期间可以定期从企业提出现金或其他资产用于个人需要，称为"提取"。

3.新合伙人入伙通常采用两种方式，一种是新合伙人向一个或几个原合伙人购买全部或部分权益;另一种是新合伙人投资于合伙企业。如果新合伙人按高于(或低于)公允价值取得合伙人权益时,有两种不同的方法可供会计处理时选择:商誉法和红利法。在某些情况下,现有合伙人可能因合伙人亡故但未指定继承人、合伙人违反合伙契约被开除、合伙人因其他原因等而主动或被动退出合伙企业,即退伙。退伙有两种方式:将其权益出售给其他合伙人或从合伙企业撤出资本,其会计处理也有商誉法和红利法两种。

4.合伙企业的损益应按损益分配比例来进行,如果合伙人之间未明确约定损益分配比例,各合伙人之间的损益平均分配;如果合伙人之间已经规定利益分配比例,而未规定损失分配比例,则按利益分配比例分配损失。合伙企业常用的损益分配方法包括:约定比例法、资本额比例法、顺序分配法等。

(5)合伙企业的清算步骤依次为变卖企业资产、清理债权债务、支付清理费用、分配剩余财产。清算方式有一次付款清算和分次付款清算。

,

思考题

1.什么是合伙企业?

2.引起合伙企业权益变动的主要因素有哪些?

3.在合伙契约中,确定损益分配比例时,应考虑的主要因素有哪些?

4.何谓红利法、商誉法?其主要内容是什么?

5.简要说明合伙企业在清算时的程序。

练习题

(一)单项选择题

1.合伙企业的出资人至少为(　　)。

　A.1 人　　　　　　B.2 人　　　　　　C.3 人　　　　　　D.5 人

2.合伙企业的特点不包括(　　)。

　A.独立法人　　　B.寿命有限　　　C.责任无限　　　D.互为代理

3.记录各合伙人按合伙契约的规定投入企业的资本不包括借记(　　)。

　A.银行存款　　　B.资本　　　　　C.固定资产　　　D.无形资产

4.以非现金资产投入的资本,应根据投资日资产的(　　)入账

　A.账面价值　　　B.历史成本　　　C.公允价值　　　D.净值

5.合伙人在合伙期间定期从企业提出现金或其他资产用于个人需要,应借记(　　)。

　A.库存现金　　　B.银行存款　　　C.提取　　　　　D.费用

6.新合伙人向一个原合伙人支付 5 万元购买其全部 3 万权益,企业记录此项新合伙人入伙的分录包括(　　)。

　A.借记资本(新合伙人)3 万　　　　　　B.借记资本(原合伙人)3 万

　C.借记资本(新合伙人)5 万　　　　　　D.借记资本(原合伙人)5 万

7.在采用商誉法时,新合伙人按低于公允价值取得合伙人权益时的会计分录包括（　　）。

A.借记商誉　　　　　　　　　　　　B.贷记商誉

C.借记资本（新合伙人）　　　　　　D.贷记资本（原合伙人）

8.在采用红利法时,新合伙人按高于公允价值取得合伙人权益时的会计分录包括（　　）。

A.借记商誉　　　　　　　　　　　　B.贷记商誉

C.借记资本（新合伙人）　　　　　　D.贷记资本（原合伙人）

9.下列有关分次付款清算的假设条件正确的是（　　）。

A.所有非现金资产可能全部损失

B.所有合伙人均无力偿还其对企业的欠款

C.企业没有盈利能力

D.企业可能存在需要偿还或支付的未记录和或有负债及损失

10.分次付款清算的计算应按下列顺序依次进行:（　　）。

①各合伙人应负担的企业可能存在需要偿还或支付的未记录和或有负债及损失

②各合伙人应负担的因其他合伙人无力偿还其对企业的欠款的可能的损失

③各合伙人在企业的权益

④计算确定各合伙人应负担的非现金资产的可能的损失

⑤计算确定付款金额

A.①②③④⑤　　　B.①③④②⑤　　　C.③①②④⑤　　　D.③④①②⑤

（二）多项选择题

1.合伙协议的主要内容包括（　　）。

A.合伙人及合伙企业名称　　　　　　B.合伙企业性质

C.各合伙人投资额　　　　　　　　　D.合伙企业结束时间

2.新合伙人按高于（或低于）公允价值取得合伙人权益时会计处理方法包括（　　）。

A.成本法　　　　B.权益法　　　　C.商誉法　　　　D.红利法

3.合伙企业在确定损益分配比例时,应考虑的主要因素包括（　　）。

A.各合伙人投入的资本量　　　　　　B.各合伙人为合伙组织所花费的时间

C.各合伙人的经营能力　　　　　　　D.各合伙人承担的风险量

4.合伙企业清算程序包括（　　）。

A.变卖企业资产　　B.清理债权债务　　C.支付清理费用　　D.分配剩余财产

5.分次付款清算时,影响某合伙人某次得到的清算款的因素包括（　　）。

A.该合伙人资本账户余额　　　　　　B.该合伙人往来账户贷方余额

C.该合伙人往来账户借方余额　　　　D.该合伙人的各项可能的利得

6.甲、乙二人合伙企业的当年度净利润金额为 60 000 元,在考虑影响损益分配各主要因素的基础上,确定分配比例为 1∶2,按该比例分配的结果是（　　）。

A.甲 30 000 元　　B.乙 30 000 元　　C.甲 20 000 元　　D.乙 40 000 元

7.合伙组织常用的损益分配方法包括:（　　）。

A.约定比例法　　　　　　　　　　B.期初资本额比例法

C.期末资本额比例法　　　　　　　D.顺序分配法

8.丙在退出合伙企业前的资本账户为 20 000 元,占企业总资本 20%,退出时企业支付给丙 30 000 元。商誉法下( )。

A.全部商誉为 10 000 元　　　　　B.丙的商誉为 10 000 元

C.全部商誉为 50 000 元　　　　　D.丙的商誉为 50 000 元

9.如合伙人之间未明确约定损益分配比例,下列做法不正确的是( )。

A.各合伙人之间的损益平均分配　　B.临时约定比例分配

C.按期初资本额比例分配　　　　　D.按期末资本额比例分配

10.如合伙人之间已经规定利益分配比例,而未规定损失分配比例,下列做法不正确的是( )。

A.各合伙人之间的损失平均分配　　B.临时约定比例分配损失

C.按资本额比例分配损失　　　　　D.按利益分配比例分配损失

(三)判断题

1.合伙人在合伙期间可以定期从企业提出现金或其他资产用于个人需要,称为"提取"。 ( )

2.如果合伙人投入的资本是合伙组织利润的主要来源,而其他损益分配的因素影响很小,或这些因素在各合伙人之间基本均等时,则可按顺序分配法分配损益。 ( )

3.企业清算时,变卖资产所产生的损益在各个合伙人之间平均分配。 ( )

4.在完成清算过程的变卖企业资产、清理债权债务和支付清理费用等步骤时,合伙人资本账户不能出现借方余额。 ( )

5.一次付款清算按顺序完成所有分配程序后,一次性将企业剩余的现金资产和非现金资产变现后,分配并支付给各合伙人。 ( )

6.分次付款清算,也称为"安全清算"。必须遵守的原则是:其各次分配的现金资产的总和不得超过企业完成清算程序时可供分配的现金资产和非现金资产变现金额的总和。 ( )

7.如开始清算时,各合伙人资本账户的余额比例与损益分配比例相等,企业即可按损益分配比例分配及支付清算款。 ( )

8.采用红利法时,新合伙人入伙不确认商誉。 ( )

9.原合伙人退伙将权益出售给其他合伙人时,合伙企业会因此而减少资本和资产。 ( )

10.原合伙人从合伙企业撤出资本,可以采用的会计处理方法有商誉法和红利法两种。 ( )

(四)业务题

1.

(1)资料:

①甲、乙、丙合伙企业 2010 年 1 月 1 日的有关资料如下:

合伙人	资本	损益分配比例
甲	480 000	30%
乙	480 000	50%
丙	300 000	20%

②2010 年 7 月 1 日,经各合伙人同意,新合伙人丁以 960 000 元现金投资入伙,取得合伙企业 40%的权益。

(2)要求:

①用商誉法编制分录。

②用红利法编制分录。

③分别确定上述分录过账后,各合伙人的权益。

2.

(1)资料:

①甲、乙、丙合伙企业 2010 年 1 月 1 日的有关资料如下:

合伙人	资本	损益分配比例
甲	480 000	30%
乙	576 000	50%
丙	300 000	20%

②2010 年 1 月 1 日,乙退出合伙企业,企业付给乙现金 651 600 元。

(2)要求:

①用商誉法编制分录。

②用红利法编制分录。

3.

(1)资料:

①甲、乙、丙合伙企业有关资料如下:

	甲	乙	丙
劳务报酬	80 000	120 000	40 000
期末资本账户余额	600 000	400 000	1 200 000
约定损益分配比例	30%	50%	20%

②企业本期净利为 320 000 元。

(2)要求:

分别按约定比例法、资本额比例法、顺序分配法分配损益(分配顺序:分配合伙条款规定,企业损益先按提供劳务的报酬进行分配,再按期末投资额 10%进行分配,剩余部分按约定比例进行分配。)编制必要分录。

4.

(1)资料:

①甲、乙、丙合伙企业在即将清算时的资产负债表如下:

某合伙企业资产负债表
2010 年 8 月 31 日

资产	
银行存款	168 000
存货	400 000
固定资产	200 000
减:累计折旧	73 600
资产总额	694 400
负债	
应付账款	940 800
合伙人权益	
资本——甲	336 000
资本——乙	179 200
资本——丙	(56 000)
负债及合伙人权益总额	694 400

②2010 年 9 月 1 日清算开始,将企业价值 257 600 元的存货变卖,售价 190 400 元,发生清算费用 22 410 元,估计还将发生清理费用 17 922 元。

③合伙契约未明确损益分配比例。

(2)要求:编制清算过程有关分录。

5.

(1)资料:文如合伙企业于 2010 年 1 月 1 日进行清算,所有对外债务已经清偿完毕。现经全体合伙人同意,除保留 50 000 元现金用于支付清算费用外,其余的可进行分配,损益分配比为 2∶2∶1。此时的资产负债表如下:

文如合伙企业资产负债表
2010 年 1 月 1 日　　　　　　　　　　　　　　单位:元

资产		负债和所有者权益	
现金	300 000	应付合伙人丙贷款	50 000
存货	200 000	资本——甲	150 000
固定资产(净值)	500 000	资本——乙	350 000
资产总计	1 000 000	资本——丙	450 000
		负债和权益总额	1 000 000

该企业的后续清算和付现事项如下:

①2 月 26 日,出售全部存货,收款 1 650 000 元,出售净值为 250 000 元的固定资产,收款 415 000 元。

②2 月 27 日,将其余的固定资产全部出售,收款 840 000,并支付 25 000 元清算费用。

(2)要求:编制文如合伙企业的分期清算表。

第十章

租赁会计

学习目的：通过本章学习，使学生了解租赁业务和租赁会计的基本问题；理解融资租赁的确认条件；掌握从承租人角度和出租人角度分别对融资租赁和经营租赁进行会计处理的方法；售后租回的会计处理方法；能够运用本章所学知识对融资租赁与经营租赁的会计处理的区别进行比较和分析，确定其对企业经济结果的影响。

引导案例：

施乐公司虚计收入案

2002 年 4 月 8 日，美国施乐公司（以下简称施乐）宣布愿意接受美国证券交易委员会（SEC）的条件与其达成和解。自此，若隐若现的施乐财务欺诈案（以下简称"施乐案"）浮出水面。6 月 28 日，施乐公司按照和解的要求，向 SEC 提交了未经审计的 1997 年至 2000 年重述年度财务报表，确认在此期间虚计收入 64 亿美元、税前利润 14 亿美元（SEC 认为应为 15 亿美元），由此在资本市场上激起轩然大波。

施乐公司虚计收入的主要会计造假方法就是利用融资租赁，在租赁开始日提前确认与融资租赁有关的收入。那么，如果要了解施乐公司的具体欺诈方法，就要了解融资租赁的知识和会计处理。什么是融资租赁？什么是融资租赁收入？这种收入应何时确认？违规确认的经济后果如何？

第一节　租赁会计概述

租赁是随着经济的发展而发展的。企业广泛地将租赁作为筹措资金的重要手段。我国在一个相当长的历史时期内，不存在以融资为主要目的的现代租赁业务，因此有关租赁业务的财务会计制度也非常简单。20 世纪 80 年代，我国政府制定了一系列对外开放、对内搞活的方针政策，这些都有力地推动了我国各项经济事业，也包括租赁业的发展。随着我国租赁业务的扩大和发展，客观需要对租赁业务进行会计规范。本节概括说明与租赁会计有关的基本问题。

一、租赁概述

(一)租赁的性质

租赁是指在约定的期间内,出租人将资产使用权让与承租人以获取租金的协议。租赁以出让资产的使用权为特征,在租赁期内,资产的所有权属于出租人,资产的使用权属于承租人。由于租赁常常是以契约形式来进行约束的,因此,租赁也通常称为租约。

租赁有广义和狭义之分。广义的租赁泛指一切财产使用权的转让活动,它不仅包括现代租赁,还包括为满足短期的、暂时的需要的财产使用权的转让活动,以及那些不订立契约的不动产财产使用权的转让活动,如原始租赁中的租车、租房、租地等。狭义的租赁是指现代租赁。它与传统租赁相比,具有明显的不同:现代租赁主要为设备租赁,企业为进行设备投资而向租赁公司提出租赁所需的设备;现代租赁以融资为主要目的,实质上它是企业进行长期资本融资的一种新手段,企业在获得设备使用权的同时,实际上减少了长期资本的支出;现代租赁通常涉及三方当事人和两个合同,即承租企业、租赁公司和设备供应厂商,合同包括购买合同与租赁合同,现代租赁的各方是订立租约的。

(二)租赁的特征

租赁与一般的金融和贸易比较,具有显著的特点:

1.融资与融物相结合

现代租赁是以融资与融物相结合而达到融通资金为主要目的的交易。出租人按照承租人的需要购买设备后,再将其出租给承租人使用,目的在于收取超过贷款本息的租金,这是一种新形式的金融投资;而承租人通过取得设备的使用权,解决其设备投入资金不足的问题,用所租入的设备生产出具有高报酬率的产品以偿还租金,这是一种筹措设备的新方式。

2.所有权与使用权相分离

租赁与一般的商品交易不同,一般的商品交易,买方既取得商品的所有权,同时也取得商品的使用权。而在租赁期内,设备的所有权属于出租方,承租方在按时支付租金并履行租约各项条款的前提下,可以对设备享有完全的使用权。

3.承租人对租赁财产具有选择的权利和责任

现代租赁由承租人自行选择设备和供货商,因此承租人要对设备的质量、规格、型号、数量和技术上的鉴定验收等负责。而且,在租赁期间承租人也要承担设备的保管、维修、保险和相关的风险等责任。

4.租赁方式灵活方便

现代租赁在还款方式上与分期付款销售很相似,都是用户先取得财产,然后在较长的时间内分期偿还财产的价值。但分期付款销售与租赁相比显得比较呆板,它只能解决购货一次性支付能力不足的问题,而不能满足购买方只为短期使用财产,而不是为了永久拥有财产的需要。租赁的选择就比较灵活,可以根据承租人的意愿,在租赁期满时,可以选择续租、退还和留购等方式来处理。

(三)租赁的种类

由于租赁业务的不同需要,租赁的形式多种多样,目前国际上流行的几种主要租赁形式如下：

1.按租赁的目的，分为融资租赁和经营租赁

融资租赁亦称资本租赁、金融租赁、现代租赁，是指实质上转移了与资产所有权有关的全部风险和报酬的租赁。与资产所有权有关的全部风险主要来自两个方面：第一，由于经营情况变化造成相关收益的变动，如国家宏观经济政策调整、经营环境变化造成相关收益降低的风险。第二，由于资产闲置、技术陈旧等造成的损失；产品销路不畅会导致开工不足，设备利用率下降，直接会带来减少收益的风险；新的、性能更好的设备的不断推出，使技术落后、陈旧的租赁设备发生贬值的现象。上述这些与所有权有关的风险，在融资租赁时，实质上全部转给了承租人。与所有权有关的报酬主要包括：在资产可使用年限内直接使用资产而获得的经济利益，资产的增值，处置资产所实现的收益等。

经营租赁是指除融资租赁以外的其他租赁。在这种租赁下，出租人根据租赁市场的需要选购通用性设备，供承租人选择使用，承租人为了满足经营上短期的、临时的或季节性的需要，租入所需要的资产，并没有添置资产的打算。在这种租赁下，承租人和出租人可以订立租约，也可以不订立租约，即使订立租约，承租人也可以在合理的条件限制范围内，提出终止合同的要求，退还设备，而无须支付违约罚款。在一次租赁期内，出租人只能收回租赁设备的部分投资，需要经过多次租赁才能收回资产的投资并产生利润。

2.按租赁资产的资金来源和付款对象，分为直接租赁、转租赁和售后租回

(1)直接租赁就是购进然后租出，购置租赁资产所需全部资金由出租人垫付。购置租赁资产所需资金可使用自有资金，也可在资金市场上筹措，购进设备后直接出租给用户。普通的直接租赁一般需涉及两个合同，即：①出租人与承租人签订一项租赁合同；②出租人按承租人的订货要求，与厂商签订一项买卖合同。

(2)转租赁就是租进然后租出，由出租人从租赁公司或厂商租进一项设备后再转租给用户。有时国内租赁公司同时兼有承租人和出租人双重身份，租赁公司先作为承租人从国内、外其他租赁公司或厂商租进用户所需的设备，再转租给承租企业使用。转租赁一般涉及三个合同，即：①直接租赁公司与制造厂商签订买卖合同；②直接租赁公司与转租赁公司签订租赁合同1；③转租赁公司与用户签订租赁合同2。

(3)售后租回亦称回租租赁，就是承租人将自制或外购的资产，先卖给出租人，然后再租回。售后租赁是当企业缺乏资金时，为改善其财务状况而采用的对企业非常有利的做法。承租人可以利用出售资产所的得的资金进行再投资，同时又可以继续使用自己的原有资产，企业的利润和折旧在出售时便可收回。

3.按出租人对购置一项租赁设备的出资比例，分为单一投资租赁和杠杆租赁

单一投资租赁就是在租赁交易中，设备购置成本百分之百由承租人独自承担，这是人们所熟悉的基本做法。

杠杆租赁亦称衡平租赁，就是出租人只支付全部设备价款的 $20\%\sim40\%$，即可取得设备，设备价款中的其他大部分资金则以出租的设备作为抵押，通过银行、保险公司、证券公司等金融机构来解决。杠杆租赁的原理在于利用企业通常所用的财务杠杆来增加公司的利润。

二、租赁会计的相关概念

(一)租赁会计的特征

租赁的会计准则属于特殊业务准则,从承租人的角度看,它不完全等同于企业的一般固定资产业务,而属于特殊业务;从出租人的角度看,租赁业作为一个特殊行业,其业务范围、经营方式都与其他工商企业有许多不同。租赁会计与共同业务会计相比,具有以下特点:

1.以企业拥有和控制的资产作为资产确认的标准。一般会计以资产的所有权作为资产确认的基本条件。在租赁业务中,资产的确认是以企业拥有和控制的资产作为标准。这种观念通过资产的所有权和使用权的分离,重视了资产的使用价值。

2.坚持了实质胜于形式的处理原则。融资租赁的会计处理是会计原则中实质胜于形式的处理原则的典型。会计原则指出,企业应当按照交易或事项的经济实质进行会计核算,而不应当仅仅按照它们的法律形式作为会计核算的依据。融资租赁实质上是先取得资产的使用权,最终可能取得资产的所有权,从法律看,承租人在租赁期间并非资产的所有者,但他拥有使用和处置资产的权利与利益,这同拥有该项资产的所有权在实质上并无多大差别。从实际的经济意义上讲,承租人已经取得了资产的所有权,在会计处理上更注重经济实质。

(二)租赁开始日

租赁开始日是指租赁协议日与租赁各方就主要条款做出承诺日中的较早者,可以理解为租赁各方对租赁合同的主要条款实质上承担了责任并享有了相应的权利的日期。

租赁开始日的确定对租赁业务的会计处理有主要影响。确定租赁开始日的目的有两个:第一,用于确定租赁资产的公允价值和入账价值。例如,在租赁开始日,承租人通常应当将租赁开始日租赁资产公允价值与最低租赁付款额的现值两者中较低者作为租入资产的入账价值。可见,租赁开始日的确定对租赁资产公允价值和最低租赁付款额的现值的确定有直接的影响。第二,用于租赁的分类。租赁开始日的确定在融资租赁的确定标准中都有直接作用。比如,在租赁开始日,能合理确定承租人将会行使购买租赁资产的选择权;在租赁开始日,能确定最低租赁付款额的现值或最低租赁收款额的现值与租赁资产公允价值的比较结果。

在融资租赁和经营租赁中,企业应当将起租日作为租赁开始日。但是,在售后租回交易下,租赁开始日是指买主(即出租人)向卖主(即承租人)支付第一笔款项之日。

(三)租赁期

租赁期是指租赁合同规定的不可撤销的租赁期间。租赁期限的长短,决定了支付租金年限的长短。准则对租赁期间进行了进一步的规定:如果承租人有权选择继续租赁该资产,而且在租赁开始日就可以合理确定承租人将会行使这种选择权,则不论是否再支付租金,续租期应当包括在租赁期内。如果租赁协议中包含了续租选择权,那么租赁期限是可以展期的。所谓在租赁开始日就可以合理确定承租人将会行使这种选择权,就是说租赁期终了时,出租人允许承租人以远低于公允租金的价格继续承租租赁资产的权利。在租赁开始日,预计的公允租金要远高于续租选择权的租金,以使人们合理相信在租赁期终了时,承租人会行驶这种权利。

(四)最低租赁付款额

就承租人而言,最低租赁付款额是指在租赁期内,承租人应支付或可能被要求支付的各种款项。它具体包括以下内容:

1.最低租金付款额。指承租人根据租赁协议每期向出租人支付的租金总额。最低租金付款额与最低租赁付款额有时相同,有时不同。当它们不同时,最低租赁付款额除了包括最低租金付款额外,还包括其他项目。

2.担保的资产余值。指在租赁开始日估计的租赁期届满时租赁资产的公允价值。担保余值对承租人而言,是指由承租人或与其有关的第三方担保的资产余值。担保余值对出租人而言,是指由承租人或与其有关的第三方担保的资产余值,加上独立于承租人和出租人,但在财务上有能力担保的第三方担保的资产余值。当租赁期限短于租赁资产的使用寿命时,在租赁期限届满时租赁资产通常会有较高的预计余值。如果一项租赁协议未规定租赁资产的所有权在租赁期满时转给承租人或不包含优惠购置权,那么租赁合同就隐含着租赁期限届满时租赁资产将归还给出租人,这样,租赁资产余值归出租人所有。

出租人对租赁资产的余值可以要求承租人予以担保,这是因为,这样做可以促使承租人谨慎使用租赁资产,从而使出租人能避免因承租人过量使用租赁资产所可能遭受的损失,以使出租人全额实现租赁资产净投资上的收益。如果在租赁期终了之时,实际余值低于所担保的余值,承租人就必须向出租人补足这一差额;如果租赁资产的实际余值大于所担保的余值,则出租人在租赁期届满时就产生一项利得。

未担保余值是指租赁期届满时所预计的资产余值中,未经承租人或与其有关的第三方以及独立于承租人和出租人、但在财务上有能力担保的第三方担保的那部分资产余值,也就是租赁资产余值中扣除就出租人而言的担保余值以后的资产余值。

最低租赁付款额中不包括或有租金和履约成本。因为这些支出既不代表承租人的付款额,也不表示对出租人债务的减少数。

三、融资租赁的确认

承租人和出租人应当在租赁开始日将租赁分为融资租赁和经营租赁。满足下列标准之一的,即应认定为融资租赁。除融资租赁以外的租赁为经营租赁。

(一)在租赁期届满时,租赁资产的所有权转移给承租人

如果在租赁协议中已经约定,或者根据其他条件在租赁开始日就可以合理地判断,租赁期届满时出租人会将资产的所有权转移给承租人,那么该项租赁应当认定为融资租赁。

(二)承租人有购买租赁资产的选择权

这条标准仍然是解决财产所有权转移的问题,也称为优惠购置权。某些租赁协议约定,在租赁期届满时,承租人有购买租赁资产的选择权,所订立的购价预计足够低于行使选择权时的公允价值,因而在租赁开始日就可以合理确定承租人将会行使这种选择权。

例如,B公司租入了一台为期5年,每月支付2 000元租金的设备,在租赁开始日,预计租赁期届满时该设备的公允价值约为20 000元,而租赁协议中约定的优惠购置权的价格仅为1 000元,因此认为A公司会行使这种优惠购置权。

（三）即使资产的所有权不转移，但租赁期占租赁资产尚可使用年限的大部分

这一标准是解决租赁期与租赁资产使用寿命之间的关系。通常规定，如果租赁期限等于或超过资产使用寿命的 75%，则此项租赁就归类为融资租赁。需要说明的是，这里的量化标准是只是指导性标准，企业在具体运用时，必须以准则规定的相关条件进行判断。之所以采用这一标准来判别融资租赁，其原因是：第一，如果租赁期订的期限与租赁资产的经济寿命相等，那么租赁双方为避开这条标准，就有可能将租赁期订的期限略短于资产的经济寿命，从而使融资租赁得不到客观反映，导致所谓的资产负债表表外筹资的结果。因此，即使租赁期稍短于资产的经济寿命，仍然归类为融资租赁。第二，一般认为一项资产的使用价值大多处于资产经济寿命的大部分年限里。但是，如果租赁资产在开始租赁前已使用年限超过该资产全新时可使用年限的大部分，则该项标准不适用。也就是说，租赁资产在开始租赁前的已使用年限已接近资产的经济寿命，该项租赁应归类为经营租赁。

（四）租赁资产的付款额

这一标准说明的是租赁财产的付款额问题。就承租人而言，在租赁开始日，最低租赁付款额现值几乎相当于租赁开始日租赁资产原账面价值。就出租人而言，在租赁开始日，最低租赁收款额的现值，几乎相当于租赁开始日租赁资产的公允价值。需要说明的是，这里的量化标准是只是指导性标准，企业在具体运用时，必须以准则规定的相关条件进行判断。

（五）租赁资产的特殊性

租赁资产的性质特殊，如果不做较大修整，只有承租人才能使用。这条标准是指租赁资产是由出租人根据承租人对资产型号、规格等方面的特殊要求专门购买或建造的，具有专购、专用性质。这些租赁资产如果不做较大的重新改制，其他企业通常难以使用。这种情况下，该项租赁应归类为融资租赁。

第二节　承租人融资租赁的会计处理

一、会计处理的一般原则

（一）租赁资产负债的记录

在融资租赁下，承租人可将租入的资产记录为自己的资产，同时将未来的定期付款义务确定为负债。在租赁开始日，承租人应当将租赁开始日租赁资产公允价值与最低租赁付款额现值两者中较低者作为租入资产的入账价值。这一原则表明，租赁资产原则上是按公允价值入账，但租赁资产的入账价值不能超过租赁资产最低租赁付款额现值；同时，将最低租赁付款额作为长期应付款的入账价值，并将两者的差额记录为未确认融资费用。

（二）初始直接费用

初始直接费用是在租赁谈判和签订租赁合同过程中承租人发生的、可直接归属于租赁项目的直接费用，它主要包括印花税、佣金、律师费、差旅费等。初始直接费用发生时，应当计入租入资产价值。

（三）折现率

折现率是承租人在计算最低租赁付款额现值时所使用的贴现率。准则规定,承租人在计算最低租赁付款额现值时,如果知悉出租人的租赁内含利率,应当采用出租人的租赁内含利率作为折现率。否则,应当采用租赁合同规定的利率作为折现率。如果出租人的租赁内含利率和租赁合同规定的利率均无法知悉,应当采用同期银行贷款利率作为折现率。可见承租人在计算最低租赁付款额现值时,首先选择的折现率是出租人的租赁内含利率,其次是租赁合同规定的利率,最后是同期银行贷款利率。

租赁内含利率是出租人租赁资产的投资报酬率,是指在租赁开始日,使最低租赁收款额的现值与未担保余值的现值之和等于租赁资产原账面价值的折现率。之所以要求承租人也使用出租人使用的租赁内含利率为首选的折现率来计算最低租赁付款额现值,主要原因是:(1)出租人使用的租赁内含利率比银行借款利率更具有客观性;(2)如果银行借款利率高于租赁内含利率,使用了较高的银行借款利率,则折现系数就小,所计算出来的最低租赁付款额现值就小,那么就有可能在租赁开始日,使得最低租赁付款额现值不能达到几乎相当于租赁开始日租赁资产的原账面价值,其结果就有可能使本应作为融资租赁的业务归类为经营租赁,从而引起所谓的资产负债表表外筹资,歪曲了财务比率,人为地粉饰了承租人的偿债能力;(3)如果银行借款利率低于租赁内含利率,使用了较低的银行借款利率,则折现系数就大,所计算出来的最低租赁付款额现值就大,有可能高于租赁资产的公允价值,而资产是不能按超过其公允价值来记录的。

（四）未确认融资费用的分摊

在融资租赁下,承租人向出租人支付的租金中,包含了本金和利息两部分。承租人支付租金时,一方面应减少长期应付款,另一方面应同时将未确认的融资费用按一定的方法确认为当期融资费用。

在分摊未确认的融资费用时,按照租赁准则的规定,承租人应当采用实际利率法。在采用实际利率法的情况下,由于租赁开始日租赁资产和负债的入账价值基础不同,融资费用分摊率的选择也不同。未确认融资费用的分摊率的确定具体分为下列几种情况:

1.以出租人的租赁内含利率为折现率将最低租赁付款额折现,且以该现值作为租赁资产入账价值的,应当将租赁内含利率作为未确认融资费用的分摊率。

2.以合同规定利率为折现率将最低租赁付款额折现,且以该现值作为租赁资产入账价值的,应当将合同规定利率作为未确认融资费用的分摊率。

3.以银行同期贷款利率为折现率将最低租赁付款额折现,且以该现值作为租赁资产入账价值的,应当将银行同期贷款利率作为未确认融资费用的分摊率。

4.以租赁资产公允价值为入账价值的,应当重新计算分摊率。该分摊率是使最低租赁付款额的现值等于租赁资产公允价值的折现率。

存在优惠购买选择权的,在租赁期届满时,未确认融资费用应全部摊销完毕,并且租赁负债也应当减少为优惠购买金额。在承租人或与其有关的第三方对租赁资产提供了担保或由于在租赁期届满时没有续租而支付违约金的情况下,在租赁期届满时,未确认融资费用应当全部摊销完毕,租赁负债还应减少至担保余值。

(五)租赁资产折旧

1.折旧政策

计提租赁资产折旧时,承租人应当采用与自有应折旧资产相一致的折旧方法,将租赁资产的成本在预计使用期内系统地分摊于每一个会计期间。如果承租人或与其有关的第三方对租赁资产余值提供了担保,则应计提折旧总额为租赁期开始日固定资产的入账价值扣除担保余值后的余额;如果承租人或与其有关的第三方未对租赁资产余值提供担保,应计折旧总额为租赁期开始日固定资产的入账价值。

2.折旧年限

融资租赁情况下租赁资产折旧年限的确定并不简单,因为融资租赁的判别标准直接影响租赁资产折旧年限的确定,在不同的租赁协议下,租赁资产折旧年限的确定是不同的,分为两种情况:

(1)如果能够合理地确定租赁届满时承租人将会取得租赁资产所有权的,应当在租赁资产尚可使用年限内计提折旧。也就是说,如果租赁符合在租赁期届满时租赁资产的所有权转移给承租人,以及承租人有购买租赁资产的选择权这两条标准,那么就应以租赁资产的经济寿命作为折旧年限,理由是承租人将最终购入这项租赁资产,将拥有该项资产的全部使用年限。

(2)如果无法合理确定租赁届满时承租人将会取得租赁资产所有权的,应当在租赁期与租赁资产尚可使用年限两者中较短的期间内计提折旧。也就是说,如果租赁不符合上述两个判别标准,但却符合租赁期占租赁资产尚可使用年限的大部分,以及租赁开始日最低租赁付款额现值几乎相当于租赁开始日租赁资产原账面价值这两条标准,就应采用较低的折旧年限。因为在这种情况下,承租人拥有租赁资产全部使用年限的可能性很小。

二、应使用的主要账户

(一)固定资产——融资租入固定资产

固定资产——融资租入固定资产账户主要核算租赁资产的入账价值。账户的借方记录租赁开始日租赁资产的公允价值或最低租赁付款额的现值,贷方记录租赁期满租赁资产的转出情况,余额反映企业现有融资租入固定资产的价值。

(二)未确认融资费用

未确认融资费用账户主要核算企业融资租入固定资产所发生的未实现融资费用。会计准则规定,在租赁开始日,承租人应当将租赁开始日租赁资产公允价值与最低租赁付款额现值两者中较低者作为租入资产的入账价值,同时将最低租赁付款额作为长期应付款的入账价值,并将两者的差额记录为未确认融资费用。可见如果发生确认融资费用,即为租赁资产公允价值或最低租赁付款额现值与最低租赁付款额的差额,其性质是递延费用,类似于租赁资产的利息费用。账户的借方记录上述这一差额,贷方记录未确认融资费用在租赁期内各个期间分摊的数额,期末借方余额反映企业未实现融资费用的摊余价值。

(三)长期应付款——应付融资租赁款

长期应付款——应付融资租赁款账户主要核算融资租入固定资产的最低租赁付款

额。账户的贷方记录租赁开始日租赁资产最低租赁付款额,借方记录按租赁协议规定每期支付的租赁费用,贷方余额反映尚未支付的融资租赁款。

三、会计处理方法

【例 10-1】出租人(A 公司)和承租人(B 公司)于 2010 年 1 月 1 日签订了一项租赁协议,该协议于同日生效。租赁协议的有关条款如下:

第一,租赁期限为 5 年,租赁资产的尚可使用年限为 6 年,无残值。

第二,租赁开始日,租入设备的公允价值为 102 000 元,租入设备的最低租赁付款额为 111 980 元。于每年年初等额支付租金。

第三,租赁期届满时,不转移租赁资产的所有权,设备归还出租人,租赁协议中未包含承租人的续租选择权。

第四,承租人的银行贷款利率为 7%,租赁协议披露的出租人预期投资报酬率为 6%。

第五,承租人采用实际利率法分摊未确认融资费用。

第六,承租人对租赁资产采用与自有资产相同的折旧方法——直线法。

对本例的处理程序和方法如下:

(1)租赁类别的判断

该租赁归为融资租赁,因为:①租赁年限 5 年占了租赁资产经济寿命 6 年的大部分;②租赁开始日最低租赁付款额现值几乎相当于租赁开始日租赁资产公允价值。本例中,最低租赁付款额总额为 111 980 元,年租赁付款额为 111 980/5＝22 396 元,而租赁资产公允价值为 102 000 元。由于是每年年初等额支付租金,所以在计算最低租赁付款额现值时,要使用即付年金系数,其表达式为:$(P_{n-1}, r, +1)$。

$$最低租赁付款额现值＝22\ 396 \times (P_{5-1}, 6\%, +1)$$
$$＝22\ 396 \times 4.4651＝100\ 000(元)$$

(2)租金计算表的编制

本例按实际利率法分摊未确认融资费用,利息率采用租赁协议披露的出租人预期投资报酬率 6%。B 公司(承租人)租金计算表见表 10-1。

(3)编制会计分录

①2010 年 1 月 1 日,租赁期开始日应记录租赁资产和租赁负债,会计分录如下:

借:固定资产——融资租入固定资产　　100 000
　　未确认融资费用　　11 980
　　贷:长期应付款——应付融资租赁款　　111 980

②2010 年 1 月 1 日,租赁开始日支付第一笔付款额时会计分录如下:

借:长期应付款——应付融资租赁款　　22 396
　　贷:银行存款　　22 396

③2011 年 1 月 1 日支付租金和分摊未确认融资费用的会计分录如下:

借:长期应付款——应付融资租赁款　　22 396
　　贷:银行存款　　22396

借:财务费用 4 656.24

　　贷:未确认融资费用 4 656.24

表 10-1　租金计算表(承租人——B 公司)

单位:元

年份	年租金	未确认融资费用	债务偿还数额	未偿还债务数	应付租赁款
	(1) 111980/5	(2) 上一期的(4)×6%	(3)=(1)-(2)	(4)=上一期的 (4)-(3)	(5)=上一期的 (5)-(1)
1/1/2010				100 000	111 980
1/1/2010	22 396	0	22 396	77 604	89 584
1/1/2011	22 396	4 656.24	17 739.76	59 864.24	67 188
1/1/2012	22 396	3 591.85	18 804.15	41 060.09	44 792
1/1/2013	22 396	2 463.61	19 932.39	21 127.70	22 396
1/1/2014	22 396	1 268.3	21 127.7	0	0
合计	111 980	11 980	100 000		

说明:表中数字计算忽略尾差。

④2012 年 1 月 1 日支付租金和分摊未确认融资费用的会计分录如下:

借:长期应付款——应付融资租赁款 22 396

　　贷:银行存款 22 396

借:财务费用 3 591.85

　　贷:未确认融资费用 3 591.85

⑤2013 年 1 月 1 日支付租金和分摊未确认融资费用的会计分录如下:

借:长期应付款——应付融资租赁款 22 396

　　贷:银行存款 22 396

借:财务费用 2 463.21

　　贷:未确认融资费用 2 463.21

⑥2014 年 1 月 1 日支付租金和分摊未确认融资费用的会计分录如下:

借:长期应付款——应付融资租赁款 22 396

　　贷:银行存款 22 396

借:财务费用 1 268.3

　　贷:未确认融资费用 1 268.3

⑦B 公司每年按折旧年限 5 年计提折旧的会计分录如下:

借:制造费用 20 000

　　贷:累计折旧 20 000

⑧租赁期满时,B 公司按租赁协议将设备归还 A 公司,会计分录如下:

借:累计折旧 100 000

　　贷:固定资产——融资租入固定资产 100 000

四、承租人融资租赁的会计披露

1.承租人应当在资产负债表中,将与融资租赁相关的长期应付款减去未确认融资费用的差额,分别按长期负债和一年内到期的长期负债列示。

2.在报表附注中应披露与融资租赁相关的下列信息:

(1)每类租入固定资产的期初、期末原价,累计折旧额。

(2)资产负债表日后连续三个会计年度每年将支付的最低租赁付款额,以及以后年度将支付的最低租赁付款额总额。

(3)未确认融资费用的余额。

(4)分摊未确认融资费用所采用的方法。

第三节 出租人融资租赁的会计处理

一、会计处理的一般原则

(一)租出资产和债权的记录

在租赁开始日,出租人应当将租赁开始日最低租赁收款额作为应收融资租赁款的入账价值,并同时记录未担保余值,将最低租赁收款额、初始直接费用与未担保余值之和与其现值之和的差额记录为未实现融资收益。

(二)初始直接费用

初始直接费用是在租赁谈判和租赁合同签订过程中出租人发生的、可直接归属于租赁项目的费用,如印花税、佣金、律师费、差旅费等,这些初始直接费用在发生时应包括在应收融资租赁款的初始计量中,并减少租赁期内确认的收益金额。

(三)未实现融资收益

未实现融资收益应在租赁期内各个期间进行分配,转入租赁收益。出租人应当采用实际利率法计算当前应当确认的融资收入。

(四)逾期的租金

超过一个租金支付期未收到的租金,应当停止确认融资收入,其已确认的融资收入,应予冲回,转作表外核算。在实际收到租金时,将租金中所含融资收入确认为当期收入。

(五)计提坏账准备

出租人应当根据承租人的财务及经营管理情况,以及租金的逾期期限等因素,分析应收融资租赁款的风险程度和回收的可能性,对应收融资租赁款减去未实现融资收益的差额部分合理计提坏账准备。

(六)未担保余值的定期检查

出租人应当对未担保余值定期进行检查,至少于每年年末检查一次,对检查结果分别处理。

1.如有证据表明未担保余值已经减少,应当重新计算租赁内含利率,并将由此而引起的租赁投资净额的减少确认为当期损失,以后各期根据修正后的租赁投资净额和重新计算的租赁内含利率确定应确认的融资收入。如已确认损失的未担保余值得以恢复,应当在原已确认的损失金额内转回,并重新计算租赁内含利率,以后各期根据修正后的租赁投资净额和重新计算的租赁内含利率确定应确认的融资收入。

2.未担保余值增加时,不作任何调整。

二、应使用的主要账户

租赁业务的出租方多为租赁公司,并设有专门核算资产出租业务的账户。

(一)应收融资租赁款

应收融资租赁款账户主要核算公司进行融资租赁业务向承租单位收取的租赁物资的应收款项。账户的借方记录在租赁开始日的租赁总投资,即最低租赁收款额、初始直接费用、未担保余值,贷方记录各期收到的租赁款,账户的余额反映出租人尚未收到的租赁款。本账户应按承租单位设置明细账户。

(二)未实现融资收益

未实现融资收益账户主要核算公司融资租赁业务应收但尚未收到的收益总额。账户的贷方记录租赁总投资(最低租赁收款额和未担保余值之和)与租赁净投资(最低租赁收款额现值和未担保余值现值之和)的差额。账户的借方记录每期收到租金款时,分配转出的租赁收益。

(三)租赁资产

租赁资产账户主要核算租赁公司为融资租赁而购入的物资的实际成本,包括物资价款、运杂费、保险费以及进口关税等。账户的借方记录购入租赁物资的实际成本,贷方记录产权转移物资的实际成本。

(四)融资租赁资产

融资租赁资产账户主要核算公司进行融资租赁业务租出租赁物资的实际成本。账户的贷方记录租赁净投资,借方记录租赁合同到期租赁资产的产权转移。

三、会计处理方法

【例 10-2】出租人(E 公司)和承租人(F 公司)于 2010 年 1 月 1 日签订了一项租赁协议,该协议于同日生效。租赁协议的有关条款如下:

第一,租赁期限为 5 年,租赁协议不可撤销,租赁资产的尚可使用年限为 6 年,无余值。

第二,租赁开始日,租赁设备的成本为 239 562 元,于每年年末等额支付租金。

第三,租赁期届满时,转移租赁资产的所有权给承租人。

第四,租赁协议披露的出租人预期投资报酬率为 8%。

第五,出租人采用实际利率法分摊未实现融资收益。

对本例的处理程序和方法如下:

(1)租赁类别的判断

该租赁归为融资租赁,因为:①租赁期届满时,转移租赁资产的所有权给承租人;②租赁年限 5 年占了租赁资产经济寿命 6 年的大部分;③租赁开始日最低租赁收款额现值等于租赁开始日租赁资产的成本。最低租赁收款额现值的计算如下：

租赁设备的成本为 239 562 元；

年租赁收款额为 239562/(P/A,8%,5)＝60 000 元；

折现率 8%、期限 5 年的年金现值系数为 3.9927；

最低租赁收款额现值为 239 562 元。

(2)租金计算表的编制(见表 10-2)

表 10-2　租金计算表(出租人－E 公司)

单位:元

年份	年租金 (1) 300000/5	确认的融资收益 (2)=上一期 (4)×8%	债权偿还数额 (3)=(1)-(2)	未偿还债权数 (4)=上一期 (4)-(3)	应收租赁款 (5)=上一期 (5)-(1)
1/1/2010				239 562	300 000
31/12/2010	60 000	19 165	40 835	198 727	240 000
31/12/2011	60 000	15 898	44 102	154 625	180 000
31/12/2012	60 000	12 370	47 630	106 995	120 000
31/12/2013	60 000	8 560	51 440	55 555	60 000
31/12/2014	60 000	4 445	55 555	0	0
合计	300 000	60 438	239 562		

说明:表中数字四舍五入到元。

(3)编制会计分录

①2010 年 1 月 1 日,租赁开始日出租人应记录租赁资产和有关债权的变化,会计分录如下:

借:应收融资租赁款　　　　　　　　　　　　300 000

　贷:融资租赁资产　　　　　　　　　　　　　　239 562

　　未实现融资收益　　　　　　　　　　　　　　60 438

②2010 年 12 月 31 日,计算并确认本年应收租赁收益的会计分录如下:

借:应收账款——应收租赁收益　　　　　　　19 165

　贷:租赁收益　　　　　　　　　　　　　　　　19 165

③收到承租人支付的第一笔付款额的会计分录如下:

借:银行存款　　　　　　　　　　　　　　　60 000

　贷:应收融资租赁款　　　　　　　　　　　　　40 835

　　应收账款——应收租赁收益　　　　　　　　　19 165

借:未实现融资收益　　　　　　　　　　　　19 165

　贷:应收融资租赁款　　　　　　　　　　　　　19 165

④2011 年 12 月 31 日,计算并确认本年应收租赁收益的会计分录如下:

借:应收账款——应收租赁收益　　　　　　　15 898

　贷:租赁收益　　　　　　　　　　　　　　　　15 898

⑤收到承租人支付的付款额的会计分录如下:

借:银行存款 60 000
 贷:应收融资租赁款 44 102
  应收账款 应收租赁收益 15 898
借:未实现融资收益 15 898
 贷:应收融资租赁款 15 898

⑥2012年12月31日计算并确认本年应收租赁收益的会计分录如下:

借:应收账款——应收租赁收益 12 370
 贷:租赁收益 12 370

⑦收到承租人支付的付款额的会计分录如下:

借:银行存款 60 000
 贷:应收融资租赁款 47 630
  应收账款——应收租赁收益 12 370
借:未实现融资收益 12 370
 贷:应收融资租赁款 12 370

⑧2013年12月31日计算并确认本年应收租赁收益的会计分录如下:

借:应收账款——应收租赁收益 8 560
 贷:租赁收益 8 560

⑨收到承租人支付的付款额的会计分录如下:

借:银行存款 60 000
 贷:应收融资租赁款 51 440
  应收账款——应收租赁收益 8 560
借:未实现融资收益 8 560
 贷:应收融资租赁款 8 560

⑩2014年12月31日计算并确认本年应收租赁收益的会计分录如下:

借:应收账款——应收租赁收益 4 445
 贷:租赁收益 4 445

⑪收到承租人支付的付款额的会计分录如下:

借:银行存款 60 000
 贷:应收融资租赁款 55 555
  应收账款——应收租赁收益 4 445
借:未实现融资收益 4 445
 贷:应收融资租赁款 4 445

⑫租赁期满时,租赁资产转移的会计分录如下:

借:待转租赁资产 239 562
 贷:租赁资产 239 562

四、出租人融资租赁的会计披露

(一)有关报表项目列报

出租人应在资产负债表中,将应收融资租赁款减去未实现融资收益的差额,作为长期债权列示。

(二)有关报表附注的披露

1.资产负债表日后连续三个会计年度每年将收到的最低租赁收款额,以及以后年度将收到的最低租赁收款额总额。

2.未实现融资收益的余额。

3.分摊未实现融资收益所采用的方法。

案例 10-1

施乐公司案

21世纪初,美国接连发生多起震惊世界的巨额财务舞弊和欺诈案件,继安然之后,又发生了施乐公司财务欺诈案。2002年4月8日,美国施乐公司(以下简称施乐)宣布愿意接受美国证券交易委员会(SEC)的条件,与其达成和解。由此,若隐若现的施乐财务欺诈案(以下简称"施乐案")浮出水面。6月28日,施乐公司按照和解的要求,向SEC提交了未经审计的1997年至2000年重述年度财务报表,确认在此期间虚计收入64亿美元、税前利润14亿美元(SEC认为应为15亿美元),由此在资本市场上掀起轩然大波。

施乐首创静电复印技术于1959年,当时公司规模甚小,只有二三十人,复印机销售额为零。但此项发明,却也是一项技术革命。施乐公司主要制造和销售办公成像设备,并开展有关的租赁业务,提供相关耗材和服务,它是世界最大的复印机生产商。其总部位于美国康涅狄格州的斯坦福,业务范围遍及美国及其他130个国家。该公司的股票在纽约股票交易所和芝加哥股票交易所挂牌交易。2000年,施乐共实现收入187亿美元,1997年至1999年各年每股收益分别为1.99、2.33、1.95美元。与世通或安然的快速成长不同,施乐一直以稳健增长的蓝筹股形象示人。作为著名跨国公司,施乐是美国技术创新的代表性公司。该公司是600多项技术专利的拥有者,人们今天熟知的激光打印机、鼠标、个人电脑的图形操作界面等技术都是在施乐的帕洛阿尔托研究中心诞生的。

施乐公司最重大的虚计利润的会计造假方法就是利用融资租赁,主要的手段是:

(1)通过高估租赁资产的公允价值,在租赁开始日提前确认与融资租赁有关的收入。

按照GAAP,只有租赁资产公允价值大于账面价值的部分才能在当期确认为销售利润,因此施乐在每期租赁收款总额中故意高估租赁资产的公允价值、低估服务的公允价值,从而多计租赁开始日的当期利润。从效果上看,是将未来的利息等其他收入变成在销售型租赁在当期形成的销售收入整体提前确认。不过,想要随便高估租赁资产的公允价值也并不容易。对此,施乐采用的是迂回战术。施乐在销售型租赁活动中,每期只向客户收取一笔款项,其中包括租赁费、维修保养费、销售耗材、融资费用(即初始确认的未实现利息收入在当期确认实现的部分),它被称为"所有权费用总额"(TCO)。也就是说,将租赁资产公允价值的补偿包含在其中。按照有关准则,施乐应当按照公允价值,将TCO在各项服务和租赁资产之间进行合理分配。但施乐声称其无法直接获得租赁资产的公允价值,因此将 TCO 中减去融资服务和技术服务的公允价值后的差额作为租赁资产的公允价值。可是根据 GAAP 的规定,所谓公允价值的最直接的形式首先是公平交易条件下的市场报价,这种公允价值被称为公允市场价值;其次才是根据一定的方法或模型合理确定的估算价值;再次是参照市场上其他近似商品或服务得出的结果。施乐本身既是销售商也是生产商,所以很难想象其租赁商品竟然会没有市场报价(即只租不卖)。因此,这种做法的理由值得怀疑。

(2)施乐在其会计处理上具体采用了两种手段来高估租赁资产的公允价值:一是利用"权益报酬率"(return on equity,简称 ROE)方法故意低估融资服务的公允价值(利息),二是利用"利润标准化"(margin normalization)方法故意降低技术服务的公允价值。通过这种方法,施乐增加了租赁资产的公允价值。给定租赁资产的账面价值,其公允价值越大,租赁开始日可确认的当期销售利润就越大。

①权益报酬率方法。为了降低每期所有权费用总额中融资服务的公允价值,最好的方法就是降低融资服务的利率(融资服务单位价格)。利率低了,每期 TCO 中未实现融资收益就低了;给定每期的 TCO,每期补偿租赁资产价值的收入就高了,因此就有理由在租赁开始日确认较高的租赁资产公允价值,也就能在租赁开始日当期多实现一些销售利润。所以施乐宣称其融资服务的权益报酬率不超过 15%,并且该数字是以独立第三方金融机构的有关利率为依据确定的。事实上,因为施乐的经营范围遍及许多国家和地区,因此第三方的有关贷款利率从 6% 到 22% 不等,而施乐只是简单地选择了当时最有利其操纵利润的 15%,没能对此提供充分依据。1997 年前,ROE 方法只在美国和巴西使用,1998 年扩大到欧洲,1999 年扩大到其他国家和地区。施乐对此没有向投资者做出任何披露,这使得施乐提供的不同年份的会计信息失去了起码的可比性,严重违背了 GAAP 的规定。有关证据显示,大多数 ROE 方法的决策都是由施乐高层做出的,但地区负责人为了迎合公司高层的喜好,有时也积极地采取一些变本加厉的做法。

每期 TCO 中的租赁资产公允价值增加后,按照一定的租赁内含利率折现的租赁设备在租赁开始日的公允价值自然也增加了。施乐就是用这种方法,提前在租赁开始日确认了本应在租赁期内逐步确认的 22 亿美元收入,总共造成提前确认税前利润 3.53 亿美元。

②"利润标准化"。施乐不仅故意低估了融资服务的公允价值,更是大幅低估了未来应提供的技术服务的公允价值,以增加租赁资产在租赁开始日的公允价值。技术服务的收入与融资服务的收入性质类似,都是未实现收益,只能在租赁期内逐步确认。因此,施乐需要人为降低技术服务的公允价值,才能进一步高估租赁资产的公允价值。为此,施乐提出了"利润标准化"这样一个理由。20 世纪 90 年代以来,办公成像行业的激烈竞争导致设备价格不断下降,而技术服务的利润几乎没有下降。施乐认为必须在TCO 中做一些人为调整,以均衡销售产品和技术服务业务之间的利润率。其理由是技术服务的高利润是建立在租赁资产"销售"基础上的,因此有必要将有关收入和利润重新"合理"分配。但事实上,通过调整,一部分收入和利润从技术服务转移到"销售"租赁资产业务上,这样就有更多收入和利润可以在租赁开始日得到确认。

如果施乐将这种方法用于内部考核和分析,那是无可厚非的。但如果在财务报告中运用这种方法,就严重影响了其每期报告的经营成果,这是违反 GAAP 规定的。借助这种方法,施乐在 1997 年至 2000 年间,共提前确认收入 6.17 亿美元、税前利润 3.58 亿美元。

(3)提高租赁价格和租赁展期。在许多国家和地区,施乐会在租赁期内经过与承租人的协商后,提高租赁价格或将租赁展期(延长租赁期)并相应增加收费。按照《财务会计准则第 13 号——租赁》和《财务会计准则第 27 号——对现存销售型租赁或直接融资租赁的续租或展期时的再分类》的有关规定,该收费应在有关租赁期内逐步确认为施乐的收入,但施乐仍然将其一次确认,导致了部分收入的提前。这种做法导致施乐在 1997 年至 2000 年间提前确认设备租赁收入 3 亿美元、税前利润 2 亿美元。此举严重违反了有关证券法律和 GAAP 的规定,SEC 对此高度关注。

(4)提高净残值。上述两个准则还明确规定,租赁资产的净残值在初始确认后不允许改动。而施乐在 1997 年至 2000 年间,在欧洲、美国、墨西哥、巴西、阿根廷等分部大幅提高了租赁资产净残值,有时增幅高达 50%。这些租赁资产净残值的增加额贷记了销售成本科目,共导致虚增税前利润 4 300 万美元。尽管绝对利润影响额并不算大,但因为其性质严重,SEC 对此也十分关注。

第四节 经营租赁的会计处理

一、承租人经营租赁的会计处理

(一)承租人会计处理的原则

经营租赁属于租赁资产中与所有权有关的风险和报酬未发生转移的租赁,就承租人而言,其会计处理原则与融资租赁具有显著的不同:

1.不需要将租赁资产资本化。由于承租人不承担租赁资产的风险,租赁期间较短,而且承租人可以中途撤销租赁合同,一切使用成本也由承租人承担,租赁期届满时,承租人没有留购或续租资产的选择权,因此承租人不需要将租赁资产进行资本化,也无须将其正式入账,只在备查簿中进行登记,以便查考

2.应付的租金作为当期费用处理。承租人按租约规定定期支付租金,并列为当期费用。经营租赁的租金应当在租赁期内的各个期间按直线法确认为费用,如果其他方法更合理,也可以采用其他方法。

3.在租赁期内,租赁资产的保险、维修和计提折旧等,一般均由出租人承担,若租约中规定由承租人负责租赁资产的日常修理工作,所发生的费用直接列作当期费用。

4.承租人发生的初始直接费用应当确认为当期费用。初始直接费用是在租赁谈判和签订租赁合同过程中承租人发生的,可直接归属于租赁项目的直接费用,它主要包括印花税、佣金、律师费、差旅费等。

5.或有租金应当在实际发生时确认为当期费用。

6.租入固定资产进行改良工程所发生的支出,应由承租人承担,改良工程的支出作为企业的递延资产处理,在租赁有效期内分摊。

(二)承租人会计处理的方法

【例 10-3】W 公司(承租人)与 Y 公司(出租人)在 2013 年 1 月 1 日达成一项经营租赁方式的设备租赁合同。设备的原始成本为 240 000 元,租赁期为 3 年,每年年初支付租金25 200 元,设备的修理费用由出租人承担。2013 年 1 月 10 日发生改良工程支出 5 600元,2014 年 3 月 1 日发生修理费 1 200 元,年折旧率为 8.4%。

承租人的会计处理如下:

(1)在备查簿中记录租赁资产。

(2)每年支付租金的会计分录如下:

借:制造费用 25 200

　　贷:银行存款 25 200

(3)支付改良工程支出的会计分录如下:

借:长期待摊费用 5 600

　　贷:银行存款 5 600

(4)租赁期满,在备查簿中冲销原来的记录。

承租人一般不需要在财务会计报告中对经营租赁作专门的披露,但应当对重大的经营租赁作如下披露:

(1)资产负债表日后连续三个会计年度每年将支付的不可撤销经营租赁的最低租赁付款额。

(2)以后年度将支付的不可撤销经营租赁的最低租赁付款额总额。

二、出租人经营租赁的会计处理

(一)出租人会计处理的原则

1.出租人应当按资产的性质,将用作经营租赁的资产包括在资产负债表的相关项目内。

2.出租人对于经营租赁资产中的固定资产,应当采用出租人对类似应折旧资产通常所采用的折旧政策计提折旧;对于其他经营租赁资产,应采用合理的方法进行摊销。

3.出租人收到的租金应确认为收入。经营租赁的租金应当在租赁期内的各个期间按直线法确认为收入,如果其他方法更合理,也可以采用其他方法。

4.出租人发生的初始直接费用应当确认为当期费用。初始直接费用是在租赁谈判和签订租赁合同过程中出租人发生的,可直接归属于租赁项目的直接费用,它主要包括印花税、佣金、律师费、差旅费等。

5.其他在租赁协议中规定的由出租人负担的支出,如保险、修理费等使用成本,在支出发生时作为费用处理。

6.或有租金应当在实际发生时确认为当期收入。

7.出租人为租赁公司的情况下,由于其专营租赁业务,会计处理上一般应设置一些专用的账户,如"经营租赁资产"、"经营租赁资产折旧"等。

8.出租人为一般企业的情况下,其出租的资产通常是闲置资产,不需要专设账户核算。

(二)出租人会计处理方法

沿用例 10-3 的有关资料分别说明出租人为租赁公司和出租人为一般企业的不同情况下的会计处理方法。见表 10-3。

表 10-3　出租人经营租赁的会计处理

内容	租赁公司(出租人)	一般企业(出租人)
租赁开始日,记录出租资产	借:经营租赁资产——已出租资产 　　　　　　　　240 000 　贷:经营租赁资产——未出租资产 　　　　　　　　240 000	借:固定资产——租出固定资产 　　　　　　　　240 000 　贷:固定资产——不需用固定资产 　　　　　　　　240 000
每年年初收到租金	借:银行存款　　25 200 　贷:预收租金　　　25 200	与租赁公司相同
每期将预收租金转为收益	借:预收租金　　2 100 　贷:租赁收益　　　2 100	借:预收租金　　2 100 　贷:其他业务收入　　2 100
每期对租赁资产计提折旧	借:营业费用　　1 680 　贷:累计折旧　　　1 680	借:其他业务支出　　1 680 　贷:累计折旧　　　1 680
发生的修理费用	借:预提费用　　1 200 　贷:银行存款　　　1 200	借:待摊费用　　1 200 　贷:银行存款　　　1 200
租赁期满收回资产	借:经营租赁资产——未出租资产 　　　　　　　　240 000 　贷:经营租赁资产——已出租资产 　　　　　　　　240 000	借:固定资产——不需用固定资产 　　　　　　　　240 000 　贷:固定资产——租出固定资产 　　　　　　　　240 000

出租人经营租赁应在报表附注中披露每类租出资产在资产负债表日的账面价值。

第五节　售后租回的会计处理

一、售后租回交易概述

售后租回也称为回租租赁,是指卖主将一项资产卖给出租人,转移了资产的所有权,然后又将这同一资产租赁回来,从而获得资产使用权,此时的卖主既是销售者又是承租人。其业务过程如图 10-1 所示:

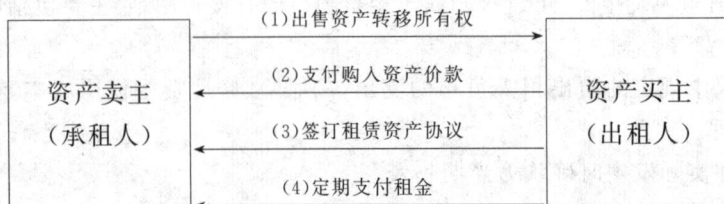

图 10-1　售后租回业务过程

按照租赁的性质不同,售后租回也仍然可以分为融资租赁和经营租赁,承租人和出租人应当根据前面所述的有关标准,将售后租回判别为融资租赁或经营租赁。

二、售后租回的会计处理原则

1.售后租回交易下的租赁开始日是指买主(出租人)向卖主(承租人)支付第一笔款项之日。

2.如果售后租回交易形成一项融资租赁,售价与资产账面价值的差额应予递延,并按该项租赁资产的折旧进度进行分摊,作为折旧费用的调整。承租人对售后租回交易中售价与资产账面价值的差额应通过"递延收益——未实现售后租回损益(融资租赁)"科目进行核算,分摊时,按既定比例减少未实现售后租回损益,同时相应增加或减少折旧费用。

3.如果售后租回交易形成一项经营租赁的,应当分别情况处理:在确凿证据表明售后租回交易是按照公允价值达成的,售价与资产账面价值的差额计入当期损益。如果售后租回交易不是按照公允价值达成的,有关损益应于当期确认;但若该损失将由低于市价的未来租赁付款额补偿的,应将其递延,并按与确认租金费用一致的方法分摊于预计的资产使用期限内;售价高于公允价值的,其高于公允价值的部分应予以递延,并在预计的资产使用期限内分摊。

售价与资产账面价值的差额应予递延,并在租赁期内按租金支付比例进行分摊。

三、售后租回的会计处理方法

【例 10-4】丙公司在 2014 年 1 月 1 日将成本为 610 000 元的设备以 700 000 元的价格出售给丁公司,并以 700 000 元的价格将其租回,双方签订的租赁协议的有关条款如下:

第一,租赁期为 9 年,租赁协议不可撤销,承租人每年年末等额支付租金。

第二,设备的经济寿命为 9 年,承租人的折旧方法为直线法。

第三,租赁协议披露的出租人预期投资报酬率为 10%。

第四,租赁期届满时转移租赁资产的所有权给承租人。

对本例的处理程序和方法如下:

(1)租赁类别的判断

该租赁对于丙、丁公司而言都是融资租赁,因为:①租赁期届满时,转移租赁资产的所有权给承租人;②租赁年限 9 年与租赁资产经济寿命相同;③租赁开始日最低租赁收(付)款额现值等于租赁开始日租赁资产的成本。

最低租赁收(付)款额现值的计算如下:

租赁设备的成本　　　　　　　　　　　700 000 元

年租赁收(付)款额　700 000/(P/A,10%,9)＝121 549 元

折现率 10%,期限 9 年的年金现值系数　　　5.7590

最低租赁收(付)款额现值　　　　　　　700 000 元

(2)租金计算表的编制(见表 10-4)

(3)编制丙公司(承租人)的会计分录

①出售并回租的会计分录如下:

借:银行存款 700 000
  贷:固定资产 610 000
    递延收益 90 000
借:固定资产——融资租入固定资产 700 000
  未确认融资费用 393 941
  贷:长期应付款——应付融资租赁款 1 093 941

②2014年12月31日支付租金和分摊未确认融资费用的会计分录如下：

借:长期应付款——应付融资租赁款 121 549
  贷:银行存款 121 549
借:财务费用 70 000
  贷:未确认融资费用 70 000

以后每年作类似的会计分录,金额根据租金计算表。

③2014年12月31日计提折旧并摊销递延利得的会计分录如下：

借:折旧费用 77 778
  贷:累计折旧 77 778
借:递延收益 10 000
  贷:折旧费用 10 000

以后每年作完全相同的会计分录。

④租赁资产转移的处理,会计分录如下：

借:固定资产——生产用固定资产 700 000
  贷:固定资产——融资租入固定资产 700 000

(4)编制丁公司(出租人)的会计分录

①购买并出租的会计分录如下：

借:租赁资产 700 000
  贷:银行存款 700 000
借:应收融资租赁款 1 093 941
  贷:融资租赁资产 700 000
    未实现融资收益 393 941

②计算并确认当年应收租赁收益的会计分录如下：

借:应收账款——应收租赁收益 70 000
  贷:租赁收益 70 000

③收到承租人支付的第一笔付款额的会计分录如下：

借:银行存款 121 549
  贷:应收融资租赁款 51 549
    应收账款——应收租赁收益 70 000
借:未实现融资收益 70 000
  贷:应收融资租赁款 70 000

④租赁期满时,租赁资产转移的会计分录如下：

借:融资租赁资产 700 000
  贷:租赁资产 700 000

表 10-4　租金计算表

单位:元

年份	年租款付（收）款额	年利息费用（收益）	债权债务偿还数	未偿还债权债务	应付（收）租赁款
01/01/2014				7 000 000	1 093 941
31/12/2014	121 549	70 000	51 549	648 451	972 392
31/12/2015	121 549	64 845.10	56 703.90	591 747.10	850 844
31/12/2016	121 549	59 174.71	62 374.29	529 372.81	729 294
31/12/2017	121 549	52 937.28	68 611.72	460 761.09	607 745
31/12/2018	121 549	46 076.11	75 472.89	385 288.20	486 196
31/12/2019	121 549	38 528.82	83 020.18	302 268.02	364 647
31/12/2020	121 549	30 226.80	91 322.20	210 945.82	243 098
31/12/2021	121 549	21 094.58	100 454.42	110 491.40	121 549
31/12/2022	121 549	11 049.14	110 491.86	0	0
合计	1 093 941	393 941	700 000		

四、售后租回的会计报告

承租人和出租人除了按本章前述的经营租赁和融资租赁的要求进行必要的信息披露外,还应对售后租回合同中的特殊条款进行披露。

本章小结

本章主要阐述了租赁的性质、特征、种类;租赁会计的相关概念;融资租赁的确认;融资租赁的会计处理;经营租赁的会计处理;售后租回的会计处理。

1.租赁是指在约定的期间内,出租人将资产使用权让与承租人以获取租金的协议。租赁的特点是:融资与融物相结合,所有权与使用权相分离,承租人对租赁财产具有选择的权利和责任,租赁方式灵活方便。

2.租赁开始日是指租赁协议日与租赁各方就主要条款做出承诺日中的较早者。租赁期是指租赁合同规定的不可撤销的租赁期间。租赁期开始日是指承租人有权行使其使用租赁资产权利的日期,表明租赁行为的开始。

在租赁期开始日承租人应当对租入资产、最低租赁付款额和未确认融资费用进行初始确认;出租人应当对应收融资租赁款、未担保余值和未实现融资收益进行初始确认。就承租人而言,最低租赁付款额是指在租赁期内,承租人应支付或可能被要求支付的各种款项,具体包括:最低租金付款额,担保的资产余值。

3.满足下列标准之一的,即应认定为融资租赁(除融资租赁以外的租赁为经营租赁):
(1)在租赁期届满时,租赁资产的所有权转移给承租人。(2)承租人有购买租赁资产的选择权。(3)即使资产的所有权不转移,但租赁期占租赁资产尚可使用年限的大部分。(4)就承租人而言,租赁开始日最低租赁付款额现值几乎相当于租赁开始日租赁资产原账面价值。就出租人而言,在租赁开始日最低租赁收款额的现值,几乎相当于租赁开始日租赁资产的公允价值。(5)租赁资产的性质特殊,如果不做较大修整,只有承租人才能使用。

4.承租人融资租赁的会计处理。在租赁开始日,承租人应当将租赁开始日租赁资产公允价值与最低租赁付款额现值两者中较低者作为租入资产的入账价值。承租人在计算最低租赁付款额现值时,应按照顺序选择租赁内含利率、租赁合同规定的利率、同期银行贷款利率作为折现率。在承租人支付租金时,将未确认的融资费用按一定的方法确认为当期融资费用。计提租赁资产折旧时,承租人应当采用与自有应折旧资产相一致的折旧方法。

5.出租人融资租赁的会计处理。在租赁开始日,出租人应当将租赁开始日最低租赁收款额作为应收融资租赁款的入账价值,并同时记录未担保余值,将最低租赁收款额、初始直接费用与未担保余值之和与其现值之和的差额记录为未实现融资收益。初始直接费用在发生时应包括在应收融资租赁款的初始计量中,并减少租赁期内确认的收益金额。未实现融资收益应在租赁期内各个期间进行分配,转入租赁收益。出租人应当采用实际利率法计算当前应当确认的融资收入。

6.承租人经营租赁的会计处理。承租人不需要将租赁资产进行资本化,承租人按租约规定定期支付租金,并列为当期费用。租赁资产的保险、维修和计提折旧等,一般均由出租人承担,承租人发生的初始直接费用应当确认为当期费用。或有租金应当在实际发生时确认为当期费用。固定资产进行改良工程所发生的支出,应由承租人承担。

7.出租人经营租赁的会计处理。出租人应当按资产的性质,将用作经营租赁的资产包括在资产负债表的相关项目内。对于经营租赁资产中的固定资产,出租人应计提租赁资产的折旧。出租人收到的租金应确认为收入,发生的初始直接费用应当确认为当期费用。其他在租赁协议中规定的由出租人负担的支出,在支出发生时作为费用处理。或有租金应当在实际发生时确认为当期收入。

8.售后租回的会计处理。售后租回也称为回租租赁,是指卖主将一项资产卖给出租人,转移了资产的所有权,然后又将这同一资产租赁回来,从而获得资产使用权,此时的卖主既是销售者又是承租人。

如果售后租回交易形成一项融资租赁,售价与资产账面价值的差额应予递延,并按该项租赁资产的折旧进度进行分摊,作为折旧费用的调整。

如果售后租回交易形成一项经营租赁的,应当区别情况处理。

思考题

1.融资租赁的意义和特征如何?

2.租赁有哪些种类?

3.经营租赁如何进行会计处理?

4.融资租赁如何进行会计处理?

5.售后租回如何进行会计处理?

练习题

（一）单项选择题

1.承租人为了满足经营上短期的、临时的或季节性的需要,租入所需要的资产的租赁叫作（　　）。

A.资本租赁　　　　B.金融租赁　　　　C.经营租赁　　　　D.融资租赁

2.（　　）是指承租人有权行使其使用租赁资产权利的日期,表明租赁行为的开始。

A.租赁开始日　　B.租赁期开始日　　C.租赁协议签订日　　D.起租日

3.担保余值对（　　）而言,是指由承租人或与其有关的第三方担保的资产余值。

A.承租人

B.财务上有能力担保的第三方

C.出租人

D.转租人

4.未实现融资收益等于（　　）。

A.最低租赁收款额＋未担保余值最低租赁收款额

B.租赁总投资－未实现融资收益

C.最低租赁付款额＋第三者担保余值

D.租赁总投资－租赁净投资

5.在融资租赁中,租赁期占租赁资产尚可使用年限的大部分,是指租赁期限等于或超过资产使用寿命的（　　）。

A.75％　　　　　　B.80％　　　　　　C.70％　　　　　　D.90％

6.在融资租赁下,初始直接费用应当计入（　　）。

A.管理费用　　　　B.租入资产价值　　　C.销售费用　　　　D.当期损益

7.（　　）是出租人租赁资产的投资报酬率,是指在租赁开始日,使最低租赁收款额的现值与未担保余值的现值之和等于租赁资产原账面价值的折现率。

A.租赁合同规定的利率

B.资本成本率

C.加权报酬率

D.租赁内含利率

8.在分摊未确认的融资费用时,按照租赁准则的规定,承租人应当采用（　　）。

A.票面利率法　　B.浮动利率法　　C.实际利率法　　D.固定利率法

9.如果承租人或与其有关的第三方对租赁资产余值提供了担保,则应计提折旧总额为租赁期开始日（　　）。

A.固定资产的入账价值

B.固定资产的原值

C.固定资产的公允价值

D.固定资产的入账价值扣除担保余值后的余额

10.在融资租赁中,承租人应当将租赁开始日租赁资产公允价值与最低租赁付款额现值两者中较低者作为租入资产的入账价值,同时将（　　）作为长期应付款的入账价值,并将两者的差额记录为未确认融资费用。

A.最低租赁付款额　　　　　　　　　B.最低租赁付款额现值

C.租赁资产公允价值　　　　　　　　D.租赁资产账面价值

11.2014 年 3 月 21 日甲公司与乙公司签订了一份大型机床融资租赁合同,规定:租赁期开始日为 2014 年 4 月 1 日,租赁期为 3 年,每年年末支付租金100 000元,租赁内含利率5%,租赁期届满大型机床的估计残余价值为 50 000 元,其中甲公司担保余值为 40 000元,未担保余值为 10 000 元,租赁开始日的公允价值为310 000元,则大型机床的入账价值为( )元。

A.310 000　　　　B.300 000　　　　C.306 872　　　　D.315 510

12.某项大型生产线融资租赁,起租日为 2013 年 12 月 31 日,最低租赁付款现值为 600 万元,承租人另发生安装费 50 万元,设备于 2014 年 10 月 25 日达到预定可使用状态并交付使用,承租人担保余值为 100 万元,未担保余值为 20 万元,租赁期为 4 年,设备尚可使用年限 6 年。承租人对租入的设备采用年限平均法计提折旧,该设备在 2014 年应计提的折旧额为( )万元。

A.26　　　　B.22　　　　C.34　　　　D.23

13.A 公司 2014 年 7 月 13 日采用融资租赁的方式租入设备一台。租赁合同规定:租赁期为 6 年,每年支付租金 40 万元,与承租人有关的第三方担保的资产余值为 20 万元,或有租金 10 万元,履约成本 7 万元。则 A 公司的最低租赁付款额为( )万元。

A.260　　　　B.270　　　　C.277　　　　D.240

14.2014 年 1 月 1 日,甲公司以融资租赁方式租入大型设备一台,该设备租赁期为 6 年,尚可使用年限为 7 年,该设备在租赁期满时的公允价值为 100 万元,承租人届时可以以 5 万元的价格购买该设备。则甲公司应对其提取( )年的折旧。

A.6　　　　B.7　　　　C.1　　　　D.5

15.经营租赁中,在租赁期内,租赁资产的保险、维修和计提折旧等,一般均由( )承担。

A.出租人　　　　　　　　B.与出租人有关的第三方
C.与承租人有关的第三方　　　　D.承租人

16.A 公司将一台固定资产以经营租赁方式租赁给 B 公司,租赁期为 5 年,第一年免租金,第二年租金为 300 万元,第三年至第五年租金均为 400 万元,此外,A 公司还承担了 B 公司费用 5 万元,则 A 公司每年应分摊的租金为( )万元。

A.300　　　　B.301　　　　C.375　　　　D.376.25

17.甲公司采用融资租赁方式租入一条生产线,该生产线的入账价值为 2 500 万元,租赁期为 20 年,与承租人相关的第三方提供的租赁资产担保余值为 500 万元,预计清理费用为 400 万元。该生产线的预计使用年限为 20 年,预计净残值为 150 万元。甲公司采用年限平均法对该生产线计提折旧,则每年计提的折旧额为( )万元。

A.117.5　　　　B.112.5　　　　C.120　　　　D.137.5

18.售后租回交易下的租赁开始日是指( )。

A.租赁合同签订日
B.标的资产转移日
C.标的资产使用日

D.买主(出租人)向卖主(承租人)支付第一笔款项之日

19.如果售后租回交易形成一项融资租赁,承租人对售后租回交易中售价与资产账面价值的差额应通过( )科目进行核算。

A.应收账款——应收租赁收益

B.应收融资租赁款

C.未实现融资收益

D.递延收益——未实现售后租回损益(融资租赁)

20.2014 年 1 月 1 日,甲公司有一台机床,该设备公允价值为 125 万元,账面原价为 150 万元,已提折旧 50 万元,甲公司以 125 万元售给乙企业,并立即以融资租赁方式向乙企业租入该设备。合同约定,租期五年,租入的固定资产按直线法计提折旧。则 2014 年 12 月 31 日,年甲公司应确认的递延收益的余额为( )万元。

A.25　　　　　　　B.35　　　　　　　C.30　　　　　　　D.20

(二)多项选择题

1.租赁的特点是( )。

A.租赁方式灵活方便

B.融资与融物相结合

C.承租人对租赁财产具有选择的权利和责任

D.所有权与使用权相分离

2.租赁的种类按租赁的目的,分为( )。

A.售后租回　　　B.经营租赁　　　C.融资租赁　　　D.杠杆租赁

3.租赁开始日是指( )与( )中的较早者。

A.支付首次租金日　　　　　　　　B.租赁协议日

C.设备首次使用日　　　　　　　　D.租赁各方就主要条款做出承诺日

4.租赁投资总额是( )之和。

A.最低租赁收款额+未担保余值最低租赁收款额

B.租赁总投资-未实现融资收益

C.最低租赁付款额+第三者担保余值

D.最低租赁收款额现值+未担保余值现值

5.满足( )条件,可以认定为融资租赁。

A.在租赁期届满时,租赁资产的所有权转移给承租人

B.承租人有购买租赁资产的选择权

C.在租赁开始日最低租赁收款额的现值,几乎相当于租赁开始日租赁资产公允价值

D.即使资产的所有权不转移,但租赁期占租赁资产尚可使用年限的大部分

6.在融资租赁下,承租人应当将租赁开始日( )与( )两者中较低者作为租入资产的入账价值。

A.最低租赁付款额终值　　　　　　B.租赁资产公允价值

C.租赁资产账面价值　　　　　　　D.最低租赁付款额现值

7.在融资租赁下,承租人在计算最低租赁付款额现值时,折现率可以采用( )。

A.出租人的租赁内含利率作为折现率　　　B.企业综合资本成本

C.租赁合同规定的利率作为折现率　　　　D.同期银行贷款利率作为折现率

8.承租人支付租金时,一方面应减少(　　),另一方面应同时将未确认的融资费用按一定的方法确认为(　　)。

A.长期待摊费用　　B.长期应付款　　C.管理费用　　D.当期融资费用

9.融资租赁情况下租赁资产确定折旧年限,如果(　　)。

A.能够合理地确定租赁届满时承租人将会取得租赁资产所有权的,应当在租赁资产尚可使用年限内计提折旧

B.能够合理地确定租赁届满时承租人将会取得租赁资产所有权的,应以租赁资产的经济寿命作为折旧年限

C.无法合理确定租赁届满时承租人将会取得租赁资产所有权的,应当在租赁期与租赁资产尚可使用年限两者中较短的期间内计提折旧

D.无法合理确定租赁届满时承租人将会取得租赁资产所有权的,应当在租赁资产尚可使用年限内计提折旧

10.在租赁开始日,出租人应当将租赁开始日最低租赁收款额作为应收融资租赁款的入账价值,并同时记录未担保余值,将(　　)、(　　)与(　　)之和与其现值之和的差额记录为未实现融资收益。

A.最低租赁收款额　　　　　　　B.担保余值

C.初始直接费用　　　　　　　　D.未担保余值

11.经营租赁中,承租人发生的初始直接费用应当确认为当期费用。初始直接费用主要包括(　　)。

A.印花税　　　　B.差旅费　　　　C.律师费　　　　D.佣金

12.确定租赁开始日的目的,在于(　　)。

A.确定租赁资产的公允价值和入账价值

B.确认融资收益

C.确认递延收益

D.用于租赁的分类

13.经营租赁,就承租人而言,(　　)。

A.应付的租金应作为当期费用处理。

B.或有租金应当在实际发生时确认为当期费用

C.应计提租赁资产的折旧

D.不需要将租赁资产资本化

14.融资租赁,就出租人而言,(　　)。

A.计提租赁资产折旧时,应当采用与自有应折旧资产相一致的折旧方法,将租赁资产的成本,在预计使用期内,系统地分摊于每一个会计期间

B.实际收到租金时,将租金中所含融资收入确认为当期收入

C.对应收融资租赁款减去未实现融资收益的差额部分合理计提坏账准备

D.应当采用实际利率法计算当前应当确认的融资收入

15.售后租回交易形成一项经营租赁的,(   )。

A.售价高于公允价值的,其高于公允价值的部分应予以递延,并在预计的资产使用期限内分摊

B.如果售后租回交易不是按照公允价值达成的,有关损益应于当期确认

C.有确凿证据表明售后租回交易是按照公允价值达成的,售价与资产账面价值的差额应计入当期损益

D.若该损失将由低于市价的未来租赁付款额补偿,应将其递延,并按与确认租金费用一致的方法分摊于预计的资产使用期限内

(三)判断题

1.租赁按租赁资产的资金来源和付款对象分,分为单一投资租赁和杠杆租赁。

(   )

2.租赁开始日是指承租人有权行使其使用租赁资产权利的日期,表明租赁行为的开始。

(   )

3.在租赁开始日就可以合理地判断,租赁期届满时出租人会将资产的所有权转移给承租人,那么该项租赁应当认定为融资租赁。

(   )

4.担保余值是指租赁资产余值中扣除就出租人而言的担保余值以后的资产余值。

(   )

5.融资租赁,就承租人而言,租赁开始日最低租赁付款额现值几乎相当于租赁开始日租赁资产的公允价值。

(   )

6.融资租赁情况下租赁资产的折旧年限,如果能够合理地确定租赁届满时承租人将会取得租赁资产所有权的,应当在租赁期与租赁资产尚可使用年限两者中较短的期间内计提折旧。

(   )

7.对于出租人来说,进行杠杆租赁与售后租回和进行直接租赁没有差别。 (   )

8.出租人应当对应收融资租赁款减去未实现融资收益的差额部分合理计提坏账准备。

(   )

9.出租人应当对未担保余值定期进行检查,如有证据表明未担保余值已经减少,应当重新计算租赁内含利率,并将由此而引起的租赁投资净额的减少确认为当期损失。

(   )

10.出租人应当对未担保余值定期进行检查,如有证据表明未担保余值增加时,需按担保余值现额调增资产价值。

(   )

11.经营租赁中,承租人不需要将租赁资产进行资本化,只在备查簿中进行登记,以便查考。

(   )

12.融资租赁中,出租人应当在资产负债表中,将与融资租赁相关的长期应付款减去未确认融资费用的差额,分别按长期负债和一年内到期的长期负债列示。 (   )

13.经营租赁中,或有租金应当在实际发生时确认为最低付款额的一部分。 (   )

14.如果售后租回交易形成一项融资租赁,售价与资产账面价值的差额应予递延,并按该项租赁资产的折旧进度进行分摊,作为折旧费用的调整。

(   )

15.售后租回交易中,承租人和出租人应按照经营租赁和融资租赁的要求进行必要的

信息披露,对于售后租回合同中的特殊条款则不需进行专门披露。　　　　　　　　　　(　　)

(四)业务题

1.

(1)目的:练习判断租赁交易类型,学习租赁会计分录的处理。

(2)资料:出租人(A 公司)和承租人(B 公司)于 2009 年 1 月 1 日签订了一项租赁协议,该协议于同日生效。租赁协议的主要条款如下:

①租赁期:2011 年 1 月 1 日—2014 年 12 月 31 日。租赁协议不可撤销,租赁资产的尚可使用年限为 5 年,无残值。2014 年 12 月 31 日,B 公司将这一设备归还给 A 公司,租赁协议中未包含承租人的续租选择权。

②租赁开始日,租入设备的公允价值为132 000元,租金支付方式为每年年末等额支付租金35 000元。

③租赁协议的年利率为 6%。

④与租赁相关的未确认融资费用采用实际利率法摊销。

⑤承租人对租赁设备采用平均年限法计提折旧。

(3)要求:

①判断租赁类型。

②编制 B 公司在起租日及租赁期间内的相关会计分录。

2.

(1)目的:练习判断租赁交易类型,学习租赁会计分录的处理。

(2)资料:出租人 C 公司和承租人 D 公司于 2014 年 1 月 1 日签订了一项租赁协议,该协议于同日生效。租赁协议的有关条款如下:

①租赁期限为 3 年,租赁协议不可撤销,租赁资产的尚可使用年限为 5 年,无余值。

②租赁开始日,租赁设备的公允价值为570 000元,于每年年初等额支付租金175 000元。

③租赁期满时租赁设备的余值为95 000元,其中,有担保余值为90 000元,未担保余值为5 000元。

④承租人对租赁设备采用平均年限法计提折旧。

⑤租赁期届满时,承租人将设备交还出租人。

⑥租赁协议披露的出租人预期投资报酬率为 7%。

⑦出租人采用实际利率法分摊未实现融资收益。

(3)要求:

①判断租赁类型。

②编制 C 公司在起租日及租赁期间内的相关会计分录。

3.

(1)目的:练习经营租赁方式租赁的会计处理。

(2)资料:承租人 E 公司与出租人 F 公司在 2014 年 1 月 1 日达成一项经营租赁方式的设备租赁合同。设备的原始成本为400 000元,租赁期为 3 年,租金总额为108 000元,合同规定在起租日需支付租金20 000元,第 1 年年末支付租金20 000元,第 2 年年末支付租金32 000元,租赁期满支付余额36 000元。

(3)要求:编制 E 公司与该项租赁相关的会计分录。

4.

(1)目的:练习售后租回形成融资租赁的会计处理。

(2)资料:2014 年 12 月 31 日,甲公司将某大型生产线以 780 万元的价格销售给乙公司。该生产线 2013 年 12 月 31 日的账面原值为 650 万元,已计提折旧 50 万元。同日,甲公司又签订了一份租赁合同将该生产线融资租回。该生产线按年限平均法计提折旧,并分摊未实现售后租回损益,资产的折旧期为 6 年。

(3)要求:

①编制 2014 年 12 月 31 日有关出售固定资产的会计分录。

②计算 2014 年 12 月 31 日甲公司未实现售后租回损益并编制有关会计分录。

④编制 2015 年 12 月 31 日分摊未实现售后租回损益的会计分录。

5.

(1)目的:练习售后租回形成经营租赁的会计处理。

(2)资料:2014 年 12 月 31 日,甲公司将某大型生产线以公允价值 520 万元的价格销售给乙公司。该生产线 2013 年 12 月 31 日的账面原值为 600 万元,已计提折旧 50 万元。同日,甲公司又签订了一份经营租赁合同将该生产线租回。该生产线按年限平均法计提折旧,折旧期为 6 年。

(3)要求:

①编制 2014 年 12 月 31 日有关出售固定资产的会计分录。

②计算 2014 年 12 月 31 日甲公司未实现售后租回损益并编制有关会计分录。

③编制 2015 年 12 月 31 日分摊未实现售后租回损益的会计分录。

第十一章

金融工具会计

　　学习目的:通过本章学习,使学生了解金融工具、金融资产、金融负债、权益工具、套期会计的概念;理解金融工具中金融资产、金融负债和权益的确认条件,计量属性确定和列报的必要性;掌握衍生金融工具中金融资产、金融负债和相关损益的会计确认、计量和财务报告列报,重点掌握公允价值套期、现金流量套期和境外经营净投资三种套期会计核算及其特点;能够运用本章所学知识实现对衍生金融工具财务影响的会计确认、计量和列报。

引导案例:

　　美国 2008 年以来,由次贷危机为导火索的经济衰退被部分归咎于金融工具公允价值计量,认为是公允价值计量方法放大了经济危机的后果。此后,公允价值计量的适用范围较危机前缩小,由必需的计量属性转变为可选用的计量属性。金融工具会计信息的决策有用性要求与经济后果影响的矛盾再次尖锐。

　　根据上述情况,请你判断金融工具会计计量属性究竟影响了企业财务报表的哪些要素? 对信息使用者决策有用的金融工具计量属性是什么?

第一节　金融工具会计概述

　　金融工具的不断创新和衍生品交易市场的飞速发展,促进了国际金融市场的巨大变革。衍生金融工具市场发展超前与监管滞后的矛盾已经严重困扰着整个国际金融市场。作为监管重要一环的会计,从金融工具确认、计量和报告等方面完善会计监管,有助于金融工具市场的健康发展。

一、金融工具创新与财务会计

　　从会计的角度来看,金融工具,尤其是衍生金融工具对传统的财务会计体系产生了很大的影响和冲击。

衍生金融工具是一种在未来结算的合同,是一种未来交易,但由于合同的签订是未来交易的起点,我国准则认为应在企业成为金融工具合同一方时,对由此产生的资产或负债进行会计确认。

在会计计量方面,就金融工具,尤其是衍生工具而言,历史成本计量基础不能向信息使用者提供决策有用的会计信息。财务会计传统上是以历史成本为计量基础的,而衍生金融工具的初始净投资为零或者很少,其价格又随标的(underlying)工具价格的变动而波动,如以历史成本为计量基础,则难以反映其价值变动,缺乏相关性。

金融工具创新对损益确定和信息披露也产生影响。比如,衍生金融工具未实现的损失或利得(简称未实现损益)是否计入利润表,与套期相关的盈亏如何处理,这方面金融创新对会计理论和会计准则的挑战和推动是非常明显的。

财政部2006年发布的具体准则中,与金融工具会计和报告相关的准则有:《企业会计准则第22号——金融工具确认和计量》、《企业会计准则第23号——金融资产转移》、《企业会计准则第24号——套期保值》和《企业会计准则第37号——金融工具列报》。上述具体会计准则对金融工具确认、计量和报告的相关问题进行了规范,这将有助于提高财务会计信息的可比性。

二、金融工具的定义

金融工具(financial instrument)是指形成一个企业的金融资产,并形成其他单位的金融负债或权益工具的合同。具体包括:

(1)现金。

(2)在某一主体内拥有所有者权益的证据。

(3)以下两种合同:①使某一主体承担如下的合同义务:将现金或其他金融工具交付给另一主体,或在潜在不利的条件下与另一主体交换金融工具。②将如下的合同权利转让给另一主体:从该主体收取现金或其他金融工具,或在潜在有利的条件与该主体交换其他金融工具。

对金融工具定义中的"金融资产"、"金融负债"和"权益工具"又定义如下:

(1)金融资产,是指企业的下列某项资产:①现金。②持有的其他单位的权益工具。③从其他单位收取现金或其他金融资产的合同权利。④在潜在有利的条件下,与其他单位交换金融工具的合同权利。⑤将来须用或可用企业自身权益工具进行结算的非衍生工具的合同权利,企业根据该合同将收到非固定数量的自身权益工具。⑥将来须用或可用企业自身权益工具进行结算的衍生工具的合同权利,但企业以固定金额的现金或其他金融资产换取固定数量的自身权益工具的衍生工具合同权利除外。其中,企业自身权益工具不包括本身就是在将来收取或支付企业自身权益工具的合同。

(2)金融负债,是指企业的下列某项负债:①向其他单位交付现金或其他金融资产的合同义务。②在潜在的不利条件下,与其他单位交换金融工具的合同义务。③将来须用或可用企业自身权益工具进行结算的非衍生工具的合同义务,企业根据该合同将交付非固定数量的自身权益工具。④将来须用或可用企业自身权益工具进行结算的衍生工具的合同义务,但企业以固定金额的现金或其他金融资产换取固定数量的自身权益工具的衍生工具合同义务除外。其中,企业自身权益工具不包括本身就是在将来收取或支付企业自身权益工具的合同。

(3)权益工具,是指能证明拥有某个企业在扣除所有负债后的资产中的剩余权益的合同。

三、基本金融工具

一般地说,在金融工具中有我们熟知的项目,如现金、应收款项和应付款项、债务证券(就发行者而言是应付债券)或债权证券(就持有者而言属于债权投资)、权益证券(普通股和各类优先股票,按现行资产负债表结构都归入股东权益),它们早已是资产负债表的表内项目,符合财务会计概念框架给出的财务报表要素的定义、确认标准和计量基础,这已经形成一种普遍认同的传统。在学习和研究金融工具会计时,本章主要讲述衍生金融工具的会计确认、计量与报告问题。

四、衍生金融工具

衍生金融工具(derivative financial instruments),即衍生金融产品,也称为金融衍生工具(financial derivative instruments),有时简称为衍生工具(derivative instruments),也可称衍生品(derivatives),是指具有以下特征的金融工具或其他合同:(1)其价值随特定利率、金融工具价格、商品价格、汇率、价格指数、费率指数、信用等级、信用指数,或其他类似变量(称作"标的")的变动而变动,变量为非金融变量的,该变量与合同的任一方不存在特定关系;(2)不要求初始净投资,或与对市场情况变化有类似反应的其他类型合同相比,要求很少的初始净投资;(3)在未来某一日期结算。通常,衍生工具允许净额交割。衍生金融工具的交易者主要包括套期保值者(hedger)、投机者(speculator)和套利者(arbitrageur)。套期保值者参加衍生品交易是为了减少某种现有风险,投机者参加交易的目的则是通过对市场变动方向的估计来进行投机,而套利者则从事无风险的套利活动。三类交易者的同时存在对市场形成均衡是有利的,值得注意的是,三类交易者可能是无法区分的,某个具体的交易者可能在某笔交易中套期,而在另一笔交易中进行投机或套利,还有可能在同一笔交易前期进行套期保值,到后期由于市场的变动而转为投机或套利。

衍生金融工具在形式上都是将在远期执行的经济合同。衍生金融工具一般以一个或几个基本金融工具作为标的,从这个角度上看,也可以说衍生金融工具是从基本金融工具派生来的。签约的目的,不仅能为交易者转移风险,即套期避险,还可利用合同期间标的变动的不确定性,伺机投机牟利。签约时不要求净投资,如用于套期保值的外汇远期合同;或只要求很少的净投资,如期权合同在签约时需交纳的期权费或权利金。衍生金融工具的持有者往往可以自由选择在未来某一日期结算交割,而且可以采用净额交割的方式,也就是按衍生工具的价值变动额进行结算,净额交割大大地方便了投机活动。

当前,国际金融市场上已知的衍生金融工具品种有两千多种。但尽管品目繁多,创新不断,它的基本形式主要包括以下几类:

(一)远期(forward)

远期是指在确定的将来某一时间,按确定的价格购买或出售某项资产的合同。根据标的的不同,远期主要包括远期外汇合同、远期利率协议、远期股票合同和远期商品合同等。由于是非标准化合同,因此远期合同流通性差,难以转让,绝大部分远期合同都必须到期进行实际交割。

(二)期货(future)

期货是指买卖双方在有组织的交易所内,以公开竞价的方式达成协议,约定在未来某一特定时间交割标准数量的特定金融工具或商品的交易合同。与远期不同的是,它是标准化合同,具有较强的流动性,绝大多数合同在到期前被平仓,到期交割的比例极小,另外,交易采取保证金(marginal deposit)结算制度.有较强的杠杆效应。根据标的的不同,期货主要包括外汇期货、利率期货、股票指数期货和商品期货等。

(三)期权(option)

期权又称交易选择权,有两种基本类型:一种叫买权或看涨期权(call option),买权的持有者有权在某一确定时间以某一确定价格购买标的资产;另一种叫卖权或看跌期权(put option),卖权的持有者有权在某一确定时间以某一确定价格出售标的资产。在这两类期权中,有交易选择权的一方,即买方,为了取得履约选择权,必须支付给卖方费用,称为权利金,又称为期权价格、期权费或期权保险金。期权合同是一种选择权合同,其持权人(主动签约方,即买方)享有在合同期满或期满之前按行权价格购买或销售一定数额的某种金融资产的权利。如果行情有利,他有权选择买进或卖出该种金融资产;如果行情不利,他可以放弃行使买进或卖出的权利。而期权合同的立权人(卖方,即发行方)则有义务在买方要求履约时出售或购入该种金融资产。由此可见,期权合同是一项债权性证券。要求卖方向买方转让或从买方受让的金融资产,则是交易的标的物。在签约时,买方(主动签约方)应向卖方(发行方)交纳一笔期权费,这是买方的初始净投资,而买方承担的风险,也就以不执行时损失这笔期权费为限,而卖方则需承担在对它不利的情况下买方要求执行的全部损失。期权的买方能达到"损失有限,利益无限"的目标,而卖方只能达到"损失无限,利益有限"的目标。

按照期权权利行使的时间来划分,可分为欧式期权和美式期权。欧式期权只能在到期日执行,美式期权可以在期权有效期内的任意时间执行。根据标的资产的不同,期权主要包括外汇期权、利率期权和股票指数期权等。

(四)互换(swap)

互换是指当事人按一定的条件在金融市场上进行不同金融工具交换的交易合同。它是交易双方根据互换合同,按照事先约定的公式,交换未来各自债务现金流量的一种金融交易方式。其实质是一种长期债券多头与另一种长期债券空头的组合,或是一种一系列远期合同的组合。它可以被认为是对期货、期权和远期合同交易的一种扩展。金融互换的参与者多为一些大公司和机构,他们为了一些特殊的需求,进行金融工具的互换(互换的期间通常较长)。金融互换交易由于考虑了交易各方的独特情况和利用了交易各方的独特优势,常常可以同时增加交易各方的经济利益,形成双赢或多赢的局面。互换主要包括货币互换、利率互换和货币利率互换等形式。

(五)其他衍生金融工具

其他衍生金融工具主要是指金融工具(包括衍生金融工具)的组合。例如,可转换债券、认股权证等金融工具是基本金融工具与金融期权的结合体。其他衍生金融工具还包括一些新型的衍生金融工具(如执行价格与时间挂钩的衍生工具、信用衍生工具、通货膨胀衍生工具等)。由于衍生金融工具处于不断的发展和创新之中,故各种新型衍生金融工具还会不断产生。

宽泛地说,衍生金融工具还包括担保合同、保险合同,以及根据气候、地理等变量进行支付的合同等。这些合同与前面所述的几类主要衍生金融工具一样,代表了未来的或有负债或或有权利。然而不同的是,担保合同、保险合同等的或有性是由人为因素、自然因素导致的,而期货、期权、互换等的或有性是由金融市场的价格波动导致的。这些区别导致了这两种或有合同存在着明显不同的特性,如期权、互换等采用衍生金融工具会计准则加以规范,而担保合同、保险合同,以及根据气候、地理等变量进行支付的合同采用或有事项会计准则加以规范或另外制定单独的会计准则(如保险会计准则)。当然,这些会计准则都反映了对发生的可能性和金额都不确定的或有事项所包含的面向未来的权利义务关系进行的会计规范,准则之间应该是逻辑一致和相互协调的。另外,报告企业发行的雇员福利计划下的期权和认股权证等由于在很大程度上是企业的内部交易而非外部合同,也不在本章中规范。

综上所述,本章中的衍生金融工具不包括一般的担保合同、保险合同、根据气候或地理等变量进行支付的合同以及企业发行的雇员福利计划下的期权和认股权证等。这也是与国际会计准则相一致的。

第二节 金融工具确认与计量

确认是将符合要素定义和确认标准的项目计入资产负债表或利润表的过程。会计确认的关键,除了符合财务报表要素的定义外,还必须符合确认的条件。一项符合要素定义的项目在符合以下条件时就应确认:(1)与该项目有关的未来经济利益将会流入或流出企业;(2)对该项目的成本或价值能可靠地加以计量。确认金融工具的目的是为了把金融工具代表的权利、义务纳入资产负债表,相关的收益或损失纳入利润表,以避免把因合同标的物在金融市场上的价格变动而导致的风险和报酬反映在表外。

一、金融工具的确认与计量

按照会计确认的时态,金融工具的确认分为初始确认和后续确认。与此相对应,会计计量也可分为初始计量和后续计量。广义的后续计量包括终止计量。

(一)金融工具的确认

企业从事金融工具业务,其结果不外乎两种:有利或者不利。金融工具包含权利(rights)或义务(obligations),因此,当企业成为金融工具合同条款的一方时,它应该在其资产负债表内确认金融资产或金融负债。

1.金融工具的初始确认

当企业成为金融工具合同的一方时,应当确认一项金融资产或金融负债。

金融资产在初始确认时,应将金融资产划分为如下四类:①以公允价值计量且其变动计入当期损益的金融资产,包括交易性金融资产和指定以公允价值计量且其变动计入当期损益的金融资产;②持有至到期投资;③贷款和应收账款;④可供出售金融资产。

金融负债在初始确认时,应将其划分为交易性金融负债和指定为以公允价值计量且其变动计入当期损益的金融负债,或者其他金融负债。

金融工具的分类决定了会计计量属性。这个问题在下面的会计计量中讲述。

2.金融工具的终止确认

金融资产满足下列条件之一时终止确认:①收取该金融资产现金流量的合同权利终止;②该金融资产已转移,且符合金融资产终止确认条件。[①]

金融负债的现时义务全部或部分已经解除,才能终止确认金融负债或其一部分。

(二)金融工具的计量

以公允价值计量的衍生金融工具能够向财务报表使用者提供有用的会计信息,而且企业取得衍生金融工具时的成本很小甚至为零。与其公允价值相比,历史成本不能提供金融工具的价值。同时,以公允价值计量金融工具必然导致未实现损益,未实现损益的会计处理备受关注。

与会计初始确认和后续确认相对应,金融工具计量包括初始计量和后续计量。

1.初始计量

金融工具初始计量时按照取得时的公允价值计量。如果发生交易费用,在计量金融工具时则需区别对待。具体见如表11-1所示。金融资产或金融负债的公允价值,通常以市场交易价格为基础来确定。企业在从事金融工具业务时发生的可直接归属于购买、发行或处置金融工具新增的外部费用,属于交易费用。

2.后续计量

金融资产或金融负债公允价值变动形成的利得或损失,除与套期保值有关外,按表11-1的规定处理。以套期为目的进行金融工具交易产生的未实现利得或损失,依据套期保值的类型进行会计核算。

表 11-1 金融工具的会计计量属性、公允价值变动损益影响

分类	初始计量	后续计量	对损益的影响
以公允价值计量且其变动计入当期损益的金融资产/负债	取得时的公允价值;交易费用计入当期损益	公允价值	计入当期损益
持有至到期投资	取得时的公允价值;交易费用计入初始确认金额	摊余成本	——
贷款和应收账款	取得时的公允价值;交易费用计入初始确认金额	摊余成本	——
可供出售金融资产	取得时的公允价值;交易费用计入初始确认金额	公允价值	发生时计入所有者权益,终止确认时计入损益
其他金融负债	取得时的公允价值;交易费用计入初始确认金额	摊余成本	——

---

① 参见本章第四节金融资产转移。

二、以投资为目的的金融工具的会计核算

传统金融工具的会计处理请参考中级财务会计的相关专题。在下面的举例中,我们主要结合衍生金融工具来说明投资目的金融工具的会计确认与计量。

(一)主要核算账户

1."衍生工具"①账户。该账户核算企业衍生工具的公允价值及其变动形成的衍生资产或衍生负债。该账户按照衍生工具类别进行明细核算。账户期末借方余额,反映企业衍生工具形成资产的公允价值;贷方余额,反映企业衍生工具形成负债的公允价值。衍生工具作为套期工具的,在"套期工具"账户核算。

2."公允价值变动损益"②账户。该账户核算企业按公允价值计量的资产或负债,公允价值变动形成的应记入当期损益的利得或损失。该账户按照公允价值计量的资产或负债的类别进行明细核算。期末该账户余额转入"本年利润"账户,期末无余额。企业开展套期保值业务的,有效套期关系中套期工具或被套期项目的公允价值变动,可以单独设置"6102 套期损益"账户核算。

(二)远期合同会计处理

远期合同是衍生工具的最基本的类别。企业在签订合同时,应同时确认一项金融资产和金融负债。作为投资目的的远期合同,在初始确认后,以公允价值对远期合同进行后续计量。远期合同进行后续计量产生的利得或损失,计入当期损益。

【例 11-1】远期合同业务:公司预期某外币(FC)汇率将下跌,与外汇银行于 12 月 1 日签订了将于次年 1 月 30 日按 FC:LC③=1:0.2100 的汇率卖出 FC 1 000 000 的远期外汇合同。有关汇率如表 11-2 所示。

表 11-2 外币 FC 远期交易相关汇率

日期	即期汇率 (FC:LC)	相对于 1 月 30 日的远期汇率 (FC:LC)
12 月 1 日(交易日)	1:0.2200	1:0.2100
12 月 31 日(资产负债表日)	1:0.2150	1:0.2050
次年 1 月 30 日(结算日)	1:0.2000	1:0.2000

公司有关该远期合同的会计处理为:

(1)12 月 1 日,签订出售 FC 的外汇远期合同。公司取得衍生工具时,应按其公允价值,借记"衍生工具"账户;按发生的交易费用,借记"投资收益"账户;按实际支付的金额,贷记"银行存款"等账户。12 月 1 日,公司所签远期合同公允价值为 0,所以无须编制会计

---

① 在《企业会计准则——应用指南》中,"衍生工具"科目属于"共同类"会计科目,其会计科目编号为"3101"。

② 在《企业会计准则——应用指南》中,"公允价值变动损益"科目属于"损益类"会计科目,其会计科目编号为"6101"。

③ LC 表示本币。

分录。

(2)12月31日,FC汇率下降,确认外汇远期合同利得。资产负债表日,按衍生工具的公允价值与其账面余额的差额,借记"衍生工具"账户,贷记"公允价值变动损益"账户。

借:衍生工具——外汇远期合同　　　　　　　　　　　　　　　　5 000
　　贷:公允价值变动损益　　　　　　　　　　　　　　　　　　　　　5 000

外汇远期合同收益=1 000 000×(0.2100-0.2050)

(3)1月30日,按约定汇率卖出FC。外汇远期合同损益等于LC 10 000,即1 000 000×(0.205-0.2)。按实际收到的金额LC 10 000,借记"银行存款"账户;按外汇远期合同的账面余额,贷记"衍生工具"账户;按其差额,贷记"投资收益"账户。

借:银行存款　　　　　　　　　　　　　　　　　　　　　　　10 000
　　贷:衍生工具　　　　　　　　　　　　　　　　　　　　　　　　5 000
　　　　投资收益　　　　　　　　　　　　　　　　　　　　　　　　5 000

同时,将原记入"公允价值变动损益"的金额转出,并记入"投资收益"账户。

借:公允价值变动损益　　　　　　　　　　　　　　　　　　　　5 000
　　贷:投资收益　　　　　　　　　　　　　　　　　　　　　　　　5 000

公司对汇率变动的预期与市场汇率走势一致,通过签订卖出外汇远期合同获利LC 10 000。

(三)期货会计处理

关于期货合同,以利率期货为例来说明其会计处理。所谓利率期货交易,是指买卖双方在期货交易所内通过公开竞价方式,买卖标准数量的特定金融证券合同的交易。

利率期货在场内进行,需要交纳保证金。此外,由于期货交易实行每日价差结算无负债制度,事实上每天都必须确认市场价格变动带来的损益,并按交易所要求补充追加保证金(maintenance marginal deposit)或可以提取相应的盈利。需要说明的是,为了方便举例,以下举例的核算仅给出了在会计结账日的核算办法。

【例11-2】利率期货业务:某公司为期货交易所和结算所会员,于1月10日购进100份面值为1 000 000元的短期国债合同,买入时价格指数为85。1月末价格指数为87,2月末价格指数为88,3月份转出合同时价格指数为87.5。在此期间,企业于立仓时交纳初始保证金3 000 000元(保证金率为3%),1月末取出500 000元。价格指数变动的每点价值为25元(价格指数是用100减去利率。如90就是利率在10%的时候的价格指数。每一个变动点指的是利率变动0.01%时价格指数的变动,如从91变到89,价格指数降低了200个点,实际表示利率升高了2%)。

(1)1月10日,立仓,交纳初始保证金。企业将款项存入清算代理机构时,借记"存出保证金"①或"其他应收款"账户。

借:其他应收款　　　　　　　　　　　　　　　　　　　　　3 000 000
　　贷:银行存款　　　　　　　　　　　　　　　　　　　　　　3 000 000

---

① "存出保证金"(会计科目编号1031)账户核算企业因办理业务需要存出或交纳的各种保证金款项。本科目期末借方余额反映企业存出或交纳的各种保证金余额。

（2）1月末，合同价值上涨 25×200×100＝500 000。

借：其他应收款 500 000

　贷：公允价值变动损益 500 000

（3）1月末，提取保证金 500 000。

借：银行存款 500 000

　贷：其他应收款 500 000

（4）2月末，合同价值上涨 25×100×100＝250 000。

借：其他应收款 250 000

　贷：公允价值变动损益 250 000

（5）平仓时合同价值下降 25×50×100＝125 000。

借：投资收益 125 000

　银行存款 3 125 000

　贷：其他应收款 3 250 000

借：公允价值变动损益 750 000

　贷：投资收益 750 000

其中，25×250×100＝625 000

在本次交易中，企业盈利 625 000 元。

（四）期权交易会计处理

在期权交易中，期权价格是通过期权的买卖双方在交易所内公开喊价的方式竞争形成的。它是期权卖方因承担必须履约义务而获得的利润，也是期权买方在出现最不利变化时所要承担的最大损失金额。

期权价格是标的物的现行市价与期权合同的执行（敲定）价格之差。它由两部分组成：内含价值和时间价值。即：期权价格＝内含价值＋时间价值。其中，内含价值指某一时刻标的物市场价格与执行价格的差额。对于买入（看涨）期权，内含价值等于市场价格减去执行价格；对于卖出（看跌）期权，内含价值等于执行价格减去市场价格。

时间价值指期权价格超出内含价值的部分。一个期权通常是以高于内含价值的价格出售的，高于内含价值的这一部分权利金，就是时间价值。时间价值的大小取决于期权剩余有效期的长短。期权的剩余有效期越长，其时间价值也就越大。时间价值也随到期的时间临近而减少，直至期满时间价值为零。

【例 11-3】购入期权业务：某公司于 20×9 年 1 月 2 日购入看涨期权。按敲定价格 100 购买 S 公司的 1 000 股股票。期权到期日为 20×9 年 4 月 30 日。支付权利金（即期权价格）400。20×9 年 3 月 31 日，公司股票价格涨至每股 120，期权的内含价值为 20 000。市场评估该期权时间价值为 100。4 月 1 日，公司转让该期权。

（1）20×9 年 1 月 2 日，购入期权

借：衍生工具——股票看涨期权 400

　贷：银行存款 400

当日该期权的内含价值为零，时间价值为 400。

（2）20×9 年 3 月 31 日

借:衍生工具——股票看涨期权   20 000
　　贷:公允价值变动损益   20 000
借:公允价值变动损益   300
　　贷:衍生工具——股票看涨期权   300
（3）20×9 年 4 月 1 日,按每股 120 转让期权,进行净额结算
借:银行存款   20 000
　　投资收益   100
　　贷:衍生工具——股票看涨期权   20 100
借:公允价值变动损益   19 700
　　贷:投资收益   19 700

（五）金融互换业务

互换合同是公司间达成的债务互换协议。第一份互换合同是 1981 年 8 月世界银行与美国国际商用电器公司(1BM 公司)签订的。在这笔互换交易中,当时持有美元债务的世界银行与持有瑞士法郎和德国马克债务的 IBM 公司通过互换,交换各自债务,给双方都带来了巨大的经济利益。据《欧洲货币》杂志 1983 年 4 月测算,在美国所罗门兄弟公司安排的这笔互换中,IBM 把 10％利率的西德马克债务换成 8.15％利率的美元债务;世界银行将 16％利率的美元债务换成 10.13％利率的西德马克债务。交易双方都降低了筹资成本,效果十分显著。自那以后,随着其内容逐步被公开,互换交易技术逐步普及,导致互换二级市场出现,以至于西方大银行在投资业务中"言必谈互换",使互换市场迅速扩大成长。当前全球互换交易每年签约金额达数十万亿美元之巨。因而,互换被公认为是 20 世纪 80 年代最重大的金融创新工具之一。

跨国公司和金融企业是互换市场中的大户。对于这些企业来说,利用互换管理资产可以避免金融市场上利率变动和汇价变动带来的巨大财务风险,使得企业资产和负债的利率差价能获得较好的匹配,并可以此设计、开发各种新型融资债券,筹措资金。金融企业最初参与互换是为了帮助跨国公司合理避税(如英国海外投资扣税),并收取 0.5％～1％手续费。保险公司利用互换,将其应用到租赁业务,以利其开拓国际化业务的需要。养老金基金组织也在一定范围内采用金融互换,让其基金保值增值。当前,除跨国公司以外,出口信贷部门、政府机构也都十分热心参与这项互换金融交易活动。

互换一般可分为利率互换和货币互换两大类。利率互换(interest rate swap),是指同种债务货币以不同的利率进行调换的一种金融交易。货币互换(currency swap),是指在相同的利率水平下,以不同货币的债务进行调换的一种金融交易。随着互换技术的不断完善和复杂,互换创新形式不断涌现。在利率互换和货币互换的基础上,又出现了涉及不同货币、不同利率的交叉货币利率互换(cross-currency interest rate swap)。目前,互换形式层出不穷,主要有:期权互换、远期互换、指数互换、多边互换等。

互换交易的基本条件包括:(1)货币单位。最低货币交易单位是相当于 1 000 万美元的货币金额。(2)交易币种。使用较多的交易货币有美元、日元、德国马克、英镑、瑞士法郎等。(3)合同期限。互换交易期限一般为 5～7 年,有的甚至超过 10 年。(4)资金利率。由双方参照市场利率商定。(5)偿还方式。经双方协商可采用多种形式,如分期偿还、到期一次还本付息、本利均等偿还等。(6)履约义务。交易双方互换债务、交换资金,双向契

约制约双方未来履行义务,如果一方停止支付,另一方则当然可不履行义务。(7)中途解约。交易双方规定合同中途解约、互换终止的各项条件。(8)其他事项。除上述内容以外的其他有关内容,如适用的有关法律、支付中介人手续费、其他费用分配等。上述基本条件经双方商定后最终体现在互换合同上,签字后生效执行。

下面分别以利率互换合同为例来说明互换合同的操作,以及合同各方通过互换达到规避有关风险的作用。

【例 11-4】利率互换业务:A 公司需要固定利率借款以固定筹资成本,而 B 公司需要浮动利率借款。A 公司信用等级为 AAA,而 B 公司信用等级为 BBB,则市场给予两家公司的利率是不同的,具体如表 11-3 所示:

表 11-3

	固定利率	浮动利率
A 公司	9.8%	LIBOR+0.1%
B 公司	10.3%	LIBOR+1.5%

可以看出,在固定利率市场上,A 比 B 的绝对优势为 0.5%,而在浮动利率市场上,A 比 B 的绝对优势为 1.4%,即 A 在浮动利率市场上有比较优势,而 B 固定利率市场上有比较优势。双方可以通过各自的比较优势为双方借款,然后互换。利率互换的过程如表 11-4 所示:

表 11-4

	互换前	互换后	节约
A 公司	9.8%	9.4%	0.4%
B 公司	LIBOR+1.5%	LIBOR+1.1%	0.4%

可见通过利率互换,双方的筹资成本降低了 0.8%(9.8%+LIBOR+1.5%-9.4%-LIBOR-1.1%),最终达到共同降低筹资成本的效果。通过谈判,双方平均分享互换所带来的利益。即最终实际筹资成本为:A 公司实际支付 9.4%的固定利率,而 B 公司实际支付 LIBOR+1.1%的浮动利率。

B 公司现金流量为:(1)发行公司债券,按年利率 10.3%向投资者支付利息;(2)根据与银行互换合同,获得 9.2%的利息;(3)同时,向银行支付 LIBOR 利率的利息;(4)B 公司净现金流量为 LIBOR+1.1%利息支出(10.3%+LIBOR-9.2%),比它在浮动利率市场上的筹资减少了 0.4%利息支出[(LIBOR+1.5%)-(LIBOR+1.1%)]。

A 公司现金流量为:(1)筹措资金,向贷款人支付 LIBOR+0.1%年利息;(2)根据与银行互换合同,获得 LIBOR 利率的利息;(3)同时,向银行支付 9.3%利息;(4)A 公司净现金流量为 9.4%(LIBOR+0.1%-LIBOR+9.3%)利息支出,比它在固定利率市场上筹资减少了 0.4%利息支出(9.8%-9.4%)。中介银行熟悉市场行情,在甲乙双方均不知对方的情况下,与他们签订合同,每天对冲可能产生的外汇风险,并获得净现金流量为 0.1%的利息收入(9.3%+LIBOR-9.2%-LIBOR)。

从这笔互换交易中可知：一是 A、B 两公司在债务本金不交换的情况下，债务利率即固定利率与浮动利率实现交换；二是这笔利率互换潜在总收益为 0.9%{[(LIBOR＋1.5%)－(LIBOR＋0.1%)]－(10.3%－9.8%)}，在交易三方中得到分配，其中甲公司0.4%，乙公司 0.4%，银行 0.1%。

第三节　套期会计

一、套期会计概述

(一)套期概念

套期，亦称套期保值或避险，是指企业降低某些风险的经济行为。国际会计准则认为套期是指定一个或多个套期工具，以使其公允价值的变化，全部或部分地抵销被套期项目的公允价值或现金流量变化。《企业会计准则第 24 号——套期保值》关于套期(hedge)的表述是：套期是指企业为规避外汇风险、利率风险、商品价格风险、股票价格风险、信用风险等，指定一项或一项以上套期工具，使套期工具公允价值或现金流量变动，预期抵销被套期项目全部或部分公允价值或现金流量变动。

衍生工具和某些非衍生工具被用作套期避险的工具。

> **案例 11-1**
>
> ### 外贸企业应对人民币升值
>
> 自从人民币进入升值通道以来，通常以美元结算的出口企业面临结算货币贬值的风险。大量企业通过进行美元套期降低风险。在人民币升值的背景下，提供出口加工的外贸企业本来就非常低的利润经常因为从签单到结算之间发生的汇率波动而受影响，外币交易汇兑损失严重侵蚀了本已微薄的利润。2011 年以来，人民币对美元汇率连创新高，外贸企业必须重视结算货币的选择和外币汇率风险的管理。在结算货币选择缺乏主动性的情况下，进行有效的外币套期是规避汇率风险的重要手段。

(二)套期会计方法的必要性

套期会计(hedging accounting)是指在相同会计期间，将套期工具和被套期项目公允价值变动的抵销结果计入当期损益的方法，也就是使套期工具和被套期项目相互冲抵的公允价值或现金流量变动能够同时计入会计利润的会计处理方法。套期会计要求在资产负债表中将用于套期的金融工具确认为资产或负债，并以公允价值进行计量。套期工具作为避险工具，其产生的损益能与被套期项目上产生的损益实现对冲的效果。

套期工具代表着一定的权利和义务，符合资产与负债的定义，应确认为资产或负债，在财务报表中进行报告。若不实施套期会计，金融工具合同及其带来的损益情况和签订这些合同的避险意图与结果在会计上就得不到反映；实施套期会计的目的就是要在财务报表中将管理者进行避险策略及其取得的效果公正客观地反映出来。

（三）套期关系的认定

通过套期活动，在套期工具与被套期项目之间形成套期关系，使套期工具公允价值或未来现金流的变动方向与被套期项目相反，进而有效地抵销特定风险导致的被套期项目价值变动可能带来的损失。

套期工具是企业为进行套期而指定的、其公允价值或现金流量变动预期可抵销被套期项目的公允价值或现金流量变动的衍生工具。对外汇风险进行套期还可以将非衍生金融资产或非衍生金融负债指定为套期工具。被套期项目主要包括使企业面临风险损失的资产、负债、尚未确认的确定承诺或很可能发生的预期交易。

为了保证会计信息的可比性和透明性，防止管理当局进行盈余管理活动，套期活动必须在符合一定条件的情况下，才能按照套期会计处理。当且仅当符合以下条件时，套期关系才能按套期会计进行核算：

1.在套期开始时，企业对套期关系有正式指定，并准备了关于套期关系、套期活动的风险管理目标和套期策略正式书面文件。该份文件应至少包括套期工具、被套期项目、被套期风险的性质以及套期有效性评价方法等内容。

2.在抵销公允价值或可归属于被套期风险的现金流量的变动方面，该套期预期高度有效，且符合企业最初为该套关系所确定的风险管理策略。

3.对预期交易现金流量套期，套期中的预期交易必须是很可能会发生的，且必须存在最终可能影响报告净利润的现金流量变动风险。

4.套期的有效性能够可靠地计量，也就是说，被套期项目的公允价值或现金流量、套期工具的公允价值可以可靠地计量；在套期开始和整个期间内，企业可以预期被套期项目的公允价值或现金流量变动几乎全部可以由套期工具的公允价值或现金流量变动抵销，且实际效果在 80%～125% 的范围内。套期有效性是指套期工具的公允价值或现金流量变动能够抵销被套期风险引起的被套期项目公允价值或现金流量变动的程度。

5.套期应持续地对套期有效性进行评价，并确保套期在套期关系被指定的会计期间内套期高度有效。

二、套期的类别及会计处理

根据套期的对象和对冲风险的不同，套期主要分为公允价值套期、现金流量套期以及境外经营净投资套期。在会计上对套期进行这样的细分，理由在于：不同种类的套期，其套期的目的和操作不同，进而决定了其对冲效果不同，因此应当做不同的会计反映。

（一）主要核算账户

1."套期工具"①账户。该账户核算企业开展套期保值业务中套期工具公允价值变动形成的资产或负债，按照套期工具类别进行明细核算。期末余额反映企业套期工具形成资产或负债的公允价值。

①　在《企业会计准则——应用指南》中，"套期工具"科目属于"共同类"会计科目，其会计科目编号为"3201"。

2."被套期项目"①账户。该账户核算企业开展套期保值业务中被套期项目公允价值变动形成的资产或负债,按被套期项目类别进行明细核算。期末余额反映企业被套期项目形成资产或负债的公允价值。

（二）公允价值套期

公允价值套期(fair value hedging)是指对已确认资产或负债、尚未确认的确定承诺,或对该资产或负债、尚未确认的确定承诺中可辨认部分的公允价值变动风险进行的套期。

公允价值套期的会计核算方法是:将套期工具的公允价值变动形成的利得和损失立即计入当期损益;将被套期项目因被套期风险形成的利得或损失立即计入当期损益,并同时调整被套期项目的账面价值。或者,如果被套期项目是未确认的确定承诺,且该确定承诺与购买资产或承担负债有关,则因被套期风险引起的公允价值变动累计额已确认的资产或负债,应用来调整履行该确定承诺所取得的资产或承担的负债的初始确认金额。

【例 11-5】 以可供出售金融资产公允价值为被套期项目的套期业务:P 公司于 4 月 1 日购入 100 股普通股股票,每股 100 元,作为可供出售金融资产管理。

借:可供出售金融资产	10 000	
贷:其他货币资金		10 000

12 月 31 日,股票价格涨至 125 元。

借:可供出售金融资产	2 500	
贷:资本公积		2 500

P 公司认为股票风险需要规避,锁定股票投资收益,公司购入该股票的看跌期权。次年 1 月 2 日,指定该期权为股票投资公允价值套期的套期工具。该期权使 P 公司拥有按 125 卖出股票的选择权。签约日行权价格与市价相同。

公司将已确认的资产或负债指定为被套期项目时,按其账面价值,借记或贷记"被套期项目",贷记或借记"可供出售金融资产"、"库存商品"、"长期借款"等账户。

借:被套期项目——可供出售金融资产	12 500	
贷:可供出售金融资产		12 500

根据企业会计准则,在资产负债表日,对于有效套期部分,按被套期项目产生的利得,借记"被套期项目"。如果被套期项目属于公允价值套期,贷记"套期损益"或者"公允价值变动损益";如果被套期项目属于现金流量套期或者境外经营净投资额套期,则贷记"资本公积——其他资本公积"账户。被套期项目产生损失作相反的会计分录。

本例中,至年底,股票价格降至 120。P 公司的财务处理如下:

借:套期损益	500	
贷:被套期项目——可供出售金融资产		500
借:套期工具	500	
贷:套期损益		500

本例中,套期工具和被套期项目上的套期损益相同,套期完全有效。

【例 11-6】 以存货公允价值变动为被套期项目的套期业务:T 公司决定为一批存货进

---

① 在《企业会计准则——应用指南》中,"被套期项目"科目属于"共同类"会计科目,其会计科目编号为"3202"。

行套期,以规避存货价格变动风险。该批存货的成本为60 000元,当前售价为 80 000 元。11月1日,通过签订 3 个月期的远期合同,出售 80 000 元的同种存货。12月 31 日,因存货价格下跌,存货跌价 5 000 元,远期合同获利 5 000 元。次年 1 月 31 日,存货价格再次下降,又跌价 3 000 元,远期合同获利 3 000 元。11月 1 日远期合同价值为零。T 公司的财务处理如下:

①11月 1 日,签订远期合同

借:被套期项目——库存商品	60 000	
贷:库存商品		60 000

②12月 31 日,套期工具和被套期项目的公允价值变动损益均计入当期损益,并按照损益金额调整二者的账面价值

借:套期损益	5 000	
贷:被套期项目——库存商品		5 000
借:套期工具——远期合同	5 000	
贷:套期损益		5 000

③次年 1 月 31 日,远期合同到期,进行净额结算;存货按 72 000 元售出,收款存入银行

借:套期损益	3 000	
贷:被套期项目——库存商品		3 000
借:套期工具——远期合同	3 000	
贷:套期损益		3 000
借:银行存款	8 000	
贷:套期工具——远期合同		8 000
借:银行存款	72 000	
贷:主营业务收入		72 000
借:主营业务成本	52 000	
贷:被套期项目——库存商品		52 000

如果 T 公司11月 1 日出售该批存货,可获得毛利 20 000 元。经过使用衍生金融工具套期,3 个月以后出售该批存货仍然获得了 20 000 元的毛利。本例中,套期完全有效,被套期项目公允价值的减少或增加通过套期工具公允价值的增加或减少完全抵销。如果套期不是完全有效,套期工具无效套期部分的价值计入当期损益。其他处理与套期完全有效的情形相同。

承上例,假设存货第一次跌价 5 000 元,远期增值 4 600 元;第二次跌价,存货跌价3 000元,远期增值 2 400 元。T 公司的财务处理如下:

①11月 1 日,签订远期合同

借:被套期项目——库存商品	60 000	
贷:库存商品		60 000

②12月 31 日

借:套期损益	5 000	
贷:被套期项目——库存商品		5 000
借:套期工具——远期合同	4 600	
贷:套期损益		4 600

③次年 1 月 31 日,远期合同到期,进行净额结算;存货按 72 000 元售出,收款存入银行

借:套期损益	3 000	
贷:被套期项目——库存商品		3 000
借:套期工具——远期合同	2 400	
贷:套期损益		2 400
借:银行存款	7 000	
贷:套期工具——远期合同		7 000
借:银行存款	72 000	
贷:主营业务收入		72 000
借:主营业务成本	52 000	
贷:被套期项目——库存商品		52 000

T 公司在第一年末有无效套期部分 400 元,第二年远期结算和出售货物时又有无效套期部分 600 元,均在当期损益中确认。

【例 11-7】以互换应付债券为被套期项目的套期业务:J 公司于 20×7 年初发行面值 1 000 000、5 年期、固定利率 8% 的公司债券。为避免市场利率下降的风险,J 公司同日签订了 5 年期利率互换合同,将固定利率负债转换为浮动利率负债。

①J 公司将从签约对方收到按 1 000 000、固定利率 8% 计算的金额。

②J 公司以 LIBOR 利率作为利率互换市场利率向签约对方支付金额。20×7 年年初的市场利率为 6.8%。

互换结算日与利息支付日相同,为每年的 12 月 31 日。在每一个支付日(即结算日),J 公司与签约对方计算市场利率和固定利率之间的差额,确定互换的价值;如果利率下降,对 J 公司而言,则互换的价值上升,J 公司获得利得;同时,J 公司在固定利率债券上遭受损失。

20×7 年末,J 公司支付公司债券利息。当日的市场利率出现严重下降,因此互换合同的价值上升。即:J 公司将收到 80 000 固定利息,同时按 LIBOR 利率支付利息 68 000。12 000 为 J 公司在第一个付息日收到的差额。利率互换的市场价值增长 40 000。

J 公司的有关财务处理如下:

①20×7 年初,发行公司债券。

借:银行存款	1 000 000	
贷:应付债券		1 000 000

②同日,签订互换合同。

借:应付债券	1 000 000	
贷:被套期项目——应付债券		1 000 000

由于利率合同价值为零,因此无须记录,但需在备查登记簿中记录签订该项利率互换合同。

③20×7 年 12 月 31 日,向投资人支付债券利息。

借:财务费用——债券利息	80 000	
贷:银行存款		80 000

④利率互换需要核算互换交易费。互换交易费是指互换日支付利息时,利息支出额较大的一方向另一方支付的利息差额。

20×7年12月31日,收到互换合同第一年的差额12 000

借:银行存款　　　　　　　　　　　　　　　　　　　　　　　12 000
　　贷:财务费用——互换交易费　　　　　　　　　　　　　　　　　　　　　12 000

⑤20×7年12月31日,记录互换合同升值。

借:套期工具——利率互换合同　　　　　　　　　　　　　　　40 000
　　贷:套期损益——利率互换合同利得　　　　　　　　　　　　　　　　　40 000

同时,记录公司债券公允价值上升

借:套期损益——债券公允价值损失　　　　　　　　　　　　　40 000
　　贷:被套期项目——应付债券　　　　　　　　　　　　　　　　　　　　　40 000

通过签订利率互换合同,J公司在互换资产上获利40 000,减少财务费用、增加资产;同时,该公司在债券上则损失40 000,增加财务费用、增加负债。

【例11-8】以确定承诺公允价值变动为被套期项目的套期业务:确定承诺是指在未来某特定日期或期间,以约定价格交换特定数量资源、具有法律约束力的协议。我国会计准则将对未确认的确定承诺的套期作为公允价值套期进行会计处理,该确定承诺因被套期风险引起的公允价值变动累计额应确认为一项资产或负债,相关的利得或损失计入当期损益。如果该确定承诺与购买资产或承担负债有关,因被套期风险引起的公允价值变动累计额应用来调整履行该确定承诺所取得的资产或承担的负债的初始确认金额。

A公司20×7年12月1日与国外B供货商协议在20×8年1月31日购买金额为FC 270 000的设备,货款将于当日支付。同日,A公司签订了60天后购买TC 240 000的期汇合同。有关汇率如下:

20×7年12月1日,60天远期汇率:LC 0.6125=TC 1,LC 0.5454=FC 1;

20×7年12月31日,30天远期汇率:LC 0.5983=TC 1,LC 0.5317=FC 1;

20×8年1月31日,即期汇率:LC 0.5777=TC 1,LC 0.5137=FC 1。

A公司以期汇合同对要买入的设备进行套期保值,以20×7年12月1日60天远期汇率计算,FC 270 000大体等于TC 240 000,期汇合同的结算和确定承诺的实现在同一日,近年来LC对TC的价值变动与LC对FC的价值变动高度相关。据此可编制如下分录进行记录:

①20×7年12月1日,这时的期汇合同公允价值为零,不做分录。

②20×7年12月31日,结账日记录期末汇率变动产生的影响,按20×7年12月31日30天远期汇率计算,A公司买入的TC 240 000,LC等值为LC 143 592(240 000×0.5983),按20×7年12月1日汇率计算为LC 147 000(LC 0.6125×240 000),差额3 408(147 000−143 592)视同一种损失。购买设备的确定承诺,按20×7年12月1日计算的LC等值多出LC 3699[(LC 0.5454−LC 0.5317)×270 000],视同一种利得。财务处理如下:

借:套期损益——期汇合同　　　　　　　　　　　　　　　　　3 408
　　贷:套期工具——期汇合同　　　　　　　　　　　　　　　　　　　　　　3 408

借:被套期项目——确定承诺　　　　　　　　　　　　　　　　　　3 699
　　贷:套期损益——确定承诺　　　　　　　　　　　　　　　　　　　　　3 699

③20×8 年 1 月 31 日,记录汇率变动产生的影响。期汇合同的损失金额为 LC 4 944[(LC 0.5983－LC 0.57777)×240 000],确定承诺的利得为 LC 4 860[(LC 0.5317－LC 0.5137)×270 000]。财务处理如下:

借:套期损益——期汇合同　　　　　　　　　　　　　　　　　　　4 944
　　贷:套期工具——期汇合同　　　　　　　　　　　　　　　　　　　　4 944
借:被套期项目——确定承诺　　　　　　　　　　　　　　　　　　4 860
　　贷:套期损益——确定承诺　　　　　　　　　　　　　　　　　　　　4 860

记录购入的设备和支付的款项。
借:固定资产(270 000×LC 0.5454)　　　　　　　　　　　　　　147 528
　　贷:银行存款(270 000×LC 0.5137)　　　　　　　　　　　　　　138 699
　　　　被套期项目——确定承诺(4 860＋3 699)　　　　　　　　　　 8 559

记录期汇合同进行净额结算。
借:套期工具——期汇合同(3 408＋4 944)　　　　　　　　　　　 8 352
　　贷:银行存款　　　　　　　　　　　　　　　　　　　　　　　　　 8 352

(三)现金流量套期

现金流量套期(cash flow hedge)是指对被套期项目的现金流量变动风险进行的套期。现金流量套期中的被套期项目可以是已确认的资产或负债,可以是将来很可能发生的预期交易,外汇确定承诺也可以按现金流量套期进行财务处理。预期交易指的是尚未承诺但预期会发生的交易。上述被套期项目现金流量变动源于与已确认资产或负债、很可能发生的预期交易有关的某类特定风险。需要注意区别的是,对以企业报告货币表示的固定价格买卖资产的一项未确认的确定承诺,国际会计准则要求按现金流量套期处理。

我国企业会计准则规定现金流量套期的会计处理方法是:

(1)套期工具利得或损失中属于有效套期的部分,直接确认为所有者权益,无效套期部分应立即计入当期损益。

(2)当被套期项目是很可能发生的预期交易时,需视预期交易的结果进行会计处理:

①如果预期交易使企业随后确认一项金融资产或一项金融负债的,原已计入所有者权益的相关利得或损失,在该金融资产或金融负债影响企业损益的相同期间转出,计入当期损益。

②如果预期交易使企业随后确认一项非金融资产或一项非金融负债的,原已计入所有者权益的相关利得或损失,企业可以选择下面任一方法进行会计处理:在该非金融资产或非金融负债影响企业损益的相同期间转出,计入当期损益;或者,将原已计入所有者权益的相关利得或损失转出,计入该非金融资产或非金融负债的初始确认金额。需要注意的是,企业选择上述两种处理方法之一作为会计政策后,应一致地运用于相关的所有预期交易套期,不得随意变更。

(3)其他情形的现金流量套期,原已计入所有者权益的相关利得或损失,在被套期预期交易影响企业损益的相同期间转出,计入当期损益。

【例 11-9】以矿石采购预期交易为被套期项目的套期业务:20×7 年 9 月,某公司拟于

20×8年1月购入1 000吨矿石。公司担心到购买时市场价格上涨,于是公司为该预期采购购入履约价格1 550元、20×8年1月交割的1 000吨矿石的期货合同。20×7年12月31日,20×8年1月交割的矿石价格为1 575元。20×8年1月,公司按市场价格每吨1 575元购入1 000吨矿石。

在本例中,公司拥有按照1 550元的价格购入矿石的权利和义务。该期货合同的标的物为矿石价格。如果该矿石价格高于1 550元,期货合同价值升高,因为公司可以按照1 550元的价格购入矿石。

对上述交易,公司的相关财务处理如下:

①20×7年9月,签约日无会计分录

②20×7年12月31日

借:套期工具——期货合同 25 000
  贷:资本公积——其他资本公积 25 000

③20×8年1月

借:原材料 1 575 000
  贷:银行存款 1 575 000

④同时,期货合同到期,进行净额交割

借:银行存款 25 000
  贷:套期工具——期货合同 25 000

如果公司的会计政策规定套期工具损益在其交易发生日计入非金融资产或负债的初始确认金额,则编制如下会计分录:

借:资本公积——其他资本公积 25 000
  贷:原材料 25 000

此时,预期交易的结果对损益没有影响,因此,原已计入所有者权益的相关利得或损失暂不影响损益。

续上例,假设该矿石被加工成产成品并已出售。产成品成本1 700 000元,售价2 000 000元,财务处理如下:

⑤借:银行存款 2 000 000
  贷:主营业务收入 2 000 000
借:主营业务成本 1 700 000
  贷:库存商品 1 700 000

此时,对很可能发生的预期交易进行套期保值交易对企业损益产生了影响。假如企业选择在该批被套期铁矿石影响企业损益的相同期间转出并计入当期损益,则对原已计入所有者权益的相关利得或损失,编制会计分录如下:

⑥借:资本公积——其他资本公积 25 000
  贷:主营业务成本 25 000

【例11-10】以商品出售预期交易为被套期项目的套期业务:F公司决定用衍生工具对100 000吨商品的预期销售进行套期,公司计划在期末出售这批商品。期初时,公司签订衍生工具合同,为预期销售套期,其公允价值为零。衍生工具的名义数量也是100 000吨,其标的物的等级和相应的价格也与公司拥有的商品相同。衍生工具的结算和商品的出售在期末的最后一天发生。

套期开始时,该公司商品的预计售价总金额是 1 100 000 元。期末,衍生工具的公允价值增加 25 000 元,同时商品的售价减少 25 000 元。财务处理如下:

①期初,签订衍生工具合同

由于没有发生成本,不做分录。

②期末,套期工具的公允价值变动,作如下财务处理

借:套期工具　　　　　　　　　　　　　　　　　　　　　　25 000
　贷:资本公积——其他资本公积　　　　　　　　　　　　　　　　　25 000

③对衍生工具进行净额结算

借:银行存款　　　　　　　　　　　　　　　　　　　　　　25 000
　贷:套期工具　　　　　　　　　　　　　　　　　　　　　　　　25 000

④确认销售收入

借:银行存款　　　　　　　　　　　　　　　　　　　　　1 075 000
　贷:主营业务收入　　　　　　　　　　　　　　　　　　　　　1 075 000

⑤借:资本公积——其他资本公积　　　　　　　　　　　　　　25 000
　贷:主营业务收入　　　　　　　　　　　　　　　　　　　　　　25 000

该公司若在期初出售该批商品会收到 1 100 000 元现金流入,通过签订衍生工具合同,在期末公司仍然会收到 1 100 000 元的现金流入。

(四)境外经营净投资套期

境外经营净投资套期(hedge of a net investment in a foreign entity)是针对境外经营净投资的外汇风险所作的套期。境外经营净投资是指企业在境外经营净资产中的权益份额。境外经营净投资套期会计核算与现金流量套期相似。(1)有效套期部分的套期工具利得或损失,应直接确认为所有者权益,直到对该净投资额进行处置时,再将其转出,计入当期损益。(2)无效套期部分,套期工具利得或损失立即计入利润表。

【例 11-11】以境外净投资汇率变动为被套期项目的套期业务:H 公司于 11 月 1 日持有 FC 计价的境外经营净投资 LC 8 000 000。H 公司的功能货币为 LC,境外经营主体的功能货币是 FC。公司预计将在 3 个月后收回投资,因此签订了 3 个月期的远期合同,于 3 个月后出售等值的 FC。12 月 31 日,因 FC 贬值,投资缩水 LC 500 000,远期增值 LC 600 000。次年 1 月 31 日,FC 再次贬值,投资缩水 LC 300 000,远期增值 LC 360 000。

①11 月 1 日,H 公司签订远期合同

借:被套期项目——境外经营净投资　　　　　　　　　　　8 000 000
　贷:长期股权投资　　　　　　　　　　　　　　　　　　　　8 000 000

外汇远期合同的公允价值为零,不作账务处理。

②境外经营净投资的汇兑差额应当递延并计入所有者权益,直至投资被处置

12 月 31 日,调整套期工具的账面价值,调整额即汇兑损益,计入所有者权益。被套期项目也做相同处理。

借:套期工具——外汇远期合同　　　　　　　　　　　　　　600 000
　贷:资本公积——其他资本公积　　　　　　　　　　　　　　　500 000
　　套期损益或财务费用——远期利得　　　　　　　　　　　　　100 000

借:资本公积——其他资本公积   500 000

  贷:被套期项目——境外经营净投资   500 000

 ③次年 1 月 31 日,记录套期工具与被套期项目公允价值的变动

借:套期工具——外汇远期合同   360 000

  贷:资本公积——其他资本公积   300 000

   套期损益或财务费用——远期利得 60 000

借:资本公积——其他资本公积   300 000

  贷:被套期项目——境外经营净投资   300 000

 ④次年 1 月 31 日,远期合同到期结算,同时收回境外投资

借:银行存款   960 000

  贷:套期工具——外汇远期合同   960 000

借:银行存款   7 200 000

  贷:被套期项目——境外经营净投资   7 200 000

案例 11-2

境外经营净投资及其套期

  按照美国财务会计准则委员会第 52 号财务会计准则公告,境外经营(foreign operation)分为功能货币(与我国企业会计准则的"记账本位币"相同,参见企业会计准则第 19 号)为母公司功能货币和功能货币为母公司功能货币之外的其他货币两类。需要注意的是,对境外经营净投资的套期保值不适用于被投资方是以投资方功能货币为记账本位币的国外实体,对这些投资的套期保值实为投机。若人民币为被投资方公司的功能货币,则使用人民币对外币财务报表进行重新计量产生的损益应计入净损益。因此,套期保值境外经营净投资产生的损益应作为计算当期净利润的项目,即套期保值产生的损益将抵销重新计量产生的损益。

第四节　金融资产转移

  金融资产转移是指企业(转出方)将金融资产让与或交付给该金融资产发行方以外的另一方(转入方)。伴随着金融资产转移的会计问题是金融资产的终止确认和终止计量。终止确认,是指将金融资产或金融负债从企业的账户和资产负债表内予以转销。在本节中,讨论的问题首先是金融资产转移是否满足终止确认的条件;其次是如果终止确认条件未能满足时,金融资产的相关计量。

一、金融资产转移的确认

  企业在判断金融资产转移是否满足金融资产终止确认条件时,应当注重金融资产转移的实质,根据金融资产所有权和控制权是否发生转移,决定金融资产的终止确认。

(一)金融资产转移分类

企业金融资产转移,按照转移的方式,包括下列两种情形:

情形一:将收取金融资产现金流量的权利转移给另一方。

情形二:将金融资产转移给另一方,但保留收取金融资产现金流量的权利,并承担将收取的现金流量支付给最终收款方的义务,同时满足下列条件:(1)从该金融资产收到对等的现金流量时,才有义务将其支付给最终收款方。企业发生短期垫付款,但有权全额收回该垫付款并按照市场上同期银行贷款利率计收利息的,视同满足本条件。(2)根据合同约定,不能出售该金融资产或作为担保物,但可以将其作为对最终收款方支付现金流量的保证。(3)有义务将收取的现金流量及时支付给最终收款方。企业无权将该现金流量进行再投资,但按照合同约定在相邻两次支付间隔期内将所收到的现金流量进行现金或现金等价物投资的除外。企业按照合同约定进行再投资的,应当将投资收益按照合同约定支付给最终收款方

金融资产转移还可分类为金融资产整体转移和部分转移。金融资产部分转移又细分为三种具体情形:(1)将金融资产所产生现金流量中特定、可辨认部分转移,如企业将一组类似贷款的应收利息转移等。(2)将金融资产所产生全部现金流量的一定比例转移,如企业将一组类似贷款的本金和应收利息合计的一定比例转移等。(3)将金融资产所产生现金流量中特定、可辨认部分的一定比例转移,如企业将一组类似贷款的应收利息的一定比例转移等。

(二)金融资产终止确认的条件

金融资产终止确认包括所有权和控制权标准。

1.所有权标准

企业已将金融资产所有权上几乎所有的风险和报酬转移给转入方的,终止确认该金融资产;保留了金融资产所有权上几乎所有的风险和报酬的,不应当终止确认该金融资产。企业在判断是否已将金融资产所有权上几乎所有的风险和报酬转移给了转入方时,应当比较转移前后该金融资产未来现金流量净现值及时间分布的波动使其面临的风险。企业面临的风险因金融资产转移发生实质性改变的,表明该企业已将金融资产所有权上几乎所有的风险和报酬转移给了转入方,如,不附任何保证条款的金融资产出售等。企业面临的风险没有因金融资产转移发生实质性改变的,表明该企业仍保留了金融资产所有权上几乎所有的风险和报酬,如,将贷款整体转移并对该贷款可能发生的信用损失进行全额补偿等。企业需要通过计算判断是否已将金融资产所有权上几乎所有的风险和报酬转移给了转入方,在计算金融资产未来现金流量净现值时,应当考虑所有合理、可能的现金流量波动,并采用适当的现行市场利率作为折现率。

企业仍保留与所转移金融资产所有权上几乎所有的风险和报酬的,应当继续确认所转移金融资产整体,并将收到的对价确认为一项金融负债。该金融资产与确认的相关金融负债不得相互抵销。

2.控制权标准

企业既没有转移也没有保留金融资产所有权上几乎所有的风险和报酬的,应当分别按下列情况处理:

（1）放弃了对金融资产控制的，终止确认该金融资产。企业在判断是否已放弃对所转移金融资产的控制时，应当注重转入方出售该金融资产的实际能力。转入方能够单独将转入的金融资产整体出售给与其不存在关联方关系的第三方，且没有额外条件对此项出售加以限制的，表明企业已放弃对该金融资产的控制。

（2）未放弃对金融资产控制的，应当按照其继续涉入所转移金融资产的程度确认有关金融资产，并相应确认有关负债。继续涉入所转移金融资产的程度，是指该金融资产价值变动使企业面临的风险水平。

企业在判断金融资产转移是否满足本准则规定的金融资产终止确认条件时，应当注重金融资产转移的实质。例如，在附回购协议的金融资产出售中，转出方将予以回购的资产与售出的金融资产相同或实质上相同、回购价格固定或是原售价加上合理回报的，不应当终止确认所出售的金融资产，如采用买断式回购、质押式回购交易卖出债券等。又如，转出方在金融资产转移后只保留了优先按照公允价值回购该金融资产的权利的（在转入方出售该金融资产的情况下），应当终止确认所转移的金融资产。再如，在采用保留次级权益或提供信用担保等进行信用增级的金融资产转移中，转出方只保留了所转移金融资产所有权上的部分（非几乎所有）风险和报酬且能控制所转移金融资产的，应当按照其继续涉入所转移金融资产的程度确认相关资产和负债。

企业既没有转移也没有保留金融资产所有权上几乎所有的风险和报酬，且未放弃对该金融资产控制的，应当充分反映保留的权利和承担的义务。

二、金融资产转移的计量

（一）金融资产整体转移

金融资产整体转移满足终止确认条件的，应当将下列两项金额的差额计入当期损益：（1）所转移金融资产的账面价值；（2）因转移而收到的对价，与原直接计入所有者权益的公允价值变动累计额（涉及转移的金融资产为可供出售金融资产的情形）之和。具体计算公式如示：

金融资产整体转移形成的损益＝因转移收到的对价－所转移金融资产账面价值＋（或－）原直接计入所有者权益的公允价值变动累计利得（或损失）

因金融资产转移获得了新金融资产或承担了新金融负债的，在转移日按照公允价值确认该金融资产或金融负债（包括看涨期权、看跌期权、担保负债、远期合约、互换等），并将该金融资产扣除金融负债后的净额作为上述对价的组成部分。

企业与金融资产转入方签订服务合同提供相关服务的（包括收取该金融资产的现金流量，并将所收取的现金流量交付给指定的资金保管机构等），就该服务合同确认一项服务资产或服务负债。服务负债应当按照公允价值进行初始计量，并作为上述对价的组成部分。

因此，上述公式中的"因转移而收到的对价"的计算公式为：

因转移而收到的对价＝因转移交易实际收到的价款＋新获得金融资产的公允价值＋因转移获得服务资产的公允价值－新承担金融负债的公允价值－因转移承担服务负债的公允价值

【例 11-12】债券投资转移的确认和计量:20×9 年 1 月 1 日,S 公司将持有的公司债券出售给 B 公司,出售价格为 5 000 万元,该债券公允价值为 4 960 万元。该债券于 20×6 年 1 月 1 日发行,面值 4 900 万元,年利率 6%,利息按年支付。S 公司持有其作为可供出售金融资产管理。

借:银行存款　　　　　　　　　　　　　　　　　50 000 000
　贷:可供出售金融资产　　　　　　　　　　　　　　　49 600 000
　　投资收益　　　　　　　　　　　　　　　　　　　　400 000
借:资本公积——其他资本公积　　　　　　　　　　600 000
　贷:投资收益　　　　　　　　　　　　　　　　　　　600 000

【例 11-13】股票投资转移的确认和计量:20×9 年 11 月 3 日 R 公司购入三种普通股,每种股票在被投资企业的股权中比例少于 20%。R 公司管理者指定该投资组合为可供出售金融资产。初始成本 718 550 元构成如下:

A 公司股票 259 700

B 公司股票 317 500

C 公司股票 141 350

根据上述经济业务,编制会计分录如下:

借:可供出售金融资产　　　　　　　　　　　　　718 550
　贷:银行存款　　　　　　　　　　　　　　　　　　　718 550

20×9 年 12 月 6 日 R 公司收到 4 200 元 B 公司股票现金股利。编制会计分录如下:

借:银行存款　　　　　　　　　　　　　　　　　4 200
　贷:投资收益　　　　　　　　　　　　　　　　　　　4 200

20×9 年 12 月 31 日持有股票的成本与公允价值如表 11-5 所示:

表 11-5

单位:元

项目	成本	公允价值	未实现损益
A 公司股票	259 700	275 000	15 300
B 公司股票	317 500	304 000	−13 500
C 公司股票	141 350	104 000	−37 350
合计	718 550	683 000	−35 550

根据上述资料,编制会计分录如下:

借:资本公积——其他资本公积　　　　　　　　　35 550
　贷:可供出售金融资产　　　　　　　　　　　　　　　35 550

201× 年 1 月 23 日,出售 A 公司股票,出售净收入 287 220 元。

借:银行存款　　　　　　　　　　　　　　　　　287 220
　贷:可供出售金融资产　　　　　　　　　　　　　　　259 700
　　投资收益　　　　　　　　　　　　　　　　　　　27 520
借:资本公积——其他资本公积　　　　　　　　　15 300
　贷:投资收益　　　　　　　　　　　　　　　　　　　15 300

(二)金融资产部分转移

金融资产部分转移满足终止确认条件的,将所转移金融资产整体的账面价值,在终止确认部分和未终止确认部分之间,按照各自的相对公允价值进行分摊,并将下列两项金额的差额计入当期损益:(1)终止确认部分的账面价值;(2)终止确认部分的对价,与原直接计入所有者权益的公允价值变动累计额中对应终止确认部分的金额之和。其中,原直接计入所有者权益的公允价值变动累计额中对应终止确认部分的金额,应当按照金融资产终止确认部分和未终止确认部分的相对公允价值,对该累计额进行分摊后确定。

(三)金融资产转移的担保物

企业向金融资产转入方提供了非现金担保物(如债务工具或权益工具投资等)的,企业和转入方应按以下情况处理:

1.如果转入方按照合同或惯例有权出售该担保物或将其再作为担保物的,企业应当将该非现金担保物在资产负债表中重新归类,并单独列示为一项资产。

2.转入方已将该担保物出售的,转入方应当就归还担保物义务,按照公允价值确认一项负债。转出方继续将担保物确认为一项资产。

3.企业违约,丧失了赎回担保物权利的,应当终止确认该担保物;转入方应当按照公允价值将该担保物确认为一项资产。转入方已出售该担保物的,转入方应当终止确认归还担保物的义务。

(四)未转移金融资产

不符合金融资产转移确认条件的金融资产,应按以下情况进行处理:

1.通过对所转移金融资产提供财务担保方式继续涉入的,应当在转移日按照金融资产的账面价值和财务担保金额两者之中的较低者,确认继续涉入形成的资产,同时按照财务担保金额和财务担保合同的公允价值(提供担保的取费)之和确认继续涉入形成的负债。财务担保金额,是指企业所收到的对价中将被要求偿还的最高金额。在随后的会计期间,财务担保合同的初始确认金额应当在该财务担保合同期间内按照时间比例摊销,确认为各期收入。因担保形成的资产的账面价值,应当在资产负债表日进行减值测试。

2.企业因卖出一项看跌期权或持有一项看涨期权,使所转移金融资产不符合终止确认条件,且按照摊余成本计量该金融资产的,应当在转移日按照收到的对价确认继续涉入形成的负债。所转移金融资产在期权到期日的摊余成本和继续涉入形成的负债初始确认金额之间的差额,应当采用实际利率法摊销,计入当期损益;同时,调整继续涉入所形成负债的账面价值。相关期权行权的,应当在行权时,将继续涉入形成负债的账面价值与行权价格之间的差额计入当期损益。

3.企业因持有一项看涨期权使所转移金融资产不满足终止确认条件,且按照公允价值计量该金融资产的,应当在转移日仍按照公允价值确认所转移金融资产,同时按照下列规定计量继续涉入形成的负债:

(1)该期权是价内或平价期权的,应当按照期权的行权价格扣除期权的时间价值后的余额,计量继续涉入形成的负债。

(2)该期权是价外期权的,应当按照所转移金融资产的公允价值扣除期权的时间价值后的余额,计量继续涉入形成的负债。

4.企业因卖出一项看跌期权使所转移金融资产不满足终止确认条件,且按照公允价值计量该金融资产的,应当在转移日按照该金融资产的公允价值和该期权行权价格之间的较低者,确认继续涉入形成的资产;同时,按照该期权的行权价格与时间价值之和,确认继续涉入形成的负债。

5.企业因卖出一项看跌期权和购入一项看涨期权(即上下期权)使所转移金融资产不满足终止确认条件,且按照公允价值计量该金融资产的,应当在转移日仍按照公允价值确认所转移金融资产;同时,按照下列规定计量继续涉入形成的负债:

(1)该看涨期权是价内或平价期权的,应当按照看涨期权的行权价格和看跌期权的公允价值之和,扣除看涨期权的时间价值后的金额,计量继续涉入形成的负债。

(2)该看涨期权是价外期权的,应当按照所转移金融资产的公允价值总额和看跌期权的公允价值之和,扣除看涨期权的时间价值后的金额,计量继续涉入形成的负债。

【例 11-14】应收票据转移的确认与计量:S 公司出售商品收到买方签发承兑的不带息商业汇票,面值 351 000 元,期限 3 个月,相关销售收入符合收入确认条件。如果持有至到期日,则作会计分录如下:

借:银行存款   351 000

  贷:应收票据   351 000

如果向银行贴现,且银行保留了追索权,则表明 S 公司的应收票据贴现不符合金融资产终止确认条件,应将贴现所得确认为一项金融负债。假设 S 公司贴现净额为 340 000元,则作会计分录如下:

借:银行存款   340 000

  短期借款——利息调整   11 000

  贷:短期借款——成本   351 000

第五节　金融工具列报

金融工具列报,包括金融工具在财务报表上的列示和相关信息的附注披露。符合金融工具定义与确认条件的项目在资产负债表上列示,但有关金融工具更翔实的信息仍需在财务报表附注中披露。这些信息不仅是对表内列报的补充,而且还包括一些具有独立价值的重要资料。金融工具列报是金融工具会计处理的重要组成部分。

一、金融工具列示

企业发行金融工具,按照该金融工具的实质,以及金融资产、金融负债和权益工具的定义,在初始确认时将该金融工具或其组成部分确认为金融资产、金融负债或权益工具。企业发行的非衍生金融工具包含负债和权益成分的,应当在初始确认时将负债和权益成分进行分拆,分别进行处理。

金融资产和金融负债应当在资产负债表内分别列示,不得相互抵销。同时满足下列条件的,以相互抵销后的净额在资产负债表内列示:(1)企业具有抵销已确认金额的法定权利,且该种法定权利现在是可执行的;(2)企业计划以净额结算,或同时变现该金融资产和清偿该金融负债。不满足终止确认条件的金融资产转移,转出方不得将已转移的金融资产和相关负债进行抵销。

二、金融工具披露

企业应在附注中披露已确认和未确认金融工具的有关信息。企业所披露的金融工具信息,有助于财务报告使用者就金融工具对企业财务状况和经营成果影响的重要程度做出合理评价。披露的信息主要包括:编制财务报表时对金融工具所采用的重要会计政策、计量基础;金融资产或金融负债的账面价值;公允价值变动金额;金融资产重分类;金融资产转移;金融资产担保;每类金融资产减值损失的详细信息;每类套期保值有关的信息;与各类金融工具风险相关的描述性信息和数量信息;公允价值确定方法;与金融工具有关的收入、费用、利得或损失;企业披露与敏感性分析有关的信息。

总体来看,金融工具列报披露的金融工具信息应具有相关性和可靠性,只有重要的金融工具才应予以披露,披露的金融工具信息应具有可理解性。

本章小结

本章的重点内容包括以下几个方面:

1.基本金融工具和衍生金融工具

在金融工具中有我们熟知的项目,如现金、企业应收款和应付款、债券、普通股,它们早已是资产负债表的表内项目。在本章,我们主要介绍衍生金融工具的会计确认、计量与报告问题。衍生工具具有以下特征:(1)其价值随特定利率、金融工具价格、商品价格、汇率、价格指数、费率指数、信用等级、信用指数,或其他类似变量(称作"标的")的变动而变动,变量为非金融变量的,该变量与合同的任一方不存在特定关系。(2)不要求初始净投资,或与对市场情况变化有类似反应的其他类型合约相比,要求很少的初始净投资。(3)在未来某一日期结算。通常,衍生工具允许净额交割。衍生金融工具一方面增强了市场的流动性,另一方面也使金融风险增大。通过会计对衍生金融产品产生的资产、负债和权益进行确认、计量和报告被认为是财务会计的难题之一。这也是本章的重点内容。

衍生金融工具在形式上都是将在远期执行的经济合约,不仅能为交易者转移风险,即套期避险,还可利用合约期间标的变动的不确定性,伺机投机牟利。衍生金融工具的基本形式主要包括以下几类:远期、期货、期权和互换。

2.衍生工具交易的目的与会计方法

衍生金融工具通常被交易者用来套期保值和投资牟利。投资者和套利者都以投资牟利为目的。套期保值者参加衍生品交易是为了减少某种现有风险,投机者参加交易的目的则是通过对市场变动方向的估计来进行投机,而套利者则从事无风险的套利活动。三类交易者的同时存在对市场形成均衡是有利的。

与从事衍生品交易的目的相联系,财务会计将其按照"交易性金融资产"、"交易性金融负债"或"套期工具"来进行会计确认、计量和报告。我国财政部发布的具体准则中与金融工具会计和报告相关的准则涉及第 22、23、24 和 37 号。这些准则也是本章内容的主要依据。

3.金融工具的确认

当企业成为金融工具合约条款的一方时,它应该在其资产负债表内确认金融资产或金融负债。金融工具的确认包括初始确认和后续确认(包括终止确认)。管理当局进行金融工具交易的目的决定了金融工具的分类和确认。当企业成为金融工具合同的一方时,应当确认一项金融资产或金融负债。金融资产满足下列条件之一时终止确认:(1)收取该金融资产现金流量的合同权利终止。(2)该金融资产已转移,且符合金融资产终止确认条件。金融负债的现时义务全部或部分已经解除的,才能终止确认金融负债或其一部分。

4.金融工具的计量

与会计初始确认和后续确认相对应,金融工具计量包括初始计量和后续计量。

衍生金融工具的特点决定了只有以公允价值计量衍生金融工具才能够向财务报表使用者提供有用的会计信息。同时,以公允价值计量金融工具必然导致未实现损益,未实现损益的会计处理也是一个重要的会计问题。衍生金融工具初始计量时按照取得时的公允价值计量,如果发生交易费用,应计入当期损益。衍生金融工具形成的资产或负债公允价值变动形成的利得或损失,除与套期保值有关外,应计入当期损益。以套期为目的进行金融工具交易产生的未实现利得或损失依据套期保值的类型进行会计核算,或计入公允价值变动损益,或计入资本公积。

5.衍生金融工具会计核算主要账户

(1)"衍生工具"账户。该账户核算企业衍生工具的公允价值及其变动形成的衍生资产或衍生负债。

(2)"公允价值变动损益"账户。该账户核算企业按公允价值计量的资产或负债公允价值变动形成的应记入当期损益的利得或损失。

(3)"套期工具"账户。该账户核算企业开展套期保值业务套期工具公允价值变动形成的资产或负债。

(4)"被套期项目"账户。该账户核算企业开展套期保值业务被套期项目公允价值变动形成的资产或负债。

6.投资目的的金融工具会计核算

与其后的套期会计相对应,在这一部分介绍投资目的金融工具的会计确认、计量问题。结合具体的衍生金融工具,分别介绍具体的会计确认与计量。包括:(1)远期合同会计处理;(2)期货会计处理;(3)期权交易会计处理;(4)金融互换业务。成为金融工具合同一方,是金融工具确认的条件。按照目前会计准则对金融工具的分类,衍生金融工具或者属于交易性金融资产或负债,或者作为套期关系中的套期工具进行确认。因此,无论是远期,还是期货等其他的衍生金融工具,其初始和后续(含终止)计量都是公允价值计量,相关的公允价值变动损益计入当期损益。

7.套期会计的目的

通过套期活动,在套期工具与被套期项目之间形成套期关系,使套期工具公允价值或未来现金流的变动方向与被套期项目相反,进而有效地抵销特定风险导致的被套期项目价值变动可能带来的损失。实施套期会计的目的就是要在财务报表中将管理者避险策略及其取得的效果公正客观地反映出来。套期会计方法,是指在相同会计期间将套期工具和被套期项目公允价值变动的抵销结果计入当期损益的方法,亦即使套期工具和被套期项目的相互冲抵的公允价值或现金流量变动能够同时计入会计利润的会计处理方法。套期会计要求在资产负债表中将用于套期的金融工具确认为资产或负债,并以公允价值进行计量。

8.套期关系认定

当且仅当符合以下条件时,套期关系才能按套期会计进行核算:

(1)在套期开始时,企业对套期关系有正式指定。

(2)在抵销公允价值或可归属于被套期风险的现金流量的变动方面,该套期预期高度有效。

(3)对预期交易现金流量套期,套期中的预期交易必须是很可能会发生的,且必须存在最终可能影响报告净利润的现金流量变动风险。

(4)套期的有效性能够可靠地计量。套期有效性是指套期工具的公允价值或现金流量变动能够抵销被套期风险引起的被套期项目公允价值或现金流量变动的程度。

(5)套期应持续地对套期有效性进行评价,并确保套期在套期关系被指定的会计期间内高度有效。

9.套期的类别及会计处理

根据套期的对象和对冲风险的不同,套期主要分为公允价值套期、现金流量套期以及境外经营净投资套期。

(1)公允价值套期是指对已确认资产或负债、尚未确认的确定承诺,或该资产或负债、尚未确认的确定承诺中可辨认部分的公允价值变动风险进行的套期。公允价值套期的会计核算方法是:套期工具的公允价值变动形成的利得和损失立即计入当期损益;被套期项目因被套期风险形成的利得或损失立即计入当期损益,并同时调整被套期项目的账面价值,或者,如果被套期项目是未确认的确定承诺,且该确定承诺与购买资产或承担负债有关,则因被套期风险引起的公允价值变动累计额已确认的资产或负债,应用来调整履行该确定承诺所取得的资产或承担的负债的初始确认金额。

(2)现金流量套期,是指对被套期项目的现金流量变动风险进行的套期。现金流量套期中的被套期项目可以是已确认的资产或负债,也可以是将来很可能发生的预期交易,外汇确定承诺也可以按现金流量套期进行会计处理。现金流量套期的会计处理方法是:套期工具利得或损失中属于有效套期的部分,直接确认为所有者权益,无效套期部分应立即计入当期损益。当被套期项目是很可能发生的预期交易时,需视预期交易的结果进行会计处理:如果预期交易使企业随后确认一项金融资产或一项金融负债的,原已计入所有者权益的相关利得或损失,在该金融资产或金融负债影响企业损益的相同期间转出,计入当期损益。如果预期交易使企业随后确认一项非金融资产或一项非金融负债的,原已计入所有者权益的相关利得或损失,企业可以选择下面任一方法进行会计处理:在该非金融资产或非金融负债影响企业损益的相同期间转出,计入当期损益;或者,将原已计入所有者权益的相关利得或损失转出,计入该非金融资产或非金融负债的初始确认金额。需要注意的是,企业选择上述两种处理方法之一作为会计政策后,应一致地运用于相关的所有预期交易套期,不得随意变更。其他情形的现金流量套期,原已计入所有者权益的相关利得或损失,在被套期预期交易影响企业损益的相同期间转出,计入当期损益。

(3)境外经营净投资,是指企业在境外经营净资产中的权益份额。境外经营净投资套期是针对境外经营净投资的外汇风险所作的套期。境外经营净投资套期会计核算与现金流量套期相似。有效套期部分的套期工具利得或损失,应直接确认为所有者权益,直到对该净投资额进行处置时,再将其转出,计入当期损益。无效套期部分,套期工具利得或损失立即计入利润表。

10.金融资产的转移

金融资产转移包括部分和全部转移。对符合金融资产转移条件的金融资产需要终止确认。金融资产转移的确认条件有所有权标准和控制权标准。

11.金融工具列报

金融工具列报,包括金融工具在财务报表上的列示和相关信息的附注披露。对符合会计要素定义的金融资产、金融负债和权益工具及其对损益的影响,一方面要在资产负债表、利润表、所有者权益变动表和现金流量表上列示;另一方面对于表上未尽事项进行表外披露,即在财务报表附注中进行披露。

思考题

1.简述衍生金融工具的特点。

2.简述金融工具初始计量和后续计量属性。

3.简述套期会计的必要性及其特点。

4.简述认定套期关系的条件。

5.简述从会计角度套期保值交易的三种分类。

6.分别简述套期保值交易中可以作为被套期项目的对象。

7.简述金融工具的财务报告披露要求。

练习题

(一)单项选择题

1.企业发行金融工具时,应确认为权益工具的是以下哪一项?(　　　)。

A.如果该工具合同条款中没有包括交付现金或其他金融资产给其他单位的合同义务,也没有包括在潜在不利条件下与其他单位交换金融资产或金融负债的合同义务

B.如果该工具合同条款中包括交付其他金融资产给其他单位的合同义务

C.如果该工具合同条款中包括在潜在不利条件下与其他单位交换金融资产的合同义务

D.如果该工具合同条款中包括交付现金给其他单位的合同义务

2.与基本金融工具相比,下列选项中哪个是衍生工具的特点?(　　　)。

A.其标的可能包括商品价格、汇率、价格指数、费率指数、信用等级等,但不能是非金融变量

B.要求很高的初始净投资

C.多数情况下进行实物交割

D.衍生工具通常允许净额交割

3.在资产负债表中对金融资产或负债的初始确认条件是(　　)。

A.与金融工具有关的未来经济利益将会流入或流出企业

B.金融工具的成本或价值能够可靠地计量

C.成为金融工具合同的一方

D.符合资产或负债的定义

4.金融工具的分类决定了其后续计量。企业成为衍生工具合约一方时确认的金融资产或负债的可能分类是(　　)。

A.持有至到期投资　　　　　　　　B.可供出售金融资产

C.交易性金融资产或负债　　　　　D.贷款和应收账款

5.下列金融资产中的(　　)按公允价值进行后续计量,且其未实现公允价值变动损益直接计入利润表。

A.持有至到期投资　　　　　　　　B.可供出售金融资产

C.交易性金融资产　　　　　　　　D.贷款和应收账款

6."衍生工具"账户期末贷方余额反映企业衍生工具形成(　　)的公允价值。

A.资产　　　　　　B.负债　　　　　　C.所有者权益　　　　　　D.收入

7.从事衍生金融工具交易形成的资产或负债应按照(　　)进行初始和后续计量。

A.公允价值　　　　B.可变现净值　　　C.现值　　　　　　D.重置成本

8.衡量套期有效性为有效的实际效果应该在(　　)的范围内。

A.85%~120%　　　B.90%~120%　　　C.80%~125%　　　D.85%~100%

9.(　　)账户的公允价值变动金额不影响利润表,而是直接计入所有者权益。

A.交易性金融资产　　　　　　　　B.交易性金融负债

C.衍生工具　　　　　　　　　　　D.可供出售金融资产

10."被套期项目"账户期末余额反映企业被套期项目形成资产或负债的(　　)。

A.公允价值　　　　　　　　　　　B.实际成本

C.实际成本加交易费用　　　　　　D.可实现净值

11.(　　)是指在未来某特定日期或期间,以约定价格交换特定数量资源、具有法律约束力的协议。

A.预期交易　　　　B.远期合约　　　　C.确定承诺　　　　D.期权合约

12.现金流量套期是对被套期项目的(　　)风险进行的套期。

A.公允价值变动　　　　　　　　　B.现金流量变动

C.公允价值或现金流量变动　　　　D.没有正确答案

13.(　　)既可以按照公允价值套期也可以按照现金流量套期进行会计处理的被套期项目。

A.资产   B.负债

C.将来很可能发生的预期交易   D.外汇确定承诺

14.20×7年1月2日,M公司将持有的公司债券出售给N公司,出售价格为600万元。该债券20×6年12月31日账面价值为595万元。该债券于20×6年1月1日按面值发行,年利率6%,利息按年支付。M公司于发行日购入面值500万元的债券作为可供出售金融资产管理。出售日计入投资收益的金额为(   )。

A.5万元   B.95万元   C.100万元   D.130万元

15.下列关于金融工具信息披露的叙述不正确的是(   )。

A.企业在附注中披露金融工具的有关信息,不包括未确认的金融工具

B.企业要对套期保值按照套期保值类别进行披露,披露信息包括套期关系的描述,套期工具的描述及其在资产负债表日的公允价值,被套期风险的性质

C.企业按照每类金融资产和金融负债披露公允价值信息

D.企业披露每类金融资产减值损失的详细信息

(二)多项选择题

1.下列对混合工具的描述,正确的有(   )。

A.应当先确定权益成分的公允价值并以此作为其初始确认金额

B.企业发行的混合工具发生的交易费用,应当在负债成分和权益成分之间按照各自的相对公允价值进行分摊

C.可转换公司债券是混合工具

D.企业应当在初始确认时将混合工具的负债成分和权益成分进行分拆

E.应当先确定负债成分的公允价值并以此作为其初始确认金额

2.下列事项中,会引起所有者权益减少的有(   )。

A.以资本公积金转增股本   B.以盈余公积金弥补亏损

C.看涨期权以普通股净额结算   D.发放股票股利

E.宣告分配现金股利来

3.企业持有的衍生金融工具合约形成的资产和负债通常作为(   )确认。

A.交易性金融资产或负债   B.持有至到期投资

C.套期工具   D.可供出售金融资产或负债

4.(   )账户的公允价值变动金额影响利润表净利润。

A.交易性金融资产   B.交易性金融负债   C.衍生工具   D.持有至到期投资

5.(   )账户的公允价值变动金额不影响利润表,而是直接计入所有者权益。

A.交易性金融资产   B.衍生工具

C.为现金流量套期的"套期工具"   D.可供出售金融资产

6.根据套期的对象和对冲风险的不同,套期主要分为(   )。

A.预期交易套期   B.现金流量套期

C.公允价值套期   D.境外经营净投资套期

7.(   )可以作为套期关系中的套期工具。

A.普通股   B.债券   C.外汇远期合约   D.期权

8.公允价值套期中可作为被套期项目的可以是( )。

A.预期交易   B.资产

C.负债   D.尚未确认的确定承诺

9.( )可以是现金流量套期中的被套期项目。

A.资产   B.负债

C.将来很可能发生的预期交易   D.外汇确定承诺

10.下列有关境外经营净投资套期的叙述正确的是( )。

A.被套期的风险是外汇风险

B.是针对境外经营净投资所作的套期

C.被套期的是企业在境外经营净资产中的权益份额

D.被套期的风险是境外经营的破产风险

11."衍生工具"账户的期末余额( )。

A.如果是借方余额,表明的是衍生工具资产

B.如果是借方余额,表明的是衍生工具负债

C.如果是贷方余额,表明的是衍生工具负债

D.如果是贷方余额,表明的是衍生工具资产

12.金融资产终止确认包括( )标准。

A.收益权   B.所有权   C.控制权   D.处置权

13.下列关于金融工具的表述正确的是( )。

A.企业计划以净额结算,或同时变现该金融资产和清偿该金融负债,则以相互抵销
    后的净额在资产负债表内列示

B.企业发行金融工具,按照该金融工具的实质,以及金融资产、金融负债和权益工具
    的定义,在初始确认时将该金融工具或其组成部分确认为金融资产、金融负债或
    权益工具

C.金融资产和金融负债通常应当在资产负债表内分别列示,不得相互抵销

D.企业发行的非衍生金融工具包含负债和权益成分的,应当在初始确认时将负债和
    权益成分进行分拆,分别进行处理

14.企业应当披露与各类金融工具风险相关的( )信息和( )信息。

A.历史   B.描述性   C.敞口   D.数量

15.金融工具的市场风险( )。

A.是企业在履行与金融负债有关的义务时遇到资金短缺的风险

B.包括外汇风险、利率风险和其他价格风险

C.是金融工具的公允价值或未来现金流量因市场价格变动而发生波动的风险

D.是流动风险的构成部分

16.金融资产整体转移满足终止确认条件,确认金融资产整体转移形成的损益时,应
考虑( )。

A.因转移收到的对价

B.所转移金融资产账面价值

C.原直接计入所有者权益的公允价值变动累计利得

D.原直接计入所有者权益的公允价值变动累计损失

（三）判断

1.金融工具是指形成一个企业的金融负债,并形成其他单位的金融资产或权益工具的合同。 （　　）

2.权益工具是能证明拥有某个企业在扣除所有负债后的资产中的剩余权益的合同,例如股票。 （　　）

3.当企业成为金融工具合约条款的一方时,它应该在其资产负债表内确认金融资产、金融负债和权益。 （　　）

4.可供出售金融资产由于公允价值变动产生的损益计入当期损益。 （　　）

5."公允价值变动损益"账户核算企业按公允价值计量的资产或负债公允价值变动形成的应记入当期损益的利得或损失。 （　　）

6.金融工具初始计量时按照取得时的公允价值计量。如果发生交易费用,计入金融工具成本。 （　　）

7."衍生工具"账户核算企业衍生工具的公允价值及其变动形成的衍生资产或衍生负债。 （　　）

8.套期有效性是与被套期风险相关的、套期工具与被套期项目公允价值或现金流量变动的相对程度,套期有效性的取值应大于1。 （　　）

9.套期会计使套期工具和被套期项目的相互冲抵的公允价值或现金流量变动能够同时计入会计利润。 （　　）

10.套期会计要求在资产负债表中将用于套期的金融工具确认为资产或负债,以公允价值进行计量。 （　　）

11.公允价值套期交易中的被套期项目可以是已确认资产或负债、尚未确认的确定承诺,或很可能发生的预期交易。 （　　）

12.现金流量套期套期工具的利得或损失中属于有效套期的部分,直接确认为当期损益。 （　　）

13.境外经营净投资套期是针对境外经营净投资的经营失败风险所作的套期。 （　　）

14.企业应当根据金融资产所有权是否发生转移,决定金融资产的终止确认。 （　　）

15.企业发行的包含负债和权益成分的非衍生金融工具,应在初始确认时按负债进行处理。 （　　）

（四）业务题

1.

（1）目的:掌握投资目的的期货合约的会计处理。

（2）资料:T公司预期利率上升,于4月1日卖出10份面值为1 000 000的短期国债期货合同,市场价格指数为90;4月30日价格指数为91,5月31日为89,6月份平仓时价格指数为88。期货合同保证金是合同面值的3%,价格指数变动的每点价值为25美元。

（3）要求:根据上述经济业务,作出该公司的有关会计分录。

2.

(1)目的:掌握投资目的的期权合约的会计处理。

(2)资料:T公司预期S公司的股票将上升,于2010年7月1日购入200股S公司股票的看涨期权,敲定价格为每股70。支付权利金240。2011年1月31日期权到期。有关该看涨期权的价格如下表所示:

日期	股票市场价格	看涨期权时间价值
2010年9月30日	77	180
2010年12月31日	75	65
2011年1月31日	76	30

(3)要求:根据上述经济业务,作出该公司的有关会计分录。

3.

(1)目的:掌握公允价值套期的会计处理。

(2)资料:T公司于2010年12月31日发行面值10 000 000、利率8%、两年期的公司债券。同时,该公司与银行签订利率互换协议:按固定利率8%收取利息,按6个月LIBOR利率支付利息。2010年12月31日LIBOR利率为7%。每隔6个月的LIBOR利率作为利率互换协议的浮动利率。T公司指定该协议作为公允价值套期工具,且符合套期有效性。6个月的LIBOR利率、互换协议和债券公允价值如下表所示:

日期	6个月LIBOR利率	互换公允价值	债券公允价值
2010年12月31日	7.0%	——	10 000 000
2011年6月30日	7.5%	(200 000)	9 800 000
2011年12月31日	6.0%	60 000	10 060 000

(3)要求:根据上述经济业务,作出该公司的有关会计分录。

4.

(1)目的:掌握金融资产的终止确认。

(2)资料:A公司于2010年2月1日向E公司发行以自身普通股为标的的看涨期权。根据该期权合同,如果E公司行权(行权价为12元),E公司有权以每股12元的价格从A公司购入普通股100万股。

其他有关资料如下:

①合同签订日:2010年2月1日

②行权日(欧式期权):2011年1月31日

③2011年1月31日应支付的固定行权价格:12元

④期权合同中的普通股数量:100万股

⑤2010年2月1日期权的公允价值:100 000元

⑦2010年12月31日期权的公允价值:70 000元

⑦2011 年 1 月 31 日期权的公允价值:60 000 元

⑧2011 年 1 月 31 日每股市价:12.6 元

(3)要求:

①如期权将以现金净额结算,编制 A 公司相关的会计分录

②如以普通股净额结算,编制 A 公司相关的会计分录。

③如以现金换普通股方式结算,编制 A 公司相关的会计分录。

参考文献

[1]财政部.2006.企业会计准则[M].北京:中国财政经济出版社.

[2]中国证券监督管理委员会.2008.中华人民共和国证券期货法规汇编[M].北京:法律出版社.

[3]常勋.2008..财务会计四大难题[M].上海:立信会计出版社.

[4]韩传模.2010.高级财务会计[M].北京:经济科学出版社..

[5]耿建新等.2009.高级财务会计[M].北京:北京大学出版社.

[6]中国注册会计师教育教材编写委员会.2002.高级财务会计(第二版)[M].北京:经济科学出版社.

[7]石本仁.2007.高级财务会计[M].北京:中国人民大学出版社.

[8]谢诗芬.2000.高级财务会计问题研究[M].成都:西南财经大学出版社.